第四版前言

《基础会计学》作为"十二五"普通高等教育本科国家级规划教材，自出版以来，因其内容丰富并紧跟会计实务发展、重点突出且条理清晰、版式设计新颖且科学合理，深受广大师生的喜爱。上一版至今，会计准则与税收法规发生了重大变化并对会计教学产生了较大影响。为使教学内容充分体现最新会计准则和相关法律法规的变化，更好地服务于会计教学，在本次修订过程中，除了秉承原有的编写风格并保留基本内容外，主要做了如下增减、修订和调整：

第一，体现最新税收法规的变化。按照《财政部、税务总局、海关总署关于深化增值税改革有关政策的公告》(财政部、税务总局、海关总署公告2019年第39号)，有关"增值税一般纳税人(以下称纳税人)发生增值税应税销售行为或者进口货物，原适用16%税率的，税率调整为13%；原适用10%税率的，税率调整为9%"；"纳税人购进国内旅客运输服务，其进项税额允许从销项税额中抵扣"等的规定，对本教材中涉及的有关内容进行了调整。

第二，体现最新会计准则、制度的变化。❶按照最新会计准则，增加了"资产处置损益"与"信用减值损失"的有关内容；❷按照《财政部关于修订印发2019年度一般企业财务报表格式的通知》(财会〔2019〕6号)的规定，对本教材中涉及的有关内容进行了调整。

第三，会计实务操作更加规范与具体。根据《会计基础工作规范》(财政部令第98号，2019年修订)的要求，对账簿的登记规范进行了进一步完善并给出了各类账簿登记示例，包括：❶总分类账簿登记方法与债权债务等结算类账簿明细分类账登记方法；❷"承前页"与"转次页"的账页结转方法；❸"月结""本年累计""结转下年"的期末(月结、年结)结账方法(包括画结账标志线)。为学习后续课程"基础会计学综合模拟实训"打下坚实的基础。

第四，进一步完善了所得税纳税申报与"利润表"编制有关内容的阐述。以制造业企业一个年度的完整资料并结合账簿结账内容与方法：❶以"企业所得税月(季)度纳税申报表"的编制为载体，对所得税申报这一重点、难点教学内容进行了较为详细的阐述；❷按照最新财务报表格式与内容，对利润表新增内容与"本年累计金额"栏各项目的填制方法进行了补充与完善。

第五，增加了更加直观与具体的账户结构示意图。在详细阐述各账户用途结构的基础上，增加了账户结构示意图，对理解与运用账户进行账务处理具有较大的帮助。

本次修订由上海电机学院李占国(主编)、王子军(副主编)和周萍(副主编)共同完成。由于作者水平有限，书中不足甚至谬误再所难免，恳请读者批评指正，以便我们进一步修订完善。

作　者

2019年12月

FUNDAMENTAL ACCOUNTING

"十二五"普通高等教育本科国家级规划教材
国家精品课程教材
上海市优秀教材
上海市教学成果二等奖

基础会计学
（第四版）
JICHU KUAIJIXUE

主　编　李占国

高等教育出版社·北京

内容提要

本书为"十二五"普通高等教育本科国家级规划教材、国家精品课程教材，是在上一版的基础上，根据最新政策和教学需求的变化修订而成的。本书主要内容包括：绪论、会计要素与会计等式、会计核算基础、账户与复式记账、会计凭证的填制与审核、制造业企业主要经济业务的核算、账户的分类、会计账簿、财产清查、财务报告以及账务处理程序。本书既可以作为高等学校经管类专业基础会计学课程教材，也可作为相关人员参考用书。

图书在版编目(CIP)数据

基础会计学/李占国主编.—4版.—北京：高等教育出版社，2020.1(2023.7重印)

ISBN 978-7-04-052866-4

Ⅰ.①基… Ⅱ.①李… Ⅲ.①会计学-高等学校-教材 Ⅳ.①F230

中国版本图书馆CIP数据核字(2019)第225629号

策划编辑	金 越 林 荫	责任编辑	金 越	封面设计	张文豪	责任印制	高忠富

出版发行	高等教育出版社	网 址	http://www.hep.edu.cn
社　址	北京市西城区德外大街4号		http://www.hep.com.cn
邮政编码	100120	网上订购	http://www.hepmall.com.cn
印　刷	江苏德埔印务有限公司		http://www.hepmall.com
开　本	787mm×1092mm 1/16		http://www.hepmall.cn
印　张	17.75	版　次	2020年1月第4版
字　数	454千字		2010年8月第1版
购书热线	010-58581118	印　次	2023年7月第9次印刷
咨询电话	400-810-0598	定　价	38.00元

本书如有缺页、倒页、脱页等质量问题，请到所购图书销售部门联系调换

版权所有　侵权必究

物　料　号　52866-00

第一版前言

"基础会计学"是会计学专业、财务管理专业以及其他财经类专业会计学教学入门课程和专业基础课程,具有较强的实践性特点。它主要阐述会计学的基本理论、基本方法和基本技能,培养学员的会计专业能力、会计职业思维和道德,为后续专业课程的学习奠定基础。

作为"入门"课程,应强调其"浅入"并做到易学、易教、易懂;作为"专业基础"课程,应强调其对基本概念和原理的阐述并做到"深入浅出";作为对后续专业课程学习"奠定基础"的课程,应强调其各单元知识点在今后专业课程学习中的作用并做到与专业课程的衔接和过渡;作为"实践性较强"的课程,应强调其具体操作并做到理论与实践的有机结合。所以,如何编写一本融知识性和趣味性于一体并做到"浅入"与"浅出"相结合的教材,既力求从形式到内容做成精品,又力求让初学者产生学习兴趣并引导学员去掌握会计学的基本理论、基本方法和基本技能,是我们的基本出发点和最大愿望,同时也是一个难题。为实现这个愿望和破解这个难题,我们从以下几个方面进行了多年的探索与实践,同时也构成了本书的特点:

第一,理论性与实践性相结合。在介绍会计基本理论的同时配套有《基础会计学专项实训与习题集》和《基础会计学综合模拟实训》两本辅助教材,以加强实践教学。

第二,专业性与实务性相结合。在介绍专业知识的同时穿插有帮助理解专业知识的各种小栏目以及会计实务工作中的具体做法。

第三,趣味性教学与以职业道德养成为主要内容的素质教育相结合。根据教学内容穿插有与会计工作有关的趣味性小故事,潜移默化地培养学员的会计职业思维和职业道德。

第四,应掌握的系统专业知识与图文并茂、活泼新颖的编排形式相结合。在系统阐述专业知识的同时,将基本概念、知识难点、重点、教学体会以"套色"和"边栏"的形式列示,有利于学员理解和把握。

第五,自主学习与知识拓展和资源共享相结合。建立了"会计学原理与实务"课程网站(http://ppa.sdjues.com),学员可随时登录,以满足学员预习、复习、提问、答疑等需要,尤其是"网络试题库"(具有自动组卷、编排、打印等功能)为学员进行自测提供了方便。扩大了学员的学习空间,延展了学员的学习时间;教师也可获取更多的教学资源,出卷工作量也大大减轻。

本书是上海市级特色专业(财务管理——集团公司金融服务)建设项目成果之一。

教材编写是一项严肃而认真的工作,虽然我们付出了很大的努力,但鉴于时间仓促和作者水平所限,书中难免还有不妥之处,恳请读者通过多种方式(包括作者邮箱:Lizg@sdjue.edu.cn)批评指正,以利本书今后修订时进一步完善。

编 者
2010 年 7 月

目 录

第一章 绪 论 ··· 1
   第一节 企业与会计 ·· 1
   第二节 会计交易或事项与会计对象 ··· 7
   第三节 会计的内涵 ·· 10
   第四节 会计职业与会计学科体系 ··· 17
   第五节 会计核算方法 ··· 21

第二章 会计要素与会计等式 ··· 24
   第一节 会计要素 ··· 24
   第二节 会计等式 ··· 35

第三章 会计核算基础 ·· 48
   第一节 会计基本假设 ··· 48
   第二节 会计要素确认、计量与报告的要求 ······························· 50
   第三节 会计信息质量要求 ··· 57

第四章 账户与复式记账 ··· 60
   第一节 会计科目与会计账户 ·· 60
   第二节 复式记账原理 ··· 67
   第三节 借贷记账法 ·· 70

第五章 会计凭证的填制与审核 ·· 83
   第一节 会计凭证概述 ··· 83
   第二节 原始凭证的填制和审核 ··· 85
   第三节 记账凭证的填制与审核 ··· 99
   第四节 会计凭证的传递与保管 ·· 109

第六章 制造业企业主要经济业务的核算 ···································· 111
   第一节 资金筹集业务的核算 ·· 111
   第二节 生产准备业务的核算 ·· 119
   第三节 生产业务的核算 ·· 130
   第四节 销售业务的核算 ·· 144
   第五节 经营成果形成与分配业务的核算 ······························· 154

目 录

第七章 账户的分类 ········· 178
　第一节 账户按经济内容的分类 ········· 178
　第二节 账户按用途和结构的分类 ········· 181

第八章 会计账簿 ········· 194
　第一节 会计账簿概述 ········· 194
　第二节 账簿的设置与登记 ········· 196
　第三节 会计账簿的启用与登记方法 ········· 211
　第四节 对账与结账 ········· 217
　第五节 会计账簿的更换与保管 ········· 222

第九章 财产清查 ········· 224
　第一节 财产清查概述 ········· 224
　第二节 财产物资的盘存制度 ········· 226
　第三节 财产清查的方法 ········· 228
　第四节 财产清查结果的账务处理 ········· 233

第十章 财务报告 ········· 237
　第一节 财务报告概述 ········· 237
　第二节 资产负债表 ········· 241
　第三节 利润表 ········· 247
　第四节 财务报告的报送、汇总和审批 ········· 250

第十一章 账务处理程序 ········· 252
　第一节 账务处理程序概述 ········· 252
　第二节 记账凭证账务处理程序 ········· 254
　第三节 科目汇总表账务处理程序 ········· 255
　第四节 汇总记账凭证账务处理程序 ········· 265
　第五节 多栏式日记账账务处理程序 ········· 272

参考文献 ········· 273

第一章 绪 论

第一节 企业与会计

一、现代企业的分类

人是社会基本的组成细胞,但从社会学的角度看,每个人都生活在一定的组织内,如工厂、商场、银行、证券公司、财务公司、会计师事务所、学校、医院、图书馆、政府机关等。上述组织有不同的分类标准和分类结果,如果按照营利性这一标准来分,大体可分为两类:❶单纯以追求利润为目标的组织,如工厂、商场、银行、保险公司、会计师事务所等组织,这些组织也被称为营利组织或企业。❷不以营利为主要目的但要收取一定费用的组织,如各类学校、医院等组织,或者完全不收费用的组织,如政府机关、图书馆等组织,这一类组织在我国习惯上统称为行政或事业单位,而在国际上则统称为政府与非营利组织。本书主要以营利组织或企业为阐述的重点。**现代意义上的企业**,是指从事生产、服务、流通等经济活动,为满足社会需要并获取盈利,进行自主经营,实行独立经济核算,具有法人资格的基本经济单位。

(一)企业按业务活动内容不同分类

企业按业务活动的不同可分为三类:❶**服务业企业**,是指提供劳务取得收入而获得利润的企业,如会计师事务所、银行、运输公司、广告公司等。❷**商品流通企业**,是指买进商品,准备再批发零售给客户,借以赚取价差的企业,如百货业、书店、超市等。❸**制造业企业**,是指买进材料进行制造或加工,待产品完成后予以出售获取收入,并计算盈亏的企业,如汽车业、纺织业等。

(二)企业按组织形式不同分类

现代企业的组织形式反映了企业的性质、地位、作用和行为方式,规范了企业与出资人、债权人、政府、企业、职工等之间的关系。企业组织形式,国际上通行的是按企业资产经营的法律责任分类,一般分为非公司制企业和公司制企业两大类。其中:❶非公司制企业又分为**独资企业**和**合伙企业**。❷公司制企业又分为**有限责任公司**和**股份有限责任公司**。

1. 独资企业

独资企业,是指由个人投资经营并承担全部盈亏责任的一种企业组织形式。它具有以下主要特点:❶规模小、人员少,往往由业主(老板)负责所有的管理工作。❷在法律上,作为自然人不具备法人资格,由业主承担全部盈亏责任并对企业债务负连带无限清偿责任。❸企业的所得归业主并由业主在计算应缴个人所得税时统一计税。❹有限的生命期限、难以在资

特别说明:

虽然独资企业不具备法人资格,但会计上认定独资企业是一个独立的会计主体,与业主有别。

本市场上筹集资本、所有权转让不易。

2．合伙企业

合伙企业，是指由两人以上企业主所组成，依照合伙契约共同约定参加者的责任、义务、损益分配等的一种企业组织形式。许多小规模企业及专门性业务均以合伙方式组成，如律师事务所、会计师事务所。合伙企业除具备独资企业的一些特点外，与独资企业相比较：❶其优点表现在：由于合伙人增加，企业的经营管理能力有所增强，能够募集较独资企业更多的资金，信用水平也较高。❷其缺点是：合伙人之间的连带责任，可能会使无过失的合伙人受到其他合伙人过失的牵连；同时，也可能因为合伙人之间的经营权之争而使企业效率降低。

3．有限责任公司

有限责任公司，是由每个股东以其认缴的出资额对公司承担有限责任，公司以其全部资产对其债务承担责任的企业法人。有限责任公司的特点包括：❶独立的法律主体。❷有限的债务清偿责任。❸独立的纳税主体。❹筹资方式采用认缴制。❺投资者之间可以相互转让出资。❻公司的财务不必对外公开。

4．股份有限责任公司

股份有限责任公司，简称"股份有限公司"，是指全部资本由等额股份构成，并通过发行股票筹集资金，股东以其所持股份对公司承担有限责任，公司以全部资产对公司债务承担责任的企业法人。股份有限公司与有限责任公司相比，除具有上述有限责任公司的独立的法律主体、有限的债务清偿责任、独立的纳税主体三个特点外，还具有以下特点：❶资本划分为等额股份，每股金额与股份数的乘积即为股本总额。❷通过发行股票来筹集资本。❸股票可以按面值发行，也可以溢价发行，但不可以折价发行。❹应当有二人以上二百人以下为发起人，其中须有半数以上的发起人在中国境内有住所。❺股票可以交易或转让。❻财务须公开，以供股东查阅。

二、企业利益相关者及其关注点

所谓"企业利害关系人"，是指凡受企业"经营成败"以及"财务实力是否强大"影响者。这些利害关系人要求的回报不同，关注点也会不同。

（一）投资人（股东）及其关注点

投资人，是指企业的权益投资人，即普通股股东。与企业最直接的利害关系人当属股东并要求有回报，但企业作为社会经济生活的一部分，与企业有利害关系的人，除股东之外还有以下将要述及的债权人、经理人、供应商、销售商、政府等，这些利害关系人亦要求得到回报。❶因为股东作为企业的主体，其回报要求应该是基于上述利害关系人应得的回报计算完后，若有剩余，再将剩余的利益分配给股东，所以，股东是企业剩余利益的请求者。❷由于企业通常通过股利分配的形式回应股东的请求，因此，他们主要关心的是企业的盈利能力及分享企业的利润。在现代社会，企业的抗风险能力也是股东们要关心的。

(二) 债权人及其关注点

债权人，是指借给企业资金并得到企业还款承诺的人。资金筹措来源除投资人(股东)外，还有银行贷款，此时银行成为这家公司的债权人。债权人贷放资金供企业经营与周转之需，他们预期要求企业定期缴付利息作为回报，以及债期届满，向企业索回本金。如何保证按期收回本息，债权人自然要关心企业是否有偿还债务的能力。

(三) 经理人及其关注点

经理人，是指被股东聘用的、对企业的经济资源进行统筹配置的人。由于股东人数众多，可能分散在全球各地，且多数各有其本身职业，无法亲自经营，需委由专业经理人代为经营。经理人为股东经营，付出时间与精力，除了追求成就感外，期待收到薪资与获得奖励报酬，而薪酬高低往往视经理人是否达到预定目标而定；同时，企业的业绩，与经理人的续聘或被解雇以及公司被收购的威胁息息相关。因此，经理人不得不从债权人和投资人的角度关心公司的财务状况、盈利能力和持续发展能力，以履行其受托责任。

> **历史典故：**
> 我国历史上十大商帮之首"晋商"辉煌500年的经营秘诀就是采用"人股"或"身股"激励机制，你了解这一机制的具体内容吗？

(四) 供应商与销售商及其关注点

供应商与销售商，是指企业劳动对象的供应者和劳动产品的购买者。❶供应商提供原料、设备或服务给予企业，他们期待的是收到账款，企业必须依约缴付给供应商。❷绝大多数企业的生产经营活动，总是处于"社会再生产过程链条"上的一个中间环节，其前一个环节是材料供应商，后一个环节是产品销售商。所以"链条"上的任何一个环节都与企业自身的生产经营活动相关。

(五) 政府有关部门及其关注点

政府，是指对社会再生产过程进行服务和监管的相关职能部门。❶由于企业在经营过程中，使用了政府提供的服务，包括国防、教育、卫生、交通与安全设施及保护，使企业可以顺利经营，因此，作为政府的税务部门向企业征收企业所得税等有关赋税是天经地义的。❷作为国有企业监管部门的国有企业资产管理委员会，履行出资人职责，加强国有资产的管理工作，完善公司治理结构并对国有资产的保值增值进行监督。❸证券监管机构要评价上市公司遵守政府法规和市场秩序的情况。❹财政部门作为会计监管机构要审查企业遵守会计法规和财务报表编制的规范性。❺社会保障部门要评价职工的收入和就业状况。

三、市场监管新模式与企业注册登记流程

(一) 加快商事制度改革，探索市场监管新模式

根据国办发〔2017〕41号文规定自2017年10月1日起，各类企业在全面实施企业工商营业执照、组织机构代码证、税务登记证、社会保险登记证、统计登记证"五证合一、一照一码"登记制度改革的基础上，探索市场监管新模式，实行"多证合一、一照一码"登记模式。所谓"多证合一"，是指对涉及企业登记、备案等有关事项和各类证照(以下统称涉企证照事项)，包括信息采集、记载公示、管理备查类的一般经营项目等，统一为营业执照，被整合证照不再发放；所谓"一照一码"，是指由登记机关直接核发加载统一社会信用

代码的营业执照,将相关信息在国家企业信用信息公示系统公示,并及时归集至全国信用信息共享平台,国家相关部门管理需要的各类信息,可通过全国信用信息共享平台获取。

坚持互联互通与数据共享相结合,大力推进信息共享,从严控制个性化信息采集,凡是能通过信息共享获取的信息和前序流程已收取的材料,不得要求企业和群众重复提交;凡是能通过网络核验的信息,不得要求其他单位和申请人重复提交;凡是应由行政机关及相关机构调查核实的信息,由部门自行核实,实现相同信息"一次采集、一档管理",避免让企业重复登记、重复提交材料。

为全面实行"一套材料、一表登记、一窗受理"的工作模式,申请人办理企业注册登记时只需填写"一张表格",向"一个窗口"提交"一套材料";各类涉企证照事项线上并联审批,优化线上、线下办事流程,简化办事手续,减少办事环节,降低办事成本,实现"一网通办、一窗核发"。

"一照一码"营业执照是企业唯一"身份证",统一社会信用代码是企业唯一身份代码,在区域内、行业内具有互认的法律效力,即企业可以凭营业执照在政府机关、金融、保险机构等部门证明其主体身份,办理刻章、纳税、银行开户、社保等事务。

(二)企业注册登记流程

"多证合一、一照一码"登记模式下,申请公司注册登记的整个流程框架如下。

1. 企业名称核准

第一步:按照公司名称结构规定给公司取名,名称结构包含:**行政区划+字号+行业+组织形式**,缺一不可。第二步:咨询后领取并填写名称(变更)预先核准申请书、授权委托意见,同时准备相关材料。第三步:递交名称(变更)预先核准申请书、投资人身份证、备用名称若干及相关材料,等待名称核准结果。第四步:核名之后两到三个工作日后拿核名函,即领取企业名称预先核准通知书。

2. 前置审批

前置审批是指企业注册成立或者增加经营项目涉及需要政府部门审批的项目,必须经过国务院及有关部门的许可后方可注册成立或者开始经营。如《采矿证》等。

3. 提报申请的材料清单

网上预审前应准备的材料清单如下:

(1) 企业设立登记申请书,内含:❶企业设立登记申请表。❷单位投资者(单位股东、发起人)名、自然人股东(发起人)、个人独资企业投资人、合伙企业合伙人名录。❸投资者注册资本(注册资金、出资额)缴付情况。❹法定代表人登记表、董事会成员、经理、监事任职证明、企业住所证明等表格。

(2) 提交公司章程打印件一份,请全体股东亲笔签字;有法人股东的,要加盖该法人单位公章。

(3) 法定验资机构出具的验资报告。

(4) 企业名称预先核准通知书及预核准名称。

4. 网上预审——网上提交申请并打印预审材料

（1）拿到核名函之后登陆市场监督管理局网站进行网上预约登记，注册账号并登录，注册之后选择企业登记的选项，按要求填写，上传 PDF 材料，完成提交。

（2）材料提交后，市场监督管理局会在 5 个工作日内进行审核，如果有问题会另行通知修正继续提交，网上预审通过后，打印预审材料，预审通过后在网站上下载自动生成的文件：❶公司登记（备案）申请书。❷公司章程。❸股东决定。❹指定代表或者共同委托代理人的证明。

5. 预约登记机关提交书面材料并领取营业执照

按照预约提交书面材料的时间，带着上述打印的书面材料，连同法人身份证、代理人身份证、租赁协议复印件到登记机关受理窗口办理登记。资料提供完整后 5 个工作日左右登记机关会电话告知领取营业执照。以有限公司营业执照为例，其具体内容包括注册号、企业名称、企业类型、经营场所、法定代表人姓名、注册资本、成立日期、营业期限、经营范围、执照二维码（扫描二维码登录"国家企业信用信息公示系统"了解更多登记、备案、许可、监管信息"提示语。）、核准日期、登记机关公章。

"多证合一"将有关涉企证照号码合并为统一社会信用代码，采取程序自动、实时生成的方式，在办理企业注册登记时一并赋码。统一社会信用代码共 18 位：❶第 1 位为登记管理部门代码，9 表示工商行政管理部门。❷第 2 位为机构类别代码，1 表示企业，2 表示个体工商户。❸第 3～8 位为登记管理机关行政区划码，由系统自动生成。❹第 9～17 位为主体识别码（组织机构代码）。❺第 18 位为校验码。

6. 后置审批

后置审批是指在办理营业执照后需要再去审批的项目，即企业在办理完营业执照后再去有关部门审批，审批完后才可以正式展开经营活动。比如要开一家小吃店，经营范围填"餐饮服务"，在取得了营业执照之后，还需要办理《食品经营许可证》才能正式开张。

7. 刻章备案，税务备案，签订并提交三方协议

（1）拿到营业执照后，凭营业执照，到公安局指定的刻章社，刻公章、合同章、财务章，并在公安局备案。

（2）企业凭营业执照、公司章程、法人身份证、公章到税务机关办理《财税库银横向联网系统划缴税款协议书》（以下简称三方协议书）的签订工作，填写三方协议并加盖纳税人和税局公章，再带到开户银行录入并打印，银行盖章后递交一份给税局验证即可。

（3）纳税人领取营业执照后等同于办理了税务登记证，应在领取营业执照之日起 15 日内将其财务、会计制度或财务、会计处理办法报送主管税务机关备案，在开立存款账户之日起 15 日内，向主管税务机关报告全部账号，并按规定进行申报纳税。

（4）三方协议（纳税人、税务、银行）是方便纳税人的一种电子缴税形式。分为两种方法：❶为纳税人自行划转（正划），即纳税人自行申报并经由国库经收处（纳税人开户行）划转税款至国库。❷税务机关经纳税人同意，通过税务局数据库系统把应缴纳的税款经国库经收处划转至人民银行(倒扣)。国库经收处的划转凭证可以作为完税凭证用作记账,也可以到税务机关申请打印"税收电子转账完税证"。

8. 银行开立基本账户

公司注册登记的最后一个环节——银行开户。带上营业执照及三章(公章、法人章、财务章)和法人的身份证原件,房屋租赁合同一份并加盖公章,可以选择公司注册所在地的各个商业银行签订三方协议并开立银行基本账号。

四、会计的产生及发展

经济学的基本前提是资源的有限性和稀缺性。正因为如此使人类社会发展与需求存在矛盾,导致人们都要在事前和事后对有关人力、物力的投入和产出所取得的效益进行观察、计量、计算、记录和比较,做到用尽可能少的耗费,生产出尽可能多的成果,以满足生活和生产的需要。由于要对社会生产实践活动进行观察、计量、计算、记录和比较,便产生了会计。所以,会计是因人类社会生产实践和经济管理的客观需要而产生和发展的。会计的产生和发展大体可分为三个阶段:

(一) **古代会计阶段**(原始社会末期至 15 世纪)

会计最初因其生产力极端低下是作为"生产职能的附带部分",在生产时间之外附带把劳动成果等记载下来。随着生产力的提高和剩余产品的出现,使会计从生产职能中分离出来并成为一种专门职能,产生了对生产活动进行专门计量与记录的古代会计。其主要特点或标志是:❶以实物和货币共同作为主要计量单位。❷会计核算采用"就事论事"的单式记账方法。❸服务对象以反映奴隶主、封建王朝的赋税征收、财务收支及监管等情况"官厅会计"和"庄园会计"为主。

(二) **近代会计阶段**(1494 年至 20 世纪 30 年代末)

近代会计一般是指 15 世纪以后的会计。这一阶段生产力水平有所提高并产生了商品经济,与此经济环境相适应,其主要特点是:以货币作为主要的计量单位,作为独立的管理职能,以企业会计为主,会计核算采用复式记账,并具有一套完整的会计核算方法,从而形成现代会计的基本特征和发展基石。其主要标志是:❶ 1494 年意大利数学家卢卡·帕乔利(Luca Pacioli) 在其出版的《算术、几何、比与比例概要》一书中论述的借贷复式簿记,标志着近代会计的产生,是会计发展史上第一个里程碑。❷ 1854 年在英国苏格兰成立的世界上第一个会计师协会——爱丁堡会计师公会,这是会计发展史上的又一个里程碑。❸在中国,明末清初由山西富商傅山(1607—1684)为了改善票号的经营管理而设计的具有复式记账特征的"龙门账"(但是它还不是一种成熟的复式记账法)。

(三) **现代会计阶段**(20 世纪 50 年代以后)

现代会计一般是指 20 世纪 50 年代以后的会计。这一阶段是会计的跨越式发展时期。其主要标志有:会计目标发生了重大变化;管理会计形成并与财务会计分离;电子计算机、互联网等现代科学技术成果在会计上的应用;财务会计理论的形成及会计准则的国际趋同。

1. 会计目标的重大变化

20世纪30年代,现代经济的发展加速了企业组织形式的变革,股份公司这一新的组织形式在世界各地涌现。与此前的会计在独资企业、合伙企业主要服务于内部管理的目的不同,股份公司的会计目标发生了较大变化,转变为主要服务于企业外部的投资者等会计信息使用者。公司管理层既应承担有效地使用资金并保证其保值增值的责任,也应承担向投资者报告相关会计信息,并切实保证这些会计信息质量的义务。

2. 管理会计形成并与财务会计分离

20世纪以来,西方国家的生产社会化程度不断提高,经营规模不断扩大,市场竞争也日益加剧,传统会计已不能满足企业经营和发展的需要,受泰勒1911年出版的《科学管理原理》的影响,强化事前决策分析、事中日常控制和事后考核评价的管理职能,会计工作日益向基层单位、管理部门和生产经营技术领域渗透,会计与企业日常管理活动的结合越来越紧密,到20世纪30年代,科学管理对企业兴亡的重要作用日益凸显。如何利用会计提供的信息分析企业经营活动现状,预测经营活动前景,为经营决策提供依据等,成为会计研究的重要课题。为适应加强企业管理的需要,在传统会计中逐步分离出一个新的学科——管理会计,在企业会计中形成了财务会计与管理会计并驾齐驱的格局。会计分工的细化也增强了会计作为一项经济管理活动的功能。❶管理会计主要承担向企业管理层提供有助于他们进行经营预测和决策的相关信息的职责,进而加强企业内部的经营管理。❷财务会计则主要承担向投资者等财务报告使用者提供企业相关信息的职责,进而有助于他们进行投资等决策。

3. 电子计算机、互联网等现代科学技术成果在会计上的应用

20世纪50年代以来,随着电子计算机、互联网等现代科学技术成果在会计工作中的广泛应用,为会计的发展提供了新的动力,从而引发了会计技术手段的巨大变革。电子计算机等在会计上的应用,不仅极大地提高了会计工作的效率和质量,而且把会计人员从繁重的手工簿记工作中解放出来,使现代会计在提供信息方面发挥了巨大作用。目前,以共享为特征的互联网经济模式正在对会计行业产生革命性的影响,我们必须有足够的思想准备。

4. 财务会计理论的形成及会计准则的国际趋同

进入21世纪,为了适应国际经济的发展和国际资本的有效流动,会计在国际上得到了广泛交流并出现了国际趋同的趋势。特别是在国际会计师联合会的推动下,国际会计准则(国际财务报告准则)得到了大部分国家的认可,这也进一步推动了国际经济的发展。

综上所述,会计的产生和发展与社会经济的发展是密不可分的,社会、经济、生产的发展是会计发展的内在动力。生产愈发展,会计愈重要。反之,会计发展得愈好,就愈能推动社会、经济、生产更好地发展。

第二节 会计交易或事项与会计对象

语言是用来描述事物的内容和传达一定信息的工具,前述会计作为"企

名人名言:

德国诗人歌德(Goethe)曾赞誉复式簿记为"人类智慧的绝妙创造之一";经济史学家索穆巴特(Sombart)认为"创造复式簿记的精神也就是创造伽利略与牛顿系统的精神"。

定义：

语言是一套人们共同采用的沟通符号、表达方式与处理规则。

业语言"，所要描述的事物的内容有哪些，所要传递的信息是什么，通过会计交易或事项与会计对象的阐述将为您一一回答！

一、会计要描述的企业活动——会计交易或事项

(一) 会计交易或事项的界定与特征

1. 会计交易或事项的界定

企业作为一种从事生产和经营活动的经济组织，其日常活动是纷繁复杂的，如贸易、人际交流、筹集资金、购置设备、原料采购、员工招聘与培训、产品设计与生产、战略规划与管理、谈判、修理、广告宣传、产品销售、售后服务、法律纠纷等，都是企业活动。由于学科分工与其目的不同，这些活动并非都是会计的内容。基于会计的特点，会计人员需要处理的不是企业发生的所有活动，只有能够通过货币计量的活动，才是会计的内容，即会计交易或事项。

会计交易或事项，也叫会计事项，是指企业与信息用户相关，并导致经营实体的各项资产和权益发生变化的经济事项。❶所谓"交易"，是指企业与外部主体之间发生的价值交换行为。如收到投资者的投资、购进材料物资、销售产品等。❷所谓"事项"，是指企业内部发生的价值转移行为和一些外部因素对企业生产经营活动的直接影响。如生产产品领用材料、产品完工入库、自然灾害等不可抗拒因素给企业造成的损失等。

2. 会计交易或事项的特征

会计上所称的"交易"，其含义与通常讲的交易解释略有不同。假设企业因火灾烧毁房屋一栋，虽然从一般意义上讲不属于交易行为，但就企业本身来说因损失的发生而减少了企业资产，所以，就会计观点而言，属于会计交易或事项。相反，如果企业与他人订立购货合同或与外单位签订销货合同，是一种交易行为，但是，它并未引起企业资产、负债、所有者权益、收入、费用、利润等发生变化，就会计观点而言，不属于会计交易或事项。因此，会计上的交易或事项的特点有：❶能够以货币计量的经济事项。❷能引起企业资产、负债、所有者权益增减变动的经济事项。

特别说明：

我国企业会计准则界定的"会计交易或事项"，在会计实务中习惯上称为"经济业务"，之后章节对会计交易或事项的论述，皆以"经济业务"称谓。

形象比喻：

"辨认"，就如同大门的"警卫"或"门禁系统"筛选的功能，通过辨识者，才是会计交易或事项，确认就是判断企业活动"能否用货币量化"的初步筛选机制。

(二) 会计交易或事项的分类及简要说明

对企业活动以"能否进行货币计量"进行"筛选"或"辨认"的程序，称为"会计确认"。经过会计确认的经济业务，才是并统称为经济业务。虽然企业的经济活动各种各样，但按照经营环节，可以简单地归纳为筹资活动、投资活动、营业活动、分配活动四大类。

1. 筹资活动——钱从哪里来

筹资活动，是指企业资金的筹措或取得之交易。钱从哪里来？"巧妇难为无米之炊"，开门七件事，柴、米、油、盐、酱、醋、茶，家庭如此，企业更是如此，没有钱将一事无成。所以，筹资活动，乃企业一切活动的根本。

企业资金提供者有二：一为业主，一为债主。❶业主所提供的资金，属于自有资金，其对企业所拥有的权益（请求权），称之为业主权益（或股本）。❷债主（债权人）所提供的资金，为外来资金，其对企业所拥有的权益（求偿权），称之为负债。因此，如何筹措足够的资金，供日后投资及营运活动之用，乃

企业经营首要之务。

2. 投资活动——钱到哪里去

投资活动,是指企业将所筹措的资金,转换成企业营运上所必要的资产交易。企业通过发行股票、公司债券、银行贷款等筹措到足够的资金,即企业钱有了,接下来就属钱的用途了。

投资活动泛指资金形态的转换或资源配置,主要包括:❶实物资产投资,通常企业在进行营业活动之前,必须先投资或取得某些供营运活动使用的资产,如厂房、仓库、机器设备、办公场所等。例如要经营一家百货公司,至少要先盖或租用一栋大型建筑物,以及安装电梯、冷气等设备,一应俱全后,才能开张营业。❷非实物资产投资,如无形资产购买及其研发活动等。现代社会无形资产投资将成为企业未来竞争力的重要源泉。

3. 营业活动——赚钱过程及钱如何回收并获利

企业已通过股本及负债等筹资活动取得必要的资金,并进行投资而拥有营业活动所需要的资产或资源,万事俱备,营业活动即将开始。**营业活动**,是指企业运用资产,从事生产、制造、销售等一系列的活动,通过产品(商品)或劳务的提供,以实现创造利润的目标。简而言之,营业活动就是获利活动,通俗地讲就是投出去的钱如何收回并且能收回更多的钱。

获利是企业设立的主要目标之一。筹资与投资只是手段而已,唯有通过营业活动而将投入资金收回并获利,才是企业营运的真正目标。前述将企业界定为"营利性经济组织",其中:"营"就是营业活动;"利"就是利润。就其制造业企业而言,按照营业活动的不同内容、所处环节和特定目的,可以将其大体分为四个方面:❶原材料采购活动。❷产品生产活动。❸产品销售活动。❹其他活动。

> **理论高度:**
> 如何用钱来赚取更多的钱,用马克思政治经济学原理中的资本循环公式表示:$G—W\cdots P\cdots W'—G'$。

4. 盈余形成与分配活动——计算盈利及钱为谁而挣

公司是为股东创造盈余而存在,且使股东权益最大化。通过企业的营业活动和对外投资活动,付出去很多钱,同时也收回来很多钱,简单地讲,收回来的钱扣除付出去的钱,就是盈余(或称经营成果),前者大于后者的差额为利润,后者大于前者的差额为亏损。

虽然公司是为股东创造盈余而存在,但企业创造的盈余不一定全部分配给业主或投资者。按照《公司法》的规定,企业的盈余:首先,要弥补以前年度的亏损;其次,应提取10%的法定盈余公积;最后,向股东分派股息或红利。股息或红利的发放,是企业盈余最主要的用途,也是股东投资的主要目的之一。

> **实质:**
> 法定盈余公积,犹如个人储蓄,就是法律强制的企业储蓄。

二、会计的对象

(一) 会计的一般对象

会计对象,是指会计所要反映和监督的内容。如前所述,通过货币量化的经济活动才是经济业务,由此可知,资金是一个会计概念,是指企业活动中财产物资的货币表现以及货币本身。资金在企业经营的筹资活动、投资活动、营业活动、分配活动四个环节中,相应地会发生价值形态上的改变及其数量上的增减变化,随着企业经营活动在筹资、投资、营业、分配四个环节的循环往复,资金总是处于不断地运动和变化之中。在会计上,把经济业务发生以后所引起的资金价值形态的改变和数量上的增减变化,称为**资金运动**,也即企业会计对象。

(二)制造业企业的会计对象

由于各类企业的经营活动内容不尽相同,资金在运动过程中所呈现的具体形态也存在较大差别,下面就制造业企业的会计对象进行说明。

制造业企业的经济业务主要是制造和销售产品。在生产经营过程中,企业取得资金后,首先要用货币资金去购建固定资产并购买原材料;生产产品时,再到仓库领取原材料;生产出产品后,将其对外出售并收回已售产品的资金。这样,制造业企业的资金就依次经过供应、生产和销售三个具体阶段并在形态上发生相应的变化。

(1)**在供应阶段**,用货币购买固定资产和原材料的时候,货币资金转化为固定资金、储备资金。

(2)**在生产阶段**,车间生产产品,引起了原材料消耗、固定资产折旧、工资支付和生产费用开支,使固定资金、储备资金和一部分货币资金转化为生产资金;产品完工验收入库后,生产资金转化为成品资金。

(3)**在销售阶段**,将产品售出并取得销售收入,成品资金又转化为货币资金,同时也要支付广告费、运输费等销售费用。

在企业的供应阶段、生产阶段和销售阶段中,资金从货币形态开始,依次经过固定资金、储备资金、生产资金、成品资金,最后又回到货币资金的这一运动过程**叫做资金循环**,周而复始的资金循环**叫做资金周转**。企业在对净收入进行分配后,一部分资金就退出了循环。资金运动循环周转的具体过程如图1-1所示。

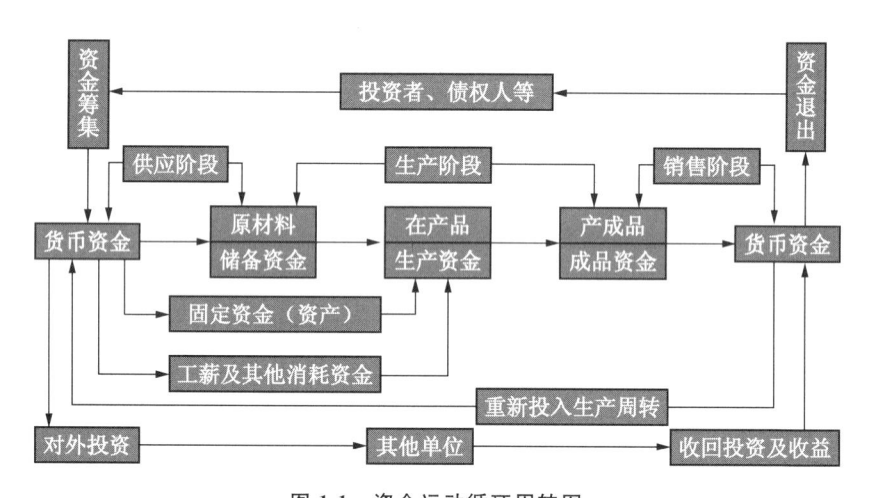

图1-1 资金运动循环周转图

第三节 会计的内涵

一、对会计的形象认识与会计信息的加工处理过程

(一)对会计的形象认识——"产品"制造及生产"工艺流程"

语言者,沟通交流之工具也。通过语言,双方互相了解并达到沟通交流的目的。会计既然作为一种"商业语言",就存在一个语言如何组织及表达方式和表达目的的问题。❶所谓"语言组织",就是将企业活动如何按照会计的程序和方法进行组织和加工成信息使用者能够听懂、有用的"言语",即会计信息。❷所谓"表达方式",就是将会计信息如何经由特定的格式——"财务报表"提供给信息使用者。❸所谓"表达目的",就是让信息使用者通过会计信息,据以评价企业经营绩效,最终目的是协助其作出合理的经济决策。

前述:❶企业为筹措资金而提供经外部审计人员鉴证的财务报表,供潜在投资人或债权人评估,作出决策。❷投资人(股东)或债权人为确保权益,要求企业提供财务报表,使营运状况得以控制。❸提供生产要素者,有权从企业获得应有的回报,而使用企业提供的商品或劳务者,有义务付予其现金或账款。所以,直观地讲,会计的功能就是通过一定的程序和方法,将企业的经济活动予以确认、衡量、记录并以财务报表的形式,通报企业的经营成果和财务状况,供企业各利害关系人进行决策。

如果将提供给信息使用者的"财务报告"理解为**"产品"**的话,那么企业活动中的经济业务就是**"原材料"**,会计程序和方法就是产品生产的**"工艺流程"**。按照信息论**"输入—转换—输出"**系统的流程,以上"原材料"属于输入、"工艺流程"属于转换、"产品"属于输出。因而我们可以将会计形象地描述为:会计,就是将经济业务这一"原材料",按照会计程序和方法这一生产"工艺流程",加工成财务报告这一"产品"的会计信息加工与输出,并协助信息使用者进行决策的系统。

(二) 会计信息的加工处理过程

既然会计的目的在于通过其"产品"——财务报告,以协助利益相关者了解企业活动内容并评价经营绩效,在此基础上制定合理的经济决策,那么,首先,要知道财务报告这一"产品"由哪些内容组成;其次,要了解这些"产品"的生产加工过程;最后,根据我们前述对会计的形象认识,可以通过一个图来理解会计信息加工处理过程,如图 1-2 所示。

特别说明:

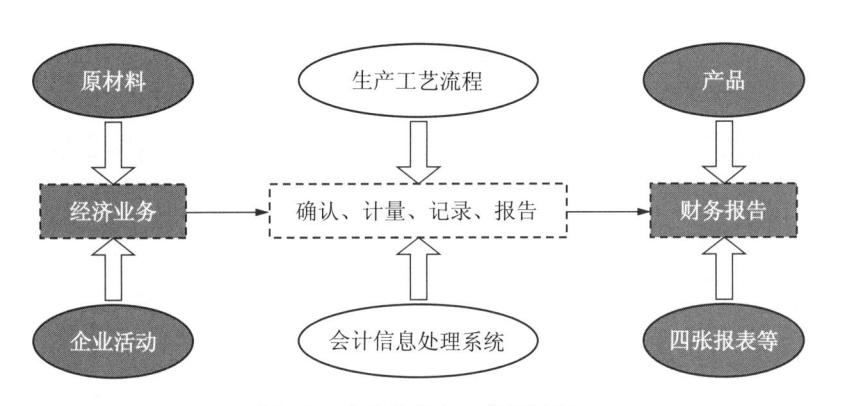

财务报告这一"产品"按其编制顺序和功能,可分为"资产负债表、利润表和现金流量表"。其中资产负债表和利润表将在第十章进行阐述,现金流量表由于涉及的内容较多,将在"中级财务会计"中阐述。

图 1-2 会计信息加工处理过程

1. 会计确认

并非所有的企业活动都能进入会计信息处理系统进行加工,而是要遵循会计处理规则,对这些"原材料"按照"能否用货币量化"这一标准进行筛

特别说明：
这不是对确认、计量等相关概念的准确定义，而是一种通俗的理解。更深入的讨论参见本书第二章的有关论述。

选、辨认，并且选择适当的时间，以恰当的名目进行登记，这一程序称为"会计确认"。当然在会计确认过程中，筛选、辨认的标准不完全是"能否用货币量化"，也包括会计人员对经济业务是否合理、合法的判断与把关——即管理。

2. 会计计量

会计确认解决了何为"经济业务"，下一步要解决的问题是如何对其衡量。对事物衡量必须具备的两个基本要件是"单位"与"工具"，例如衡量某一物品的"重量"，工具是"秤"，单位是"千克、吨"等；衡量某一物品的体积（长、宽、高），工具是"尺"，单位是"米、分米、厘米"等。经济业务衡量的"单位"主要是货币，衡量的"工具"是会计准则中的计量属性，例如企业一栋办公楼，3年前购买时支付500万元，现在市场价格是1 200万元，会计在记账时是按照500万元来记，还是按照1 200万元来记，这两个金额分别就是会计准则计量属性中的"历史成本"和"重置成本"。计量属性的选择对会计信息的质量至关重要。所以，通俗地讲，会计计量就是经济业务采用货币衡量的基础、标准或工具的选择。

3. 会计记录

登记名目和衡量标准的问题解决了，接下来的工作就是要解决记录的问题，包括记录的方法和记录的载体。会计记录并非是一项简单的记录工作，诸如会议记录、家庭日常收支的记录等，而是将货币量化的经济业务进行分类及汇总整理，并在账簿上将其前因后果或来龙去脉予以双方记载的程序，被称为"复式簿记"。这虽然是会计最基本的机械性技术，但也是会计初学者最不易理解的和必须跨越的门槛。

提示：
会计报告不仅包括会计报表，还包括报表附注和其他报告，但会计报表是会计报告的主要组成部分。

4. 会计报告

报告就是信息的交流与传递或披露。如果将货币量化的经济业务通过分类及汇总整理在账簿上予以记载的结果，理解为会计报告这一"产品"的"零件"的话，会计报告就是"零件"的组装及其"产品"向会计信息使用者的输出。所以，会计报告就是将会计信息传递给使用者，以协助其了解及评估企业的经营绩效并制定合理的决策。当然，由于市场竞争的加剧与保护"商业秘密"的需要，财务会计信息披露的范围和内容也值得研究。对会计报告的加工、组成及作用如图1-3所示。

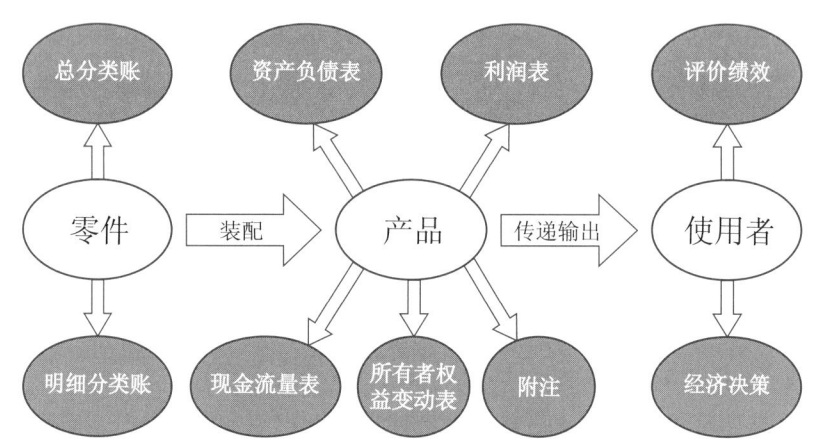

图1-3 会计报告的加工、组成及作用

二、会计的目标

会计目标,是指在一定的会计环境中(主要为企业组织形式),人们期望通过会计活动达到的结果。会计目标源于会计信息使用者的需求,要解决两个方面的问题:**第一**,向谁提供会计信息——谁是会计信息的使用者;**第二**,提供什么样的会计信息——会计信息的使用者需要什么样的会计信息。在会计发展阶段的古代会计和近代会计虽然也有其目标,但严格意义上会计目标主要是指**现代财务会计目标**。在现代会计阶段,国内外关于会计目标的表述主要有以下两种颇具代表性的观点。

(一) 决策有用观

决策有用观认为,企业财务会计的目标就是向会计信息的使用者提供与其作出经济决策相关的信息,主要包括企业财务状况、经营成果和现金流量等方面的财务信息。其目的在于帮助投资者和债权人等作出投资或贷款等经济决策。投资决策是投资者权衡利弊,并最终决定将持有的资金具体投向哪一个企业的过程。在这一过程中,企业提供给投资者的财务状况和经营成果等信息是投资者作出投资决策的重要参考依据。同理,企业提供给债权人的相关信息也是债权人作出贷款决策的重要参考依据。

(二) 受托责任观

受托责任观认为,企业的经营管理层(包括企业的会计)既应承担有效管理和运用受托资源并促使其保值增值的责任,也应承担如实向委托方报告受托责任的履行过程及其结果的义务,以便于投资者和债权人等对企业管理层的经营业绩进行考核。因为,作为委托方的投资者和债权人等是企业资源的提供者,企业的经营管理层作为资源管理的受托方接受投资者和债权人等的委托,负有以上不可推卸的责任与义务,同时还负有重要的社会责任,如保护企业社区的良好环境、培养人力资源等。

以上关于会计目标的学术观点为世界各国的会计准则制定机构所认同,并作为建立本国会计目标的主要理论依据,但对两种观点的采纳程度有所不同。有些国家只采纳了其中某一种观点,有些国家则兼蓄并用,但对以上两种观点的排列顺序可能存在一定差异,或决策有用观在先,受托责任观居后,或相反。

(三) 我国《企业会计准则》对会计目标的规定

我国现行的《企业会计准则》中关于企业会计目标的表述,全面体现了以上两种会计目标的学术研究观点,并且采取了将受托责任观排列在先、决策有用观排列在后的做法。如我国《企业会计准则——基本准则》第四条指出:"企业应当编制财务会计报告。财务会计报告的目标是向财务会计报告使用者提供与企业财务状况、经营成果和现金流量等有关的会计信息,反映企业管理层受托责任履行情况,有助于财务会计报告使用者做出经济决策",并同时指出"财务会计报告使用者包括投资者、债权人、政府及其有关部门和社会公众等"。

三、会计的职能

职能是指某一事物本身所固有的功能。会计职能是指会计在经济管理中客观存在的功能。目前比较一致的观点,认为"反映"与"监督"是会计的两大基本职能。

特别说明:
学术界普遍认为会计的两大基本职能为"核算"与"监督"。2019年,初级会计职称考试的考试大纲中也写明会计基本职能为"核算"与"监督"。但随着社会发展和信息化手段的广泛运用,"核算"职能在会计工作中的重要程度有所下降,且不能很好地概括会计职能,笔者结合其多年工作经验,将"核算"职能引申为"反映"职能。

(一)会计的反映职能及其特点

通过前文对会计确认、计量、记录和报告的阐述,我们已经知道,会计是对企业的经济活动在会计确认和计量的基础上所进行的记录和报告,以达到揭示经济业务的本质,为经营管理提供经济信息的目的。它可概括为会计的反映职能,并具有如下特点:

1. 会计以货币作为主要计量单位

会计从数量上反映经济活动时,要用到实物、劳动和货币三种量度,但应以货币量度为主。因为:❶**实物量度**,是用来核算不同物资的实物数量而采用的计量单位,虽然具有直观性并能够提供经营管理上所需的各种实物指标,但它只能用来汇总同一种财产物资,不能用来汇总不同种类的财产物资,更不能汇总各种不同的经济活动。❷**劳动量度**,是用来核算经营活动中消耗的劳动量(工作时间)或单位产品所耗用的劳动量而采用的计量单位,虽然有助于确定某一具体工作过程中劳动耗费数量并合理地安排工作时间,但不能对各类人员的劳动量进行综合汇总,各种劳动时间直接相加也不能表明单位的劳动总成果,因为有简单劳动和复杂劳动之区别。❸**货币量度**,则具有同质性,量可相加汇总,能够对各种财产物资和劳动量的价值统一量化。为了克服实物计量单位的差异性和劳动计量单位的复杂性,会计核算应以货币量度为主来综合反映企业经营活动的过程和结果,为经营管理提供所需的价值指标。

2. 会计反映具有完整性、连续性和系统性

(1)所谓完整性,一方面是指应由会计反映的经济业务,不能遗漏和任意取舍;另一方面是指要将经济业务引起的资金运动的来龙去脉反映出来,这样就能反映经营活动的全过程。

(2)所谓连续性,是指会计在反映经营活动时,应按其发生时间的先后顺序依次不间断地进行登记。

(3)所谓系统性,是指会计对经济业务的反映,既要全面相互联系地记录,还必须进行科学的分类,使之成为系统化的会计数据,即加工成有用的会计信息,便于信息使用者有效利用。

3. 会计反映过去已经发生的经济活动并以凭证为依据

企业单位发生的任何经济业务,要想纳入会计核算系统,必须通过合法渠道取得书面凭证,这种凭证只有在每项经济业务发生以后才能取得,并具有可验证性,这是保证会计所提供的信息真实可靠的基础。

(二)会计的监督职能及其特点

在前述对经济业务进行会计确认、计量、记录和报告的过程中,会计要按照一定的目的和标准,利用会计反映所提供的会计信息,对经济业务的合法性、合理性和有效性的审查和控制。例如,某公司的采购员牛轶群到外地签订一份采购合同,回来后报销差旅费,带回来的是一些住宿、交通和餐饮业的发票、单据,以及在朋友或亲戚家住宿两个晚上的证明等,会计人员在对这一经济业务进行会计处理时:❶要对这些发票、单据和证明,按照能否进行货币量化进行筛选和辨认,其中在朋友或亲戚家住宿两个晚上的证明,就不能够进行货币量化,所以不属于经济业务。❷要对这些虽然能够进行货币量化的发票和单据的合法性进行判断,如有一张不合法的绕道车票,不能予以报销,同样也不属于经济业务。❸同意报销的金额与牛轶群提交的发票单据的金额可能不一致,将报销后的现金付给牛轶群或冲销她原预借的款项。❹定期根据记录的结果对费用进行加工处理、编制报告。上述对差旅费报销这一经济业务的确认、计量、记录与报告中都需要进行审核,包括会计人员通过对凭证的审核来判断该项活动是否存在、是否真实,发生的差旅费金额是否符合报销标准和预算要求。审核的过程和内容,可概括为会计的监督职能,并具有如下特点:

1. 会计监督具有强制性和严肃性

会计监督所依据的主要标准有:国家的财经法规和财经纪律、会计准则制度、单位内部控制制度、计划和定额等。

2. 会计监督贯穿于企业经营活动的全过程

(1) 事前监督,是指依据会计的监督标准,采用预测方法,分析未来发生的经营活动可能达到的预期结果,保证其与计划目标一致。

(2) 事中监督,亦称日常监督,主要采用控制和审核的方法对经营活动过程进行检查和分析,及时发现问题并查明原因,督促有关部门采取措施并加以解决,使其按照预定的目标和要求进行。

(3) 事后监督,是指对已经完成经营活动的合法性、合理性和有效性进行考核和评价。

3. 会计对经营活动的监督,包括合法性、合理性和有效性监督

(1) 合法性监督,是指对企业发生的经济业务是否符合国家有关法规制度进行的监督。它是会计监督的首要任务,其目的是保证经营活动在法律法规允许的范围内进行。

(2) 合理性监督,是指依据节约和效率等经营管理要求方面进行监督。其目的是发现和揭露企业管理中存在的问题,为提高经营管理水平献计献策。

(3) 有效性监督,一般来讲,合法、合理的经营活动,通常是要产生经济效益的,但在某些特殊情况下,也可能发生合法不合理、合理不合法、合法合理又未必合算的情况。

(三) 会计反映与会计监督的关系

会计的反映职能和监督职能相互依赖、不可分割。**首先**,如实核算是实施会计监督的基础,认真履行监督职能则是如实核算的保证;**其次**,没有核算,会计监督就失去了存在的基础或前提;**最后**,没有监督,会计核算就失去了保障,会计信息的价值就会降低。

四、对会计的进一步认识——会计的定义

(一) 有关会计定义的代表性观点

关于会计的定义,各国会计理论界和实务界曾经历了一个长期的争论

和探索过程,由于研究者对会计认识的角度不同,所给出的定义也不完全相同,存在着诸多观点,如"技术论""工具论""信息系统论"和"管理活动论"等。目前,关于会计的定义在我国也没有形成共识,主要有两种具有代表性的观点。

1. 会计信息系统论

1966年,美国会计学会在其发表的《会计基本理论说明书》中明确指出:"从本质上讲,会计是一个信息系统"。这种观点于1980年被引入我国,葛家澍、唐予华教授在1983年将其表述为:"会计是旨在提高企业和各单位的经济效益、加强经济管理而建立的一个以提供财务信息为主的经济信息系统"。该观点将会计视为一种方法来加以论证,将会计信息系统作为企业管理信息系统的子系统,其本质是向预定的会计信息使用者提供其进行经济决策所需的信息。同时,根据会计信息使用者的不同,又将会计信息系统划分为功能各异的两个部分:❶财务会计信息系统,为企业外部会计信息使用者提供财务信息的系统。❷管理会计信息系统,为企业内部的经营管理层提供管理信息的系统。

2. 会计管理活动论

会计管理活动论认为会计的本质是一种经济管理活动,强调会计的管理功能以及会计人员这一重要因素。正如1982年杨纪琬、阎达五教授所指出的:"会计这一社会现象属于管理活动范畴,是人的一种管理活动。会计的功能总是通过会计工作者从事的多种形式的管理活动实现的"。该观点将会计视为一种工作和一种人的管理活动。有的教科书将会计表述为:会计是经济管理的重要组成部分,是以提高经济效益为目的的一种管理活动;有的教科书将会计表述为:会计是以货币为主要计量单位,采用一系列专门的程序和方法,对社会再生产过程中的资金运动进行核算和监督的活动。

对会计管理活动论的理解可以从四个方面把握:❶从管理形式来看,是以货币为主要计量单位的价值管理。❷从管理方法来看,是通过会计确认、计量、记录和报告的程序并采用一系列专门方法。❸从管理内容来看,是社会再生产过程中的资金运动。❹从管理职能来看,会计在经济管理中所具有的基本职能是反映和监督。

(二)"管理活动论"与"信息系统论"的融合

通过以上各节对企业活动的描述及会计信息加工处理过程的了解,并清楚了会计目标之后,我们认为"信息系统论"和"管理活动论"两种观点,其实并没有矛盾与冲突,只是两者强调的侧重点有所不同。❶"信息系统论"侧重于会计信息的加工与输出,强调以"核算"为基本职能的方法本身。❷而"管理活动论"侧重于会计是一项以会计人员为主体的管理工作,强调以"监督"为基本职能的会计目标。事实上提供信息的目的是为了管理,管理中离不开信息,会计在提供会计信息的过程中,始终贯穿着管理的内容,即会计是以会计信息系统为基础的管理活动。基于以上的认识,我们可以对会计的定义作以下归纳:**会计**,是以货币为主要计量单位,对经营活动经由会计确认、计量、记录和报告的程序,进行连续、系统、全面的核算和监督,加工生成会计信息并提供给信息使用者，据以进行绩效评价并协助其作出合理经济决策的一种管理活动。

第四节 会计职业与会计学科体系

"职业是一个人准备以它作为谋生手段以前需要多年学习和训练的一种事业。这个术语……也包含献身于某一目标而不是为了谋生的意思。"这段话包含两层含义：职业一方面是我们谋生的手段；另一方面，它也是我们为此献身的一项事业。人一生追求的幸福来源家庭和事业两个方面。当我们选择会计作为终生相伴的职业时，应当明确以下几个方面的内容：❶会计（职业）是干什么的？❷从事会计职业应具备的技能与知识体系如何得到？❸会计作为一个加工信息（无形）的职业，它更强调诚实和守信，强调坚守一些基本的原则——职业道德。

学习会计的十个理由

一、会计职业与会计职业证书

(一) 会计职业与会计人员

前述作为社会组成部分的各类组织，按照营利性这一标准可以分为营利组织或企业以及政府与非营利组织。会计主要是为这些组织服务的。把服务于前者的会计称为企业会计，把服务于后者的会计称为政府与非营利组织会计。另外，把会计师事务所这一行业称为公共会计。会计人员及其所从事的职业大体可分为下列三种。

1. 企业会计人员

企业会计人员，是指在企业机构从事财务会计、成本会计、管理会计、税务、预算及会计信息系统等工作的人员。由于现代会计主要是针对企业的经济活动来展开研究的，所以，本书以企业会计为重点。企业会计主要包括以下内容。

(1) **财务会计**。财务会计的主要功能，在于将企业经营活动按照财务会计程序和一般公认会计原则，加工成能真实准确地表达企业的财务状况、经营成果及现金流量情形的财务报告，并使不同企业之间及同一企业不同时期的会计报告进行比较，以协助信息用户作决策。另外，税务会计也是企业财务会计的一项重要工作，即根据税法的要求，计算和缴纳企业应缴的各项税收，以及在不违反税法的情况下进行税务筹划，以降低企业的税收负担。

(2) **成本会计**。成本会计的重点，是记录企业生产产品所耗用的资源，即成本。成本会计介于财务会计和管理会计之间，负有双重任务。❶对**财务会计而言**，成本会计是计算各种产品或作业的成本，并将出售的产品及库存存货成本表达在企业的经营成果与财务状况表中。❷就**管理会计而言**，是将成本会计产生的详细数据，用于解决相关的管理问题，以协助管理者达成计划性的目标，并建立管理数据的整体系统。

(3) **管理会计**。管理会计为成本会计的延伸，与财务会计最大的不同点，在于其信息主要供企业内部管理人员应用，其数据的收集不限于账簿上

会计岗位：

一般而言，企业财务会计部门应设置出纳、各会计核算岗位（如固定资产、材料、往来账款、销售等核算岗位）、税务会计、总账会计、主管会计等。

所记载的,且信息的产生亦无一定的规则,重点在于各项信息只要对管理决策有帮助即可提供,故管理会计报表的编制亦不必严格遵守一般公认的会计原则。

2. 注册会计师

注册会计师是一项超然独立的专门性职业,提供企业财务报表鉴证及相关服务,并收取费用。注册会计师主要提供以下服务:

(1) **审计**。 俗称查账,是注册会计师的主要业务之一。凡具备一定规模的企业如上市公司,必须聘请注册会计师,为企业的财务报表加以查核、验证并提出专业意见,说明报表的编制,是否符合一般公认的会计原则,是否公允地显示企业的财务状况、经营结果与现金流量变动。企业的财务报表经注册会计师查核鉴证后,更能获得会计信息使用者的信赖。

(2) **税务服务**。 对企业提供税赋的计算、申报及税务规划服务。因税务法令规定繁杂,一般企业有关税务性的工作都会聘请注册会计师协助,以达节税之目的。

(3) **管理咨询服务**。 对企业提供会计信息系统的构建、存货控制、财务规划等。近年来注册会计师的管理顾问工作日增。因许多企业缺乏专业管理人才,致使其寻求注册会计师提供管理服务,许多会计师事务所会单独设立管理咨询服务部门。

> 提示:
> 注册会计师执照的取得必须通过注册会计师考试。

3. 政府会计人员

政府会计人员是指在政府机关从事会计或审计工作的人员。其他非营利组织,如医院、学校等,与政府机构相类似,都不是以营利为主要目标,因此亦仿效政府会计,建立一套非营利组织的会计制度。

(二) 会计职业证书

会计是每一个组织中最重要的岗位之一,初学者应该对自己的职业生涯有一个预期和计划,在会计职业晋级道路上,有些岗位是必须取得一定的资格或证书才可以担任的。

1. 会计职称系列

会计职称一般在单位评薪和评级时使用。❶在我国,会计职称分助理会计师、中级会计师和高级会计师三个级别。❷其对应的职称资格考试为初级会计职称考试、中级会计职称考试和高级会计职称考试。❸此外,根据《会计专业职务试行条例》,参加职称考试还有一定的学历和工作年限限制:

(1) 初级会计职称考试:参加初级会计职称考试,需具备国家教育部门认可的高中毕业以上学历。

(2) 中级会计职称考试:参加中级会计职称考试,需:❶取得大学专科学历,从事会计工作满5年。❷或取得大学本科学历,从事会计工作满4年。❸或取得双学士学位或研究生班毕业,从事会计工作满2年。❹或取得硕士学位,从事会计工作满1年。❺或取得博士学位。

(3) 高级会计职称考试(考聘结合):❶取得博士学位并担任会计师职务2~3年。❷取得硕士学位、第二学士学位或研究生班结业证书,或大学本科毕业并担任会计师职务5年以上。

2．执业资格系列

执业资格是政府对某些责任较大、社会通用性强、关系到公共利益的专业技术工作实行的准入控制,获取资质的人可以依法独立开业或独立从事某种专业技术服务。

（1）注册会计师（CPA）：❶资质：申报人员经考试合格后颁发"注册会计师执业资格证书",可以从事审计、统计、经济等专业工作。❷报考条件：具有高等专科以上学历,或者具有会计或者相关专业中级以上技术职称的。

（2）特许公认会计师公会（The Association of Chartered Certified Accountants，ACCA），是目前世界上领先的专业会计师团体,ACCA 资格被认为是"国际财会界的通行证",许多国家立法许可 ACCA 会员从事审计、投资顾问和破产执行工作。

（3）特许管理会计师公会（The Chartered Institute of Management Accountants，CIMA），是全球最大的国际性管理会计师组织,CIMA 会员资格考试的考试内容不局限于会计内容,而是涵盖了管理、战略、市场、人力资源、信息系统等方方面面的商业知识和技能。

以上会计执业资格系列考试,考试难度大,就业前景好,考生考试合格后可进入大型跨国企业、会计师事务所、审计师事务所等从事高端会计职业。

二、会计学科体系——会计职业教育的课程体系

（一）会计学科体系的概念及其形成

会计学是研究会计理论和方法的一门经济管理科学。人们不断地把在会计工作中获取的经验加以总结,找出其内在的规律,将其系统化形成了会计学。从企业的组织形式与会计的产生及发展的描述中可以看出,生产力的发展及其外部经济环境对会计提出了不同的要求与限定,从而推动了会计学科的发展。尤其是近几十年来,人们将信息论、控制论、系统论、行为科学等引入会计学领域,使会计学的内容更加丰富,形成了一个完整的会计知识体系,也就是会计学科体系。会计学科发展现状如图 1-4 所示。

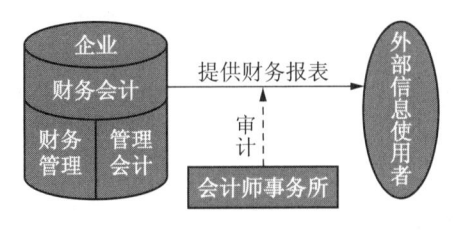

图 1-4 会计学科体系框架图

在图 1-4 中,财务会计、管理会计与财务管理都存在于企业内部,其中：管理会计和财务管理面向公司管理当局,为他们更有效地管理企业提供各种信息；财务会计则是以外部信息使用者为导向,向外部使用者提供反映企业管理者经营管理业绩的信息。由于财务会计信息是由企业内部人员提供

给外部使用者的，为确保财务报表信息的可靠性，应该由独立于企业的职业会计人员进行鉴证，这就构成了审计的内容。上述四个方面相互配合，构成了目前会计学科的大致框架。

（二）会计职业教育的课程体系

会计学科体系的构成可以从不同的角度进行分类，其研究的内容也非常丰富，本书仅从会计职业教育的课程体系方面，来阐述会计学科体系所要研究的内容。

（1）**会计学原理**，亦称会计学基础、基础会计学，该课程主要阐述会计的基本理论、基本方法和基本技能。它主要研究会计的基本概念、记账原理、账务处理程序和方法、会计凭证、账簿和报表，介绍会计要素的确认、计量、记录和报告的基本知识等。它是进一步学习会计学科体系其他课程的基础。

（2）**财务会计学**，该课程主要阐述处理各项会计要素以及财务报表编制的基本理论与方法。研究如何根据企业已经发生的经济业务，通过对会计要素的确认、计量、记录和报告，提供其财务状况、经营成果和现金流量的信息，以满足外部会计信息使用者的需要。

（3）**成本会计学**，该课程主要阐述企业的成本核算和成本管理的理论和方法，研究成本管理及降低成本的途径，为企业经营管理决策提供所需的各种成本信息，主要包括成本预测方法、成本计划的编制、实际成本的计算、成本分析、成本控制及成本决策方法等。

（4）**管理会计学**，该课程主要阐述企业如何利用会计信息和其他有关信息对企业进行经营管理，使企业进行最优决策的基本理论和方法，主要包括预测决策会计、控制会计、责任会计等。管理会计是以现代管理科学为基础，以改善企业经营管理为目的，所提供的信息主要是面对企业内部管理人员，因此也称为对内报告会计。

（5）**审计学**，该课程主要阐述对企业经营活动的合法性、合理性、效益性进行监督检查的基本理论和方法。审计的监督和检查，主要是通过检查会计凭证、账簿和会计报表来进行的，主要包括审计的基本理论与方法、财务审计、财经法纪审计、经济效益审计等。

（6）**财务管理学**，该课程主要阐述企业如何筹集并运用资金的理论和方法，主要包括投资、融资、财务分析与预测、企业兼并重组与清算等。

（7）**会计信息化**，该课程主要阐述利用电子计算机来处理会计数据资料的理论、方法和技术。包括电算化会计处理系统的分析、设计和电算化软件的具体运用。

三、会计职业与会计伦理

会计人员能否合格地履行会计职能并实现会计目标，取决的因素很多，其中企业经理人（包括会计人员）的知识、技能与能力无疑是非常重要的因素，但是企业经理人（包括会计人员）与外部审计人员的职业操守，也是一个非常重要与不可或缺的因素。2001年的安然事件乃至2007年爆发的全球金融危机一再测试法令与管制的极限，这些事件都起源于立法与司法堪

其他因素：

其他会计信息使用者的素质也会影响会计目标的实现，正因为如此，不从事会计职业的人员，也有必要学习一些基础的会计知识。

称完备的国家。然而过度强调法令与管制的同时,伦理与道德却被忽略,甚至被认为是空谈。殊不知在欠缺道德或伦理意识的社会里,法令与管制并无法确保个人的自由与社会的秩序。由于会计在经济社会所扮演的角色极为重要,会计人员以及外部审计人员的道德与操守不容忽视。有鉴于此,美国的管理会计人员协会、美国会计师协会、国际会计师联盟等会计或审计专业团体,均有制定职业道德规范,约束其会员,以免玷污专业,危害社会。例如美国的管理会计人员协会对"伦理"的定义为:广义而言,伦理涉及个人行为中,道德上的好坏与对错;伦理乃是将诚实、公正、负责、敬业与同理同心等价值应用于日常决策上。其最高伦理原则包括:诚实、公正、客观及负责,而其伦理准则包括:称职、守密、正直与可信。这些原则与准则可以帮助会计人员面对公事与私谊,以及公司利益与社会利益等冲突时,作出合宜的决定。《财政部关于开展会计职业道德宣传工作的通知》中将会计职业道德概括为:爱岗敬业、诚实守信、廉洁自律、客观公正、坚持准则、提高技能、参与管理、强化服务八个方面。

第五节 会计核算方法

会计作为一个对企业经济活动经过会计确认、计量、记录和报告的会计信息系统,其目标是向会计信息使用者提供有助于其进行决策并反映管理层受托责任履行情况的会计信息,因此,如何收集、整理、加工和传输会计信息的手段与工具——会计方法就显得特别重要。

一、会计方法的组成及其关系

会计方法,是指用来核算和监督会计对象并实现会计目标的手段或工具。包括会计核算方法、会计分析方法和会计检查方法。

(1) **会计核算方法**,对会计主体的经济业务进行连续、系统、完整的核算和监督所运用的一系列手段或工具。

(2) **会计分析方法**,利用会计核算资料,对会计主体经济活动的效果进行分析和评价的方法。

(3) **会计检查方法**,又称审计,根据会计核算过程与结果,检查经济活动是否合理合法,会计核算资料是否真实准确的方法。这三种方法紧密联系、相互依存,构成了一个完整的方法体系。其中,会计核算方法是基础,会计分析方法是会计核算方法的继续和发展,会计检查方法是会计核算与会计分析方法的保证或必要的补充。作为会计职业教育课程体系的基础,本书重点介绍会计核算方法。

二、会计核算方法

会计核算方法主要包括以下7种专门方法。

(一) 设置会计科目与账户

会计科目,笼统地讲,就是会计记录的基本要素,具体来讲就是对会

特别说明:

这里不是对设置账户、复式记账等有关会计核算方法概念的准确定义,而是一种简要通俗的说法。更深入的讨论参见本书从第二章开始的有关论述。

对象的具体内容进行分类记录的项目或名称。设置会计科目，就是通过会计科目对发生的经济业务进行归类，即对号入座。

由于会计科目所包含的内容会发生金额上的增减变化，如何反映其增减变化，在会计上，通过为每一个会计科目开设一个具有一定格式与结构的账户，以分门别类地记录各经济业务的增减变化过程及结果。所以，设置账户，就是对经济业务的具体内容按照会计科目进行归类并记录其增减变化的工具。账户的基本结构由会计科目名称、左方或借方金额、右方或贷方金额三部分组成。最简单的账户如图1-5所示的"T形账户"。

会计科目名称

左方或借方金额	右方或贷方金额

图1-5 "T形账户"图

（二）复式记账

相对于单式记账的**复式记账**，笼统地讲，就是对每一笔经济业务的来龙去脉所涉及的会计科目，在账户中进行双方面记录的方法。一般人在记录个人财产账目时，通常只是就事论事的单方面记录，例如，小李花100元买了一只茶杯，通常只记录自己的现金减少了100元，这就叫做"单式记账"。然而单式记账并不能把一笔经济业务完整地记录下来，如果时间久了，小李看他的记录，只能知道哪一天花了100元，却想不起来这100元买了什么。如果要完整地记录一笔交易，小李应该同时记录下现金减少100元，且增加了一只100元的茶杯。这就是"复式记账"。换句话说，复式记账意味着企业进行的每一笔经济业务至少会影响到两个或两个以上的会计科目金额，同时会计记账时必须将经济业务影响所涉及的会计科目从来龙、去脉两方面的金额在账户中加以记载。

（三）填制与审核会计凭证

会计凭证，通俗地讲，就是会计记录的凭据与证明，包括：❶原始凭证，记录和证明经济业务发生及具体内容的书面证明。❷记账凭证，经会计人员审核无误的原始凭证，按照前述的设置会计科目与账户进行会计确认与计量，采用复式记账法编制会计分录，并作为会计账簿记录的依据。因此，填制与审核会计凭证是为会计记录提供完整、真实的原始资料，保证会计记录完整、正确的一种专门方法。

（四）登记账簿

会计账簿，简单地讲，就是将若干张账页装订在一起的账本。登记账簿，是将记账凭证上所编制的会计分录连续、系统、全面地记录在账页上的一种专门方法。作为会计信息生产的一个环节，通过登记账簿就能将一定时期内分散在记账凭证上的经济业务进行连续的分类与汇总，为会计信息系统最终"产品"——会计报告的编制，提供某一类经营活动完整的会计信息资料。

> **提示：**
> 账户在会计实务中体现为具有一定格式与结构的账页。

(五)成本计算

成本计算,是指按照一定的成本计算对象来归集已发生的各项费用,从而确定各成本计算对象总成本和单位成本的一种专门方法。成本计算是企业经济核算的中心环节,凡是独立核算的企业都必须进行成本计算。例如,产品制造业企业既需要计算各种原材料的实际采购成本,又需要计算各种产成品的实际生产成本和当期实际发生的销售成本。正确地进行成本计算,也是企业正确地计算利润的前提。

> **提示:**
> 狭义的成本计算主要指制造业企业的产品成本计算。

(六)财产清查

财产清查,是指通过对库存现金、材料物资等实物的实地盘点,对银行存款和往来款项的账目核对,以查明账存数与实有数是否相符的一种专门方法。企业应定期或者不定期地对各项财产物资和往来款项进行清查、盘点和核对,对其账实不符的情况应查明原因,明确经济责任,并调整账簿记录,使账存数与实存数相等,以保证会计核算资料的真实性。

(七)编制财务报告

财务报告,是根据账簿记录,以一套表格体系的形式,反映某一会计主体在一定时日的财务状况和一定时期内的经营成果的一种专门方法。编制财务报告,就是在账簿记录的基础上对会计核算资料的进一步加工和整理。

第二章　会计要素与会计等式

第一节　会 计 要 素

一、会计要素的概念及分类

(一) 会计要素的概念及作用

前述企业经营活动中能够用货币计量的内容统称为经济业务。企业的经济业务：❶从企业的经营环节上来看，包括筹资环节、投资环节、营业环节和财务成果的计算与分配环节。❷从各个环节上来看，包括的内容又林林总总、包罗万象，且用途目的不同、内容特征不同，有些内容还相互交叉。这些纷繁复杂的经济业务虽然允许进入会计信息处理系统，但如何进入并以什么样的形式进入？即在会计信息处理系统中如何记录，便是人们首先要考虑的问题。比较简捷和有效的方法是按照经济业务的特征对其进行分解和归类，使之成为独立的范畴并具有特定的含义，形成固定的会计术语来界定或描述。所以，会计要素，是指对经济业务按其经济特征进行归类并予以抽象概括的会计专业术语。

> **进一步理解：**
> 会计要素是会计对象的具体化，是反映会计主体的财务状况和经营成果的基本单位。

(二) 会计要素的分类

由于政治、经济、法律和文化等因素的差异，世界各国和地区的会计准则对会计要素构成内容的规定不尽相同。我国《企业会计准则——基本准则》规定："企业应当按照经济业务的经济特征确定会计要素。会计要素包括资产、负债、所有者权益、收入、费用和利润。"以上六大会计要素按照其作用可归纳为以下两大类。

(1) 资产负债表要素，是反映企业财务状况的会计要素，是企业在一定时点(月末、季末、半年末、年末)资金运动的静态表现，包括：资产、负债和所有者权益三个要素。

(2) 利润表要素，是用来反映企业经营成果的会计要素，是企业在一定期间(月度、季度、半年度、年度)资金运动的动态表现，包括：收入、费用和利润三个要素。

以上对会计要素的分类如图2-1所示。

二、资产负债表要素

(一) 资产要素

1. 资产要素的定义及特征

资产，是指企业过去的经济业务形成的、由企业拥有或者控制的、预

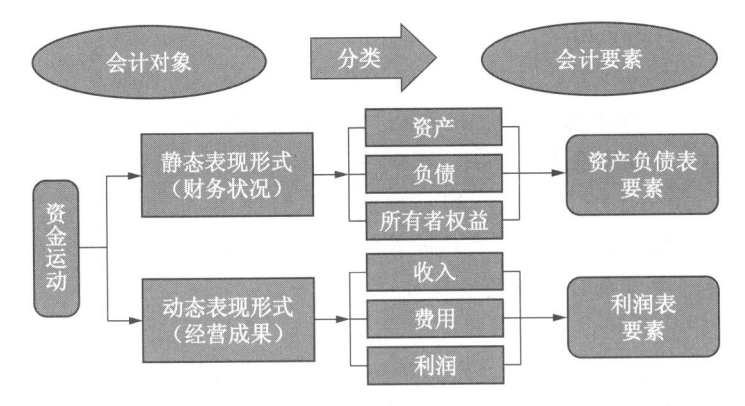

图 2-1 会计要素的分类

期会给企业带来经济利益的资源。根据资产的定义,资产具有以下基本特征:

(1) 资产由过去的经济业务形成。企业过去的经济业务包括购买、生产、建造行为以及其他经济业务。预期在未来发生的经济业务不形成资产。

【例 2-1】 某企业计划在年底购买一批机器设备,8 月份与销售方签订了购买合同,但实际购买行为发生在当年 12 月份,则企业不能在 8 月份将该批设备确认为资产。

【例 2-2】 某公司正在与一大客户进行买卖合同的谈判,如果谈判成功,对方将签约购买公司价值 2 000 万元的商品,并将预付 25% 的款项 500 万元。那么,这 500 万元是否可以作为资产呢?答案是否定的,因为它只是一个可能的结果,而不是已经发生的客观存在。

(2) 资产由企业拥有或者控制。这是指企业拥有某项资源的所有权,或者虽然不拥有某项资源的所有权,但该资源能被企业控制。会计意义上的控制概念类似于但不完全等同于所有权的法律概念。

【例 2-3】 若某企业分期付款购买一辆汽车(如每月支付 2 575 元,共 36 个月),那么直到支付完最后一期款项为止,所有权才让渡给买方,这时这辆汽车才从法律意义上属于企业。但是,如果企业已经在使用这辆汽车,那么就视为完全控制了它并应该把它作为该企业的一项资产。

【例 2-4】 某企业租入的机器设备,虽然从法律形式来看,企业在租赁期内并不拥有该资产的所有权,但由于租赁合同中规定的租赁期很长,接近该资产的可使用年限,在租赁期内,承租企业有权支配该资产,并从中受益。从实质上看,承租企业能够控制该项资产所创造的未来经济利益。因此,在会计核算中应将租入的机器设备视为企业资产。

> 请思考:
> 企业借入的资金是否属于资产?

(3) 资产是一种预期会给企业带来经济利益的资源。这是指直接或者间接导致现金和现金等价物流入企业的潜力。当企业拥有或控制的资源已经不能为企业带来经济利益时,则该资源不能确认为企业的资产。

【例 2-5】 望远公司是一家制造企业。❶银行存款账户上的存款是一项资产,因为它们可用于购置其他资源。❷客户欠公司的款项是一项资产,因为为收回时可产生现金流入。❸公司制造的产品及半成品是资产,因为预计未来它们可以销售出去。❹机器设备及其他制造工具也是资产,因为它们可用于未来产品的生产活动。但是,因损坏或陈旧过时而卖不出去的产品或报废的设备,则不再属于企业的资产,虽然它们归企业所有,但是不能产生现金流入。设想有两台机床,其中 A 机床型号陈旧老化,自新机床 B 投入使用后,A 机床一直未再使用且预期将不再使用,也就不能产生经济利益,因此,A 机床不应作为资产反映在资产负债表中。

2. 资产要素的分类及构成项目

企业的资产可以按照不同标准进行分类。❶按照资产的隶属关系,可分为自有资产和租入资产。❷按照资产是否可以直接表现为货币形态,可分为货币性资产和非货币性资产。❸按照资产是否具有实物形态可分为有形资产和无形资产。❹按照资产的流动性(变现能力),可分为流动资产和非流动资产。其中最主要的分类是按照资产的流动性分类。

(1) 流动资产,是指在 1 年以内或超过 1 年的一个营业周期内变现、出售或耗用,或者主要为交易目的而持有,或者预计在资产负债表日起 1 年内(含 1 年)变现的资产。制造业企业的营业周期,是指企业从外购材料和设备开始,到实现销售商品或提供劳务而产生的现金流入所经历的期间。一般一个营业周期都在 1 年以内。流动资产一般包括以下主要项目:❶库存现金,是指存放在企业可随时用于支付的现款。❷银行存款,是指企业存放在开户银行账户中的款项。❸交易性金融资产,是指企业为了近期内出售而持有的金融资产,包括企业以赚取差价为目的从二级市场购入的股票、债券或基金等。❹应收票据,是指企业通过商业信用销售商品、提供劳务等而收到的商业汇票,包括银行承兑汇票和商业承兑汇票。❺应收账款,是指企业因赊销商品、提供劳务等经营活动应收取未收到的款项。❻预付账款,是企业在购买产品、接受提供劳务等活动中,按照合同规定预付给对方的款项。❼其他应收款,是企业在日常经营活动中除应收票据、应收账款、预付账款等以外的其他应收及暂付款项。❽存货,是指企业在日常活动中持有以备出售的产成品或商品、处于生产过程中的在产品、在生产过程或提供劳务过程中将被耗用的各种材料和物料等,主要包括:原材料、在产品、库存商品。

(2) 非流动资产,是指流动资产以外的资产,主要包括长期股权投资、固定资产、无形资产和长期待摊费用等。非流动资产一般包括以下主要项目:❶长期股权投资,是指持有时间超过 1 年(不含 1 年)、不能变现或不准备随时变现的股票和其他投资。企业进行长期股权投资的目的,是为了获得较为稳定的投资收益或者对被投资单位实施控制或影响。❷固定资产,是指企业为生产商品、提供劳务、出租或经营管理而拥有的、使用寿命超过一个会计年度的有形资产,如生产用厂房、仓库、机器设备和运输工具等。❸无形资产,是指企业拥有或控制的、没有实物形态的非货币性资产,包括专利权、非专利技术、商标权、著作权、土地使用权等。❹长期待摊费用,是指企业已经发生但应由本期和以后各期负担的、分摊期限在 1 年以上的各项支出和费用,包括新建企业在筹期间发生的各种管理性质的支出,以经营

例外情况:

大型成套设备制造及房地产公司建设商品房等,其营业周期长于 1 年的情况,此类企业以产品的生产周期作为营业周期。

请查阅:

银行承兑汇票和商业承兑汇票的主要区别。

请思考:

在产品和产成品的主要区别不在于物品本身,而在于是否完成了本企业的全部生产工艺流程。请举例。

租赁方式租入固定资产发生的改良支出等。

资产要素的分类及构成项目如图2-2所示。

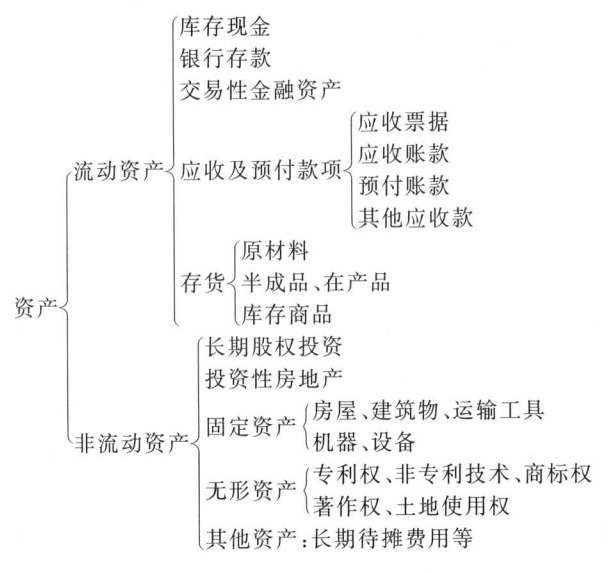

$$
资产\begin{cases}
流动资产\begin{cases}
库存现金\\
银行存款\\
交易性金融资产\\
应收及预付款项\begin{cases}应收票据\\应收账款\\预付账款\\其他应收款\end{cases}\\
存货\begin{cases}原材料\\半成品、在产品\\库存商品\end{cases}
\end{cases}\\
非流动资产\begin{cases}
长期股权投资\\
投资性房地产\\
固定资产\begin{cases}房屋、建筑物、运输工具\\机器、设备\end{cases}\\
无形资产\begin{cases}专利权、非专利技术、商标权\\著作权、土地使用权\end{cases}\\
其他资产:长期待摊费用等
\end{cases}
\end{cases}
$$

图 2-2　资产要素的分类及构成项目

(二) 负债要素

1. 负债要素的定义及特征

负债,是指企业过去的经济业务形成的、预期会导致经济利益流出企业的现时义务。负债具有以下三个基本特征。

(1) 负债是由过去的经济业务形成的。只有过去的经济业务才形成负债,企业发生的未来承诺、签订的合同等经济业务,不属于现时义务,不应当确认为负债。

(2) 负债是企业承担的现时义务。是指在现有条件下企业已承担的义务。这种义务分为法定义务和推定义务两大类。❶法定义务,是指具有约束力的合同或者法律法规规定的义务,通常在法律意义上讲是需要强制执行的。包括:企业通过某种形式取得资产后对债权人所承担的经济责任,如银行借款、应付账款、应付职工薪酬等;从事经济活动后由于法律的规定而产生的经济责任,如应交税费等。❷推定义务,是指根据商业惯例、公开的承诺或者企业公开宣布的政策等而形成的企业将要承担的责任或者道义。如企业销售产品承诺的"三包"服务、预计的产品质量保证费用、预计败诉的赔偿款等预计负债,也应确认为负债。

(3) 负债预期会导致经济利益流出企业。负债的履行将导致企业经济利益或资源流出企业,是其本质特征。具体又表现为两个方面:❶负债需以资产的减少或提供劳务、转为股本等为特征。例如,用货币资产或实物资产形式偿还到期的负债,将导致企业可使用资源减少。❷能够回避的义务不能确认为企业的负债,即负债需有明确的债权人和偿付日期,或者可以合理地估计确定债权人和偿付日期。例如,因债权人消亡而无法支付的债务(应

特别指出:

推定义务的履行虽然在未来,但其所依附的事项发生在过去,也满足此特征。

付账款等),就不再是负债而应将其确认为"利得";再如,向某债权人的借款,债权人没有规定具体的还款日期(你什么时候有钱再还)或者说500年后再还,这一借款名为债务,实为接受捐赠,应将其确认为"利得"。

2. 负债要素的分类及构成项目

企业的负债,按其流动性或偿还期限的长短(通常以1年以内为界),分为流动负债和非流动负债两大类。

(1)流动负债,是指企业将在1年内(含1年)或者超过1年的一个营业周期内清偿的债务。具体包括以下主要项目:❶短期借款,是指企业向银行或其他金融机构等借入的期限在1年以下(含1年)的各种借款。用途一般是临时性周转的需要。❷应付票据,是指企业因购买材料、商品和接受劳务供应等开出并承兑的交给供货商的商业汇票。❸应付账款,是指企业因购买材料、商品和接受劳务等应支付但暂未支付的款项。❹预收账款,是指企业因销售商品或提供劳务等经营活动中,按照合同规定预先向客户收取的款项。❺应交税费,是指企业按照税法等规定应向政府交纳而暂未交纳的各种税费,如应交增值税、应交消费税、应交所得税和应交教育费附加等。❻应付职工薪酬,是指企业根据有关规定应付而未付给本企业职工的各种薪酬,如应付工资和应付职工福利等。❼应付股利(利润),是指股份公司应付而未付给股东的现金股利;对于非股份制的企业叫做应付利润。❽其他应付款,是指企业除应付票据、应付账款、预收账款、应付职工薪酬、应付利息等以外的其他应付、暂收的款项。❾长期债务的流动部分,是指企业的长期债务将要到期的最后一年部分,如一年内到期的长期借款。

(2)非流动负债,是指偿还期在1年或者超过1年的一个营业周期以上的债务。具体包括以下主要项目:❶长期借款,是指企业向银行或其他金融机构借入的期限在1年以上(不含1年)的各项借款,主要用于企业进行建设期较长的项目建设。❷应付债券,是指企业为对外发行期限在1年以上的企业债券而向购买者应付的本金和利息。❸长期应付款,是指企业除长期借款和应付债券以外的其他各种长期应付款项,如企业租入固定资产和以分期付款方式购入固定资产等发生的应付款项等。

负债要素的分类及构成项目如图2-3所示。

> **特别提示:**
> 应付账款和预收账款属于负债,也是基于款项的所有权属关系。

> **归纳提示:**
> 以上项目中,除短期借款外,其余各项属于应付及预收款项。

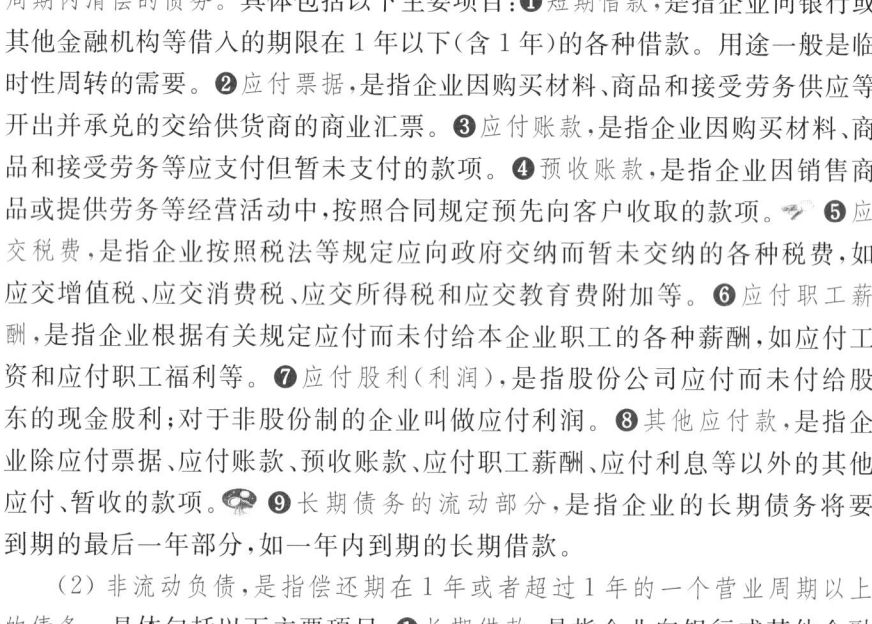

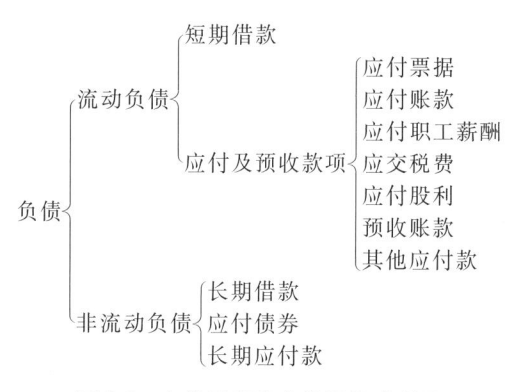

```
                    ┌ 短期借款
                    │              ┌ 应付票据
          ┌ 流动负债 ┤              │ 应付账款
          │         │              │ 应付职工薪酬
          │         └ 应付及预收款项 ┤ 应交税费
     负债 ┤                        │ 应付股利
          │                        │ 预收账款
          │                        └ 其他应付款
          │         ┌ 长期借款
          └ 非流动负债 ┤ 应付债券
                    └ 长期应付款
```

图2-3 负债要素的分类及构成项目

(三)所有者权益要素

1. 所有者权益的定义与特征

所有者权益,也称为净资产,是指企业资产扣除负债后由所有者享有的剩余权利。即企业的全部资产减去全部负债后的余额归业主所有,包括:所有权、收益权、处分权三部分。所有者权益具备以下四个特征。

(1)资本永久性,是指业主投入到企业的资本,除非发生减资、清算或分派现金股利,企业不需要偿还。

(2)权利双重性,是指所有者凭借所有者权益,有对经营成果的分享权利和对所有资产的管理权利。

(3)受偿滞后性,是指企业清算时,只有在清偿完所有的负债后,所有者权益才返还给所有者。

(4)确认依赖性,是指所有者权益的确认,主要依赖于其他会计要素,尤其是资产要素和负债要素的确认。例如,企业接受投资的一项设备:❶当该设备符合资产确认的条件时,相应地也就符合了所有者权益确认的条件。❷当该设备的价值能够可靠地计量时,所有者权益的金额也就得以确定了。

2. 所有者权益要素的分类及构成项目

在我国,公司制企业是指股份有限公司和有限责任公司(含国有独资公司),按照我国企业会计准则的规定,所有者权益主要分为以下几个部分:实收资本(或股本)、其他权益工具、资本公积、其他综合收益、盈余公积和未分配利润。

(1)实收资本(或股本),是指公司制企业的投资人按照公司章程规定,或者合同、协议的约定,实际缴付所认缴的注册资本;**所谓注册资本**——是指公司制企业在市场监督管理机关登记的全体股东认缴的出资额。我国《公司法》规定实行注册资本制度并由"实缴制"改为"认缴制",**认缴制**是指在公司登记注册时,股东可以不实际缴付或只实际缴付部分所认缴的注册资本,剩余部分按照公司章程规定的期限缴付,股东以其认缴的出资额为限承担法律责任的制度。所以,会计制度上所讲的实收资本与公司法中所讲的注册资本,含义相同,但其金额在最初注册成立时不一定相等,当按照公司章程规定的期限,实际缴付足额后,实收资本与注册资本相等。

(2)其他权益工具,是指企业发行的、除普通股以外的、归类为权益工具的各类金融工具,如优先股、永续债等。

(3)资本公积,是指企业资本投入和非因生产经营活动而形成的公共资本积累,包括资本溢价(或股本溢价)和其他资本公积。其中:❶资本溢价(或股本溢价),是指投资者缴付的出资额超过其在注册资本(股本)所占份额的差额。❷其他资本公积,是指除资本溢价(或股本溢价)以外的资本公积,如以权益结算的股份支付业务中所产生的资本公积。资本公积(资本溢价或股本溢价)可以按照法定程序转增资本(或股本)。

特别提示:
股份制公司的所有者权益又称为股东权益。

请思考:
所有者权益是一种剩余权益。资产-负债=所有者权益,反映了债权人的索取在法律上优先于所有者的事实,那么,"资产-所有者权益=负债"能否成立,试说明理由。

特别提示:
股本,是指所有者通过购买股份有限公司发行的股票而直接投资于公司的股票面值。

实缴制:
是指企业营业执照上的注册资本是多少,该公司的银行验资账户上就必须有相应数额的资金。

特别提示:
按规定其他资本公积不能转增资本或股本。

股本溢价。 股份公司在以发行股票的形式筹集资金时往往以超过面值的价格溢价发行,股票的面值与股份总数的乘积属于股本,而超过面值的部分获取的溢价收入扣除相关手续费和佣金后的部分属于资本公积。

【例 2-6】 望远公司委托国通证券公司代理发行普通股 1 000 万股,每股面值为 1 元,发行价为每股 5 元。双方约定,国通证券公司按照 3% 收取手续费,从发行收入中扣除。则:

$$公司收到的股款 = 10\,000\,000 \times 5 \times (1 - 3\%) = 48\,500\,000(元)$$
$$应计入股本金额 = 10\,000\,000 \times 1 = 10\,000\,000(元)$$
$$应计入资本公积金额 = 48\,500\,000 - 10\,000\,000 = 38\,500\,000(元)$$

资本溢价。 有限责任公司初次进行资本筹集时,出资者认缴的全部出资额属于实收资本,而公司再次进行筹资时,为了维护原有投资者的利益,新加入的投资者出资额往往要高于原投资者拥有同样比例权益的出资额。超过的部分(资本溢价)便构成了其资本公积的主要组成部分。

【例 2-7】 某公司由甲、乙两个股东各自出资 30 万元组建而成,经过 2 年多的经营,公司业绩蒸蒸日上,较同类企业有很高的投资回报率。今年,公司有意扩大生产规模并且丙有意加入该公司,三方协议由丙出资 45 万元购买 1/3 的股份。则:

$$该公司的实收资本 = 300\,000 \times 2 + 300\,000 = 900\,000(元)$$
$$该公司的资本公积 = 450\,000 - 300\,000 = 150\,000(元)$$

(4) 其他综合收益,是指企业根据会计准则规定未在当期损益中确认的各项利得和损失,如以公允价值计量且其变动计入其他综合收益的金融资产公允价值变动。

(5) 盈余公积,是指企业按照《公司法》的有关规定和企业股东会或类似权力机构批准,从当年税后利润中提取的公积金。包括法定盈余公积和任意盈余公积。企业可以用盈余公积弥补亏损、转增资本(股本)、扩大企业生产经营,在符合条件的股份制企业,也可以用盈余公积分派现金股利。

🌸 **特别说明:**
有关其他权益工具、其他资本公积、其他综合收益的详细内容,本教材不做详细讲解,将在后续"中级财务会计学"中阐述。

(6) 未分配利润,是指企业留于以后年度分配的利润或待分配利润。

所有者权益要素的分类及构成项目如图 2-4 所示。

$$所有者权益 \begin{cases} 所有者投入的资本 \begin{cases} 实收资本(或股本) \\ 其他权益工具(优先股、永续债)🌸 \\ 资本公积(资本溢价或股本溢价) \end{cases} \\ 在企业生产经营过程中形成 \begin{cases} 其他资本公积 🌸 \\ 其他综合收益 🌸 \\ 留存收益 \begin{cases} 盈余公积 \\ 未分配利润 \end{cases} \end{cases} \end{cases}$$

图 2-4 所有者权益要素的分类及构成项目

3. 所有者权益与负债的区别

所有者权益与负债不同,区别在于:❶性质不同,企业的负债有约定的偿还期,需要按期偿还;而所有者权益一般不需要偿还,是企业可以长期使用的资金来源。❷享有的权利不同,企业债权人的权利仅限于按期收回本金和利息;而企业的所有者具有参与企业经营决策和参与利润分配的权利。❸企业清算时所处的求偿权顺序不同,企业债权人拥有优先求偿权;企业所有者的求偿权排在债权人之后。

三、利润表要素

(一) 收入要素

1. 收入要素的定义及特征

收入,是指企业在日常活动中形成的、会导致所有者权益增加的、与所有者投入资本无关的经济利益总流入。也称营业收入。按照收入的定义,收入要素具有以下几方面特征。

(1) 收入从企业的日常活动中产生,而不是从偶发的经济业务中产生。"日常活动",是指企业为完成其经营目标所从事的经常性活动以及与之相关的其他经营活动。❶经常性活动,如制造业企业生产并销售产品、商品流通企业销售商品、咨询公司提供咨询服务等。❷相关的其他经营活动,如投资收益(让渡资产使用权而给企业带来的经济利益流入)、出售多余或不需用的原材料、资产租赁等。❸由企业日常活动产生的经济利益总流入构成收入;而企业日常活动以外的经济业务带来的经济利益流入是"利得",不是收入,如接受捐赠、罚没利得等。

> **明确界定:**
> 日常活动是为了将收入与企业在非日常活动中产生的利得区分开来。

(2) 收入会导致所有者权益的增加,并伴随着资产的增加或负债的减少。收入可能表现为企业资产的增加(如增加银行存款、形成应收账款),也可能表现为企业负债的减少(如以商品或劳务抵偿债务),或二者兼有(如销售商品或提供劳务抵偿债务,同时收取部分现金),但最终都会导致所有者权益的增加,不会导致所有者权益增加的经济利益流入就不符合收入的定义,不应确认为收入。例如,企业向银行借入款项,尽管也导致了企业经济利益的流入,但该流入并不导致所有者权益的增加,而使企业承担了一项现时义务,故不应将其确认为收入,应确认为负债。

> **进一步理解:**
> 企业日常活动产生的经济利益流入是收入的内涵,偶发经济业务所产生的经济利益流入是企业收入的外延。

(3) 收入会导致所有者权益的增加,但与所有者投入资本无关。一方面,收入应当导致经济利益的流入,从而导致资产的增加。例如,企业销售商品,应当收到现金或者在未来有权收到现金,才表明该交易符合收入的定义。另一方面,尽管所有者向企业投入资本时也会导致经济利益流入企业,但该经济利益的流入来自投资者,所以,该部分投资不能确认企业的收入。

2. 收入要素的分类及构成项目

收入有狭义和广义之分。❶狭义的收入,是指企业在销售商品、提供劳务及让渡资产使用权等日常活动中形成的经济利益流入。主要包括企业的主营业务收入、其他业务收入、投资收益和公允价值变动收益等。❷广义的收入,还包括企业非日常活动产生的非经常性经济利益流入,即营业外收入。广义的收入把所有的经营和非经营活动之所得都看成是收入。

> **提示:**
> 《企业会计准则——基本准则》所界定的收入仅指狭义的收入。营业外收入被界定为利润要素的构成项目。

(1) 主营业务收入,是指由企业日常经营中的经常性活动所产生的收入。如工商企业的商品销售收入、服务业的劳务收入等。主营业务收入在企业的收入中所占比重较大,是企业主要的经济利益流入。

(2) 其他业务收入,是指由企业日常经营中与之相关的其他经营活动所产生的收入。如工业企业销售原材料、出租包装物、出租房屋或设备等取得的收入。

> **再提示:**
> 主营业务收入和其他业务收入,统称为营业收入。

(3) 投资收益,是指让渡资产使用权而给企业带来的经济利益流入。如从被投资企业分得的利润等。

(4) 公允价值变动收益,是指企业的资产因公允价值变动而导致的收益。如企业的交易性金融资产等因公允价值上升形成的收益,如为损失以"—"号表示。

(5) 资产处置收益,是指企业出售划分为持有待售的非流动资产(不含金融资产等)等时,确认的处置利得或损失,以及处置未划分为持有待售的固定资产、在建工程、生产性生物资产及无形资产而产生的处置利得或损失。如为损失以"—"号表示。

收入要素的分类及构成项目如图2-5所示。

理解费用要素的一些准备

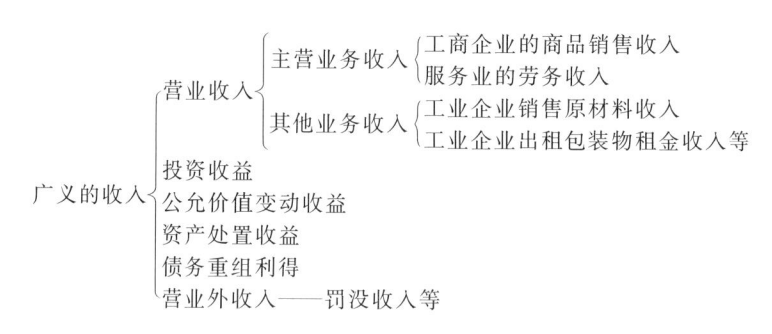

图 2-5 收入要素的分类及构成项目

> **相关链接:**
> 此处所讲的费用是指与收入相配比的费用,而计入资产价值并最终形成资产的成本的费用,将在第六章的有关内容中进行阐述。

(二) 费用要素

1. 费用要素定义及特征

费用,是指企业在日常经营活动中发生的、会导致所有者权益减少的、与向所有者分配利润无关的经济利益的总流出。按照费用的定义,费用要素具有以下几方面的特征。

(1) 费用发生于企业的日常活动,而不是发生于偶发的经济业务。其中:❶由日常活动中的经常性活动所产生的费用,包括产品(或商品)销售成本、劳务成本、税金及附加、销售费用、管理费用、财务费用等。❷由日常活动中与经常性活动相关的其他经营活动所产生的费用,包括工业企业转让无形资产使用权的成本、出售多余或不需用原材料的成本、出租包装物的成本等。❸企业日常活动以外的偶发经济业务所发生的耗费是损失,而不是费用,如被没收的财产损失、支付的罚款损失、对外捐赠等就不作为费用来确认。

> **明确界定:**
> 是否在日常活动中产生是费用与企业在非日常活动中产生的损失相区分的标准。

(2) 费用的发生会导致所有者权益的减少,并表现为资产的减少或负债的增加。由于费用是资产的耗费和为一定的目的而发生,所以费用的发生通常表现为资产的减少(如职工报销差旅费支付现金);也可能引起负债的增加(如计提短期借款的利息、应付职工薪酬);或者同时表现为资产的减少和负债的增加。

(3)费用发生的本身会导致所有者权益的减少,但与向所有者分配利润无关。由于企业在一定期间内发生的费用,必然要以它的收入来抵补,在收入本身增加所有者权益的情况下,费用发生的本身会导致所有者权益的减少。而向所有者分配利润,虽然也会减少所有者权益,但其属于利润分配的范畴而非费用的范畴。

举例说明:
不会导致所有者权益减少的经济利益流出,不符合费用定义的例子。

2. 费用要素的分类及构成项目

费用也有狭义和广义之分。❶狭义的费用,是指企业为取得营业收入提供商品或劳务及让渡资产使用权等日常活动中形成的经济利益流出。主要包括主营业务成本、其他业务成本、税金及附加、期间费用(销售费用、管理费用、财务费用)、资产减值损失、公允价值变动损失和所得税费用等。❷广义的费用,除上述内容外,还包括企业非日常活动产生的非经常性经济利益流出,即营业外支出。广义的费用把所有的经营和非经营活动的耗费(支出)都作为费用。

提示:
《企业会计准则——基本准则》所界定的费用仅指狭义的费用。营业外支出被界定为利润要素的构成项目。

(1)主营业务成本,是指企业在其主营业务活动中产生的成本,属于与主营业务收入相匹配的费用。例如,企业在销售产品后确认的已销售产品的成本,即属于主营业务成本。在产品生产企业,主营业务成本是根据产品在生产过程中发生的各种费用计算确定的,是生产成本的一种转化形式。主营业务成本在企业的全部费用中所占比重较大。

(2)其他业务成本,是指企业在开展其他业务活动中产生的成本,属于与其他业务收入相匹配的费用。例如,企业在销售积压材料或出租包装物后,所确定的材料或包装物的成本,即为其他业务成本。

(3)税金及附加,是指企业开展营业活动依法应当缴纳的各种税费。包括消费税、房产税、城市维护建设税和教育费附加等。

(4)期间费用,是指与产品生产或劳务项目无直接关系,不参与生产(劳务)成本计算而计入某一会计期间并于发生时直接计入当期损益,从当期收入中得到补偿的各种耗费。包括:❶为销售产品而发生的**销售费用**;❷企业行政管理部门为组织和管理生产经营活动而发生的**管理费用**。❸为筹集生产经营用资金而发生的**财务费用**。

(5)投资损失,是指企业对外投资时所产生的损失。在发生投资损失时,应冲减投资收益。

(6)资产减值损失,是指企业在资产负债表日,经过对各项资产(不含金融资产)的测试,判断资产的可收回金额低于其账面价值而计提资产减值准备所确认的相应损失。包括:对存货计提的存货跌价准备、对固定资产计提的固定资产减值准备。

(7)信用减值损失,是指企业在资产负债表日,经过对金融资产的测试,判断其可收回金额低于账面价值而计提金融资产减值准备所确定的相应损失。包括:对贷款计提的贷款损失准备、对债权投资计提的债权投

特别理解:
费用是为取得收入而付出的一种代价,是对企业收入的一种扣除,因此,费用的确认应与收入配比确定,配比的方式有因果配比和期间配比。

减值损失准备、对应收账款计提的坏账准备等。

（8）公允价值变动损失，是指企业资产因公允价值变动而导致的损失。如企业交易性金融资产等因公允价值下跌变动产生的损失。

（9）所得税费用，是指企业根据企业的经营所得，采用适用的税率计算确定的应交所得税所形成的一项特殊费用。缴纳所得税会引起经济利益流出企业，从净利润是企业的主要目的来看，所得税是企业的一项特殊费用。

费用要素的分类及构成项目如图2-6所示。

理解费用要素及相关名词的含义

```
                        ┌ 营业成本 ┬ 主营业务成本
                        │         └ 其他业务成本
                        │ 税金及附加
                        │         ┌ 销售费用
                        │ 期间费用 ┤ 管理费用 ┐
广义的费用 ┤         │         └ 财务费用 ├ 狭义的费用
                        │ 资产减值损失         │
                        │ 信用减值损失         │
                        │ 公允价值变动损失     ┘
                        │ 营业外支出
                        └ 所得税费用
```

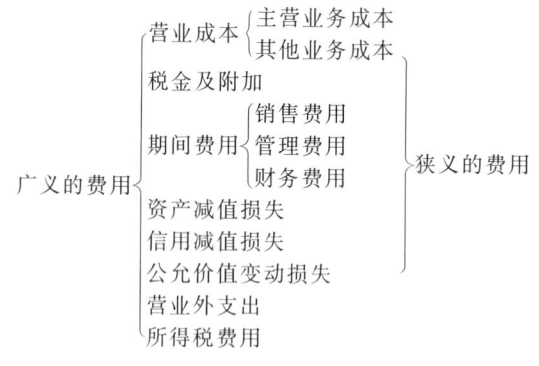

图 2-6 费用要素的分类及构成项目

（三）利润要素

1. 利润要素的定义及特征

利润，是指企业在一定会计期间的经营成果，是企业生产经营过程中各种收入扣除各种相关费用后的差额。包括：❶收入减去费用后的净额。❷直接计入当期利润的利得和损失。按照利润的定义，利润要素具有以下特征。

（1）利润是收入和费用两个会计要素配比的结果。当某一会计期间的收入大于费用时，表现为企业盈利，反之则表现为企业亏损。

（2）利润不完全是收入要素与费用要素配比的结果。我国《企业会计准则》界定的利润，不仅包括收入与费用相抵后的差额，还包括直接计入当期损益的"利得"和"损失"。

（3）利润的形成将最终导致所有者权益的变动。盈利的取得会使所有者权益增加，而亏损的发生会导致所有者权益的减少。

特别强调：
利润是广义的收入（包括利得）与广义的费用（包括损失）相抵减后的差额。

提示：
利润要素的确认与计量，依赖于收入要素和费用要素的确认与计量。

2. 利润要素的分类及构成项目

在会计核算上，利润有以下三个不同的内涵和范围。

（1）营业利润，是指企业的日常经营活动在一定会计期间的经营成果。即狭义收入与狭义费用配比的结果。具体是指营业收入**减去**营业成本、税金及附加、销售费用、管理费用、财务费用、资产减值损失，再**加上（或减去）**公允价值变动损益、投资净收益、资产处置净收益和其他收益后的金额。

（2）利润总额，是指企业全部经营活动在一定会计期间的经营成果。即广义收入与广义费用配比的结果。具体是指营业利润**加上**营业外收入**减去**营业外支出后的金额。❶营业外收入，是指直接计入当期利润的"利得"。

主要有：盘盈利得、捐赠利得、债务重组利得等。❷营业外支出，是指直接计入当期利润的"损失"。主要有：盘亏损失、非常损失、捐赠支出、债务重组损失等。

（3）净利润，是指企业经营活动在一定会计期间获得的并归所有者所有的最终经营成果。具体是指利润总额减去所得税费用后的余额，即税后利润。

第二节 会计等式

一、会计等式的概念及种类

会计等式，是指运用数学方程式的原理来描述会计各要素之间数量关系的一种表达式，也称会计平衡式或会计恒等式。会计等式不仅揭示了各会计要素之间的关系，也是设置账户、复式记账和编制资产负债表、利润表的理论基础。

（一）静态会计等式

1. 静态会计等式的定义与表现形式（基本会计等式）

静态会计等式，亦称存量会计等式，是指由反映企业资金静态运动的会计要素组合而形成的表明企业某一特定时点的财务状况的等式，是反映资产、负债和所有者权益之间数量关系的会计等式。

企业从事生产经营活动要拥有或控制一定数量的资金。❶一方面，这些资金分布在经营活动的各个方面，表现为不同的资产存在形态；另一方面，企业所拥有的资产均来源于资产的提供者——所有者和债权人。❷所有者和债权人对所提供的资产存在着一定的求偿权，在会计上被称为权益。❸资产与权益在任何一个时点都必然保持恒等的关系，这种恒等关系用公式表示即：

$$资产＝权益$$

由于企业的资产来源于企业的债权人和投资者，所以权益由债权人权益和所有者权益两部分构成。债权人权益在会计上被称为负债，所有者权益是企业投资人对企业的资产减去负债后的净资产的所有权。由于权益由负债和所有者权益两部分组成，因此，以上会计恒等式可进一步表示为：

$$资产＝债权人权益＋所有者权益$$

或者，

$$资产＝负债＋所有者权益$$

当然，静态会计等式在不同的企业组织形态下，可以有不同的表现形式：❶在股份有限公司，该等式通常表现为"资产＝负债＋股东权益"。❷在个人独资公司，则通常表现为"资产＝负债＋业主权益"。

2. 对静态会计等式的进一步理解

（1）资源与索取的理解。企业的资产是企业掌握的经营所需的资源，来源于所有者的投入资本和向债权人借入的资金,这些企业可用的资源分别归属于所有者和债权人。归属于所有者的部分形成所有者权益;归属于债权人的部分形成债权人权益(即企业的负债)。所有者和债权人对企业的资产具有索取权,意味着企业的所有资源都可以找到来源和出处,而这些权益所有人在企业关闭时将根据法规并依照初始投入索取企业的全部资源。

(2) 资金来源与资金运用的理解。企业的资产是企业可以运用的资源,意味着企业对这些资源可以自由支配。但这些资产是有来源和出处的,资产的来源,一是所有者的投入;二是债权人的投入。两方面来源的资金形成企业经营上可运用的资产。

对静态会计等式的两种理解思路如图 2-7 所示。

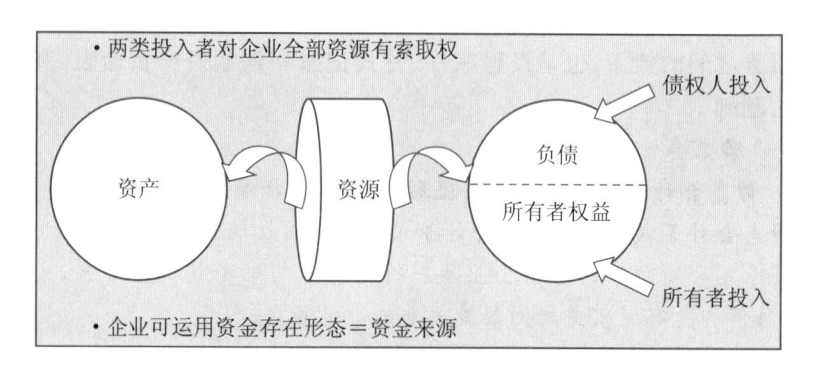

图 2-7 静态会计等式的两种理解思路

(二) 动态会计等式

1. 动态会计等式的定义与表现形式

动态会计等式,亦称增量会计等式,是指由反映企业资金动态运动的会计要素组合而形成的反映企业在一定会计期间经营成果的等式。是反映收入、费用和利润之间数量关系的会计等式。

企业的目标就是不断地从生产经营活动中获取收入,实现盈利。企业为取得收入,必然会发生各种费用支出。在一个会计期间结束时,通过收入与费用的比较,就能够计算确定这一会计期间的盈利水平,即当期实现的利润总额(或发生的亏损总额)。因此,利润与收入和费用的关系可用下式表示:

$$收入 - 费用 = 利润$$

这一等式表达了企业经营成果与相应期间的收入和费用的关系。作为企业经营成果,利润的取得表明企业资产总额和净资产的增加。

2. 对动态会计等式的进一步理解

(1) 利润的实质是企业实现的收入与其相关的费用进行配比的结果。当收入大于费用时为利润,收入小于费用时为亏损。

(2) 利润会随着收入的增减而发生相同变化。即在费用一定的情况下,企业获得的收入越多,利润也越多;反之,收入减少,利润也减少。

(3) 利润会随着费用的增减而发生相反变化。即在收入一定的情况下，企业发生的费用越多，利润也越少；反之，费用减少，利润也增加。

(三) 综合(扩展)会计等式——静态会计等式与动态会计等式的关联

1. 综合(扩展)会计等式的定义与表现形式

由于企业是由其所有者投资设立的，企业实现的利润必然归属于所有者，所以，利润的实现总是表现为所有者权益的增加；反之，如果企业经营亏损，也必然由所有者承担，从而引起所有者权益的减少，在这个过程中建立起新的平衡关系。由此，在一个会计期间末，可将动态会计等式代入基本会计等式，得到：

$$资产 = 负债 + 所有者权益 + 利润$$
$$= 负债 + 所有者权益 + (收入 - 费用)$$

移项后便得出如下扩展会计等式：

$$资产 + 费用 = 负债 + 所有者权益 + 收入$$

2. 对综合(扩展)会计等式的进一步理解

这一等式反映企业在某一期间内的资产、负债、所有者权益、收入、费用和利润这六类要素之间所存在的恒等关系，表明了某一会计期间会计主体的财务状况与经营成果之间的相互联系：❶财务状况表明企业特定日期资产的来源渠道与占用情况，反映特定日期资产的存量情况；经营成果则表明企业特定期间净资产增加(或减少)情况，反映一定期间的资产的增量(或减量)。❷企业的经营成果最终要影响到企业的财务状况，企业实现利润，将使企业资产增加，所有者权益增加或负债减少；企业发生亏损，将使企业资产减少、所有者权益减少或负债增加。对综合会计等式的理解如图 2-8 所示。

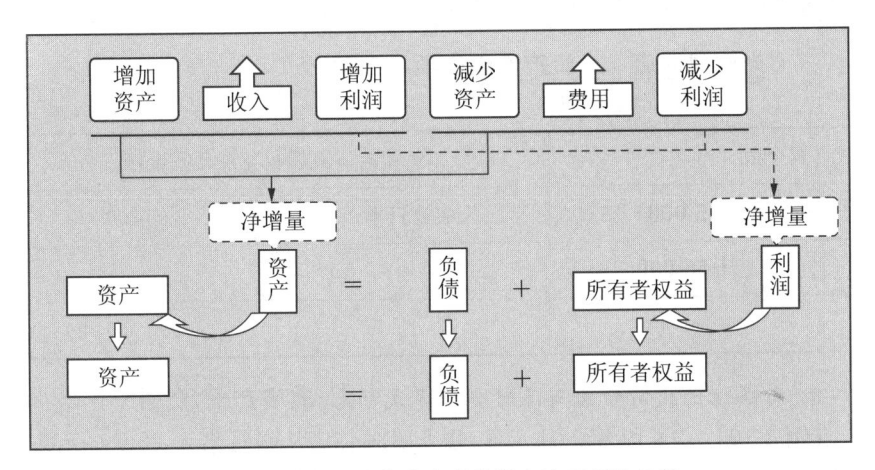

图 2-8 综合会计等式在会计期末达到新的平衡

二、经济业务的发生对会计等式的影响

每一笔经济业务的发生，都会对会计要素产生一定的影响。一项会计要素发生增减变动，其他会计要素也必然会随之发生增减变动；或者是在同一会计要素内部某一项目发生增减变动，其他有关项目也会随之发生增减

变动。

(一) 经济业务对基本会计等式的影响

1. 初始投入资本对会计等式的影响(资产+,所有者权益+)

【例2-8】 2×19年1月1日,李光彬和他的朋友李大明租赁了一间商铺,合伙开办了一家销售成衣的商店,定名为"光明时装店"。他们把自己所投入的90 000元(李光彬投资60 000元、李大明投资30 000元)资金存入企业开设的银行账户,并取得了注册资本证明,因此,他们是光明时装店的股东。

【分析】 该笔经济业务:❶使光明时装店的资产项目——银行存款增加了90 000元。❷同时,也使光明时装店的所有者权益项目——实收资本增加了90 000元。❸对会计等式的影响及结果,如表2-1所示。

表2-1　　　　　　　　光明时装店　　资产负债表项目变动

2×19年1月1日　　　　　　　　　　　　　　　　单位:元

资产项目及金额		负债与所有者权益项目及金额	
银行存款	+90 000	实收资本	+90 000

2. 购买商品对会计等式的影响(资产+,资产-)

【例2-9】 2×19年1月5日,光明时装店从天空服装公司购进商品,通过银行支付货款55 000元。

【分析】 该笔经济业务:❶减少了光明时装店在银行账户的存款55 000元。❷同时,使另一项资产项目——库存商品增加了55 000元。❸对会计等式的影响及结果,如表2-2所示。

表2-2　　　　　　　　光明时装店　　资产负债表项目变动

2×19年1月5日　　　　　　　　　　　　　　　　单位:元

资产项目及金额		负债与所有者权益项目及金额	
银行存款	90 000−55 000=35 000	实收资本	90 000
库存商品	+55 000		
合　　计	90 000	合　　计	90 000

3. 向银行借款与赊购商品对会计等式的影响(资产+,负债+)

【例2-10】 2×19年1月8日,❶光明时装店从银行借入22 000元并存入开户银行。❷同时,又从大地公司购进65 000元的商品,货款尚未支付。

【分析】

(1) 前一笔借款经济业务:❶使光明时装店的资产项目——银行存款增加了22 000元。❷同时,使光明时装店对银行的债务项目——短期借款增加了22 000元。

(2) 后一笔赊购经济业务:❶使光明时装店的另一项资产项目——库

存商品增加了 65 000 元。❷同时,使光明时装店对大地公司的债务项目——应付账款增加了 65 000 元。

(3) 两笔经济业务对会计等式的影响及结果,如表 2-3 所示。

表 2-3　　　　　　　光明时装店　　资产负债表项目变动
2×19 年 1 月 8 日　　　　　　　　　　　　　　　单位:元

资产项目及金额		负债与所有者权益项目及金额	
银行存款	35 000+**22 000**=57 000	短期借款	**+22 000**
库存商品	55 000+**65 000**=120 000	应付账款	**+65 000**
		实收资本	90 000
合　　计	177 000	合　　计	177 000

4. 偿还前欠借款对会计等式的影响(资产-,负债-)

【例 2-11】　2×19 年 1 月 10 日,光明时装店通过银行转账 16 000 元偿还前欠大地公司的部分货款。

【分析】　该笔经济业务:❶使光明时装店的资产项目——银行存款减少了 16 000 元。❷同时,也使光明时装店对大地公司的债务项目——应付账款减少了 16 000 元。❸对会计等式的影响及结果,如表 2-4 所示。

表 2-4　　　　　　　光明时装店　　资产负债表项目变动
2×19 年 1 月 10 日　　　　　　　　　　　　　　单位:元

资产项目及金额		负债与所有者权益项目及金额	
银行存款	57 000−**16 000**=41 000	短期借款	22 000
库存商品	120 000	应付账款	65 000−**16 000**=49 000
		实收资本	90 000
合　　计	161 000	合　　计	161 000

5. 向银行借款偿还前欠货款对会计等式的影响(负债+,负债-)

【例 2-12】　2×19 年 1 月 13 日,光明时装店向银行贷款 15 000 元(期限为 6 个月)直接偿还前欠大地公司的货款。

【分析】　该笔经济业务:❶使光明时装店对银行的债务——短期借款增加了 15 000 元。❷同时,也使光明时装店对大地公司的债务——应付账款减少了 15 000 元。❸对会计等式的影响及结果,如表 2-5 所示。

表 2-5　　　　　　　光明时装店　　资产负债表项目变动
2×19 年 1 月 13 日　　　　　　　　　　　　　　单位:元

资产项目及金额		负债与所有者权益项目及金额	
银行存款	41 000	短期借款	22 000+**15 000**=37 000
库存商品	120 000	应付账款	49 000−**15 000**=34 000
		实收资本	90 000
合　　计	161 000	合　　计	161 000

6. 将债务转为投资对会计等式的影响(负债一,所有者权益十)

【例2-13】 2×19年1月15日,大地公司总裁王美云看好光明时装店的地段和李光彬的人品,认为该公司发展潜力巨大,决定将光明时装店所欠的部分货款30 000元转为大地公司对光明时装店的投资,已办好相关的法律手续并收到大地公司出具的投资证明。

【分析】 该笔经济业务:❶使光明时装店的所有者权益项目——实收资本(大地公司)增加了30 000元。❷也使光明时装店对大地公司的债务项目——应付账款减少了30 000元。❸对会计等式的影响及结果,如表2-6所示。

表2-6　　　　　　　　光明时装店　　资产负债表项目变动

2×19年1月15日　　　　　　　　　　　　　　　　单位:元

资产项目及金额		负债与所有者权益项目及金额	
银行存款	41 000	短期借款	37 000
库存商品	120 000	应付账款	34 000−**30 000**=4 000
		实收资本	90 000+**30 000**=120 000
合　　计	161 000	合　　计	161 000

7. 资本撤出、付出现金对会计等式的影响(资产一,所有者权益一)

【例2-14】 2×19年1月20日,大地公司因特殊原因退出经营,由于大地公司投入资本的期限较短,其投入的全部资本金30 000元并通过银行转账退回。

【分析】 该笔经济业务:❶使光明时装店的资产项目——银行存款减少30 000元。❷也使光明时装店的所有者权益项目——实收资本(大地公司)减少30 000元。❸对会计等式的影响及结果,如表2-7所示。

表2-7　　　　　　　　光明时装店　　资产负债表项目变动

2×19年1月20日　　　　　　　　　　　　　　　　单位:元

资产项目及金额		负债与所有者权益项目及金额	
银行存款	41 000−**30 000**=11 000	短期借款	37 000
库存商品	120 000	应付账款	4 000
		实收资本	120 000−**30 000**=90 000
合　　计	131 000	合　　计	131 000

8. 资本撤出、款项暂欠对会计等式的影响(负债十,所有者权益一)

【例2-15】 2×19年1月23日,由于李光彬的另外一个企业急需资金,李光彬抽出部分资本30 000元,该店账面因为银行存款不足约定下月月初支付。

【分析】 该笔经济业务:❶使光明时装店的所有者权益项目——实收

资本(李光彬)减少了 30 000 元。❷使光明时装店的负债项目——应付账款增加了 30 000 元。❸对会计等式的影响及结果,如表 2-8 所示。

表 2-8　　　　　　　　　光明时装店　　资产负债表项目变动

2×19 年 1 月 23 日　　　　　　　　　　　　　　　单位:元

资产项目及金额		负债与所有者权益项目及金额	
银行存款	11 000	短期借款	37 000
库存商品	120 000	应付账款	4 000 **+30 000**=34 000
		实收资本	90 000 **−30 000**=60 000
合　　计	131 000	合　　计	131 000

9. 售出商品、获得收入对会计等式的影响(资产+,所有者权益+)

【例 2-16】 2×19 年 1 月 27 日,光明时装店以 84 000 元的价格向红星服装店售出了成本为 52 000 元的商品服饰,红星服装店通过银行转账支付货款 50 000 元,其余货款 34 000 元对方承诺下月支付。

【分析】 该笔经济业务:❶使光明时装店的资产项目——库存商品减少 52 000 元,同时,因销售使得收入增加 84 000 元,其表现形式为企业资产的增加,分别使资产项目——银行存款增加了 50 000 元和应收账款增加了 34 000 元,各资产项目增加额 84 000 元(50 000 **+34 000**)与减少额 52 000 元的差额为资产净增加 32 000 元。❷因销售减少的库存商品 52 000 元,转化为费用增加 52 000 元(主营业务成本),收入大于费用的差额 32 000 元,是该笔销售交易赚取的利润,应归所有者所有,构成所有者权益的一部分,即所有者权益增加了 32 000 元,这一利润在分配之前,被称为未分配利润或者留存收益。❸对会计等式的影响及结果,如表 2-9 所示。

> **特别提示:**
> 该经济业务既对会计基本等式产生影响,也对会计扩展等式产生影响。该经济业务是为以下要讲的所有者权益内部各项目之间的转化作铺垫。

表 2-9　　　　　　　　　光明时装店　　资产负债表项目变动

2×19 年 1 月 27 日　　　　　　　　　　　　　　　单位:元

资产项目及金额		负债与所有者权益项目及金额	
银行存款	11 000 **+50 000**=61 000	短期借款	37 000
应收账款	**+34 000**	应付账款	34 000
库存商品	120 000 **−52 000**=68 000	实收资本	60 000
		留存收益	**+32 000**
合　　计	163 000	合　　计	163 000

10. 未分配利润转增资本对会计等式的影响(所有者权益+,所有者权益−)

【例 2-17】 2×19 年 1 月 31 日,为扩大经营,下月将有新的合伙人加入,现有的合伙人商定将留存收益(未分配利润)30 000 元转为资本金。

【分析】 这项经济业务:❶使光明时装店的所有者权益项目——实收资本增加了 30 000 元。❷使光明时装店的另一所有者权益项目——未分配利润(留存收益)减少了 30 000 元。❸对会计等式的影响及结果,如表 2-10 所示。

表 2-10　　　　　　　　　光明时装店　　资产负债表项目变动

2×19 年 1 月 31 日　　　　　　　　　　　　　　单位：元

资产项目及金额		负债与所有者权益项目及金额	
银行存款	61 000	短期借款	37 000
应收账款	34 000	应付账款	34 000
库存商品	68 000	实收资本	60 000**+30 000**=90 000
		留存收益	32 000**−30 000**=2 000
合　　计	163 000	合　　计	163 000

11．预付货款对会计等式的影响（资产＋，资产−）

【例 2-18】　2×19 年 1 月 31 日，光明时装店通过银行转账向喜来登服装公司预付购货款 20 000 元。

【分析】　该笔经济业务：❶使光明时装店的资产项目——银行存款减少了 20 000 元。❷也使得另一资产项目——预付账款增加了 20 000 元。❸对会计等式的影响及结果，如表 2-11 所示。

表 2-11　　　　　　　　　光明时装店　　资产负债表项目变动

2×19 年 1 月 31 日　　　　　　　　　　　　　　单位：元

资产项目及金额		负债与所有者权益项目及金额	
银行存款	61 000**−20 000**=41 000	短期借款	37 000
应收账款	34 000	应付账款	34 000
预付账款	**+20 000**	实收资本	90 000
库存商品	68 000	留存收益	2 000
合　　计	163 000	合　　计	163 000

12．预收货款对会计等式的影响（资产＋，负债＋）

【例 2-19】　2×19 年 1 月 31 日，光明时装店通过银行收到白富美模特公司预付的购货款 25 000 元。

【分析】　该笔经济业务：❶使光明时装店的资产项目——银行存款增加了 25 000 元。❷使负债项目——预收账款增加了 25 000 元。❸对会计等式的影响及结果，如表 2-12 所示。

表 2-12　　　　　　　　　光明时装店　　资产负债表项目变动

2×19 年 1 月 31 日　　　　　　　　　　　　　　单位：元

资产项目及金额		负债与所有者权益项目及金额	
银行存款	41 000**+25 000**=66 000	短期借款	37 000
应收账款	34 000	应付账款	34 000
预付账款	20 000	预收账款	**+25 000**
库存商品	68 000	实收资本	90 000
		留存收益	2 000
合　　计	188 000	合　　计	188 000

（二）经济业务对基本会计等式影响的总结

上述 12 笔经济业务引起资产、负债和所有者权益会计要素增减变化的过程和结果，可以概括为以下 9 种情况（请你填写）：

（1）资产项目等额一增一减，会计等式两边保持平衡；如：<u>例 2-9、例 2-18（范例）</u>

（2）负债项目等额一增一减，会计等式两边保持平衡；如：_____

（3）所有者权益项目等额一增一减，会计等式两边保持平衡；如：_____

（4）资产和负债等额增加，会计等式两边保持平衡；如：_____

（5）资产和所有者权益等额增加，会计等式两边保持平衡；如：_____

（6）资产和负债等额减少，会计等式两边保持平衡；如：_____

（7）资产和所有者权益等额减少，会计等式两边保持平衡；如：_____

（8）负债增加和所有者权益减少等额，会计等式两边保持平衡；如：_____

（9）负债减少和所有者权益增加等额，会计等式两边保持平衡。如：_____

> **对号入座：**
> 按照范例，请您将以上所列的 12 笔经济业务引起会计要素增减变化的过程和结果与上述 9 种情况一一对号入座。

如果把负债和所有者权益归为一类"权益"，则企业发生的经济业务，引起会计等式三要素资产、负债和所有者权益的增减变动，进行排列组合并符合经济活动实际情况的不外乎以下四种类型：

第一，经济业务的发生，引起资产项目之间等额此增彼减，双方保持平衡，如【例 2-9】、【例 2-18】。可概括为资产内部转化。

第二，经济业务的发生，引起权益（或资金来源）项目之间等额此增彼减，双方保持平衡，如【例 2-12】、【例 2-13】、【例 2-15】、【例 2-17】。可概括为权益内部转化。

第三，经济业务的发生，引起资产（或资金占用）与权益（或资金来源）项目同时等额增加，双方保持平衡，如【例 2-8】、【例 2-10】、【例 2-16】、【例 2-19】。

第四，经济业务的发生，引起资产项目与权益项目同时等额减少，双方保持平衡，如【例 2-11】、【例 2-14】。可概括为资金退出企业。

以上经济业务引起会计要素增减变化的类型如图 2-9 所示。

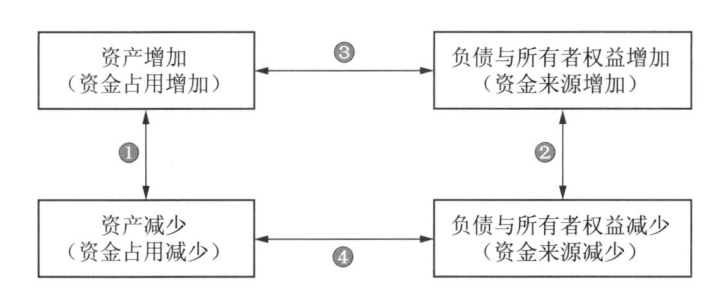

图 2-9　经济业务引起会计要素增减变化的类型

(三) 经济业务对扩展会计等式的影响

上述举例证明了：当发生涉及资产、负债和所有者权益等会计要素的经济业务时，不会破坏资产与负债和所有者权益之间的平衡关系。那么，当发生了涉及收入、费用、利润会计要素的经济业务时，以上的平衡关系是否还存在呢？前述将收入、费用和利润三个要素考虑进去，会计的基本等式演变为：

资产 + 费用 = 负债 + 所有者权益 + 收入

1. 取得收入的经济业务对会计等式的影响

商品销售和劳务提供后所实现的收入，通常表现为以下三种情况：❶资产要素和收入要素同时、等额增加。❷收入要素和负债要素等额一增一减。❸两者兼有。

【例 2-20】 2×19 年 2 月 3 日，销售给高富帅展览公司商品，售价 33 000 元已通过银行收到。

【会计确认与计量分析】 该笔经济业务：❶使企业的资产项目——银行存款增加了 33 000 元。❷使企业的收入项目——主营业务收入增加了 33 000 元。❸属于上述等式两边资产要素和收入要素同时增加的变动，等式两边总额同时增加，等式两边仍然保持平衡，如图 2-10 所示。

```
  资产   +   费用   =   负债   +  所有者权益  +   收入
   ↑                                              ↑
 +33 000                                       +33 000
```

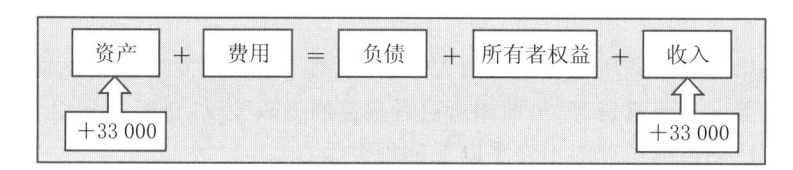

图 2-10 收入要素和资产要素的变化对会计等式平衡的影响

【例 2-21】 2×19 年 2 月 3 日，向白富美模特公司发出商品，售价为 35 000 元，上月已预收 25 000 元，其余 10 000 元对方承诺下月偿付。

【会计确认与计量分析】 该笔经济业务：❶使企业的资产项目——应收账款增加了 10 000 元、负债项目——预收账款减少了 25 000 元。❷使企业的收入项目——主营业务收入增加了 35 000 元。❸等式左方增加 10 000 元，等式右方有增有减，增减相抵后净增加 10 000 元，等式两边仍然保持平衡，如图 2-11 所示。

```
  资产   +   费用   =   负债   +  所有者权益  +   收入
   ↑                    ↑                         ↑
 +10 000             -25 000                   +35 000
```

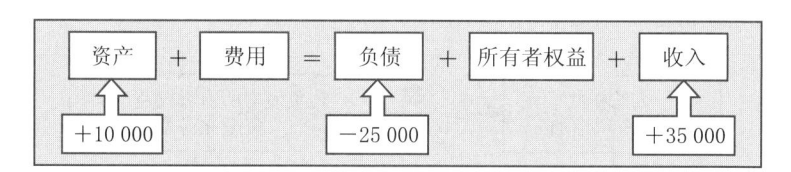

图 2-11 收入要素和资产、负债要素的变化对会计等式平衡的影响

2. 产生费用的经济业务对会计等式的影响

在商品生产、销售和劳务提供过程中所发生的费用，通常表现为以下三种情况：❶负债要素和费用要素同时、等额增加。❷费用要素增加和资产要

素等额一增一减。❸两者兼有。

【例 2-22】 2×19 年 2 月 3 日,用银行存款支付高富帅审计公司审计咨询费 6 000 元。

【会计确认与计量分析】 该笔经济业务:❶使企业的资产项目——银行存款减少了 6 000 元。❷使企业的费用项目——管理费用增加了 6 000 元。❸属于等式左方资产要素和费用等额一增一减的变动,等式两边的总额不变,等式仍然保持平衡,如图 2-12 所示。

```
资产 + 费用 = 负债 + 所有者权益 + 收入
 ↑        ↑
-6 000   +6 000
```

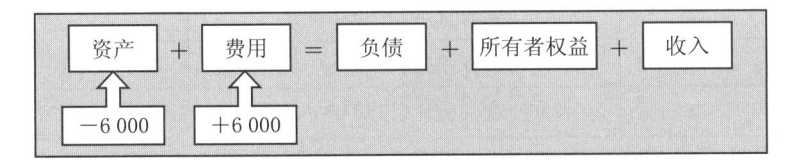

图 2-12 费用要素和资产要素的变化对会计等式平衡的影响

【例 2-23】 2×19 年 2 月 3 日,在相关媒体上进行产品广告宣传应付广告费用 22 000 元,通过银行支付 20 000 元,其余 2 000 元暂欠。

【会计确认与计量分析】 该笔经济业务:❶使企业的费用项目——销售费用增加了 22 000 元。❷使企业的资产项目——银行存款减少了 20 000 元、负债项目——应付账款增加了 2 000 元。❸等式右方增加 2 000 元,等式左方有增有减,增减相抵后净增加 2 000 元,等式两边仍然保持平衡,如图 2-13 所示。

```
资产 + 费用 = 负债 + 所有者权益 + 收入
 ↑      ↑      ↑
-20 000 +22 000 +2 000
```

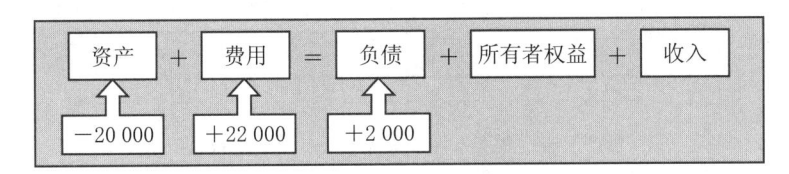

图 2-13 费用要素和资产、负债要素的变化对会计等式平衡的影响

3. 收入、费用要素的最终结果——利润要素对会计等式的影响

前述利润要素的确认与计量要依赖于收入要素和费用要素的确认与计量。❶收入减去费用后的利润(或亏损)应归投资人所有,在分配之前转化为所有者权益的增加(或减少)。❷同时,其表现形式要么是资产要素相应增加(或减少),要么是负债要素相应减少(或增加)。❸所以,收入可以理解为所有者权益项目——留存收益的增加,费用可以理解为所有者权益项目——留存收益的减少。

由于收入、费用和利润这三个要素的变化实质上都可以表现为所有者权益的变化,因此上述三种情况都可以归纳到前面总结的经济业务对基本会计等式影响的九种情况中。也正因为如此,上述扩展的会计等式才会保持平衡。2×19 年 2 月 3 日,光明时装店资产、负债和所有者权益增减变化平衡表,如表 2-13 所示。

表 2-13　　　　　**光明时装店**　资产、负债和所有者权益增减变化平衡表

2×19 年 2 月 3 日　　　　　　　　　　　　　　　　单位:元

资　产	期初余额	本期发生额 增加	本期发生额 减少	期末余额	负债及所有者权益	期初余额	本期发生额 增加	本期发生额 减少	期末余额
银行存款	66 000	33 000	26 000	73 000	短期借款	37 000			37 000
应收账款	34 000	10 000		44 000	应付账款	34 000	2 000		36 000
预付账款	20 000			20 000	预收账款	25 000		25 000	0
库存商品	68 000			68 000	实收资本	90 000			90 000
					留存收益	2 000	68 000	28 000	42 000
	188 000	43 000	26 000	205 000	合　　计	188 000	70 000	53 000	205 000

(四)经济业务对会计等式影响的规律与结论性总结

1. 经济业务影响会计等式的规律

从以上经济业务的九种情况和四种类型对会计等式的分析发现,经济业务的类型对会计等式的影响是有规律可循的,简要地概括为以下两点:
❶当经济业务发生后,影响到会计等式两边(两方)的要素时,一定是等额同增或同减。❷当经济业务发生后,只影响会计等式某一边(一方)的要素时,一定是等额一增一减。以扩展会计等式为例,经济业务的类型影响会计等式的规律如图 2-14 所示。

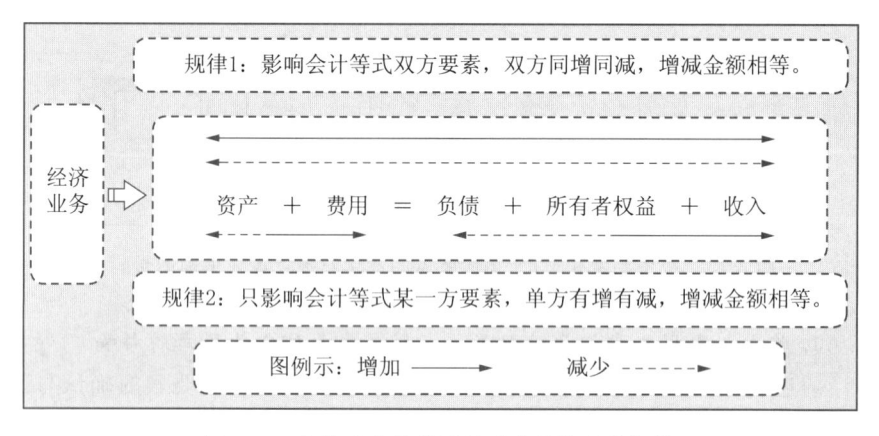

```
规律1:影响会计等式双方要素,双方同增同减,增减金额相等。

经济业务 ⇒  资产 + 费用 = 负债 + 所有者权益 + 收入

规律2:只影响会计等式某一方要素,单方有增有减,增减金额相等。

图例示: 增加 ——→    减少 - - - →
```

图 2-14　经济业务的类型影响会计等式的规律

2. 经济业务影响会计等式的结论性总结

通过分析经济业务影响会计等式中各要素的变动情况及其规律,可以得出以下结论:任何经济业务的发生都不会破坏会计等式的平衡关系。具体而言,主要有以下三点:

(1)每项经济业务发生后,必然会引起两方面的变化。具体到对会计等式各要素的影响,两方面可能会表现或影响会计等式中的两个要素;两方面也可能表现或只影响一个要素中的两个项目发生增减变化;但无论如何,会计等式的恒等关系保持不变。综上所述,经济业务的发生可能只

引起会计等式一方变动,也可能引起会计等式两方变动。

(2) 经济业务的发生只引起会计等式一方变动时:不仅不会影响会计等式的平衡,而且变化前的总额也不会变动。即:会计要素变化的某一方其增减金额相互抵销,原来的总额保持不变;而会计等式另一方的会计要素并未受到影响,其总额并不会发生变化。

(3) 经济业务的发生引起会计等式两方变动时:虽会使会计等式双方总额发生增加和减少的变动,但变动后的双方总额仍然相等;即:会计等式双方的总额会在原来平衡的基础上同时增加或同时减少一个相同的金额,等式两方仍然保持平衡。

素质教育:

薪酬差别——会计工作要用心去做

两个同龄的年轻人同时受雇于一家店铺,并且拿同样的薪水。可是一段时间后,叫阿诺德的小伙子青云直上,而叫布鲁诺的小伙子却仍在原地踏步。布鲁诺很不满意老板对他的不公正待遇。终于有一天他到老板那儿发牢骚了。老板一边耐心地听着他的抱怨,一边在心里盘算着怎样向他解释清楚他和阿诺德之间的差别。"布鲁诺先生,"老板开口说话了,"您现在到集市上去一下,看看今天早上有什么卖的。"布鲁诺从集市上回来向老板汇报说,一个农民拉了一车土豆在卖。"有多少?"老板问。布鲁诺赶快又跑到集市上,然后回来告诉老板一共40袋土豆。"价格是多少?"布鲁诺第三次跑到集市上问来了价格。"好吧,"老板对他说,"现在请您坐到这把椅子上一句话也不要说,看看别人怎么说。"于是,老板把阿诺德叫来同样要他到集市上看看早上有什么卖的。阿诺德很快就从集市上回来了,向老板汇报说到现在为止只有一个农民在卖土豆,一共40袋,价格是多少;土豆质量很不错,他带回来一个让老板看看。阿诺德又说,这个农民一个钟头以后还会弄几箱西红柿到集市上卖,据他看价格非常公道。昨天他们铺子的西红柿卖得很快,库存已经不多了。阿诺德想这么便宜的西红柿老板肯定会要买一些的,所以他不仅带回了一个西红柿做样品,而且把那个农民也带来了,他现在正在外面等回话呢。此时老板转向了布鲁诺,说:"现在您肯定知道为什么阿诺德的薪水比您高了吧?"

教授寄语:

同样的小事情,有心人做出大学问,不动脑子的人只会来回跑腿而已。别人对待你的态度,就是你做事情结果的反应,像一面镜子准确无误,你如何做的,它就如何反射回来。

第三章 会计核算基础

规矩与方圆：
没有规矩便不成方圆，在会计信息加工处理过程中，我们需要大量地借助各种"规矩"，对经济业务的确认、计量、记录和报告加以规范。

画龙点睛：
会计基本假设是会计要素确认、计量、记录和报告的前提。

第一节 会计基本假设

会计假设，是企业会计确认、计量和报告的条件假设，是对会计核算所处时间、空间环境等所作的合理设定，并在此基础上提出对会计信息质量的要求。我国《企业会计准则》规定会计基本假设包括会计主体假设、持续经营假设、会计分期假设、货币计量假设。

一、会计主体假设

会计主体，是指会计确认、计量和报告的空间范围。《企业会计准则——基本准则》第五条规定："企业应当对其本身发生的交易或者事项进行会计确认、计量和报告。"明确会计主体是开展会计确认、计量和报告工作的重要前提。

会计主体是会计为之服务的特定单位或组织。 ❶会计核算范围不包括其他企业的经济活动，尽管企业本身的经济活动与其他企业、单位或个人的经济活动相联系，但会计主体假设应当以企业本身发生的各项经济业务为对象进行确认、计量、记录和报告。只有这样才能把握会计处理的立场，例如，对外销售商品业务，应同时确认为增加收入和增加资产（或者减少负债），而不是相反；再比如，采购材料业务，应同时确认为现金资产减少（或者负债增加）和存货资产增加，而不是相反。❷会计核算范围不包括所有者另外一个企业的经济活动，更不包括所有者本人家庭的收支活动。但是企业所有者投入到企业的资本或者向企业所有者分配的利润，应当纳入其核算范围，属于会计主体发生的经济业务。

会计主体不同于法律主体。 ❶法律主体必然是会计主体，但会计主体不一定就是法律主体。❷会计主体可以是一个有法人资格的企业，也就是法律主体。❸由若干家企业通过控股形成母子公司关系的集团公司，集团公司编制的合并会计报表所依据的是会计主体而非法律主体。❹企业下属的二级独立核算单位是会计主体而非法律主体。❺独资、合伙形式的企业不具备法人资格，都不是法律主体，但都可以作为会计主体。

二、持续经营假设

持续经营，是指在可以预见的将来，企业将会按当前的规模和状态继续经营下去，不会停业，也不会大规模削减业务。《企业会计准则——基本准则》第六条规定:"企业会计确认、计量和报告应当以持续经营为前提。"

明确这一基本假设,就意味着会计主体将按照既定的用途使用资产,按照既定的合约条件清偿债务,会计人员就可以在此基础上选择会计政策和估计方法。

当然,在市场经济环境下,任何企业都存在破产、清算的风险,也就是说,企业不能持续经营的可能性总是存在的。因此,需要企业定期对其持续经营基本前提作出分析和判断。如果可以判断企业不能持续经营,就应当改变会计核算的原则和方法,并在企业财务报告中作相应的披露。持续经营与解散清算资产评价差异如图3-1所示:

重点提示:

在持续经营条件下,会计主体的资产将按预定的目标去使用,同时其债务也将按发生时承诺的条件去清偿。

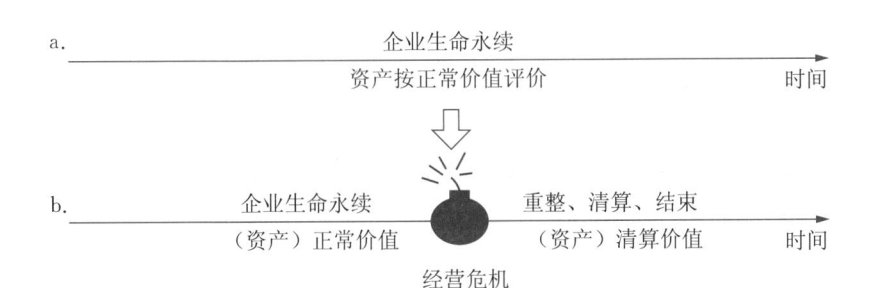

图 3-1 持续经营与解散清算资产评价差异

三、会计分期假设

会计分期,是指将一个企业持续经营的生产经营活动期间划分为若干个连续的、长短相同的时间段落。《企业会计准则——基本准则》第七条规定:"企业应当划分会计期间,分期结算账目和编制财务会计报告。会计期间分为年度和中期。中期是指短于一个完整的会计年度的报告期间。"

对会计期间可以从三个方面加以理解:❶会计分期的目的在于通过会计期间划分,将持续经营的生产经营活动期间划分成连续、相同的期间,据以结算盈亏,按期编报财务报告,从而及时向财务报告使用者提供有关企业财务状况、经营成果和现金流量的信息。❷在会计分期假设下,企业应当划分会计期间,分期结算账目和编制财务报告。❸会计期间分为年度和中期。我国《企业会计准则》规定年度和中期均按公历起讫日期确定。

根据持续经营假设,一个企业将按当前的规模和状态持续经营下去。要想最终确定企业的生产经营成果,只能等到企业在若干年后歇业时一次性核算盈亏。但是,无论是企业的生产经营决策还是投资者、债权人等的决策都需要及时的信息,不能等到歇业时。因此,就必须将企业持续经营的生产经营活动期间划分为若干连续的、长短相同的期间,分期确认、计量和报告企业的财务状况、经营成果和现金流量。由于划分会计分期,便产生了本期与非本期的区别,出现了权责发生制和收付实现制的区别,才使不同类型的会计主体有了记账的基准,进而出现了应收、应付、折旧、摊销等会计处理方法。**会计期间与会计报表的关系如图3-2所示。**

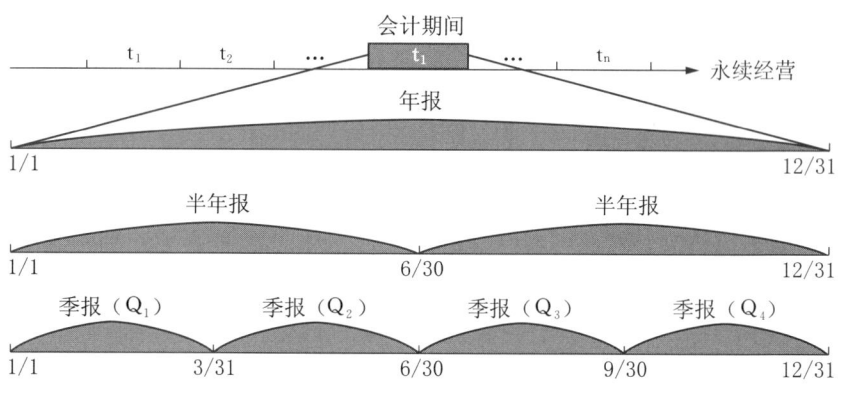

图 3-2　会计期间与会计报表的关系

四、货币计量假设

货币计量，是指会计主体在进行会计确认、计量和报告时以货币计量，反映会计主体的财务状况、经营成果和现金流量。《企业会计准则——基本准则》第八条规定："企业会计应当以货币计量。"

在货币计量前提下，我国《企业会计准则》规定，企业的会计核算以人民币为记账本位币。业务收支以外币为主的企业，可以选定一种外币作为记账本位币，但是编制的财务会计报告应当折算为人民币。在境外设立的中国企业向国内报送的财务会计报告，应当折算为人民币。

在会计确认、计量和报告过程中以货币计量为基础，是由货币本身的属性决定的，虽然有诸多优点，但也存在一些缺陷：❶例如，某些影响企业财务状况和经营成果的因素，如企业经营战略、研发能力、市场竞争，往往难以用货币计量，但这些信息对于使用者决策也很重要。为此，企业可以在财务报告中补充披露有关非财务信息来弥补上述缺陷。❷再如，货币计量除了作为交易共同衡量单位外，还隐含着一项假设——币值稳定不变，在不同期间货币价值(购买力)不变。事实上货币是随着物价波动而改变且长期的现状是通货膨胀趋势，也就是一般人所讲的"钱不值钱了"，现实经济中的币值与会计核算中的币值比较，如表 3-1 所示。

> **重点提示：**
> 非货币计量信息，有时对企业经营状况的了解和发展前景的预测却是关键性的。你知道为什么吗？

表 3-1　　　　　　现实经济中的币值与会计核算中的币值

币　值	时　间					
	T_1	T_2	T_3	...	T_n
现实经济中的币值	$	$	$	$...	$
会计核算中的币值	$	$	$	$...	$

第二节　会计要素确认、计量与报告的要求

一、会计要素确认及确认条件

(一) 会计要素确认标准

会计要素确认，也称会计确认，是指将企业发生的经济业务与资产、

负债、所有者权益、收入、费用和利润等会计要素联系起来加以认定的过程。会计确认是会计计量、记录和报告的前提,也是企业处理经济业务的起点。这是因为,企业任何经济业务的发生都会导致会计要素发生变化。因此,当经济业务发生以后,首先应将其与会计要素联系起来加以分析判定,辨明该经济业务的发生涉及哪些会计要素,以及是否符合要素的定义和确认条件。只有那些符合会计要素定义和确认条件的经济业务,才可能进入后续的会计处理程序。**首先**,要按照能否货币量化的标准进行辨认和筛选,通过辨认、筛选的企业活动才能进入会计信息系统并转化为会计信息,这一过程称为**会计初次确认**;**其次**,已转化为会计信息系统的信息,要作为传输给会计信息使用者有用的信息,还必须按照财务会计报告使用者的要求(现实中是会计准则的规定)进行会计的专业加工,输出的会计信息才能保证其可靠性和相关性,这个过程称为**会计再次确认**;**最后**,要进行会计确认就必须解决会计计量的问题,因为只有能够计量的企业活动才能够被确认为经济业务。

1. 会计要素初次确认与再次确认

(1) **初次确认**,是指对企业活动的原始经济信息在输入会计信息系统前,以能否货币量化为标准进行的辨认和筛选,并以一定的项目和金额将原始经济信息转化为会计信息的过程。企业活动的原始经济信息,内容纷繁复杂、包罗万象,例如企业根据各自的生产经营活动签订的购销合同、原材料的购进、产品生产与出售、机器设备的利用情况、职工的构成等。初次确认就是将这些经济信息中能够进行货币计量的部分确认转换为会计信息,运用复式记账法编制记账凭证,将经济信息转化为会计信息,并登记有关账簿。

(2) **再次确认**,亦称最终确认,是指对会计信息系统输出的经过加工的会计信息,根据会计信息使用者的信息需求,通过会计人员的职业判断,进行的重新归类、组合、提炼等的再加工并列入财务会计报告的过程。具体来讲就是对经过初次确认记入会计账簿中的哪些内容,应以什么项目列入财务报告。例如:❶经过初次确认的材料费用、工薪费用在不同产品之间的分配,以形成不同产品的生产成本并以"存货"项目列入资产负债表。❷经过初次确认形成的固定资产和无形资产等资产的价值,在不同的会计期间进行计提或摊销以形成各该会计期间的费用并以期间费用项目列入利润表。❸对已经过再次确认的存货项目,如果物价发生较大的变动,在按照谨慎性原则进行会计核算时,还应该对价格变动影响存货成本的程度以及对利润形成的影响进行再次确认。

2. 会计确认的标准

显而易见,初次确认和再次确认的标准和任务是不一样的。❶初次确认,以能否货币量化为标准,决定着经济信息能否转换为会计信息进入会计信息处理系统。❷再次确认,则是按照会计信息使用者的要求,对已经进入会计信息系统并经过初步加工的会计信息进行再加工。概括地讲,会计确认的标准有以下几个方面:

> **再理解:**
> 初次确认实际上就是将以原始凭证为载体的经济业务转换为会计信息,并决定其是否进入会计信息处理系统的辨认、筛选过程。

> **再理解:**
> 所以,再次确认实际上是对经过初次确认已经进入会计信息处理系统的会计信息的再提纯、再加工,以满足会计信息使用者的需要。

（1）**可定义性**，是指会计信息质的规定性，即符合会计要素的定义。对企业活动中能够货币量化的经济信息，即经济业务在进入会计信息系统时要具体到某一会计要素，并且该经济业务首先必须符合该会计要素的定义。

（2）**可计量性**，是指会计信息量的规定性，即按照多少数量进行确认。确认和计量互为依存关系，不能计量的企业活动不予确认，确认同时伴随着计量。

（3）**可靠性**，是指会计信息的真实性，即会计信息能够如实反映已经发生的经济业务。具体包括：❶在进行会计确认时，要认真审核原始凭证所记载的企业活动是否真实，是否有客观可信的证据，即有据可查。❷有关的经济利益很可能流入和流出企业。受经济环境及市场因素的影响，经济利益流入和流出企业具有很大的不确定性并需要合理地估计。

> **特别提示：**
> 这里所讲的"很可能"是指经济利益流入或流出企业的概率在50%以上。

（二）会计要素确认的条件

1. 资产要素确认的条件

将一项资源确认为企业的资产，除应符合资产的定义外，还应同时满足以下两个条件：

（1）**与该资源有关的经济利益很可能流入企业。** 能够给企业带来经济利益是资产的一个本质特征，但由于受各种因素的影响，与资源有关的经济利益能否流入企业，或能够流入多少具有很大的不确定性。因此，对资产的确认还应与对经济利益流入确定性程度的判断相结合。❶如果与资源有关的经济利益很可能流入企业，可将其作为企业的资产加以确认。❷反之，则不能确认为企业的资产。如企业为了推销产品将产品销售给了暂时没有付款能力的企业，近期货款收回的可能性很小，在这种情况下，即使已经将产品提供给了购买方，也不能确认为企业的资产（应收账款）。

（2）**该资源的成本或价值能够可靠计量。** 成本或价值的可计量性既是经济业务确认的继续，也是所有经济业务得以记录和报告的前提。因此，只有当有关资源的成本或价值能够可靠计量时，才能作为资产予以确认。在实务中，企业取得的许多资产都发生了相应的支出，即构成这些资产的成本。例如，企业购买原材料、购置房屋和设备等，只要实际发生的支出能够可靠计量（如已经取得了购物发票），就可视为符合资产确认的可计量条件。如果某项资源的成本或价值不能够可靠计量，则不能将其确认为企业的资产。

2. 负债要素确认的条件

将一项义务确认为企业的负债，除应符合负债的定义外，还应同时满足以下两个条件：

（1）**与该义务有关的经济利益很可能流出企业。** 预期会导致经济利益流出企业是负债的一个本质特征，但对负债的确认还应与对经济利益流出确定性程度的判断相结合考虑。在实务中，企业履行法定义务时，如归还借款、缴纳税费等，经济利益流出企业的确定性无疑。反之，如果企业承担了现时义务，但是导致经济利益流出企业的可能性已不复存在，即不会导致经济利益流出企业,则不仅不应确认为负债,而且应减少负债。例如,经过企业与债权人之间协商,债权人已同意将其原来借给企业的款项转为对企业的投资,这部分负债就不再会导致经济利益流出企业,也就不再符合负债的确认条件。

(2) **未来经济利益流出的金额能够可靠计量。** 负债确认时,对于经济利益的流出,应考虑其可计量性。❶对于与法定义务有关的经济利益的流出,通常可以根据合同或法律规定的金额予以确定。❷对于与推定义务有关的经济利益的流出,企业应当根据履行相关义务需要支出的最佳估计数进行推定。例如企业预期为售出商品提供保修服务可能产生的费用等。

3. 所有者权益要素确认的条件

所有者权益体现的是所有者对企业资产所享有的剩余权益,因此,所有者权益的确认要依赖于资产与负债的确认,即资产、负债确认的标准即为所有者权益确认的标准。

4. 收入要素确认的条件

将一项经济利益流入确认为企业的收入,除应符合收入的定义外,还应同时满足以下三个条件:

(1) **与收入有关的经济利益应当很可能流入企业。** 有关的经济利益,是指在销售商品等过程中企业可能收到的商品销售价款等。由于多种因素的影响,企业销售商品的价款能否收回有多种可能性。❶只有在销售交易发生后,其价款有比较大的可能性被企业收回时,才能确认为收入。❷反之,即使确认收入的其他条件均已满足,但价款收回的可能性不大,也不能确认为收入。

(2) **经济利益流入企业的结果会导致企业资产增加或者负债减少。** 包括:❶导致企业资产增加的经济利益流入企业,在企业的日常活动中经常发生。例如,企业收到销售商品货款,既会增加企业的收入,又会增加企业的资产。❷导致企业的负债减少的经济利益流入企业,在企业的日常活动中也时常发生。例如,企业向原已预付货款的客户实际提供商品时,一方面会增加企业的收入,另一方面会减少企业的负债(预收账款)。

(3) **经济利益流入的金额能够可靠计量。** 企业对实现的收入能否可靠地计量,是收入能否得以确认的重要条件。❶能够可靠计量,是指必须具有可以证明收入已经实现的可靠证据,例如,企业在销售商品收到货款后开具的收款单据等,都可证明经济利益流入的金额能够可靠计量,即可确认为收入。❷反之,如果收入的金额不能可靠计量,例如,企业提供给购货方的商品销售价格可能发生变动,在新的售价未确定之前,就不能确认为收入。

5. 费用要素确认的条件

将一项经济利益流出确认为企业的费用,除应符合费用的定义外,至少还应当满足三个条件:❶与费用相关的经济利益很可能流出企业。❷该经济利益流出企业的结果会导致资产减少或者负债增加。前一种情况如企业用现金支付各种期间费用等,一方面表现为费用增加,另一方面表现为资产减少;后一种情况如企业本期应当负担的短期借款利息可能是在下一个会计期间支付,就应将应付利息在确认为本期费用的同时确认为企业的负债。❸经济利益流出的金额能够可靠计量。只有在经济利益流出的金额能够可靠计量的情况下,才能确认为费用。

6. 利润要素确认的条件

利润反映企业一定会计期间的收入减去费用后的净额加上当期利得、减去当期损失的最终结果。因此,利润的确认主要依赖于收入和费用的确认,以及利得和损失的确认。

二、会计要素的计量

会计要素计量,简称会计计量,是指将符合确认条件的会计要素进行会计记录继而列报于财务报告文件并确定其金额的过程。主要包括会计计量尺度与计量属性的选择。❶会计计量的基本要求是计量尺度的选择。❷而会计计量应满足会计信息可靠性和相关性的要求,是计量属性的选择。

计量尺度的选择,是指一个组织(企业)是通过一定的数据来描述会计要素的计量单位。会计计量必然涉及计量尺度的选择,包括实物、劳动和货币三种量度,但应以货币量度为主要计量尺度来综合反映企业经济活动的过程和结果,为经济管理提供所需的价值指标。所以,会计计量的属性,是指会计在以货币单位计量的基础上,基于经济业务的复杂性、客观经济环境的变化和会计信息使用者的不同目的,对会计要素金额确定的基础或衡量标准进行选择。会计计量属性主要包括以下五种:

(1) **历史成本**,是指形成某项会计要素时所付出的实际成本。历史成本计量:❶对资产而言,是指按照购置时支付的现金或者现金等价物的金额,或者按照购置资产时所付出的对价的公允价值计量。❷对负债而言,是指按照其因承担现时义务而实际收到的款项或者资产的金额,或者承担现时义务的合同金额,或者按照日常活动中为偿还负债预期需要支付的现金或者现金等价物的金额计量。

(2) **重置成本**,亦称现时成本,是指按照现在形成某项会计要素可能付出的成本。重置成本计量:❶对资产而言,是指按照目前购买相同或者相似资产所需支付的现金或者现金等价物的金额计量。❷对负债而言,是指按照现在偿付该项债务所需支付的现金或者现金等价物的金额计量。

(3) **可变现净值**,是指在正常生产经营过程中,以资产预计售价减去进一步加工成本和预计销售费用以及相关税费后的净值。可变现净值的计量:❶对资产而言,是指按照其正常对外销售所能收到现金或者现金等价物的金额,扣减该资产至完工时估计将要发生的成本、估计的销售费用以及相关税金后的金额计量。❷对负债而言,是指按照预期清偿负债所需支付的现金或现金等价物的未折现值计量。

实际应用:
历史成本多用于财产、厂房、设备及大部分存货的计量。

优缺点比较:
可靠、简便、数据容易采集;因确认的时间与会计信息使用者利用的时间间隔较长,如果物价发生剧烈变动,可能误导会计信息使用者作出错误的决策。

实际应用:
可变现净值,通常用于存货资产在减值情况下的后续计量。

(4) **现值**,是指对未来现金流量以恰当的折现率进行折现后的价值,是基于货币时间价值的一种计量属性。即将未来的现金流入折算成现值,用现值计量的会计信息能体现出高度的相关性。现值计量:❶对资产而言,是指按照预计从其持续使用和最终处置中所产生的未来净现金流入量的折现金额计量。❷对负债而言,是指按照预计期限内需要偿还的未来净现金流出量的折现金额计量。

(5) **公允价值**,是指市场参与者在计量日发生的有序交易中,出售一项资产所能收到或者转移一项负债所需支付的价格。公允价值计量,是指资产和负债按照在有序交易中,熟悉情况的交易双方自愿进行资产交换或者债务清偿的金额计量。

对以上五种会计计量属性理解的归纳如表3-2所示。

> **实际应用：**
> 现值通常应用于对投资期限较长的非流动资产投资项目的计量。
>
> **实际应用：**
> 公允价值,通常应用于以公允价值计量且其变动计入当期损益的交易性金融资产等的计量。

表 3-2　　　　　　　　　　对五种会计计量属性的理解

计量属性	对资产的计量	对负债的计量
历史成本	按照购置时的金额计量	按照承担现时义务时的金额计量
重置成本	按照现在购买时的金额计量	按照现在偿还时的金额计量
可变现净值	按照现在销售时的金额计量	
现　值	按照将来的金额折现计量	
公允价值	熟悉情况的交易双方自愿交易中出售资产所能收到的价格	熟悉情况的交易双方自愿交易中转移负债所需支付的价格

三、会计要素确认、计量与报告的要求

(一) 会计要素确认与计量记账基础

会计记账基础,是指会计主体在进行会计业务处理时对有关会计要素确认所采用的原则。会计期间的划分产生了本期与非本期的区别,在会计实务中,有很多经济业务发生的会计期间与相关货币收支的会计期间并不完全一致,有些货币收支与以前的会计期间相关,而有些货币收支与以后的会计期间相关。如12月31日销售的商品符合收入确认的条件,但款项将于下年1月份收回。那么该项收入是作为本年的收入确认,还是作为下年的收入确认呢?该项收入的确认有两种方法:❶作为本年的收入确认,理由是该项经营活动是本年完成的。❷作为下年的收入确认,理由是款项在下年收回。如何合理地确定各会计期间的损益?由此产生了会计上确认收入和费用的两种记账基础——"应计制"和"现金制"。

1. "应计制"记账基础

应计制,亦称"权责发生制"或"应收应付制",是指收入、费用的确认应当以收入和费用的实际发生作为确认计量的标准。❶凡是属于本期已经实现的收入和已经发生或应当负担的费用,不论款项是否在本期收到和支付,都应确认为本期的收入和费用。❷凡是不属于本期的收入和费用,即使款

项已经在当期收到和支付,也不应确认为本期的收入和费用。理解权责发生制应重点把握以下两个概念:

(1) 实现概念,是指由于销售商品或提供服务而引起的现金或现金索取权(如应收账款)的流入。主要应解决的问题是:何时记录收入及记录金额数量?❶通常应在提供商品或劳务并满足收入实现的条件时,确认收入。❷收入的金额按照转移商品的现金价值确定。

(2) 配比概念,是指当某一给定事件既影响收入又影响费用时,这两方面的影响应该在同一会计期间加以确认。如商品销售经济业务:❶收入反映了留存收益的增加额等于收入实现额。❷费用反映了留存收益因商品(资产)离开企业而减少。❸为了准确衡量会计期间内销售对留存收益的净影响,相关的收入与费用必须要在同一会计期间予以确认。

2. "现金制"记账基础

现金制,亦称"收付实现制"或"现收现付制",是以款项的实收实付为计算标准来确认本期收入和费用的一种记账基础。❶凡是本期收到的收益款项和付出的费用款项,不论其是否属于本期,均确认为本期的收入和费用。❷在"现金制"记账基础下,既没有实现概念,也没有配比概念。

"现金制"记账基础在一些提供服务、没有多少存货的小型企业中得到广泛应用,如饭馆、美容美发店等。由于这些组织大多数都不向顾客提供赊账服务,采用"现金制"还是"应计制",对利润的核算没有明显影响。

3. "应计制"与"现金制"的比较

"应计制",是依据持续经营和会计分期两个基本前提来正确划分不同会计期间资产、负债、收入、费用等会计要素的归属,并运用一些诸如应收、应付、待摊等项目来记录由此形成的资产和负债等会计要素。企业经营不是一次而是多次,而其损益的记录又要分期进行,每期的损益计算理应反映所有属于本期的真实经营业绩,"现金制"显然不能完全做到这一点。权责发生制能更加准确地反映特定会计期间实际的财务状况和经营业绩。因此,对于收入的处理应按照收入的确认原则来确定其归属期,而对于费用的处理应秉承"按费用的发生地归集,按受益对象分配,谁受益谁承担,何时受益何时承担"的原则来处理。

【例3-1】 根据下列经济业务,分别按权责发生制和收付实现制,计算美达服装公司1月份的收入和费用,如表3-3所示。

(1) 本月销售产品60 000元,收到货款40 000元存入银行,其余20 000元未收到。

(2) 用银行存款支付1—6月的仓库租金4 800元。

(3) 本月应计提银行短期借款利息2 000元。

(4) 收到上年度12月份应收未收的销货款9 000元。

(5) 收到购货单位预付货款20 000元,合同约定下月交货。

(6) 经计算本月应付职工薪酬6 000元。

进行比较:

应计制的核心是"实现"和"配比";现金制的核心是"收到"和"付出"。

法律法规:

我国《企业会计准则——基本准则》第九条规定:"企业应当以权责发生制为基础进行会计确认、计量和报告"。

表 3-3　　　　美达公司 1 月份两种记账基础下的收入和费用比较表　　　　单位:元

业务序号	"应计制"(权责发生制) 收入	"应计制"(权责发生制) 费用	说　明	"现金制"(收付实现制) 收入	"现金制"(收付实现制) 费用	说　明
(1)	60 000		本月销售已实现	40 000		收到销货款 40 000 元
(2)		800	本月应摊销 800 元		4 800	支付仓库租金 4 800 元
(3)		2 000	本月应承担的利息费用			款项没有支付
(4)			上年收入而非本月收入	9 000		收到货款 9 000 元
(5)			预收货款,销售尚未实现	20 000		收到货款 20 000 元
(6)		6 000	本月应承担的职工薪酬			款项没有支付
合计	60 000	8 800	**利润:51 200 元**	69 000	4 800	**利润:64 200 元**

(二) 划分收益性支出与资本性支出原则

会计核算应严格区分收益性支出与资本性支出的界限,以正确计算各期损益、准确计量各期资产。❶收益性支出,是指受益期不超过 1 年或 1 年以上的一个营业周期内的支出,即发生该项支出是仅仅为了取得本期收益。❷资本性支出,是指受益期超过 1 年或 1 年以上的一个营业周期的支出,即发生该项支出不仅是为了取得本期收益,而且也是为了取得以后各期收益。

划分收益性支出与资本性支出,要求在会计核算中首先将收益性支出与资本性支出加以区分,然后将收益性支出确认为费用,作为当期损益列入利润表;将资本性支出确认为资产,列入资产负债表。前者称为**支出费用化**,后者叫做**支出资本化**。资本化的支出随着每期对资产的耗费,按照受益原则和耗费比例通过转移、折旧和摊销等方法,逐渐转化为费用。

(三) 历史成本原则

历史成本原则,亦称原始成本或实际成本原则,是指对会计要素的记录,应以经济业务发生时的取得成本为标准进行计量计价。按照会计要素的这一计量要求:❶资产的取得、耗费和转换,都应按照取得资产时的实际支出进行计价和记录。❷负债的发生和偿还,都应按发生负债的实际支出进行计价和记录。❸资产减负债后的所有者权益,自然也是以历史成本计价的,有别于报表日的重置价值、变现价值和市价。

第三节　会计信息质量要求

会计信息质量要求,主要是指为外部利害关系人服务的财务会计信息,应当满足反映管理层受托责任的履行情况和有助于会计信息使用者作出经济决策的需要。主要包括以下八个方面。

一、*可靠性*

可靠性,是指企业应当以实际发生的经济业务为依据进行会计确认、计量和报告,如实反映符合确认和计量要求的各项会计要素及其他相关信息，保证会计信息真实可靠、内容完整。根据这一标准所产生的会计信息不受提供信息者个人偏见或判断的影响。可靠性隐含着客观性、中立性和可验证性等内容。

二、相关性

相关性，是指企业提供的会计信息应当与财务会计报告使用者的经济决策需要相关，有助于财务会计报告使用者对企业过去、现在或者未来的情况作出评价或者预测。要求企业在确认、计量和报告会计信息的过程中，以可靠性为前提，在此基础上要尽量使提供的会计信息有助于使用者决策或提高决策水平，有助于使用者评价企业过去的决策和证实或修正过去的有关预测，有助于使用者预测企业未来的财务状况、经营成果和现金流量。

三、可理解性

可理解性，是指企业提供的会计信息应当清晰明了，通俗易懂地反映企业的财务状况和经营成果，便于财务会计报告使用者正确理解和有效利用。但是，强调会计信息的可理解性并非要求会计信息完全丧失其专业性，因为，会计信息毕竟是一种专业性较强的信息产品，要求或假定会计信息使用者具有一定的专业知识并愿意为此付出努力。

四、可比性

可比性，是指企业应当按照规定的会计处理方法进行会计核算，会计指标应当口径一致。保证会计信息在同一企业的不同时期和不同企业的同一时期可以相互进行比较和利用。根据这一标准所产生的会计信息不受不同企业和时期的影响，使会计信息使用者对企业的经营活动作出客观的考核和评价。

实际应用：

将租入的机器设备确认为企业的资产，就体现了实质重于形式这一会计信息的质量要求。

五、实质重于形式

实质重于形式，是指在对经济业务进行确认、计量和报告时，应以其"实质"而不应当仅仅按照它们的法律形式进行会计核算。经济业务的经济实质和法律形式在大多数情况下是一致的，但也可能出现不一致的现象，例如，企业按照销售合同销售商品但又签订了售后回购协议，虽然从法律形式上看是实现了收入，但如果企业没有将商品所有权上的主要风险转移给购货方，没有满足收入确认的各项条件，即使签订了商品销售合同或者已将商品交付给购货方，也不应当确认为销售收入。会计处理时应当优先考虑经济业务的实质，这主要是由于法规制度存在制定过程中的主观性和在实施时间上的滞后性，因此企业的会计核算，如果只是按照经济业务的有关法规进行，而不考虑经济业务的实质意义或现实要求，其结果不仅不会满足会计信息需求者的需要，还可能会导致会计信息使用者的决策出现错误。

六、重要性

重要性，是指与企业财务状况、经营成果和现金流量有关的重要经济业务应当充分揭示，而非主要经济业务则应当在不影响会计信息质量的前提下予以适当简化或合并反映。重要性是决定经济业务如何处理和提供的关键，被认为是会计确认的门槛。重要性的判断要依赖于会计人员的职业判断，主要是依据其所处环境和实际情况，从经济业务的性质和金额大小两个方面加以判断。同一经济业务在不同企业之间、同一企业的不同会计期间，其重要性的判断也可能不尽相同。

> **重要提示：**
> 如果财务报告中提供的会计信息的省略或者错报影响了信息使用者据此作出的决策，该信息就具有重要性。

七、谨慎性

谨慎性，是指企业对不确定经济业务进行确认、计量和报告时，应持稳妥谨慎的态度，即企业在进行会计核算时，只要费用或损失的发生具有合理的可能性就要确认（预计损失），而只有当收入可以合理确定时才予以确认（不预计收益）。即不得多计资产或收益，不得少计负债或费用。经营者要对其负责的主体的经营情况作出有利的报告，一方面是基于推迟所得税缴纳的需要，另一方面是基于经理人市场竞争和给自己留有余地减少风险的需要，经营者大多在收入和费用的确认与报告上采用谨慎的态度。这个概念经常被阐述为一种倾向，即在衡量不确定性时，会计工作者宁愿低估净收益与净资产也不愿高估它们。因此，如果对未来不确定的数量有两种估计结果，并且两者发生的可能性相同，那么，在计量资产或收入时倾向于采纳较小的数据，而在计量负债或费用时则倾向于采纳较大的数据。

> **实际应用：**
> 对应收账款计提"坏账准备"、对存货项目预计"跌价准备"、对固定资产计提"减值准备"和采用"加速折旧法"，都是谨慎性原则的具体应用。

八、及时性

及时性，是指企业对于已经发生的经济业务，应当及时进行确认、计量和报告，不得提前或者延后，以保证会计信息的时效性。根据这一标准所产生的会计信息可使会计信息使用者避免因"时过境迁"而出现判断决策失误。

以上会计信息的质量要求中：❶可靠性、相关性、可理解性和可比性，属于会计信息的首要质量要求，是企业财务会计报告中所提供会计信息应具备的基本质量特征。❷实质重于形式、重要性、谨慎性和及时性，属于会计信息的次级质量要求，是对可靠性、相关性和可理解性、可比性等首要质量要求的补充和完善。**需要特别注意的是：**❶实质重于形式、重要性和谨慎性，主要是针对某些特殊经济业务的处理所作的规定。❷而及时性，则是对会计信息相关性和可靠性的制约因素，企业需要在相关性和可靠性之间寻求一种平衡，以确定信息及时披露的时间。

第四章　账户与复式记账

第一节　会计科目与会计账户

一、会计科目

(一) 会计科目的定义及设置规范

1. 会计科目的定义

前述会计要素是对经济业务(会计对象的具体内容)按照其一定特征(质的要求)进行的基本分类,并将其划分为资产、负债、所有者权益、收入、费用和利润六大会计要素。但会计要素仅仅是对经济业务所作的最基本分类,而这个层次的分类是不够的,这是因为每一个会计要素又包含了许多具体项目。当经济业务发生后,只有结合这些具体项目进行确认,才能提供更为详尽的信息。所以,在划分会计要素的基础上,还需根据各个要素的经济内容将其划分为若干项具体项目。因而,会计科目,是指在会计要素分类的基础上,对其按照经济内容进行再分类而确定的详细项目。

究竟该如何进一步分类并细化到什么程度?这就要对各会计要素包含的具体内容,按其一定的特点和管理要求,并以能够提供系统、全面的会计信息为标准进行分类。例如:❶企业的机器设备、房屋和建筑物,作为劳动手段,具有使用时间较长、单位价值较大、实物形态相对不变的特点,归为一类,通过"固定资产"会计科目核算。❷生产产品用的各种钢材、零配件及燃料等,作为劳动对象,具有在生产中一次被消耗、价值一次转移到产品成本中的特点,归为一类,通过"原材料"会计科目核算。❸为了满足管理上费用预算和控制的要求,将在企业生产车间范围内发生的物料消耗、办公费、管理人员的工资等间接费用归为一类,通过"制造费用"会计科目核算。

2. 会计科目的设置规范

我国《企业会计准则应用指南》(以下简称《准则应用指南》)在附录中制定了涵盖各类企业主要经济业务的会计科目和主要账务处理。❶各企业在不违反会计准则中确认、计量和报告规定的前提下,可以根据本单位的实际情况自行增设、分拆、合并会计科目。❷对于明细科目,企业可以比照《企业会计准则应用指南》的附录中的规定自行设置。会计科目编号供企业填制会计凭证、登记会计账簿、查阅会计账目、采用会计软件系统参考,企业可结合实际情况自行确定会计科目编号。❸由于各企业的业务性质、规模大小、业务繁简及组织状况有所不同,会计科目的设置必须充分考虑这些客观条件,遵循合法、合规、全面、有用、简明实用等原则和要求。

（二）会计科目体系及分类

会计科目体系，包括会计科目的内容、级次和编号。❶会计科目的内容，是指各会计科目在反映资金运动各环节之间的横向联系。❷会计科目的级次，是指每一会计科目内部的纵向联系。❸会计科目的编号，是指采用几位数字来列示每一会计科目在会计科目体系中位置的序列号并代表具体的会计科目。

1. 会计科目的内容及会计科目按内容分类

会计科目的内容包括每一会计科目按企业会计准则的规定应反映的具体经济内容。会计科目按经济内容的分类，有助于了解和掌握各会计科目核算的内容以及会计科目的性质，为正确运用会计账户反映经济业务引起会计要素的增减变化奠定基础。根据《企业会计准则应用指南》，制造业企业常用的会计科目如表4-1所示。

表4-1　　　　　　　　　　制造业企业常用会计科目表

编号	会计科目名称	编号	会计科目名称	编号	会计科目名称
	一、资产类	1604	在建工程	4001	实收资本
1001	库存现金	1605	工程物资	4002	资本公积
1002	银行存款	1606	固定资产清理	4101	盈余公积
1012	其他货币资金	1701	无形资产	4103	本年利润
1101	交易性金融资产	1702	累计摊销	4104	利润分配
1121	应收票据	1703	无形资产减值准备		五、成本类
1122	应收账款	1801	长期待摊费用	5001	生产成本
1123	预付账款	1901	待处理财产损溢	5101	制造费用
1131	应收股利		二、负债类		六、损益类
1132	应收利息	2001	短期借款	6001	主营业务收入
1221	其他应收款	2201	应付票据	6051	其他业务收入
1231	坏账准备	2203	应付账款	6101	公允价值变动损益
1401	材料采购	2211	预收账款	6301	营业外收入
1402	在途物资	2221	应付职工薪酬	6401	主营业务成本
1403	原材料	2231	应交税费	6402	其他业务成本
1404	材料成本差异	2232	应付利息	6403	税金及附加
1405	库存商品	2241	应付股利	6601	销售费用
1471	存货跌价准备	2501	其他应付款	6602	管理费用
1511	长期股权投资	2701	长期借款	6603	财务费用
1512	长期股权投资减值准备	2202	长期应付款	6701	资产减值损失
1601	固定资产		三、共同类		信用减值损失
1602	累计折旧		（略）	6711	营业外支出
1603	固定资产减值准备		四、所有者权益类	6801	所得税费用

2. 会计科目的级次及会计科目按级次分类

会计科目的级次,是指会计科目按其提供会计信息的详简程度及其统驭关系的分类。可分为以下两类:

(1)总分类科目及设置方法。总分类科目,又称总账科目,是指对某一会计要素包含的具体内容,按照其相同特征并结合管理要求,进行总括分类并提供总括会计信息的会计科目。总分类科目反映各种经济业务的总括情况,是进行总分类核算的依据。例如,表4-1中所列的会计科目都是总分类科目。《准则应用指南》中设置了156个总分类科目。虽然会计科目是对会计要素的分类,但会计要素与会计科目类别并不完全相同。❶利润类科目(如"本年利润"科目和"利润分配"科目)归并为所有者权益类科目,体现了利润的所有权属于所有者这一经济实质。❷收入类和费用类科目,如将属于收入类的"主营业务收入"和"其他业务收入"与属于费用性质的"主营业务成本""其他业务成本""税金及附加"和"销售费用"等期间费用合并为损益类科目,这种合并可以方便企业进行经营成果的计算。❸将资产要素中的一部分科目(如"生产成本""制造费用"等科目)独立设置成本类科目,体现了制造业企业进行各类成本对象成本计算的特殊需求。

> **特别提示:**
> 总分类科目的设置方法,体现了总分类科目的分类与会计要素分类的关系,是对会计要素的再分类。

(2)明细分类科目及设置方法。明细分类科目,又称明细科目或细目,是对某一总分类科目所作的进一步分类,辅助总分类科目以反映更为详细、具体的会计信息的科目。如"库存商品"总分类科目下,按商品名称分设明细科目,具体反映有哪些商品。在实际工作中,若某一个总分类科目下属的明细分类科目太多时,为适应加强内部经营管理工作的需要,可在总分类科目与下属的明细分类科目之间增设二级科目(也称子目),在二级科目之下再按所包括的内容设置隶属于该二级科目的三级科目(也称细目)。由于设置了二级科目,总分类科目也称为一级科目,二级科目和三级科目统称为明细分类科目。在一般情况下设置三个层次的会计科目,如有需要也可设置四级科目、五级科目。

> **提示:**
> 会计信息化软件为设置更多层次的会计科目提供了可能。

(3)会计科目各级次之间的关系。会计科目各级次之间的关系,以"原材料"会计科目为例加以说明,如表4-2所示。它们之间是总括与详细、统驭与被统驭的关系。

表4-2　　　　　　　　　　会计科目的级次关系

| 总分类科目 | 明细分类科目 ||
(一级科目)	子目(二级科目)	细目(三级科目)
原材料	原料及主要材料	圆 钢
		扁 钢
		槽 钢
	辅助材料	油 漆
		润滑油
	燃 料	汽 油
		烟 煤

3．会计科目的编号

根据会计科目的多少和使用需要，《企业会计准则应用指南》规定对一级科目采用四位数（大分类、中分类、细分类和具体会计科目）编号法。❶大分类编号用第一位数表示，从1开始(1，2，3……)，如"1"代表资产类，"2"代表负债类，"3"代表共同类，"4"代表所有者权益类，"5"代表成本类，"6"代表损益类。❷总分类用第二位数表示，从0开始(0，1，2，3……)，如"10"中的"0"代表货币资金类，"16"中的"6"代表固定资产类。❸明细分类（不同类型的企业，如一般企业、金融企业、保险企业、农业企业等）和具体会计科目用第三、四位数表示，从01开始（01，02，03……）、11开始（11，12，13……）、21开始（21，22，23……）…，如"1001"表示"库存现金"科目、"1002"表示"银行存款"科目。

在手工记账的条件下，一般只对总分类科目进行编号，而在会计信息化的条件下，除对总分类科目采用四位数编号外，对二级科目和三级科目可根据其数目的多少采用五位数、六位数或更多位数编号。

综上所述，设置会计科目是对会计事项在按会计要素分类的基础上，结合经营管理的需要，进一步进行分类核算的项目名称，并确定核算内容和编号的一种专门方法。

特别指出：

会计科目在编号时，要留有空号，以便增加会计科目。

（三）会计科目设置的要求

在实际工作中，会计科目的设置是通过会计制度预先规定的。为了更好地进行会计核算，满足经营管理对会计核算资料提供的要求，会计科目在设置时应满足以下要求：

1．必须依据会计对象的特点，全面、系统地反映会计对象的内容

会计科目及其体系应能够全面、系统地反映会计对象的全部内容，不能有任何遗漏。由于各行各业资金运动的每一个具体环节不完全相同，就必须在《准则应用指南》的统一指导下，结合行业会计对象的特点，设置全面反映该行业资金运动每一个具体环节的会计科目。

2．结合加强内部经营管理的需要，满足对外提供会计信息的要求

首先，应满足企业内部加强经营管理并提高经济效益的需要；其次，应满足政府部门加强宏观调控需要；最后，应满足投资人、债权人及有关方面对企业经营和财务状况作出准确判断的需要。为满足上述要求及便于会计资料整理和汇总的需要，在设置会计科目时要适当分设：❶满足企业外部有关方面对会计信息的需要的总分类科目。❷满足加强内部经营管理对会计信息的需要的明细分类科目。

3．做到适应性与稳定性相结合

所谓适应性，是指会计科目的设置应随着社会经济环境和本单位经济活动的变化而变化；所谓稳定性，是指为便于会计资料的汇总及在不同时期的对比分析应保持会计科目相对稳定。这就要求在设置作为制度性事前控制的会计科目时，要具有前瞻性并留有余地，以此来保证会计科目的适应性和稳定性。

4．做到统一性与灵活性相结合

所谓统一性，是指会计科目要按《准则应用指南》所规定的会计科目名称及其涵盖的范围和内容来设置，以此来保证会计核算指标在一个部门，乃至全国范围内综合汇总。所谓灵活性，是指会计科目的设置要在《准则应用指南》规定的前提下，可以根据本单位的具体情况对《准则应用指南》中规定的会计科目进行必要的补充和简并，以满足本单位内部经营管理的需要。

5．会计科目名称要言简意赅，并进行适当的分类和编号

所谓言简意赅，是指每一会计科目所涵盖的范围和内容要有明确的界定，其名称要名副其实并具有高度的概括性。所谓适当的分类和编号，是指为主要满足会计电算化的需要，会计科目要按其经济内容的分类、项目的流动性或主次以及级次进行编号。

二、会计账户

在会计要素的基础上，通过设置会计科目，对经济业务作了进一步的分类，为开展会计核算奠定了基础。但要反映由于经济业务而引起的会计要素各具体项目金额的增减变动，就需要根据会计科目开设会计账户。这是因为，会计科目只能对经济业务进行定性而不能定量，不能提供其所反映金额的增减变动及其余额情况的信息，而提供这些信息恰恰是会计的最基本职能。因此，在会计核算中必须依据会计科目开设会计账户。

（一）会计账户的定义与设置

1．会计账户的定义

会计账户，也称账户，是根据会计科目设置的，具有一定格式和结构，用于连续、系统、全面地记录经济业务，分类反映会计要素各具体项目金额增减变动情况及其结果的一种工具。设置会计账户是会计核算的重要方法之一。

2．会计账户的设置

（1）账户设置的主要依据是会计科目。会计科目是会计要素各具体项目的规定名称，设置会计科目的主要目的就是为会计账户的设置提供依据。企业可根据需要在《准则应用指南》规范的会计科目表中选用，并根据这些会计科目开设相应的账户，以便对各种经济业务进行系统、连续的记录，向有关各方提供有用的会计信息。

（2）账户具有一定的格式。会计账户为了具体记录经济业务，应有一定的结构格式。账户的名称就是会计科目的名称；账户的格式由所记录经济业务具体项目的栏目组成。

（3）设置账户的目的是为财务报告的编制提供数据资料。由于每个账户都是按照反映各会计要素特定方面的内容需要设置的，每个账户记录的内容都有清晰的规定和界定。例如，"库存现金"账户只能记录企业库存现金的增加额、减少额、余额等。在账户中记录企业所发生的各项经济业务，记账同时也是收集并分类汇集会计信息和为编制会计报表积累数据资料的过程。

（二）会计计量与会计账户的结构

设置账户的目的是用来记录发生的经济业务，所以账户不但要有明确的核算内容，而且必须具有便于记录经济业务的结构。由于账户是依据一定的凭据用来连续地记录经济业务引起会计要素具体项目金额增减变动的过程和结果，所以，账户除应具备"增加金额、减少金额及余额"外，还应具备"账户的名称"（即会计科目）、"日期和摘要"（记录经济业务发生的日期和概括说明或事项的内容）以及"凭证号数"（账户记录的依据）等内容。以借贷记账法为例，会计账户的一般格式或结构如表 4-3 所示。

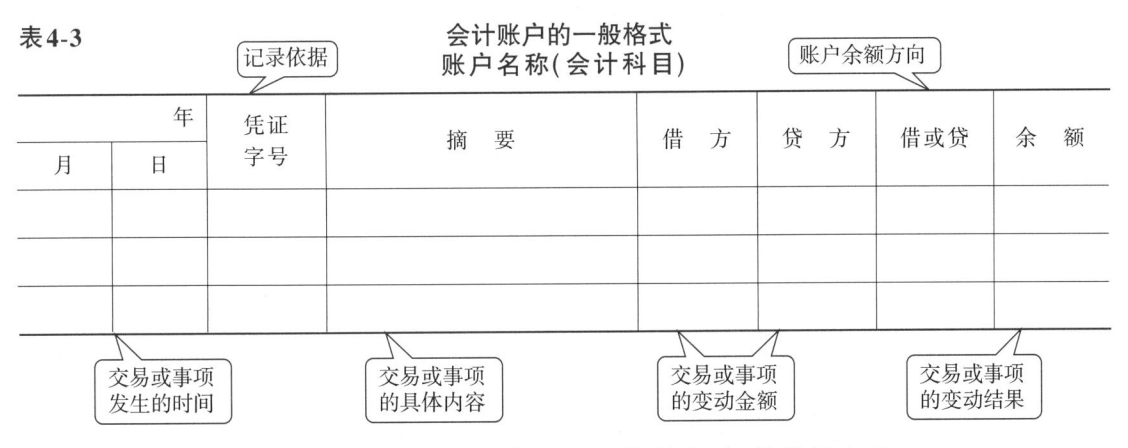

表 4-3 会计账户的一般格式
账户名称（会计科目）

年		凭证字号	摘 要	借 方	贷 方	借或贷	余 额
月	日						

- 记录依据
- 账户余额方向
- 交易或事项发生的时间
- 交易或事项的具体内容
- 交易或事项的变动金额
- 交易或事项的变动结果

由于经济业务所引起的各会计要素具体项目金额的变动，从数量上看不外乎是增加和减少两种情况，因此，账户的基本结构就相应地划分左右两方，分别记录增加额和减少额。将账户的基本结构部分从账户中截取下来，并作进一步的处理，只保留左方（借方）、右方（贷方），其他略去，将余额写在增加方的下面。简化后的账户基本结构被形象地称为"T"形账户，也称为"丁字账"。这是在会计教学中常用的格式。以借贷记账法下的"银行存款"账户为例，就呈现出如图 4-1 所示的简单形式。

借方		银行存款	贷方	
期初余额	×××			
本期增加数	×××	本期减少数	×××	
	×××		×××	
本期增加数合计	×××	本期减少数合计	×××	
期末余额	×××			

图 4-1 借贷记账法下的"T"形账户格式

（三）会计账户的主要功能

账户的主要功能是提供一系列有用的数据信息，这些数据信息主要是以价值形式体现出来的。包括：❶期初余额，在某一会计期间开始时该账户的结余金额，由于会计期间的首尾相接，上期的期末余额转入本期，便是本期的期初余额。❷本期增加发生额，一定时期（一个会计期间）的增加额合计。即本会计期间新发生的若干经济业务所引起该账户增加额的合计,在借贷记账法下也称为"借方发生额"。❸本期减少发生额,一定时期(一个会计期间)的减少额合计。即本会计期间新发生的若干经济业务所引起该账户减少额的合计,在借贷记账法下也称为"贷方发生额"。❹期末余额,在某一会计期间终了时(月末、年末),期初余额加本期增加发生额与本期减少发生额相抵后的差额;以上四项金额的关系可以用下列等式表示:

> **特别注意:**
> 本期增加发生额合计中,不包括期初余额。

期末余额 = 期初余额 + 本期增加发生额 − 本期减少发生额

账户的基本结构形似英文大写字母"T"或汉字的"丁",故被称为"T"形账户或"丁"字形账户。"T"形账户分为左右两方:❶若左方记录增加额,则右方记录减少额,期初、期末余额一般在左方。❷若右方记录增加额,则左方记录减少额,期初、期末余额一般在右方。❸至于账户的左右两方中,哪一方记增加,哪一方记减少,则取决于该账户归属于哪一类会计要素及该类会计要素的性质。

(四)账户的设置与账户体系

账户体系是指按照全面反映企业会计要素的要求,根据设置的会计科目而建立的会计账户系统。企业的会计科目体系决定了其使用的会计账户的体系。账户可按如下标准进行分类。

(1)按账户反映的经济内容分类。可将账户分为资产类、负债类、所有者权益类、收入类、费用类和利润类共六类账户。

> **特别提示:**
> 按照《准则应用指南》中会计科目的分类方法,会计账户也可以相应地分为资产、负债、所有者权益、成本、损益共五类账户。

(2)按账户与会计科目的联系分类。可将账户分为总分类账户和明细分类账户两类。❶总分类账户是根据总分类科目设置的。❷明细分类账户是根据明细分类科目设置的。

(3)按账户与会计报表的关系分类。❶编制资产负债表需借助资产类、负债类、所有者权益类账户提供的余额资料,也称资产负债表账户。❷编制利润表需借助收入类、费用类和利润类账户提供的发生额资料,也称利润表账户。

三、会计科目与会计账户的进一步理解

(一)会计科目与会计账户的关系

(1)会计科目与会计账户的联系表现在两个方面:❶两者都是对会计对象的具体内容在按会计要素分类的基础上所作的进一步分类,两者的名称和反映的经济内容相同。❷会计账户是根据会计科目开设的户头,会计账户的名称就是会计科目。❸会计科目设置是会计账户设置的前提。

(2)会计科目与会计账户的区别表现在三个方面:❶会计账户虽是根据会计科目开设的,但会计科目只是会计账户的名称,是企业单位在进行会计核算之前,事先确定的对会计对象的具体内容进行归类的项目,只表明某项经济业务的内容;而会计账户除了名称以外,还具体表现为具有一定格式的账页,是经济业务发生后,对某项经济内容的增减变化及其结果,进行连

续、系统记录的手段。❷会计科目的作用主要是对会计事项进行归类并开设账户和填制记账凭证所运用,而会计账户的作用主要是系统地提供某一具体会计对象的核算资料,为设置会计账簿和编制会计报表所运用。❸设置会计账户是会计核算方法的组成部分,它包含着设置会计科目的内容,而设置会计科目不构成一种独立的会计方法,它只是为账户的设置提供依据。

由于账户按会计科目命名,所以在实际工作中,会计科目与会计账户常被作为同义词来使用而不加区别。

(二) 会计科目与会计账户是复式记账的基础和前提

(1) 设置会计科目是复式记账法的基础。会计记录采用的是复式记账法,而会计记录要求的系统性是通过会计科目来实现的,即会计科目是各项会计记录的基础。所以,在一定意义上讲没有会计科目就没有复式记账。

(2) 会计科目是会计账户设置的依据。没有会计科目就没有会计账户。所以,会计科目与会计账户的设置满足了复式记账"对每一笔经济业务在两个或两个以上相互联系的账户中登记"的要求。

(3) 开设会计账户是复式记账的前提。复式记账要通过编制记账凭证作为过渡,其结果是账簿的登记,而记账凭证是确定会计事项应记入哪个账户以及分门别类登记账簿的依据。所以,开设会计账户是复式记账的前提。

第二节 复式记账原理

会计记录不同于简单的诸如家庭日常收支记录、会议记录等,必须采用一定的记账方法。所谓记账方法,是指将企业发生的经济业务运用记账符号和记账规则在账户中予以登记的方法。即企业在经济业务发生后,根据记账原理,运用专门的记账符号和记账规则,将经济业务记录在有关账户中的方法。根据是否以会计等式为记账原理和记录是否完整,记账方法分为单式记账法和复式记账法两种。前述会计的产生与发展告诉我们,产生于12、13世纪借贷记账法,由于要从两方面对金融资本家货币借入和放出进行记录,所以被称为"复式记账法",也正因为如此,后来将复式簿记产生以前的记账方法称为"单式记账法"。❶适用于当时的生产力发展水平和比较简单的交易的"单式记账法",由于本身存在的会计科目设置不完整、账户记录之间没有相互联系等缺陷,逐渐被复式记账法所取代。所以,本书主要阐述复式记账法。

单式记账法
及其特点

一、复式记账法的基本概念及种类

(一) 复式记账法的基本概念

复式记账法,是指对每一笔经济业务都要以相等的金额,同时在两个或两个以上相互联系的账户中进行登记的记账方法。❶例如,企业发生一笔"销售商品并取得2 000元现金的业务"后,不仅在"库存现金"账户记录增加2 000元,还要求同时反映收入的实现,在"主营业务收入"账户中登记增加2 000元。❷再如,企业发生一笔"以银行存款6 000元购入原材料并验收入库的业务"后,不仅在"银行存款"账户中记录减少6 000元,还要求同时记录原材料的增加金额,在"原材料"账户中记录增加 6 000 元。对复式记账两方面记账的做法可通过图 4-2 来加以理解。

```
          【例】企业以银行存款6 000元购入原材料并验收入库。

    借方    银行存款    贷方           借方    原材料    贷方
    期初余额×××                        期初余额×××
                     6 000  ────────► 6 000
```

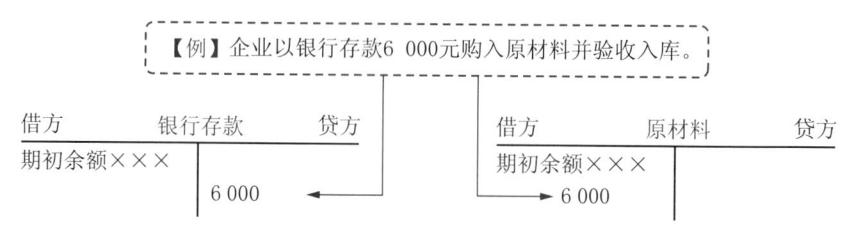

图 4-2 复式记账两方面记账

（二）复式记账法的种类

按照复式记账法的记账符号及技术特点的不同,在世界及我国的会计发展史上有借贷记账法、收付记账法和增减记账法三种记账法。❶"借贷记账法"是人类会计发展史上最早使用的复式记账法,也是目前世界各国普遍采用的、最具科学性和代表性的一种复式记账法。❷"增减记账法"是 20 世纪 60 年代我国会计工作者在特定的社会经济环境条件下按照复式记账法的原理设计出来的一种记账方法,1993 年 7 月 1 日以前主要用于商品流通企业。❸"收付记账法"是在我国较早出现的,1998 年 1 月 1 日前曾在我国行政、事业单位普遍采用。

多种记账方法的并存给企业间的横向经济联系和与国际经济交往带来诸多不便,也必然加大跨行业的公司和企业集团会计工作的难度。1992 年,我国财政部发布的《企业会计准则》第十一条规定:"会计记账采用借贷记账法",从 1993 年 7 月 1 日起,我国企业开始统一采用借贷记账法;1998 年 1 月 1 日起,借贷记账法在我国行政、事业单位普遍取代了收付记账法。从此,借贷记账法成为我国统一的记账方法。

会计历史：

1947 年,梁润身在《公信会计月刊》上发表《以增减分录法代替借贷分录法之商榷》,首次提出增减记账法的设想。

二、复式记账法的特征及理论依据

（一）复式记账法的特征

复式记账相对单式记账而存在,与单式记账法比较,复式记账法有以下三个方面的特征：

1. 全面登记,对发生的经济业务至少应在两个账户中进行记录

（1）设置完整的账户体系。复式记账方法设置了完整的账户体系,除库存现金、银行存款、应收和应付类账户外,还要设置实物性资产以及收入、费用和各种权益类账户,满足了"对发生的每一项经济业务"进行记录的要求。

（2）在两个或两个以上的账户中进行记录。❶当企业发生较简单的经济业务（涉及两个账户）时,采用复式记账方法在两个账户中记录的情况。❷当企业发生较复杂的经济业务时（涉及三个及三个以上账户）,需要记录的账户可能会有三个或更多。所以,复式记账法能够全面地反映该经济业务引起的企业资金增减变动的全貌。

2. 账户对应,对发生的经济业务须在相互联系的账户中记录

由于复式记账法对每一项经济业务的发生都要以相等的金额在相互联系的两个或两个以上的账户中加以全面、连续、系统地记录,不仅使企业资金运动的来龙去脉得以再现,更使企业的有关经济关系能够较好地定性和定量。特别是通过把按复式记账法登记的账户资料,根据各账户反映经济内容的关联性编制成资产负债表、利润表等财务报告后,更能全面、集中、系统地反映企业各方面的经济关系。例如,当企业用银行存款购买材料这项交易发生以后,只能记录在"原材料"和"银行存款"这两个账户中。这样,"原材料"和"银行存款"这两个账户就在同一项交易中建立起了互为因果的相互联系。如果随意变更账户之间的这种必然联系,将这项交易记入其他账户,就会发生账户记录的错误。

3. 试算平衡,对发生的经济业务须在相关账户中以相等金额记录

对发生的经济业务在相互联系的双方账户中以相等的金额记录,不论是简单经济业务还是复杂经济业务的账户记录情况都是如此。根据会计等式的平衡关系,可以对一定时期所发生的全部经济业务的会计账户记录进行综合试算平衡,以检查账户记录是否正确。

(二)复式记账法的理论依据

企业经济活动中发生的各项经济业务,必然会引起资产、负债、所有者权益、收入、费用和利润等会计要素项目的增减变化。但是,不论发生何种经济业务,都不会破坏会计等式的平衡关系。复式记账法的理论依据就是"资产=负债+所有者权益"所表现出来的数量上的平衡关系。即资金运动的内在规律性是复式记账的理论依据。

每一笔经济业务的发生,一定会引起会计要素中的两个或两个以上项目的增减变动,必然对会计等式带来双重影响,且资产与权益之间存在着自然的平衡关系。而会计主体发生的经济业务无非是涉及资金增加和减少两个方面,且这种增减变动具有两大规律:其一是资产项目与权益要素项目间同增或同减,增减金额相等;其二是资产要素内部或权益要素内部项目有增有减,增减金额相等。这样,要在会计上全面、完整地反映一项经济业务,至少要运用到相互联系的两个账户,将变化了的两个或两个以上的方面全面完整地记录下来,这就是复式记账。人们利用这一事实指导会计实践,便成为复式记账的理论基础。

超链接:

复式记账法本身具有一种内在的、自动的平衡机制,通过对不平衡的发现来检查账户记录的正确性,以防止差错。

三、复式记账法的优点

与单式记账法相比,复式记账法的主要优点在于:❶可以了解每一项经济业务及其引起的资金运动的走向,清晰地反映经济业务带来的会计要素各具体项目金额的增减变化。❷所有的账户记录可以进行试算平衡,便于检查账户记录的完整性和正确性。❸通过一套完整的账户体系,可以全面、完整、系统地反映企业经济活动的全过程及结果。由此可见,复式记账法是一种科学的记账方法。

第三节 借贷记账法

借贷记账法,是以"借"和"贷"作为记账符号,以"有借必有贷,借贷必相等"为记账规则,反映经济业务引起各会计要素增减变动及结果情况的一种复式记账方法。

一、借贷记账法的主要内容

（一）借贷记账法的记账符号及含义

1."借"和"贷"记账符号

借贷记账法起源于 12、13 世纪资本主义萌芽时期的意大利。最初运用"借"和"贷",是为了适应借贷资本家记录其货币的借入和放出的需要,它仅仅表示借贷资本家债权和债务的增减变动。借贷资本家将会计账户分为两方：❶一方登记吸收的款项,记在贷主（债权人）名下,即贷方,表示自己的债务。❷另一方登记放出去的款项,记在借主（债务人）的名下,即借方,表示自己的债权。此时,"借"和"贷"与账户中记录的经济业务的内容相符,它既是记账符号,又表示借贷资本家债权债务的增减变化,且**"借主＝贷主"**。

随着社会经济的发展、经济活动的日益复杂以及产业资本和商业资本对借贷记账法的利用,"借"和"贷"两字不再局限于说明银钱借贷业务的增减变动情况,而逐渐扩展到说明财产物资和经营损益等经济业务的增减变动情况。这时,"借""贷"两字就逐渐失去原来的含义,而转化为纯粹的记账符号并成为借贷记账法的专门术语,用以标明账户记录经济业务数量增减变化的方向,即账户的"借方"和"贷方"。

后来,借贷记账法在理论和技术上不断发展和完善,并以"资产＝负债＋所有者权益"作为其理论基础,确定了相应的记账规则和试算平衡机制,从而使借贷记账法成为一种科学的记账方法,并为世界各国广泛采用。由于借贷记账法在国际上的广泛流行,"借"（Debit 缩写为 Dr.）和"贷"（Credit 缩写为 Cr.）两字已成为国际通用的商业语言。

2."借"和"贷"记账符号的含义

借贷记账法的记账符号"借"和"贷",在失去原有的含义,并转化为标明账户记录经济业务数量增减变动的两个方向后,要了解其含义,就必须结合不同类别的账户进行说明。❶"借"和"贷"表示记账的方向,以"T"形账户为例,账户的左方为"借方",账户的右方为"贷方"。❷账户的借方和贷方虽不等于增加和减少,但结合不同类别的账户,"借"和"贷"记账符号就具有固定的、辩证的增减含义。❸账户的哪一方记增加,哪一方记减少,则要根据账户所反映的经济内容或账户的类别来决定。❹借贷记账法下,"借"和"贷"两个符号对会计等式两边的会计要素规定了相反的含义,抽象地看,无论"借"还是"贷",都既表示增加,又表示减少,具有双重含义。它们的双重含义增加了记账符号的理解难度。

(二)借贷记账法下的账户结构

1. 资产类账户的结构

对资产类账户,借贷记账法规定,增加记借方,减少记贷方。由于资产的减少额不可能大于它的期初余额与本期增加额之和,所以,增减相抵后的余额也必然是在借方,表示期末资产的实有数额。资产类账户的简化结构如图4-3所示。

借方	资产类账户	贷方
期初余额 ×××		
本期增加额 ×××	本期减少额	×××
×××		×××
……	……	
本期借方发生额 ×××	本期贷方发生额	×××
期末余额 ×××		

图4-3 资产类账户的简化结构

❶资产类账户的"本期借方发生额"为一定会计期间借方登记金额(增加)的合计。❷"本期贷方发生额"为一定会计期间贷方登记金额(减少)的合计。❸期末余额可根据下列公式计算:

借方期末余额 = 借方期初余额 + 借方本期发生额 − 贷方本期发生额

2. 权益(负债、所有者权益)类账户的结构

由"资产 = 负债 + 所有者权益"的会计等式所决定,该类账户与资产类账户的结构一定是相反的,列在会计等式的右方,所以,借贷记账法规定,权益类账户增加记贷方,减少也就必然记借方,增减相抵后的余额也必然在贷方,表明期末权益的实有数额。权益类账户的简化结构如图4-4所示。

借方	权益类账户	贷方
	期初余额	×××
本期减少额 ×××	本期增加额	×××
×××		×××
……	……	
本期借方发生额 ×××	本期贷方发生额	×××
	期末余额	×××

图4-4 权益类账户的简化结构

❶权益类账户的"本期借方发生额"为一定会计期间借方登记金额(减少)的合计。❷"本期贷方发生额"为一定会计期间贷方登记金额(增加)的合计。❸期末余额可根据下列公式计算:

贷方期末余额 = 贷方期初余额 + 贷方本期发生额 − 借方本期发生额

> **请您思考:**
> 比较资产类账户期末余额和权益类账户期末余额的计算公式,指出两者之间的相同处。

3. 成本类账户的结构

企业在生产经营过程中发生的资金耗费而形成的费用可分为：❶计入产品成本并形成企业资产的费用。❷直接计入当期损益的期间费用。其中，计入产品成本并形成企业资产的费用习惯上称为成本费用，反映这一成本费用的账户称为成本类账户。由于成本费用是企业生产经营过程中资产耗费的转化形态，在没有形成产成品这一资产之前是企业的在产品。所以，成本类账户的结构与资产类账户的结构基本相同。

成本类账户，借方记增加，贷方记减少（或转销），如期末有尚未完工的在产品，期末借方余额，表示在产品成本。其期末余额的计算公式与资产类账户相同。成本类账户的简化结构如图4-5所示。

借方	成本类账户	贷方
期初余额 ××× 本期增加额 ××× ××× ……		本期减少额（或转销） ××× ××× ……
本期借方发生额 ××× 期末余额 ×××（或平）		本期贷方发生额 ×××

图 4-5 成本类账户的简化结构

4. 损益类账户的结构

损益作为企业最终的财务成果，是企业取得的收入和发生的与其配比的费用相抵后的差额。因此，损益类账户又可分为费用类账户和收入类账户两类。

（1）费用类账户的结构。❶由于费用是要以当期的收入进行抵补的资产的耗费，在没有以收入抵补之前，实际上是企业的一种资金运用，所以，费用类账户的结构与资产类账户的结构基本相同。❷该类账户的借方记增加，贷方记减少（或转销、转出）。❸由于与收入相配比的费用要在期末全部转出，以便与收入相抵，因此，该类账户在期末经转销后无余额。费用类账户的简化结构如图4-6所示。

借方	费用类账户	贷方
本期增加额 ××× ××× ……		本期减少（或转销）额 ××× ××× ……
本期借方发生额 ×××		本期贷方发生额 ×××

图 4-6 费用类账户的简化结构

（2）收入类账户的结构。❶由于收入本身是企业经济利益的流入，在没有对费用进行抵补之前会导致所有者权益的增加，所以，收入类账户的结构与权益类账户的结构基本相同。❷该类账户的借方记减少（或转销），贷方记增加。❸由于本期实现的收入要于期末全部转出，以便与相配比的费用相抵来确定当期利润或亏损,因此,收入类账户在期末经转销后无余额。收入类账户的简化结构如图4-7所示。

借方	收入类账户	贷方	
本期减少(或转销)额	××× ××× ……	本期增加额	××× ××× ……
本期借方发生额	×××	本期贷方发生额	×××

图 4-7 收入类账户的简化结构

5. 利润类账户的结构

利润类账户的结构一般与权益类账户的结构基本相同,所以,利润类账户借方记减少(或转销),贷方记增加,增减相抵后的余额可能在贷方(收入＞费用),也可能在借方(收入＜费用)。利润类账户的简化结构如图4-8所示。

借方	利润类账户	贷方	
或:期初余额(亏损)	×××	期初余额(利润)	×××
本期减少额	××× ××× ……	本期增加额	××× ××× ……
本期借方发生额(费用) 或:期末余额(亏损)	××× ×××	本期贷方发生额(收入) 期末余额(利润)	××× ×××

图 4-8 利润类账户的简化结构

根据上述账户基本结构的论述,可将借贷记账法下各类账户的结构归纳如表4-4所示。

表 4-4 借贷记账法下各类账户的结构

项目	会计账户类别					
	资产类	成本类	费用类	权益类	收入类	利润类
借方	增加	增加	增加	减少	减少或转销	减少
贷方	减少	减少或转销	减少或转销	增加	增加	增加
余额方向	借方	借方或无余额	期末结转后无余额	贷方	期末结转后无余额	一般在贷方
再归类	资产类(资金运用)			权益类(资金来源)		

第一,由于成本类、费用类账户的结构与资产类账户的结构基本相同,收入类账户、利润类账户的结构与权益类账户的结构基本相同,所以,在借贷记账法下,为便于初学者学习和记账,可将账户的基本结构大体上分为两大类:资产类(资金运用)账户和权益类(资金来源)账户。

第二,"借""贷"二字作为借贷记账法的记账符号,它所表示的含义在不同性质或类别的账户中有所不同。❶借方登记:资产、成本、费用的增加;负债、所有者权益、收入(或转销)、利润的减少。❷贷方登记:资产、成本、费用的减少(或转销),负债、所有者权益、收入、利润的增加。

第三,资产类账户的余额在借方,权益类账户的余额在贷方,反过来余额在借方的账户就是资产类账户,余额在贷方的账户就是权益类账户。所以,在借贷记账法下,**一般来讲**可以根据账户的余额来判断账户的性质或类别。

> **特别提示:**
> 一般情况下,可根据账户的余额来判断账户的性质,但有些账户比较特殊,如"累计折旧"账户虽然属于反映固定资产损耗的账户,但期末余额在贷方。

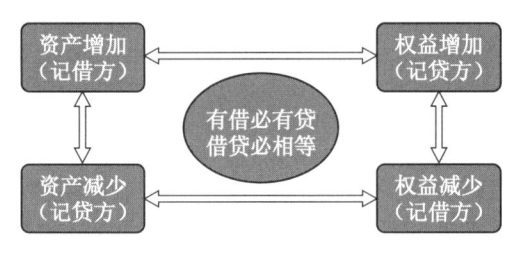

(三)借贷记账法的记账规则

借贷记账法的记账规则,是指运用"借""贷"记账符号在账户中记录经济业务时所产生的记账模式或规律。

按照复式记账法的要求——对每一笔经济业务,要在两个或两个以上相互联系的账户中以相等的金额进行记录;结合经济业务对会计等式影响的规律——九种情况和四种类型以及借贷记账法下账户基本结构的原理——对每一经济业务所涉及的账户以借贷相反的方向记录可以推论出,在借贷记账法下,对于发生的任何一笔经济业务,都必须以相等的金额,借、贷相反的方向,在两个或两个以上相互关联的账户中进行登记。由此不难得出借贷记账法的记账规则为:"有借必有贷,借贷必相等"。借贷记账法的记账规则可借助图4-9来理解。

> **重点提示:**
> 借贷记账法的记账规则,是由复式记账法的要求、会计等式的存在与账户的基本结构共同决定的。

图 4-9 借贷记账法的记账规则

以下结合有关经济业务账务处理的账户记录实例,进一步理解借贷记账法的记账规则。

【例 4-1】 收到大华公司价值 30 000 元的钢材,作为向本企业的投资。

【分析】 该经济业务:❶使企业的资产项目——"原材料"账户增加 30 000 元,所有者权益项目——"实收资本"账户增加 30 000 元。❷按照"资产类账户的增加记借方、权益类账户的增加记贷方"的记账规则,应记入"原材料"账户的借方 30 000 元和"实收资本"账户的贷方 30 000 元。账户记录如图 4-10 所示。

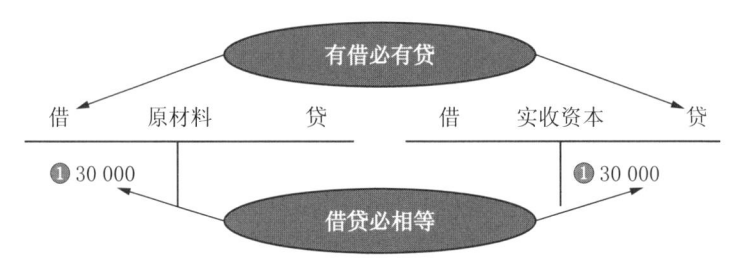

图 4-10 资金投入企业经济业务账户记录

【例 4-2】 以银行存款 40 000 元归还银行短期借款。

【分析】 该经济业务：❶使企业的负债项目——"短期借款"减少 40 000 元，资产项目——"银行存款"减少 40 000 元。❷按照"权益类账户的减少记借方，资产类账户的减少记贷方"的记账规则，应记入"短期借款"账户的借方 40 000 元和"银行存款"账户的贷方 40 000 元。账户记录如图 4-11 所示。

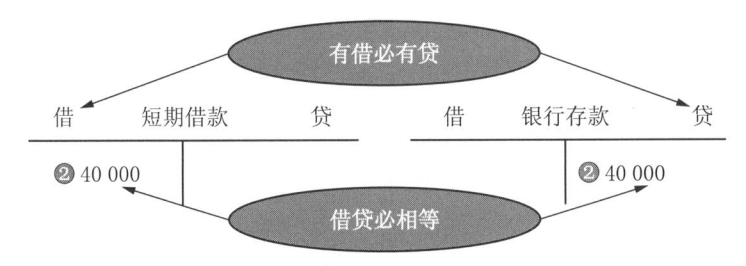

图 4-11 资金退出企业经济业务账户记录

【例 4-3】 通过银行收回 CDE 公司前欠的货款 50 000 元。

【分析】 该经济业务：❶使企业的资产项目——"银行存款"增加 50 000 元，"应收账款"减少 50 000 元。❷按照"资产类账户增加记借方，减少记贷方"的记账规则，应记入"银行存款"账户的借方 50 000 元和"应收账款"账户的贷方 50 000 元。账户记录如图 4-12 所示。

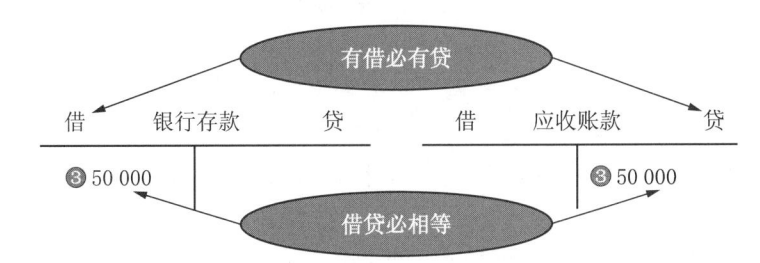

图 4-12 资产类要素内部转化经济业务账户记录

【例 4-4】 向银行借入短期借款 60 000 元直接偿还前欠光明公司的货款。

【分析】 该经济业务：❶使企业的负债项目——"短期借款"增加 60 000 元，"应付账款"减少 60 000 元。❷按照"权益类账户的减少记借方，增加记贷方"的记账规则，应记入"应付账款"账户的借方 60 000 元和"短期借款"账户的贷方 60 000 元。账户记录如图 4-13 所示。

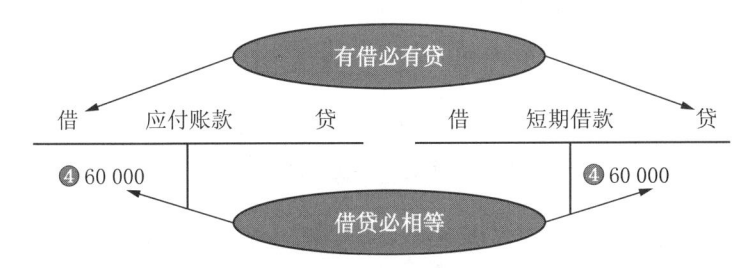

图 4-13 权益类要素内部转化经济业务账户记录

【例 4-5】 向东方公司购进材料 70 000 元,其中 40 000 元货款已以银行存款支付,其余 30 000 元货款尚未支付。

【分析】 该经济业务:❶使企业的资产项目——"原材料"增加 70 000 元,"银行存款"减少 40 000 元;使企业的负债项目——"应付账款"账户增加 30 000 元。❷按照"资产类账户的增加记借方,减少记贷方,权益类账户的增加记贷方"的记账规则,应记入"原材料"账户借方 70 000 元和"银行存款"账户贷方 40 000 元、"应付账款"账户贷方 30 000 元。账户记录如图 4-14 所示。

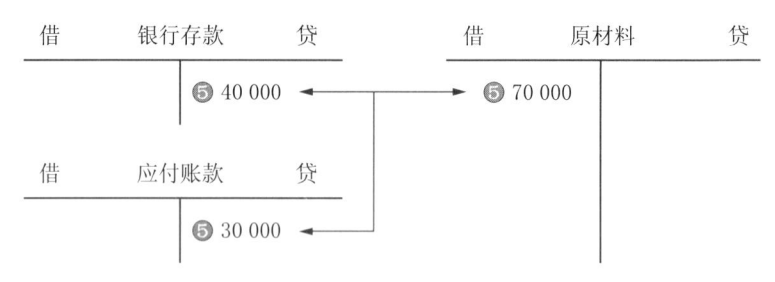

图 4-14 经济业务影响会计等式综合变化账户记录

这项经济业务属于会计等式左方资产类要素内部增减与会计等式两边要素同增交织在一起的经济业务类型。从账户的记录情况来看,这项交易在"原材料"账户的借方记录了 70 000 元,在"银行存款"和"应付账款"账户的贷方也记录了 70 000 元(40 000+30 000),虽然该项经济业务被记录在三个账户且为一个借方账户和两个贷方账户,其记录过程仍然体现了**"有借必有贷,借贷必相等"**的记账规则。

【例 4-6】 以银行存款 80 000 元,偿还银行短期借款 45 000 元和欠红星公司的货款 35 000 元。

【分析】 该经济业务:❶使企业的负债项目——"短期借款"减少 45 000 元,"应付账款"减少 35 000 元,资产项目——"银行存款"减少 80 000 元。❷按照"权益类账户的减少记借方,资产类账户的减少记贷方"的记账规则,应记入"短期借款"账户借方 45 000 元、"应付账款"账户借方 35 000 元和"银行存款"账户贷方 80 000 元。账户记录如图 4-15 所示。

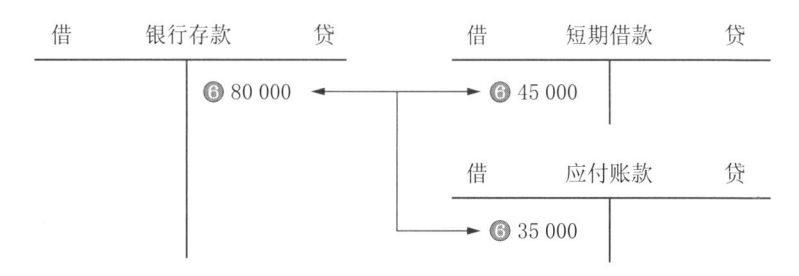

图 4-15 经济业务影响会计等式综合变化账户记录

这项经济业务属于会计等式两边要素同减的经济业务类型。从账户的记录情况来看,这项经济业务在"短期借款"和"应付账款"账户的借方记录了80 000元(45 000＋35 000)，在"银行存款"账户的贷方也记录了80 000元。虽然该项经济业务被记录在三个账户且为一个贷方账户和两个借方账户，其记录过程仍然体现了"有借必有贷，借贷必相等"的记账规则。

从【例4-1】至【例4-6】的账户记录情况，清楚地表明，企业发生的任何一项经济业务：❶不论涉及哪一类会计等式的变化类型，会计记录的过程和结果都是"有借必有贷，借贷必相等"。❷不论涉及两个账户还是两个以上的账户，也不论是一借多贷还是一贷多借，借贷的金额也是相等的。❸借贷记账法的记账规则，对于企业发生的任何类型的经济业务都是适用的。

二、借贷记账法的简单应用

(一) 账户的对应关系和对应账户

经济业务的相互联系，在账户的记录中表现为账户的对应关系。❶运用借贷记账法的记账规则，在账户中登记每一笔经济业务后，在有关账户之间形成的应借、应贷的相互关系，称为账户的对应关系。❷存在对应关系的账户，叫做对应账户。

不同的经济业务具有不同的账户对应关系。不同的账户之间可以有对应关系，也可能没有对应关系，如收入类账户和费用类账户之间一般就不会有对应关系。因此，掌握账户的对应关系很重要。只有正确确定对应账户，才能如实反映经济业务的内容。通过分析账户的对应关系，一方面有助于了解经济业务的内容，另一方面还可以检查经济业务的发生是否符合有关的会计法规。

(二) 会计分录

1. 会计分录的含义

会计分录，简称分录，就是运用复式记账法，对发生的每一笔经济业务在记入账户之前标明其应借、应贷账户的名称及其金额的一种会计记录。它是会计语言的一种表达方式，会计分录主要包括三个要素：记账符号、账户名称、记账金额。

为保证账户记录的正确性并减少登记账簿的工作量，经济业务发生后并不像前述那样直接记入有关账户，而是先填制记账凭证确定会计分录，然后再根据记账凭证过入有关账户。编制记账凭证(其格式如表5-21所示)是会计工作的初始阶段，其核心内容就是编制会计分录，编制会计分录是对经济业务进行确认和计量并为会计记录做准备。

2. 会计分录编制的方法与步骤

第一步：分析并确定该经济业务所涉及的账户(至少应有两个)并判定它们的性质(账户属于哪一类会计要素)。

第二步：分析并确定该经济业务应使所涉及的账户增加金额还是减少金额。

第三步，根据会计账户的基本结构，确定相关金额应记入所涉及账户的

> **请您思考：**
> "原材料"账户的借方50 000元和"库存现金"账户的贷方50 000元发生对应关系，是否符合会计法规？为什么？

借方还是贷方。

第四步:根据记账规则写出分录内容,并检查借方金额和贷方金额是否相等。

3. 会计分录的编制举例

以下将前述的【例 4-1】至【例 4-6】共 6 笔经济业务,按照上述会计分录编制步骤和方法,写出以下会计分录:

(1) 根据【例 4-1】编制的会计分录如下:

借:原材料　　　　　　　　　30 000
　　贷:实收资本　　　　　　　　　30 000

(2) 根据【例 4-2】编制的会计分录如下:

借:短期借款　　　　　　　　40 000
　　贷:银行存款　　　　　　　　　40 000

(3) 根据【例 4-3】编制的会计分录如下:

借:银行存款　　　　　　　　50 000
　　贷:应收账款　　　　　　　　　50 000

(4) 根据【例 4-4】编制的会计分录如下:

借:应付账款　　　　　　　　60 000
　　贷:短期借款　　　　　　　　　60 000

(5) 根据【例 4-5】编制的会计分录如下:

借:原材料　　　　　　　　　70 000
　　贷:银行存款　　　　　　　　　40 000
　　　　应付账款　　　　　　　　　30 000

(6) 根据【例 4-6】编制的会计分录如下:

借:短期借款　　　　　　　　45 000
　　应付账款　　　　　　　　35 000
　　贷:银行存款　　　　　　　　　80 000

上述【例 4-1】至【例 4-4】所编制的四笔会计分录,均是由一个账户的借方和另一个账户的贷方发生对应关系的会计分录。这种"一借一贷"的会计分录,称为简单会计分录。

上述【例 4-5】和【例 4-6】所编制的两笔会计分录,前者是由一个账户的借方与几个账户的贷方发生对应关系的会计分录；后者是由一个账户的贷方与几个账户的借方发生对应关系的会计分录。这种"一借多贷""多借一贷"的会计分录，称为复合会计分录。复合会计分录不但包括"一借多贷""一贷多借"的形式，有时，还会出现"多借多贷"的形式。

"一借多贷""多借一贷"的复合会计分录，可以分解成为几个简单会计分录，如【例4-5】所编制的会计分录，就可以分解成以下两个简单会计分录：

```
借：原材料              40 000
    贷：银行存款              40 000
借：原材料              30 000
    贷：应付账款              30 000
```

> **特别提示：**
> 将复合会计分录分解成简单会计分录，相当于数学中的因式分解；当然，反映同一经济业务的几个简单会计分录也可以复合成一个复杂会计分录。

4. 会计分录的书写规则

编制会计分录时，必须按照规范的格式要求书写：❶分录中借方内容写在上面，贷方内容写在下面，不可先贷后借。❷分录中贷方内容应缩进一个字或两个字书写。❸分录中金额数字应按借方和贷方分别排成两列，这样方便进行借方发生额和贷方发生额的汇总。❹金额数字后面不写"元"字。

(三) 过账、结账与试算平衡

1. 过账与结账

企业发生的各项经济业务，在编制了记账凭证（会计分录）以后，应记入事先设置好的有关账户，这一记账的过程，会计上称为"过账"。过账以后，在会计期末应计算出每个账户的本期发生额及期末余额，这一过程，会计上称为"结账"。

> **相关链接：**
> 关于过账与结账的详细内容，将在第八章中阐述。

(1) 开设"T"形账户并登记期初余额。将 ABC 公司 2×19 年 9 月初各总分类账户的期初余额（见表4-5）过入有关的"T"形账户，如图4-16所示。

表4-5　　　　　　　　**ABC 公司总分类账户期初余额**

2×19 年 9 月 1 日　　　　　　　　　　　　　　　　　　　　　　　　单位：元

资产账户	金　额	负债及所有者权益账户	金　额
库存现金	6 000	短期借款	87 000
银行存款	128 000	应付账款	96 000
应收账款	88 000	实收资本	160 000
原材料	51 000	资本公积	24 000
固定资产	120 000	盈余公积	26 000
合　计	393 000	合　计	393 000

(2) 根据会计分录,在所开设的"T"形账户中登记本期发生额。现将 ABC 公司 2×19 年 9 月发生的经济业务所编制的会计分录(【例 4-1】至【例 4-6】)过入有关的"T"形账户,如图 4-16 所示。

借方	库存现金	贷方
期初余额	6 000	
期末余额	6 000	

借方	固定资产	贷方
期初余额	120 000	
期末余额	120 000	

借方	银行存款	贷方	
期初余额	128 000	(2)	40 000
(3)	50 000	(5)	40 000
		(6)	80 000
本期发生额	50 000	本期发生额	160 000
期末余额	18 000		

借方	原材料	贷方	
期初余额	51 000		
(1)	30 000		
(5)	70 000		
本期发生额	100 000	本期发生额	(0)
期末余额	151 000		

借方	应收账款	贷方	
期初余额	88 000	(3)	50 000
本期发生额	(0)	本期发生额	50 000
期末余额	38 000		

借方	短期借款	贷方	
(2)	40 000	期初余额	87 000
(6)	45 000	(4)	60 000
本期发生额	85 000	本期发生额	60 000
		期末余额	62 000

借方	应付账款	贷方	
(4)	60 000	期初余额	96 000
(6)	35 000	(5)	30 000
本期发生额	95 000	本期发生额	30 000
		期末余额	31 000

借方	实收资本	贷方	
		期初余额	160 000
		(1)	30 000
		本期发生额	30 000
		期末余额	190 000

借方	资本公积	贷方	
		期初余额	24 000
		期末余额	24 000

借方	盈余公积	贷方	
		期初余额	26 000
		期末余额	26 000

图 4-16 ABC 公司 9 月份的各账户记录

(3) 结账。先在"T"形账户上所登记的最后一笔金额下画一条"红线",然后在"红线"下计算并登记各账户的本期借方、贷方发生额合计数和期末余额,如图 4-16 所示。

2．试算平衡

为了保证一定时期内所发生的经济业务在账户记录中的正确性,需要在期末对账户记录进行试算平衡。根据"资产＝权益"的平衡关系,利用记账规则在账户中记录经济业务时,必然出现借贷平衡。所谓试算平衡,就是通过计算所有账户的发生额或余额是否满足该平衡来检查账户的记录是否正确、完整的一种验证方法。**试算平衡有发生额平衡法和余额平衡法两种**基本方法。

(1) 发生额平衡法。发生额平衡法,是根据本期所有账户借方发生额合计与贷方发生额合计的恒等关系,检验本期发生额记录是否正确的方法。公式为:

全部账户的借方发生额合计＝全部账户的贷方发生额合计

发生额平衡法的依据:❶按照"有借必有贷,借贷必相等"的记账规则,对每一笔经济业务的会计分录,借贷双方的发生额必然相等。❷推而广之,在将一定时期的全部经济业务的会计分录记入有关账户后,必然会使所有账户的借方发生额合计等于所有账户的贷方发生额合计。

(2) 余额平衡法。余额平衡法,是根据本期所有账户借方余额合计与贷方余额合计的恒等关系,检验本期账户记录是否正确的方法。根据余额时期不同,又分为期初余额平衡与期末余额平衡。

全部账户期初借方余额合计＝全部账户期初贷方余额合计
全部账户期末借方余额合计＝全部账户期末贷方余额合计

余额平衡法的依据:❶由于资产类账户的期末余额在借方,权益类账户的期末余额在贷方,所有账户的借方期末余额之和和贷方期末余额之和分别是企业的资产总额和权益总额。❷又由于"资产＝权益",所有账户的借方期末余额合计必然与所有账户的贷方期末余额合计相等。

借贷记账法的试算平衡就是利用这种必然出现的平衡关系,期末在结出各个账户本期发生额和期末余额后,通过编制"总分类账户发生额及余额试算平衡表"(见表4-6),来计算账户的借方发生额合计与贷方发生额合计是否相等,期初、期末借方余额合计与贷方余额合计是否相等,从而验证本期账户的记录是否正确的一种方法。

(3) 试算平衡表的编制方法。根据图4-16各账户的记录,可以编制"总分类账户本期发生额试算平衡表"和"总分类账户期末余额试算平衡表",或者汇总编制"总分类账户发生额及余额试算平衡表",如表4-6所示。

在编制试算平衡表时,请注意以下几点:

第一,必须保证所有账户的发生额和余额均已填入试算平衡表。

第二,如果试算平衡表中发生额栏或余额栏的借方与贷方不相等,账户记录肯定有错误,应认真查找,直到实现平衡为止。

第三,在实际工作中,应先用铅笔结出各账户的本期发生额和期末余额,据以编制试算平衡表,验证无误后,再正式结账。

表 4-6　　　　　　　　　　**总分类账户发生额及余额试算平衡表**

2×19 年 9 月 30 日　　　　　　　　　　单位：元

账户名称	期初余额 借方	期初余额 贷方	本期发生额 借方	本期发生额 贷方	期末余额 借方	期末余额 贷方
库存现金	6 000				6 000	
银行存款	128 000		50 000	160 000	18 000	
应收账款	88 000			50 000	38 000	
原材料	51 000		100 000		151 000	
固定资产	120 000				120 000	
短期借款		87 000	85 000	60 000		62 000
应付账款		96 000	95 000	30 000		31 000
实收资本		160 000		30 000		190 000
资本公积		24 000				24 000
盈余公积		26 000				26 000
合　　计	393 000	393 000	330 000	330 000	333 000	333 000

> **请思考：**
>
> 除以上所列三种错误不影响试算平衡表中有关三栏的平衡关系外，您还能举出第四种吗？如果您理解并掌握了试算平衡原理与方法，我相信您一定能够举出。

第四，即使试算平衡表实现了借方账户和贷方账户的平衡关系，也不表明账户记录就完全正确，因为有些错误并不影响试算平衡表中借方账户和贷方账户的平衡关系。例如：❶某笔经济业务重记或漏记，将使借、贷双方的发生额等额增加或减少，借贷仍然平衡。❷某笔经济业务在账户的记录中，颠倒了记账方向、用错了会计科目，试算结果仍然平衡。❸借方或贷方发生额中，偶然发生某笔经济业务多记而另一笔经济业务等额少记（相互抵销），借贷仍然平衡。所以试算平衡方法不是绝对的，还应通过其他方法来发现错误。错账的其他查找方法将在第八章中进行阐述。

第五章 会计凭证的填制与审核

第一节 会计凭证概述

一、会计凭证的定义及意义

（一）会计凭证的定义

通过前面各章的阐述，我们已经了解到：❶经过会计确认对能够用货币表现的企业活动，是企业的经济信息，被称为经济业务。但如何证明或表示它已经发生？其凭据或载体是什么？在实际经济生活中，经济业务的发生表现为各种发票、账单等的产生，会计上把这些发票、账单等统称为"原始凭证"。❷对以原始凭证为载体或证据证明经济业务已发生的经济信息，还需要用会计语言来描述，在通过会计要素和会计科目进行归类与细化的基础上，利用借贷记账法编制会计分录，将原始凭证中的经济信息通过会计语言转化为会计信息。这一转化是介于原始凭证与会计账簿之间的中间环节，是据以登记账簿的直接依据。这一转化过程在会计实务中，首先，是通过编制以会计分录为核心内容的记账凭证来完成的；其次，是根据记账凭证分类登记会计账簿来实现的。

综上所述，原始凭证是记账的原始依据，记账凭证是记账的直接依据，它们都是会计核算的凭据，因而我们可以对会计凭证下一个定义：会计凭证，是指用以记载经济业务的发生和完成情况、明确经济责任并据以登记账簿的书面证明。

对会计凭证的定义的理解以及原始凭证与记账凭证的关系和作用如图5-1所示。

> **知识拓展：**
> 在欧美及我国港台地区，会计分录的载体为日记账。

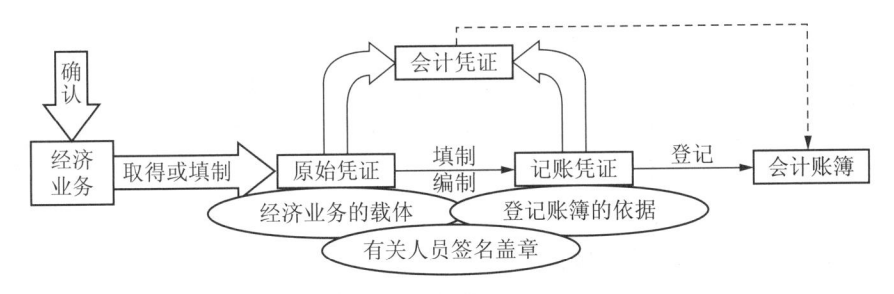

图 5-1 会计凭证的定义的理解以及原始凭证与记账凭证的关系

（二）会计凭证的意义

以会计凭证为依据，既是会计核算必须遵循的原则，也是会计核算的基本特征。《中华人民共和国会计法》赋予会计信息"真实性"和"完整性"的质量特征,要求在会计账簿中所作的每一笔记录,在报表中所提供的每一项会计信息,都必须以真实、合法的会计凭证为依据。主要包括两个方面:❶对发生经济活动并产生经济信息的一方来说,会计主体进行任何一项经济业务,都必须办理凭证手续,由执行或完成该项经济业务的有关人员填制或取得会计凭证,详细说明其内容、发生的时间,并在相应的会计凭证上签名或盖章,以明确经济责任。❷对需要进行记账的一方来说,取得会计凭证后,要由有关人员进行审核,经审核无误并由审核人员签章后,才可以编制记账凭证并作为记账的依据。因此,填制和审核会计凭证是会计核算的专门方法之一。

正确填制和严格审核会计凭证,对于完成会计工作、充分发挥会计的核算和监督的职能,具有三个方面的意义。

1. 有利于保证会计信息真实性的质量要求

会计在企业经营管理中所发挥作用的大小,取决于会计信息质量的高低。由于会计凭证是经济业务的载体,经过对会计凭证的整理、归类和汇总后,就能为企业经营管理提供系统、完整的会计信息。同时,要保证会计信息系统所输出的信息真实可靠,就必须首先保证输入会计信息系统的原始资料是真实可靠的,这就要求会计人员在记账前对会计凭证按照国家的有关政策、法令、制度、计划和预算进行逐笔审核,审核经济业务是否真实、合理、合法,并以审核无误的会计凭证为依据输入会计信息系统,有利于保证会计信息的真实性。

2. 有利于有效地发挥会计的监督职能

由于会计凭证是最初的记录,反映了经济业务的发生过程和结果,因此,通过会计凭证的审核,可以监督各项经济业务的合法性,检查经济业务有无违法乱纪、违反会计制度的现象,及时发现经营管理中存在的问题和管理制度上存在的漏洞,及时加以制止和纠正,健全单位内部管理制度,改善经营管理,提高经济效益。

3. 有利于加强经营管理责任制的实施

会计凭证不仅记录了经济业务发生的地点、时间和内容,而且要由有关业务经办人签名盖章,这一方面,从客观上促使有关人员在自己的职责范围内严格照章办事,增强他们的责任意识;另一方面,即使发生差错和纠纷,有关部门和人员也可以借助会计凭证来进行正确处理和裁决。从这个角度讲,会计凭证不仅是登记会计账簿的依据,而且也是处理经济纠纷、审判经济案件的重要法律依据。

二、会计凭证的基本分类

会计凭证作为记录经济业务的载体,可以按照不同的标准分类,其中最基本的分类是按其填制程序和用途的不同,分为原始凭证和记账凭证两大类。简单地讲,原始凭证就是经济业务发生或完成时的最初记录,而记账凭证则是对原始凭证提供的原始信息,按照会计信息系统的要求进行归类整理并作为登记会计账簿依据的记录。原始凭证和记账凭证虽然存在着密切的联系,但在会计核算工作中又有着明确的分工;同时两者在格式、内容、作用、填制和审核等方面都具有各自的特点。所以,有必要对它们分别加以阐述。

> **素质教育:**
>
> ### 一张讨债单——会计职业并非不近人情
>
> 一位朋友在一家外企做会计。公司的贸易业务很忙,节奏也很紧张,往往是上午对方的货刚发出来,中午账单就传真过来了,随后就是快递过来的发票、运单等。朋友的桌子上总是堆满了各种讨债单。讨债单太多了,都是千篇一律地要钱,朋友常有不知该先付谁的好的迷茫,经理也一样,总是大概看一眼就扔在桌上,说:"你看着办吧。"但有一次是马上说:"付给他。"仅有的一次。那是一张从巴西传真来的账单,除了列明货物标的、价格、金额外,在空白处还写着一个大大的"SOS",旁边还画了一个头像,头像正在滴着眼泪,简单的线条,但很生动。这张不同寻常的账单一下子引起朋友的注意,也引起了经理的重视,他看了便说:"人家都流泪了,以最快的方式付给他吧。"经理和这位朋友心里都明白,这个讨债人未必在真的流泪,但他却成功了,以最快速度讨回了大额货款。因为他多用了一点心思,把简单的"给我钱"换成了一个富含人情味的小幽默。仅此一点,就从千篇一律中脱颖而出。

> **教授寄语:**
>
> 世界上每天都有很多人在碰壁,他们都在用千篇一律的、规范的、雷同的运作方式,其实一点小小的改进、一种新的方式就会给自己带来好运。

第二节 原始凭证的填制和审核

一、原始凭证的分类

作为经济业务原始载体的**原始凭证**,是指在经济业务发生时或完成后,所取得或填制的、用以记录或证明其发生或完成情况,明确经办人员的责任并具有法律效力、作为记账原始依据的一种书面凭证。原始凭证在其作用、形状格式、大小繁简、来源渠道上各不相同。根据不同的管理目的,可以对原始凭证进行如下分类。

(一)原始凭证按照经济业务内容的类别进行分类

原始凭证按照反映或记载经济业务的内容类别不同,可以分为以下六类。

1. 款项收付业务的原始凭证

款项收付业务的原始凭证是指记录现金和银行存款增减业务的原始凭证。按照是否与银行有关可分为以下两类:

(1) 企业内部现金收付款业务凭证是指与银行无关的企业内部收付款业务凭证。如现金收款收据、借款单(见表5-4)、车船机票、医药费单据等。

(2) 银行款项收付款业务凭证是指通过开户银行的企业收付款业务凭证。如银行转账(现金)支票、银行进账单、借款凭证、税收缴款书、电汇凭证、托收凭证等。

【例 5-1】 2×19 年 9 月 3 日,上海宏盛机械公司与上海强远食品公司结算货款。双方涉及的原始凭证如下:

(1) 上海宏盛机械公司(法人代表:药英丽,财务负责人:钱发财,开户银行:工商银行上海支行;账号:500600230053)通过银行偿还前欠上海强远食品公司的货款:❶开出左右 2 联的"转账支票",如表 5-1 所示,留转账支票存根联,将支票联交给收款单位。❷收到对方开来的"收款收据"(收据联),如表 5-2 所示。

表 5-1

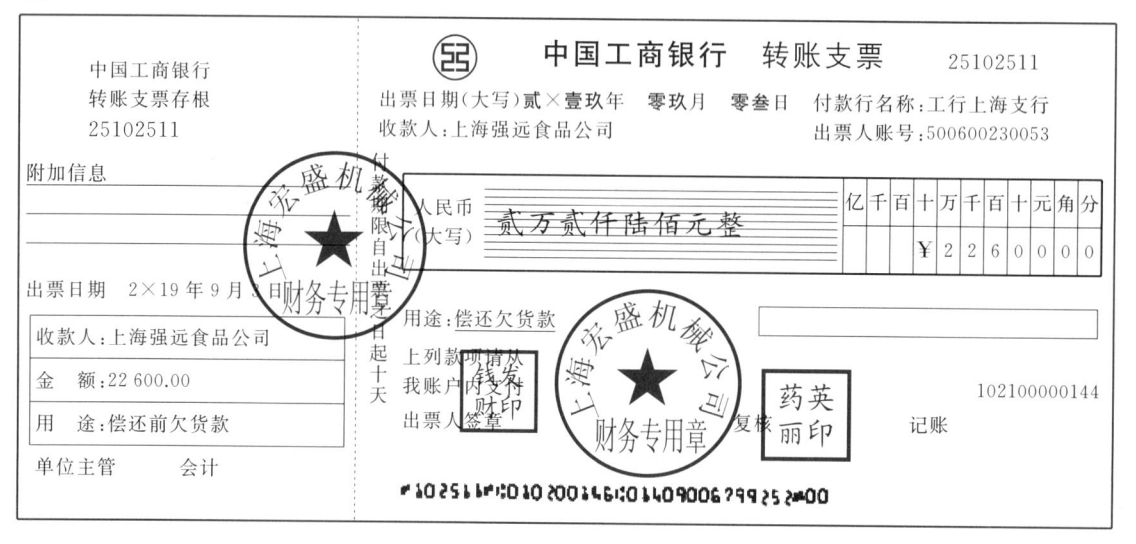

中国工商银行 转账支票存根 25102511	中国工商银行　转账支票　25102511
附加信息	出票日期(大写) 贰×壹玖年 零玖月 零叁日　付款行名称:工行上海支行 收款人:上海强远食品公司　　　　　　　出票人账号:500600230053
出票日期 2×19 年 9 月 3 日	人民币 (大写) 贰万贰仟陆佰元整　　亿千百十万千百十元角分 　　　　　　　　　　　　　　　　　　¥ 2 2 6 0 0 0 0
收款人:上海强远食品公司 金　额:22 600.00 用　途:偿还前欠货款	用途:偿还欠货款 上列款项请从 我账户内支付 出票人签章　　　　　　　　　　　　　　药英丽印　　记账　　　102100000144
单位主管　　会计	

表 5-2　　　　　　　　**上海强远食品公司　　收款收据**　　　　　　　No 15068

2×19 年 9 月 3 日

交款单位　上海宏盛机械公司　　　　　　　　收款方式　转账
人民币　　贰万贰仟陆佰元整　　　　　　　　　　¥22 600.00
收款事由　前欠货款

记账: 王雷生　　　　审核: 刘建国　　　　出纳: 张永刚

(2) 上海强远食品公司(法人代表:莫奎穗,财务负责人:艾立才,开户银行:工商银行上海支行;账号:500600230064)通过银行收到前欠货款:❶开具一式 3 联的"收款收据"(留第三联:记账联,其格式与表 5-2 相同,略),同时将第二联交付款单位。❷填制一式 2 联的"中国工商银行进账单"

连同转账支票(支票联)送存开户银行,并收到开户银行加盖"收讫章"的"进账单(收账通知)",如表5-3所示。

表5-3　ICBC 中国工商银行　进账单（收账通知）　2

2×19年9月3日

出票人	全称	上海宏盛机械公司	收款人	全称	上海强远食品公司
	账号	500600230053		账号	500600230064
	开户银行	工行上海支行		开户银行	工行上海支行

金额	人民币（大写）	贰万贰仟陆佰元整	亿 千 百 十 万 千 百 十 元 角 分 　　　　￥2 2 6 0 0 0 0

票据种类	转账支票	票据张数	1	中国工商银行上海支行 2×19年09月03日 转讫
票据号码	25102511			
		复核　　记账		收款人开户银行签章

此联是收款人开户银行交给收款人的收账通知

【例5-2】 2×19年9月5日,上海宏盛机械公司采购员夏建仁到郑州市参加机械产品展销会预借差旅费,填制"借款单"并经有关负责人审批同意后以库存现金付讫,如表5-4所示。

表5-4　上海宏盛机械公司　借款单

2×19年09月05日　　　　　　　　　　　　　　　单位:元

借款单位	供销科	借款人	夏建仁	出差地点	郑州市
借款事由	参加产品展销会				
借款金额	人民币（大写）叁仟伍佰元整				￥3 500.00
付款方式	现　　金		还款或报销日期		
部门负责人批示	同意。 刘彩构 2×19年9月5日		财务负责人审核意见	同意。 钱发财 2×19年9月5日	

出纳员签章:甄仔细　　　　　　　　　　　　　　　借款人签章:夏建仁

【例5-3】 上海宏盛机械公司与郑州光明机电公司结算到期日为2×19年9月20日的银行承兑汇票款460 390元。（开户银行:工商银行郑州分行　账号:500600789007）

（1）上海宏盛机械公司,2×19年9月17日匡算邮程为3天,填制一式5联的"中国工商银行托收凭证",并附"银行承兑汇票第2联",如表5-5所示,提前委托开户银行收取票据款。

○ 第五章 会计凭证的填制与审核

表 5-5　　　　　　　　　　银行承兑汇票　2　　　　　　　　00000112

出票日期　贰×壹玖年零玖月贰拾日

出票人全称	郑州光明机电公司	收款人	全称	上海宏盛机械公司
出票人账号	500600789007		账号	500600230053
付款行全称	工行郑州分行		开户银行	工行上海支行
汇票金额	人民币（大写）肆拾陆万零叁佰玖拾元整	亿千百十万千百十元角分　￥4 6 0 3 9 0 0 0		
汇票到期日	贰×贰零年零玖月贰拾日	付款行	行号	320117
承兑协议号	上工[2×19]00421号		地址	郑州市前进步行街2号
本汇票请你行承兑，到期无条件付款。出票人签章		本汇票已经承兑，到期日由本行付款。承兑日期2×19年9月20日　备注：80551	承兑行盖章　　　复核　记账	

此联凭证寄收款人开户行作借方凭证附件

此联凭证收款人开户行随委托收款

（2）郑州光明机电公司：2×19年9月20日，收到其开户银行转来的并加盖有"转讫章"的"中国工商银行托收凭证第5联（付款通知）"，如表5-6所示。

表 5-6　　ICBC 🏦 中国工商银行　托收凭证（付款通知）　　　5 No

委托日期　贰×壹玖年零玖月壹拾柒日　　付款期限 2×19年09月20日

付款人	业务类型	委托收款（☑邮划、□电划）托收承付（□邮划、□电划）			收款人				
	全称	郑州光明机电公司				全称	上海宏盛机械公司		
	账号	500600789007				账号	500600230053		
	地址	河南省郑州市县	开户行	工行郑州分行		地址	省上海市县	开户行	工行上海支行
金额	人民币（大写）肆拾陆万零叁佰玖拾元整				亿千百十万千百十元角分　￥4 6 0 3 9 0 0 0				
款项内容	货款	托收凭据名称	银行承兑汇票		附寄单证张数	1			
商品发运情况					合同名称号码				
备注：付款人开户银行收到日期：2×19年09月20日　复核　记账		中国工商银行郑州分行 2×19年09月20日 转讫　付款人开户银行签章 年 月 日			付款人注意：1. 根据支付结算办法，上列委托收款（托收承付）款项在付款期限内未提出拒付，即视为同意付款，以此代付款通知。2. 如需提出全部或部分拒付，应在规定期限内，将拒付理由书并附债务证明退交开户银行。				

此联付款人开户银行给付款人按期付款通知

（3）上海宏盛机械公司：收到其开户银行转来的并加盖有"转讫章"（日期为2×19年9月20日）的"中国工商银行托收凭证第4联（收账通知）"，如表5-7所示。

2．购销业务凭证

购销业务凭证是指记录材料物品采购或劳务供应、产成品（商品）或劳务销售情况的原始凭证。如增值税专用发票、提货单、发货单等。

88

表 5-7　　　ICBC　中国工商银行　托收凭证（收账通知）　　　4　No

委托日期　贰×壹玖年零玖月壹拾柒日　　付款期限 2×19 年 09 月 20 日

此联付款人开户行凭以汇款或收款人开户银行作收账通知

业务类型	委托收款（☑邮划、□电划）　托收承付（□邮划、□电划）			
付款人	全称	郑州光明机电公司	收款人全称	上海宏盛机械公司
	账号	500600789007	账号	500600230053
	地址	河南省郑州市县　开户行 工行郑州分行	地址	省上海市县　开户行 工行上海支行
金额	人民币（大写）	肆拾陆万零叁佰玖拾元整	亿千百十万千百十元角分	￥ 4 6 0 3 9 0 0 0
款项内容	货款	托收凭据名称 银行承兑汇票 中国工商银行上海支行 2×19年09月22日	附寄单证张数	1
商品发运情况			合同名称号码	
备注：		上列款项已划回收入你方账户内。 讫 收款人开户银行签章 2×19 年 09 月 22 日		该银行承兑汇票到期日为 09 月 20 日。
复核　　记账				

【例 5-4】 上海宏盛机械公司与天津盛仁钢铁公司发生合金圆钢和合金钢管的购销业务，天津盛仁钢铁公司代垫运费并由天津华茂物流公司承运。双方涉及的有关原始凭证如下：

（1）天津盛仁钢铁公司（销售方，收款人）:2×19 年 9 月 13 日：❶开具一式 3 联的"增值税专用发票"并留"记账联"（见表 5-8）。❷填开转账支票支付代垫运费并留存根联（略）。❸填制一式 3 联的"产品出库单"并留"财务联"（见表 5-11）。❹委托开户银行收款，填制一式 5 联的"托收凭证"并留银行加盖"受理章"的第一联回单（略，格式参见表 5-7）。

增值税专用发票的代码与号码

表 5-8　　　天津增值税专用发票　　　NO 15453755

1200193130　　此联不作报销、抵扣凭证使用　　开票日期：2×19 年 9 月 13 日

购买方	名　称：上海宏盛机械公司 纳税人识别号：91310040213456070A 地　址、电话：上海市建设路 68 号 98706543 开户行及账号：工商银行上海支行 500600230053	密码区	（略）			
货物或应税劳务、服务名称	规格型号	单位	数量	单价	金额	税率	税额
合金圆钢		吨	30	6 000.00	180 000.00	13%	23 400.00
合金钢管		吨	20	8 000.00	160 000.00	13%	20 800.00
合　　计					￥340 000.00		￥44 200.00
价税合计（大写）	⊗叁拾捌万肆仟贰佰元整					（小写）￥384 200.00	
销售方	名　称：天津盛仁钢铁公司 纳税人识别号：91120342AM2900154B 地　址、电话：天津市建军路 80 号 5608999 开户行及账号：工商银行城东分理处 472246792500	备注	天津盛仁钢铁公司 91120342AM2900154B 发票专用章			

收款人：刘玉方　　　复核：　　　　开票人：黄大春　　　销货方（盖章）

第一联　记账联　销售方记账凭证

（2）上海宏盛机械公司（购买方，付款人），2×19年9月15日：❶收到其开户银行转来的：货物购进的"增值税专用发票"的第二联"抵扣联"（略，格式参见表5-10)和第三联"发票联"(见表5-9)；运费的"增值税专用发票"的第二联"抵扣联"（表5-10）和第三联"发票联"（略，格式参见表5-9）；金额为399 460元的"中国工商银行托收凭证第5联付款通知"（略，格式参见表5-6）并同意付款。❷材料已验收入库，填制一式三联的"收料单"（见表5-12）。

表 5-9

天津增值税专用发票

NO 15453755

1200193130　　　　　　　发票联　　　　　　开票日期：2×19年9月13日

| 购买方 | 名　　　称：上海宏盛机械公司
纳税人识别号：91310040213456070A
地　址、电　话：上海市建设路68号 98706543
开户行及账号：工商银行上海支行 500600230053 | 密码区 | （略） |

货物或应税劳务、服务名称	规格型号	单位	数量	单价	金额	税率	税额
合金圆钢		吨	30	6 000.00	180 000.00	13%	23 400.00
合金钢管		吨	20	8 000.00	160 000.00	13%	20 800.00
合　计					¥340 000.00		¥44 200.00

价税合计（大写）　⊗叁拾捌万肆仟贰佰元整　　　　　　（小写）¥384 200.00

| 销售方 | 名　　　称：天津盛仁钢铁公司
纳税人识别号：91120342AM2900154B
地　址、电　话：天津市建军路80号 5608999
开户行及账号：工商银行城东分理处 472246792500 | 备注 | 天津盛仁钢铁公司
91120342AM2900154B
发票专用章 |

收款人：刘玉方　　　复核：　　　开票人：黄大春　　　销货方（盖章）

第三联　发票联　购买方记账凭证

表 5-10

天津增值税专用发票

NO 054561

1200193130　　　　　　　抵扣联　　　　　　开票日期：2×19年9月13日

| 购买方 | 名　　　称：上海宏盛机械公司
纳税人识别号：91310041203456070A
地　址、电　话：上海市建设路68号 98706543
开户行及账号：工行上海支行 500600230053 | 密码区 | （略） |

货物或应税劳务、服务名称	规格型号	单位	数量	单价	金额	税率	税额
合金圆钢		运费吨	30	280.00	8 400.00	9%	756.00
合金钢管		运费吨	20	280.00	5 600.00	9%	504.00
合　计					¥14 000.00		¥1 260.00

价税合计（大写）　⊗壹万伍仟贰佰陆拾元整　　　　　　（小写）¥15 260.00

| 销售方 | 名　　　称：天津华茂物流公司
纳税人识别号：911203063167MN246H
地　址、电　话：天津市建军路80号 5608921
开户行及账号：工行城东分理处 3250790226 | 备注 | 起运地：天津市；到达地：上海市；车种车号：津A36081；合金圆钢30吨，合金钢管20吨。销售方代垫运费。
911203063167MN246H
发票专用章 |

收款人：药丽丽　　　复核：　　　开票人：白富美　　　销售方（盖章）

第二联　抵扣联　购买方扣税凭证

3. 存货出入库业务凭证

存货出入库业务凭证是指记录材料、半成品、产成品出入库等情况的原始凭证。如收料单、领料单、限额领料单（见表5-18）、产品入库单、产品出库单、提货单等。

【例5-5】 承【例5-4】天津盛仁钢铁公司与上海宏盛机械公司之间发生的购销业务。双方填制的有关出入库原始凭证如下：

（1）天津盛仁钢铁公司：2×19年9月13日，所填制的"产品出库单（财务联）"，如表5-11所示。

表5-11

天津盛仁钢铁公司　　产品出库单

仓库：成品库
购货单位：上海宏盛机械公司　　2×19年9月13日　　编号：24004

产品编号	规格	产品名称	计量单位	数量应发	数量实发	单位成本	金额	备注
（略）	（略）	合金圆钢	吨	30	30			对外销售
		合金钢管	吨	20	20			

供销主管：朱轶群　　保管员：史珍香　　记账：高标准　　制单：严尧秋

（二财务联）

请思考：
"产品出库单"的"单位成本"栏为什么没有金额？

（2）上海宏盛机械公司：2×19年9月20日，材料验收入库所填制的"收料单"（财务联），如表5-12所示。

表5-12

上海宏盛机械公司　　收料单

编号：11007
供货单位：天津盛仁钢铁公司　　2×19年9月20日　　仓库：原料库

材料类别	材料编号	名称及规格	计量单位	数量应收	数量实收	实际成本（元）发票价格	采购费用	合计	单价
（略）	（略）	合金圆钢	吨	30	30	180 000.00	8 400.00	188 400.00	6 280.00
		合金钢管	吨	20	20	160 000.00	5 600.00	165 600.00	8 280.00
		合　　计				340 000.00	14 000.00	354 000.00	

供销主管：刘彩构　　保管员：特认真　　记账：高桂格　　制单：艾志丹

（二财务联）

【例5-6】 2×19年9月22日，上海宏盛机械公司机加工车间生产A产品领用合金圆钢15吨、合金钢管10吨，填制"领料单"，如表5-13所示。

表5-13

上海宏盛机械公司　　领料单

编号：12009
领料单位：机加工车间
领料用途：生产A产品　　2×19年9月22日　　仓库：原料库

材料类别	材料编号	材料名称	规格型号	计量单位	数量应发	数量实发	单位成本	金额（元）	备注
钢材类	（略）	合金圆钢	（略）	吨	15	15	6 280.00	94 200.00	
钢材类	（略）	合金钢管	（略）	吨	10	10	8 280.00	82 800.00	

生产主管：莫发愁　　保管员：特认真　　记账：高桂格　　制单：艾志丹

（二财务联）

【例5-7】 2×19年9月15日，上海宏盛机械公司装配车间完工A产品30台、B产品20台验收合格并入库。填制的"产品入库单"（财务联）如

表5-14所示。

表5-14　　　　　　　上海宏盛机械公司　　产品入库单　　　编号：23008

送检单位：装配车间　　　　　2×19年9月15日　　　　　　　　仓库：成品库

产品编号	产品名称	规格型号	计量单位	送检数量 应收	送检数量 实收	单位成本	总成本（元）	备注
（略）	A产品	（略）	台	30	30			
（略）	B产品	（略）	台	20	20			

单位主管：莫发愁　　保管员：特认真　　记账：高桂格　　制单：艾志丹

二　财务联

4. 成本费用业务凭证

成本费用业务凭证是指记录成本、费用的发生和分配情况的原始凭证。如差旅费报销单、发料凭证汇总表、工资结算汇总表、制造费用分配表（格式参见表6-6）、完工产品成本汇总表（格式参见表6-10）等。

【例5-8】 承【例5-2】2×19年9月20日，采购员夏建仁出差归来报销差旅费5 972元冲销原借款3 500元，并补付差额现金2 472元。所填制的"收款收据"（略，格式参见表5-2）和"差旅费报销单"如表5-15所示。

表5-15　　　　　　　上海宏盛机械公司　　差旅费报销单

报销日期：2×19年9月20日　　　　　附单据　5　张

姓　名		夏建仁		出差事由		参加陕西杨凌农业机械产品展销会			
启程日期及地点			到达日期及地点			交通工具	车船票金额	出差补助	住宿费	金额合计
月	日	地点	月	日	地点			天　金额	价款　税额	
9	6	上海	9	6	西安	飞机	1 685.00	4　800.00	1 500.00　90.00	4 075.00
9	6	西安	9	6	杨凌	汽车	103.00			103.00
9	9	杨凌	9	9	西安	火车	109.00			109.00
12	3	西安	9	9	上海	飞机	1 685.00			1 685.00
		合计					3 582.00	800.00	1 500.00　90.00	5 972.00
实报金额	人民币（大写）	伍仟玖佰柒拾贰元正　　　¥5 972.00						预借金额	应补金额	应退金额
								3 500.00	2 472.00	
以下由财务部门填写										
购进国内旅客运输服务票外应抵扣的进项税额计算			航空、铁路运输			(1 635+1 635+109)/(1+9%)×9%=279.00(元)				
			公路、水路等运输			103/(1+3%)×3%=3.00(元)				

提示与说明："差旅费报销单"后附的飞机票2张（票价金额1 685元中包含民航发展基金，即俗称的"机场建设费"，50元）、火车票1张、长途汽车票1张、住宿费增值税专用发票1张，为节约篇幅从略。税制改革——增值税扩大抵扣范围：自2019年4月1日起，纳税人购进国内旅客运输服务，其进项税额允许从销项税额中抵扣。纳税人未取得增值税专用发票的，暂按照以下规定确定进项税额：❶取得增值税电子普通发票的，为发票上注明的税额。❷取得注明旅客身份信息的航空运输电子客票行程单的，为按照下列公式计算的进项税额：航空旅客运输进项税额＝（票价＋燃油附加费）÷（1+9%）×9%。❸取得注明旅客身份信息的铁路车票的，为按照下列公式计算的进项税额：铁路旅客运输进项税额＝票面金额÷（1+9%）×9%。❹取得注明旅客身份信息的公路、水路等其他客票的，按照下列公式计算的进项税额：公路、水路等其他旅客运输进项税额＝票面金额÷（1+3%）×3%。

【例 5-9】 上海宏盛机械公司月末根据所填制的标明有领料部门、领料用途的"领料单"(包括限额领料单)分用途和材料名称汇总编制"发料凭证汇总表"如表 5-16 所示。

表 5-16　　　　　　　　　　　　**发料凭证汇总表**　　　　　　　　　　　附件 9 张

2×19 年 9 月 30 日　　　　　　　　　　　　　　　　单位:元

用　　途		材料类别或名称					金额合计
			合金圆钢	合金钢管	1#螺栓螺帽	润滑油	包装物	
产品生产	A 产品	997 000	874 000	93 000			1 964 000
	B 产品	875 000	415 000	86 000			1 376 000
车间一般耗用					67 000		67 000
销售部门领用						89 000	89 000
合　　计		1 872 000	1 289 000	179 000	67 000	89 000	3 496 000

财务主管: 钱发财　　　　　制单: 刘景明　　　　　复核: 高桂格

5. 固定资产业务凭证

固定资产业务凭证是指记录固定资产购置、处置、报废和盘盈、盘亏业务的原始凭证。如固定资产交接(验收)单、固定资产卡片、固定资产报废清理单、固定资产移交清册、固定资产盘盈、盘亏报告单等。

【例 5-10】 上海宏盛机械公司购置一台需要安装的机器设备,安装完成经验收合格并到达预期可使用状态。所填制的"固定资产交接(验收)单"如表 5-17 所示。

表 5-17　　　　　　　　　　　**固定资产交接(验收)单**

2×19 年 9 月 11 日

固定资产编　号	名称	规格	型号	计量单位	数量	建造单位	建造编号	资金来源	备注
15-2-10	机床		BN69 型	台	1	HP		自有	
总　价	买价	安装费	运杂费	包装费	其他	原值	预计年限	净残值率	
	800 000	10 000	50 000			860 000	10 年	5%	
用　途	办公用			使用部门		办公室	已提折旧		
验收意见	合格,交付使用。			验收人签章		陆新华			

财务主管: 钱发财　　　　　制单: 刘景明　　　　　复核: 高桂格

6. 账项结转业务凭证

账项结转业务凭证是指会计期间终了,为了结转(平)收入类和费用类等账户,计算并结转成本、利润等,由会计人员根据会计账簿记录整理填制的原始凭证。这类凭证一般无固定格式,但需要注明制证人并由会计主管签章。如可供分配利润的计算及利润分配表(格式参见表 6-17)、已实现和已分配利润结转及未分配利润计算表(格式参见表 6-18)等。

(二) 原始凭证按照不同来源渠道进行分类

原始凭证按照不同来源渠道分类，主要是从会计主体角度进行的一种分类。按来源渠道不同，原始凭证可分为外来原始凭证和自制原始凭证两类。

1. 外来原始凭证

外来原始凭证，是指在经济业务发生或完成时，从其他单位或个人直接取得的原始凭证或能证明物品来路的最初证明。外来原始凭证一般是由外单位的经办人员填制并由税务局等部门统一印制，或经税务部门批准由企业印制，在填制时加盖出具凭证单位公章方有效，对于一式多联的原始凭证必须用复写纸套写。如：❶购买货物、接受劳务或服务时取得的发票的"发票联""抵扣联""货物运单"。❷出差人员报销时提供的车票、船票、住宿费发票。❸通过银行收付款项的"收账通知单"和"付款通知单"。

2. 自制原始凭证

自制原始凭证是指由本单位内部经办业务的部门和人员，在执行或完成某项经济业务时填制的、仅供本单位内部使用的原始凭证。如收料单、领料单、限额领料单、产品入库单、产品出库单、借款单、折旧计算表等。

(三) 原始凭证按照填制手续次数和内容不同进行分类

原始凭证按照填制手续次数和内容不同的分类，主要是从完整性和填制次数及包括的内容多少的角度出发进行的分类。按照填制手续和内容不同，原始凭证可分为一次凭证、累计凭证、汇总凭证和记账编制凭证四类。

1. 一次凭证

一次凭证是指只记录一项经济业务、或同时记录若干项同类性质的经济业务，填制手续是一次完成的凭证。如收据、领料单、收料单、发货票、借款单、银行结算凭证等。

> **通俗理解：**
> 一次凭证是一次填制完成并一次使用有效的凭证。

2. 累计凭证

累计凭证是指在一定时期内多次记录发生的同类型经济业务，填制手续是随着经济业务发生而分次完成的凭证。其特点是，在一张凭证内可以连续登记相同性质的经济业务，随时结出累计数及结余数，并按照费用限额进行费用控制，期末按实际发生额记账。如"限额领料单"等。

> **通俗理解：**
> 累计凭证是多次填制完成并多次有效的凭证。

【例 5-11】 上海宏盛机械公司生产车间生产 A 产品领用 1# 螺栓螺帽比较频繁，且消耗定额及生产任务的资料健全，采用"限额领料单"的方式发料。2×19 年 9 月领用材料所填制的"限额领料单"如表 5-18 所示。

3. 汇总凭证

汇总凭证是指对一定时期内反映经济业务内容相同的若干张原始凭证，按照一定标准汇总填制的原始凭证。汇总原始凭证合并了同类型经济业务，简化了记账工作量。常用的汇总原始凭证有：发料凭证汇总表(格式参见表 5-16)、差旅费报销单(格式参见表 5-15)、工资结算汇总表等。

4. 记账编制凭证

记账编制凭证是指由于经济业务账务处理的需要而根据账簿记录编制的一种自制原始凭证。记账编制凭证是根据账簿记录，把某一项或某一类经济业务加以归类、整理而重新编制的一种会计凭证。例如，在计算产品

表 5-18　　　　　　　　**上海宏盛机械公司　　限额领料单**

领料单位：生产车间　　　　　　　　　　　　　　　　　　　　　　　　　编　　号：12001
领料用途：A产品生产　　　　　2×19年9月　　　　　　　　　　　　　发料出库：第二仓库

材料类别	材料编号	材料名称及规格	计量单位	单价	领用限额（套）	实际领用 数量	实际领用 金额（元）
（略）	（略）	1#螺栓螺帽	套	15	6 240	6 200	93 000

供应部门负责人（签章）　刘彩构　　　　　　生产计划部门负责人（签章）　管生产

领用日期	请领 数量	请领 领料单位负责人	实发 数量	实发 发料人	实发 领料人	限额结余	退库 数量	退库 退料单编号
5	1 250	莫发愁	1 250	特认真	邓力夫	4 990		
10	1 250	莫发愁	1 250	特认真	邓力夫	3 740		
15	1 240	莫发愁	1 240	特认真	邓力夫	2 500		
20	1 260	莫发愁	1 260	特认真	邓力夫	1 240		
25	1 230	莫发愁	1 230	特认真	邓力夫	10		
30		莫发愁		特认真	邓力夫		30	领09015
合计	6 230		6 230					

成本时编制的"制造费用分配表"（格式参见表 6-6），就是根据制造费用明细账记录的数字按费用的用途填制的。再如，在计算本期利润时编制的"本月损益类账户结转前发生额或余额表"（格式参见表 6-14），就是根据有关损益类账户记录的数字整理后填制的。

（四）原始凭证按照所起作用不同进行分类

原始凭证按照作用不同的分类，主要是从生产经营过程的角度进行的一种分类。按照所起作用不同可分为通知凭证、执行凭证、计算凭证三类。

1. 通知凭证

通知凭证是对某项经济业务起通知或指示作用的凭证。对这类凭证的管理，不能完全等同于其他原始凭证，不能证明经济业务已经完成。如物资订货单、扣款通知等。

2. 执行凭证

执行凭证是对某项经济业务执行后填制的原始凭证，可以证明经济业务已经完成。如入库单、出库单、各种收据等。

3. 计算凭证

计算凭证也是某项经济业务完成后填制的原始凭证，可以证明经济业务已经完成。但是，该凭证上的数字是按照一定的方法计算后形成的。如工资结算汇总表、制造费用分配表等。

（五）原始凭证按照格式不同的分类

原始凭证按其格式不同的分类，主要是从适用的范围和使用单位的角度进行的一种分类。按照格式不同可分为通用凭证和专用凭证两类。

1. 通用凭证

通用凭证是指由有关部门统一印制、在一定范围内使用的具有统一格式和使用方法的原始凭证。通用凭证的使用范围,因制作部门不同而异:❶可以是在某一地区、某一行业使用的原始凭证。如某省(市)印制的发货票、收据等,在该省(市)通用。❷可以是全国通用的原始凭证,如由人民银行制作的银行转账结算凭证。

2. 专用凭证

专用凭证是指由单位自行印制、仅在本单位内部使用的原始凭证。如领料单、差旅费报销单、折旧计算表、工资费用分配表等。

二、原始凭证应具备的基本要素和填制规范

(一)原始凭证应具备的基本要素

在会计核算工作中,由于各项经济业务的内容和经济管理的要求不同,各种原始凭证所记录的经济业务的内容也是多种多样的,而且每一种原始凭证的名称、格式和具体内容也不完全一致。但是,无论哪一种原始凭证,都是作为经济业务的原始证据,必须详细载明有关经济业务的发生或完成情况,必须明确有关经办人的经济责任。因此,各种原始凭证具备一些共同的基本要素。主要包括:❶原始凭证的名称。❷填制凭证的日期和编号。❸填制凭证单位名称或者填制人员名字。❹接受凭证的单位名称(俗称"抬头")。❺经济业务的内容、数量、单价和金额等。❻填制单位及有关人员的签章。

(二)原始凭证的填制规范

原始凭证是经济业务发生时所取得或填制的书面证明,是会计核算的重要依据而且具有法律效力。为了正确、完整、清晰地记录各项经济业务,发挥原始凭证应有的作用,在填制时应遵循下列要求。

1. 填制原始凭证要求真实、及时

在经济业务发生或完成时,由经办人员立即填制原始凭证。原始凭证上填制的日期、业务内容和数字,必须真实可靠,符合实际情况。填制完毕后,经办人员要按规定程序及时将原始凭证递交会计部门。不得变造、篡改原始凭证的内容。

2. 填制原始凭证的内容要完整,手续要完备,附件要齐全

原始凭证上均有规定的填写内容,必须按规定项目填写齐全,文字说明要简明扼要,数字填写清晰而且填写手续要完备。

(1)购买实物的原始凭证:必须有实物验收证明;支付款项的原始凭证,必须有收款单位和收款人的收款证明。

(2)职工因公借款的借据:必须附在记账凭证之后。收回借款时,应当另开收据或者退还借据副本,不得退还原借款收据。

(3)经上级有关部门批准的经济业务:应当将批准文件作为原始凭证附件。如果批准文件需要单独归档的,应当在凭证上注明批准机关名称、日期和文件字号。

(4)发生销货退回的:除填制退货发票外,还必须有退货验收证明;退款时,必须取得对方的收款收据或者汇款银行的凭证以及当地主管税务机关开具的"进货退出或索取折让证明单",不得以退货发票代替收据。

(5) 一式几联的原始凭证：应当注明各联的用途，只能以一联作为报销凭证，必须用双面复写纸（发票和收据本身具备复写纸功能的除外）套写，并连续编号。作废时应当加盖"作废"戳记，连同存根一起保存，不得撕毁。

3. 填制原始凭证要明确经济责任，签名、盖章要齐全

原始凭证填制完毕后，经办单位负责人以及填制人员均须在原始凭证的下方签名或盖章。对外开出的原始凭证必须加盖本单位公章。

(1) 外来原始凭证（如发票、收据等），必须盖有填制单位的财务专用章或发票专用章，同时具有套印的税务部门或有权监制部门的专用章以及填制人员的签名或盖章。

(2) 从个人取得的原始凭证，必须有填制人员的签名或者盖章，同时应写明住址，必要时注明身份证号码。

(3) 自制原始凭证（如入库单、领料单等），必须有经办单位负责人（或其指定的人员）和经办人签名或者盖章。

(4) 原始凭证上的公章要求。不同的行业、单位对原始凭证上的公章要求不同，对于自制原始凭证，由于是由本单位内部的部门和个人填制的，就不需加盖本单位的公章，只需填明责任单位和责任人即可。

(5) 外来原始凭证如有遗失，应取得原填制单位盖章证明，并注明原始凭证编号、金额和内容等，经单位领导人批准后，才能作原始凭证。如确实无法取得证明的如火车、汽车、轮船、飞机票等，由当事人写出详细情况，由单位领导人批准后，代作原始凭证。

(6) 附在办理收付款项的记账凭证后的原始凭证，在办理完收付款项后，必须加盖"收讫""付讫"戳记。

4. 文字、数字填写要规范

原始凭证的书写，包括文字和数字的书写，应遵循《会计基础工作规范》的要求。具体包括以下几个方面：

(1) 要用蓝黑色墨水书写，银行支票要用碳素墨水填写，字迹必须清晰、工整。

(2) 单位对外开具的原始凭证和外来的原始凭证，阿拉伯金额数字前应当书写货币币种符号，如人民币"￥"、美元"US"、港币"HK"字符号。阿拉伯数字不得连笔书写，其标准字体和书写方法如下：

> **特别提示：**
> 公章是指具有法律效力，用于特定用途，能够证明单位身份和性质的印鉴，包括业务公章、财务专用章、发票专用章、票据专用章、结算专用章等。

> **特别注意：**
> 币种符号与阿拉伯金额数字之间不得留有空白。

(3) 所有以人民币元为单位的阿拉伯数字：❶一律填写到角分。❷无角和分的，角位和分位可写"00"，或者划"—"。❸有角无分的，分位应当写"0"，不能用"—"代替。

(4) 汉字大写数字金额如零、壹、贰、叁、肆、伍、陆、柒、捌、玖、拾、佰、仟、万、亿等，一律用正楷或者行书体书写，不得用0、一、二、三、四、五、六、七、八、九、十等数字代替，更不得任意自造简化字。

(5) 凡原始凭证上预印有"万仟佰拾元角分"金额数字位数的,应按预印的空格填写,实有大写金额的前一空位用"￥"或"×"注销不需用的空格。

(6) 凡原始凭证上未预印有"万仟佰拾元角分"金额数字位数的:❶应在"人民币"等货币名称之后书写大写金额。❷大写数字到元或者角为止的,在"元"或者"角"字之后写"整"字,大写金额数字有分的,分字后面不写"整"字。❸若大写金额数字前未印有"人民币大写"字样或"货币"名称字样的,应加填"人民币"等货币名称字样。

(7) 阿拉伯金额数字中间有"0"时:❶汉字大写金额应写"零"字。❷阿拉伯数字金额中间连续有几个"0"时,汉字大写金额中可以只写一个"零"字,如"4 005.34 元"可以写成"人民币肆仟零伍元叁角肆分"。❸阿拉伯金额数字元位是"0"或者数字中间连续有几个"0",元位也是"0",但角位不是"0"时,汉字大写金额可以只写一个"零"字,也可以不写"零"字,如"5 000.63 元"的大写金额应写成"人民币伍仟元零陆角叁分"或者"人民币伍仟元陆角叁分"。

三、原始凭证的审核与错误凭证的处理

(一) 原始凭证的审核

原始凭证填制后,要及时送交会计部门,由会计主管或指定的人员进行审核。❶会计机构、会计人员对不真实、不合法的原始凭证有权不予受理,并向单位负责人报告,请求查明原因,追究有关当事人的责任。❷对记载不准确、不完整的原始凭证予以退回,并要求经办人按照有关规定进行更正、补充。原始凭证的审核主要应从以下四个方面进行。

1. 真实性审核

主要审核原始凭证是否如实反映了经济业务的本来面目,是否具备成为本单位合法原始凭证的条件。主要包括:❶内容记载是否清晰,有无掩盖事情真相的现象。❷凭证抬头是不是本单位。❸数量、单价与金额是否相符。❹认真核对笔迹,有无模仿领导笔迹签字现象。❺有无涂改及添加内容和金额。❻有无"移花接木"的凭证。

2. 完整性审核

主要审核原始凭证各个项目是否填写齐全,数字是否正确;名称、商品规格、计量单位、数量、单价、金额和填制日期的填写是否清晰,计算是否正确。对要求统一使用的发票,应检查是否存在伪造、挪用或用作废的发票代替等现象,凭证中应有的印章、签名是否齐全、审批手续是否健全等。特别应注意的是:❶外来的发票、收据等是否用复写纸套写?是否是"报销"一联?不属此联的一般不予受理,对于剪裁发票要认真核对剪裁金额是否与大小写金额一致。❷购买商品、实物的各种原始凭证,必须附有保管人的验收单或其他领用者签名才能受理。❸对外支付款项的凭证应附有收款人的收款手续办结凭证方能转账注销。❹自制的原始凭证附有原始单据的,要审核各凭证上的金额是否相符。

3. 合法性审核

审核原始凭证所记录的经济业务是否有违反国家法律法规的情况,是

否符合规定的审批权限;是否履行了规定的凭证传递和审核程序;是否有违法违纪行为。在实际工作中,违法的原始凭证主要有两种情况:❶明显的假发票、假车票,有些原始凭证带有明显的时间性,时间变了,再用原来的原始凭证,很明显是假的;有些原始凭证印制粗糙、印章不规范,也可以判断其不合法性。❷有些原始凭证虽然真实,但按规定不允许报销,如私人购买的物品,因私外出的车船票,同样不能报销。

4. 合理性审核

审核原始凭证所记录的经济业务是否符合企业生产经营活动的需要,是否符合有关的计划和预算。

> 提示:
> 有些原始凭证,如职工出差的住宿、餐饮发票,职工生病就诊的发票等,都是合法真实的,但如果超过规定的报销比例,则不属于合法的原始凭证。

(二)错误凭证的处理

1. 处理原则

(1)对不真实、不合法、不合理的原始凭证,会计有权不予受理,应拒绝付款、拒绝报销或拒绝执行,并向单位负责人报告,请求查明原因,追究有关当事人的责任。

(2)对于填写不齐全、手续不完备、书写不清楚、计算不正确的原始凭证,应予以退回,责成经办人员补填齐全,补办手续,更正错误或更换原始凭证。

2. 原始凭证错误的更正

(1)原始凭证记载的各项内容均不得涂改,随意涂改的原始凭证为无效凭证,不能以此作为填制记账凭证或登记账簿的依据。

(2)原始凭证记载的内容有错误的:❶应当由开具单位重开或更正,更正工作必须由原始凭证出具单位完成,并在更正处加盖出具单位印章。❷重新开具原始凭证当然也应由原始凭证开具单位进行。

(3)原始凭证金额出现错误的,不得更正,只能由原始凭证开具单位重新开具。

(4)原始凭证开具单位应当依法开具准确无误的原始凭证,对于填制有误的原始凭证,负有更正和重新开具的法律义务,不得拒绝。

第三节 记账凭证的填制与审核

一、记账凭证的概念及作用

在每一笔实际业务操作中,记录过程均包括三个步骤:❶分析每一笔经济业务对会计账户的影响。❷将交易信息通过记账凭证加以表现。❸将记账凭证中的信息记入恰当的分类账账户中。所以,记账凭证,是指会计人员根据审核无误的原始凭证,按照设置的账户运用复式记账法编制的,用以确定会计分录并作为登记分类账账户直接依据的会计凭证。

记账凭证具有以下作用:❶在同一位置显示了每一笔经济业务的完整内容。❷记录了经济业务发生的时间并将各经济业务记录按发生时间的先后顺序排列。❸帮助防止或定位差错,因为每一笔会计分录的借方金额和贷方金额可以很容易进行比较。

二、记账凭证的分类及其格式

会计实务中使用的记账凭证有多种,其分类也可以有多种标准:❶按照使用范围不同分类。❷按照是否经过汇总分类。❸按照包括会计科目是否单一分类。各种分类之间相互交叉,但最基本的分类标准是按照使用范围不同分类。记账凭证的分类如图5-2所示。

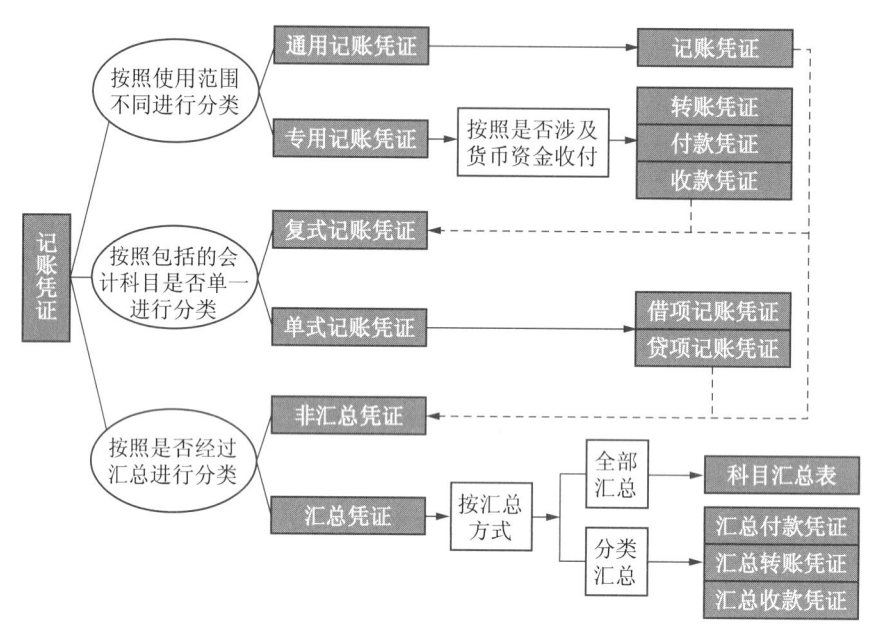

图5-2 记账凭证的分类

(一)记账凭证按照使用范围分类及各类记账凭证的格式

记账凭证的使用范围,是指其在经济业务处理过程中的适用性。记账凭证按其使用范围一般可分为专用记账凭证和通用记账凭证两类。

1. 专用记账凭证及其分类与格式

专用记账凭证,是指专门记录某一类经济业务的记账凭证。经济业务按是否涉及现金和银行存款的增减,分为收款业务、付款业务和转账业务,所以,专用记账凭证分为:收款凭证、付款凭证和转账凭证三类。三者的格式分别如表5-22、表5-24、表5-26所示。为便于识别,会计实务中将收、付、转记账凭证分别用红、蓝、绿三种颜色区分。

2. 通用记账凭证及其格式

通用记账凭证,是指各类经济业务共同使用的、统一格式的记账凭证。即无论是收款业务、付款业务,还是转账业务,均使用通用格式。其格式与上述转账凭证的格式基本相同,但名字称为"记账凭证"(简称"记"字),如表5-21所示。

(二)记账凭证按照所包括的会计科目是否单一分类及各类记账凭证的格式

记账凭证按其包括的会计科目是否单一的分类,主要是基于大型企业从方便会计人员汇总分工的角度出发,可分为以下两类。

1. 复式记账凭证及其格式

复式记账凭证,亦称多科目记账凭证,是指一项经济业务所涉及的会计科目都集中填列在一张记账凭证上的记账凭证。如上述的收款凭证、付款

> **约定俗成:**
> 在会计实务中,收款记账凭证、付款记账凭证、转账记账凭证的称谓和凭证印刷已约定俗成为会计专业术语——"收款凭证"(红颜色)、"付款凭证"(蓝颜色)和"转账凭证"(绿颜色)。

凭证、转账凭证和通用记账凭证,都属于复式记账凭证。它们的格式分别如表5-21、表5-22、表5-24和表5-26所示。

2. 单式记账凭证及其格式

单式记账凭证,亦称单科目记账凭证,是指把一项经济业务所涉及的每个会计科目,分别填制记账凭证,每张记账凭证只填列一个会计科目的记账凭证。便于同时对每一会计科目的发生额进行汇总计算而编制科目汇总表,并便于会计人员记账分工。但是,单式记账凭证的凭证张数较多,填制工作量大;不便于从一张记账凭证中反映经济业务的全貌。通常适用于业务量较大,会计部门内部分工较细的单位。填制借方科目的凭证称为*借项记账凭证*,填制贷方科目的凭证称为*贷项记账凭证*。

> **提示:**
> 单式记账凭证上的对方科目仅供参考。

【例5-12】 2×19年6月30日,按照"产品成本计算单"结转完工产品成本。A产品468 000元,B产品524 000元。该企业设置单式记账凭证,则分别填制借项记账凭证和贷项记账凭证,如表5-19、表5-20所示。

表5-19　　　　　　　　　　　　　借项记账凭证　　　　　　　　　　单字123号
借方科目:库存商品　　　　　　　　2×19年6月30日　　　　　　　　附件1张

明细科目	摘　要	账页	金　额
A产品	结转完工产品成本		468 000
B产品			524 000
对方科目	生产成本		

会计主管(签章)　　　　　记账(签章)　　　　　复核(签章)　　　　　制证(签章)

表5-20　　　　　　　　　　　　　贷项记账凭证　　　　　　　　　　单字124号
贷方科目:生产成本　　　　　　　　2×19年6月30日　　　　　　　　附件0张

明细科目	摘　要	账页	金　额
A产品	结转完工产品成本		468 000
B产品			524 000
对方科目	库存商品		

会计主管(签章)　　　　　记账(签章)　　　　　复核(签章)　　　　　制证(签章)

(三)记账凭证按是否经过汇总进行分类及各类记账凭证的格式

一般来讲,为减少登记账簿的工作量,企业可以根据其具体情况,对记账凭证进行汇总,经过汇总的记账凭证就是汇总记账凭证,而未进行汇总处理的记账凭证相对于汇总记账凭证而言,则称为非汇总记账凭证。

> **情况说明:**
> 如业务量的大小及所编制记账凭证的多少、会计人员的多少及岗位分工的粗细等情况。

1. 非汇总记账凭证及其格式

非汇总记账凭证,是指在一张记账凭证上只记录一项经济业务内容的记账凭证。如专用记账凭证、通用记账凭证。在一些业务量较多的大、中型企业,所编制的记账凭证必然很多,登记账簿的工作量也较大,所以,对非汇总记账凭证还需对其进行加工编制汇总记账凭证。

提示：

记账凭证汇总的原理与初等数学中的"合并同类项"相同。

2. 汇总记账凭证及其分类与格式

汇总记账凭证，是指定期（分旬、半月或一个月）将非汇总记账凭证（包括通用、专用和单式）按照相同会计账户分借方、贷方金额进行加总后编制的记账凭证。按照汇总的方式不同，又分为以下两类。

（1）全部汇总记账凭证，即依据全部记账凭证按照会计科目分借方和贷方进行汇总所编制的"科目汇总表"，具体格式参见第十一章表11-2。

（2）分类汇总记账凭证，是根据一定期间的专用记账凭证按其种类分别汇总填制的。包括：汇总收款凭证、汇总付款凭证和汇总转账凭证，三者的具体格式分别参见第十一章表11-9、表11-11和表11-13。

三、记账凭证的基本要素

根据前述记账凭证的格式可以看出，记账凭证由于其反映经济业务的内容不同，各单位规模大小及其会计核算繁简程度不同等，其格式也有所不同。但记账凭证作为登记账簿的依据，并为了保证账簿记录的正确性和业务内容的完整性，记账凭证必须具备一些基本内容，也即记账凭证的基本要素。

请您思考：

原始凭证和记账凭证应具备的基本要素有何异同？

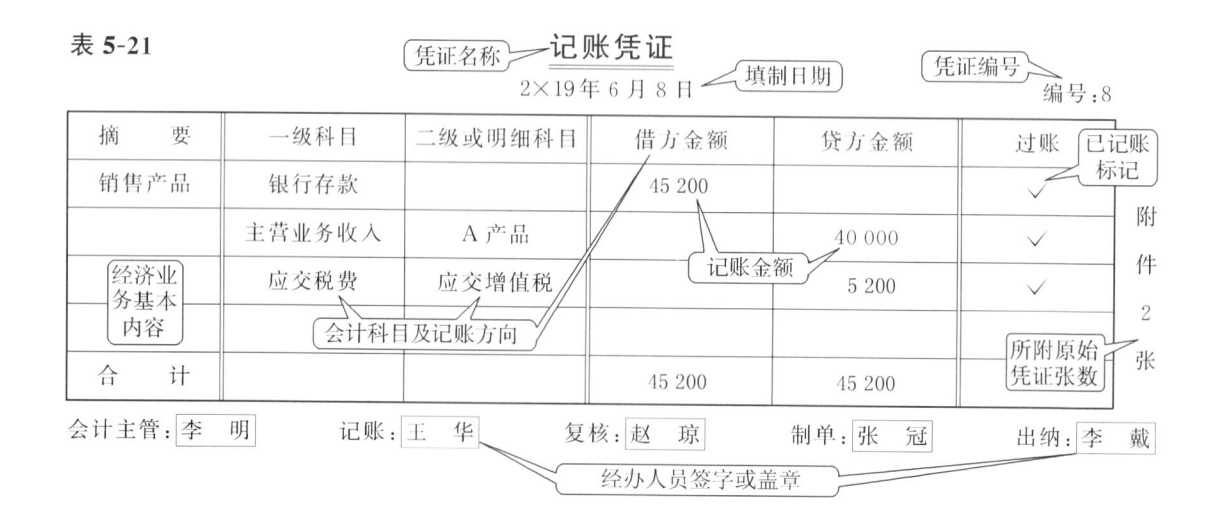

由于各单位经济业务的内容和复杂程度不同，人员的数量和分工的不同，设计和使用的记账凭证，虽然在格式上存在差异，但作为对原始凭证的归类和整理并作为登记账簿的直接依据的记账凭证，必须具备以下基本要素：❶填制单位的名称。❷记账凭证的名称。❸填制凭证的日期和编号。❹经济业务的内容摘要。❺应借、应贷会计科目（包括总账科目、明细科目）的名称及应记入的金额。❻过账备注（过账标记）。❼所附原始凭证张数（简称"附件"）。❽有关人员的签名或盖章，这些人员包括制证人员、稽核人员、记账人员、会计机构负责人、会计主管人员和出纳员（收、付款记账凭证）。记账凭证格式如表5-21所示。

表 5-21

记账凭证（凭证名称）
2×19年 6 月 8 日（填制日期）   编号：8（凭证编号）

摘　　要	一级科目	二级或明细科目	借方金额	贷方金额	过账	已记账标记
销售产品	银行存款		45 200		√	
经济业务基本内容	主营业务收入	A 产品		40 000	√	附件 2 张
	应交税费	应交增值税		5 200	√	所附原始凭证张数
合　　计			45 200	45 200		

记账金额　　会计科目及记账方向

会计主管：李　明　　记账：王　华　　复核：赵　琼　　制单：张　冠　　出纳：李　戴

经办人员签字或盖章

四、记账凭证的填制方法

记账凭证的种类很多，但大多数企业和单位主要运用的是通用记账凭证和专用记账凭证,在会计信息化条件下更是如此。所以,这里我们主要讨论专用记账凭证和通用记账凭证的填制方法。

超链接:
有关汇总记账凭证的填制方法,将在本书第十一章第四节中进行介绍。

(一) 专用记账凭证的填制方法

对于专用记账凭证的分类及填制依据可通过图 5-3 加以理解。

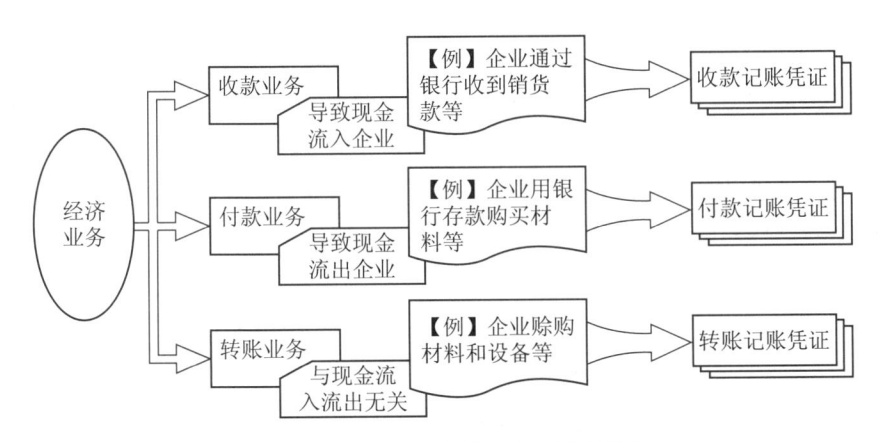

图 5-3 专用记账凭证的分类及填制依据

1. 收款凭证的填制方法

收款凭证按照借方科目设置,并分设证科目(或称主体科目)库存现金和银行存款分别填制。❶现金收款业务,在"借方科目"栏填"库存现金"科目,在"贷方科目"栏填与"库存现金"科目相对应的贷方会计科目。❷银行存款收款业务,在"借方科目"栏填"银行存款"科目,在"贷方科目"栏填与"银行存款"科目相对应的贷方会计科目。

收款凭证(库存现金)

【例 5-13】 2×19 年 6 月 5 日,上海宏盛机械公司收到保管员刘泽仁上月由于个人的责任造成的材料毁坏损失赔偿款现金 400 元。

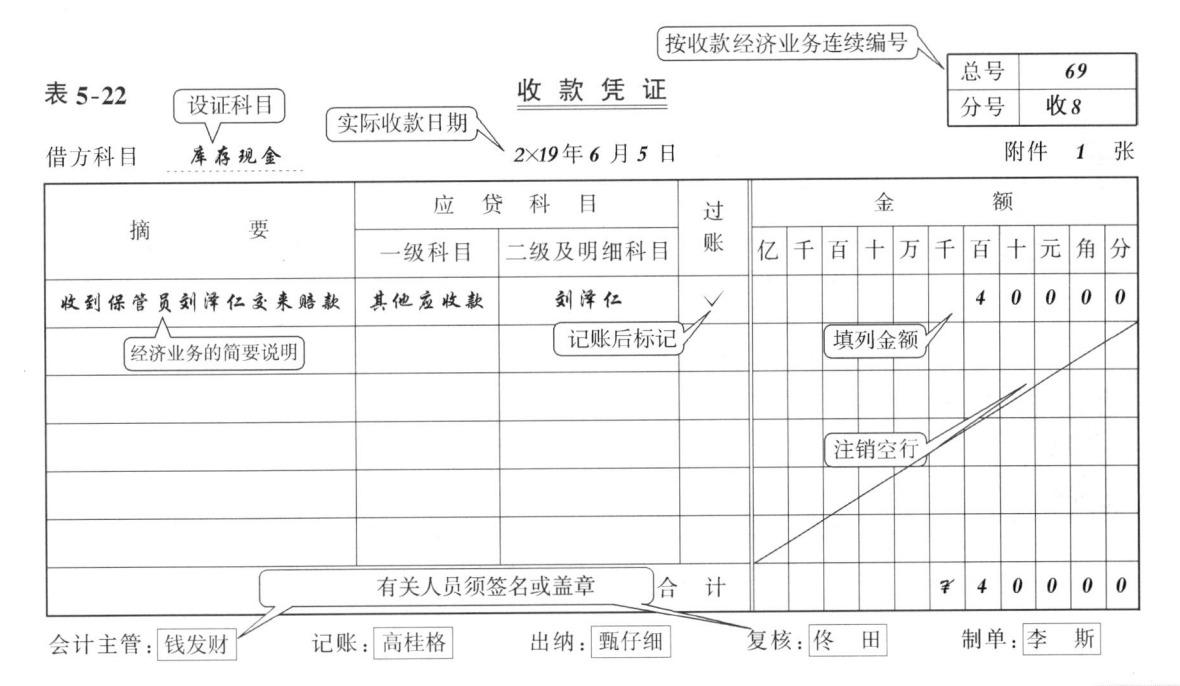

表 5-22

收 款 凭 证

按收款经济业务连续编号
总号 69
分号 收8

借方科目 库存现金   实际收款日期 2×19 年 6 月 5 日   附件 1 张

摘 要	应 贷 科 目		过账	金 额
	一级科目	二级及明细科目		亿 千 百 十 万 千 百 十 元 角 分
收到保管员刘泽仁交来赔款	其他应收款	刘泽仁	√	4 0 0 0 0
	合 计			¥ 4 0 0 0 0

会计主管: 钱发财   记账: 高桂格   出纳: 甄仔细   复核: 佟田   制单: 李斯

【分析】 该经济业务为库存现金收款业务,使企业的资产项目——"库存现金"增加 400 元,"其他应收款"减少 400 元。应填制收款凭证,填制方法如表 5-22 所示。

【例 5-14】 2×19 年 6 月 6 日,上海宏盛机械公司通过银行收到本市家家利公司前欠的销货款 75 000 元。

【分析】 该业务为银行存款的收款业务,使企业的资产项目——"银行存款"增加 75 000 元,"应收账款"减少 75 000 元。按照借贷法则应记入"银行存款"账户的借方 75 000 元,"应收账款"账户的贷方 75 000 元。该业务为银行存款收款业务,应根据银行"进账单(收账通知)"填制收款凭证或银收字记账凭证。填制方法如表 5-23 所示。

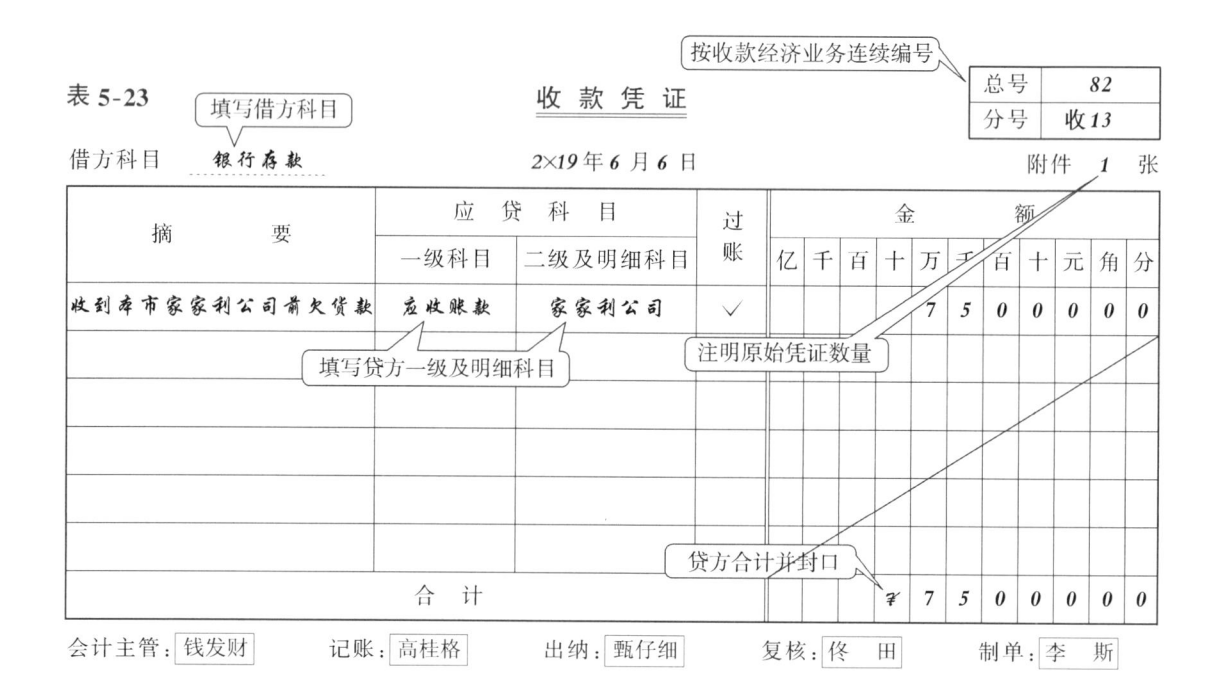

表 5-23　　　　　　　　　收　款　凭　证

按收款经济业务连续编号　总号 82　分号 收13

借方科目：银行存款　　　2×19 年 6 月 6 日　　　附件 1 张

摘要	应贷科目 一级科目	应贷科目 二级及明细科目	过账	金额 亿千百十万千百十元角分
收到本市家家利公司前欠货款	应收账款	家家利公司	√	7 5 0 0 0 0 0
合　计				￥7 5 0 0 0 0 0

会计主管：钱发财　　记账：高桂格　　出纳：甄仔细　　复核：佟田　　制单：李斯

2. 付款凭证的填制方法

付款凭证按照贷方科目设置,并分设证科目(亦称主体科目)库存现金和银行存款分别填制。❶现金付款凭证,在凭证的左上角"贷方科目"位置填"库存现金"科目,在"借方科目"栏填与"库存现金"科目相对应的借方会计科目。❷银行存款付款凭证,在"贷方科目"栏填"银行存款"科目,在"借方科目"栏填与"银行存款"科目相对应的借方科目。

【例 5-15】 2×19 年 6 月 25 日,供销科采购员王金刚出差预借现金 2 500 元。

【分析】 该经济业务为现金付款业务,应根据经有关负责人审批同意并签字的"借款单"填制付款凭证,填制方法如表 5-24 所示。

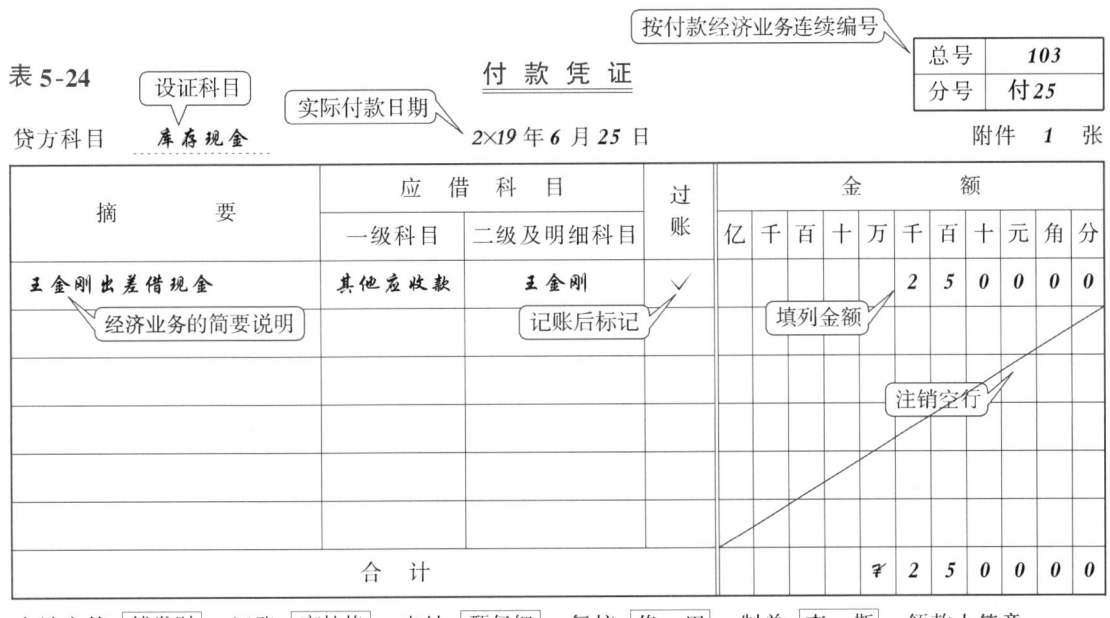

第三节 记账凭证的填制与审核

表 5-24　　　　　　　　　　　付 款 凭 证

总号　103
分号　付25

贷方科目　库存现金　　　　2×19年6月25日　　　　　　　　附件　1　张

摘　要	应借科目（一级科目）	应借科目（二级及明细科目）	过账	金额（亿千百十万千百十元角分）
王金刚出差借现金	其他应收款	王金刚	√	￥2 5 0 0 0 0
合　计				￥2 5 0 0 0 0

会计主管：钱发财　记账：高桂格　出纳：甄仔细　复核：佟田　制单：李斯　领款人签章：

【例 5-16】 2×19年6月28日，开出金额为35 000元的银行转账支票一张，偿还前欠程明公司的货款。

【分析】 该业务为银行存款付款业务，应根据"转账支票存根"填制付款凭证，填制方法如表 5-25 所示。

请思考： 表 5-25 所示记账凭证中的"摘要"的内容正确吗？如不正确，应如何改正？

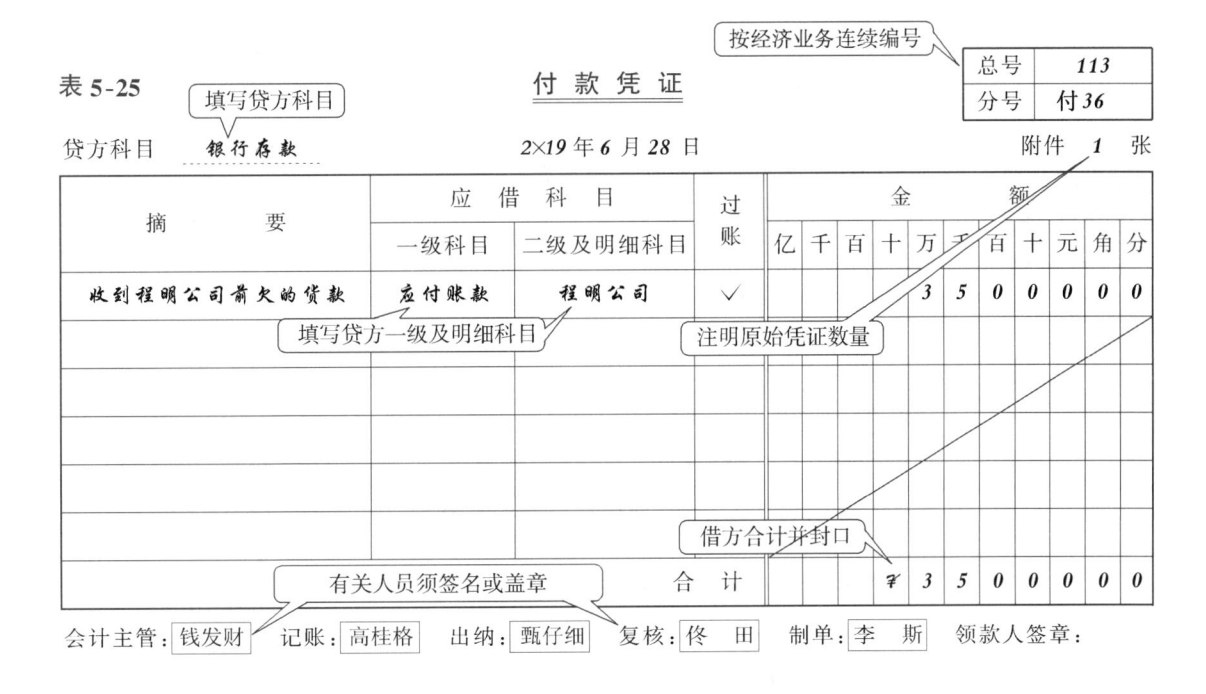

表 5-25　　　　　　　　　　　付 款 凭 证

总号　113
分号　付36

贷方科目　银行存款　　　　2×19年6月28日　　　　　　　　附件　1　张

摘　要	应借科目（一级科目）	应借科目（二级及明细科目）	过账	金额（亿千百十万千百十元角分）
收到程明公司前欠的货款	应付账款	程明公司	√	￥3 5 0 0 0 0 0
合　计				￥3 5 0 0 0 0 0

会计主管：钱发财　记账：高桂格　出纳：甄仔细　复核：佟田　制单：李斯　领款人签章：

3. 转账凭证的填制方法

在借贷记账法下，将经济业务所涉及的会计科目全部填列在凭证内，借方科目在先（上），贷方科目在后（下），将各会计科目所记应借、应贷的金额分别填在"借方金额"或"贷方金额"栏内。借方金额合计与贷方金额合计应该相等。

【例5-17】 2×19年6月30日,上海宏盛机械公司所编制的"发料凭证汇总表"上,列明生产A产品共领用甲材料26 000元,领用乙材料24 000元。

【分析】 该业务因不涉及货币资金的收付,故应根据"发料凭证汇总表"编制转账凭证。填制方法如表5-26所示。

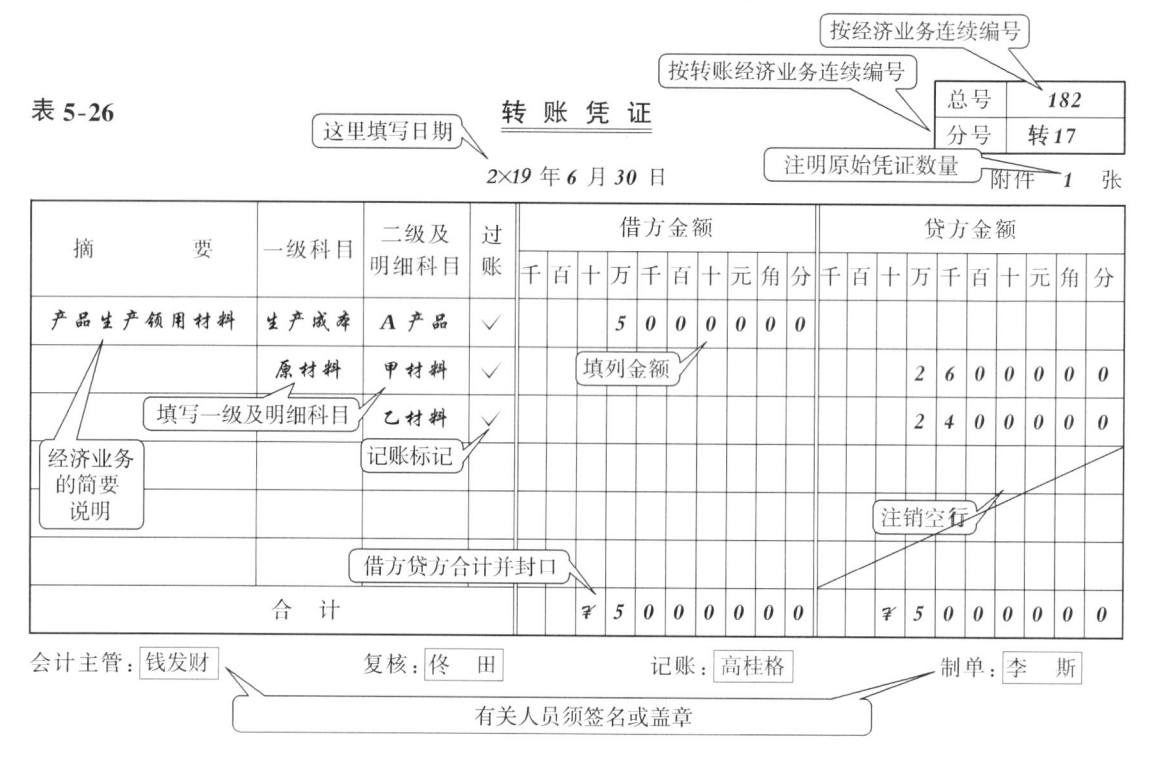

表5-26

转 账 凭 证

2×19年6月30日

总号 182
分号 转17
附件 1 张

标注说明：
- 按经济业务连续编号 → 总号
- 按转账经济业务连续编号 → 分号
- 这里填写日期
- 注明原始凭证数量 → 附件
- 填写一级及明细科目
- 经济业务的简要说明 → 摘要
- 记账标记 → 过账
- 填列金额
- 注销空行
- 借方贷方合计并封口

摘要	一级科目	二级及明细科目	过账	借方金额 千百十万千百十元角分	贷方金额 千百十万千百十元角分
产品生产领用材料	生产成本	A产品	√	5 0 0 0 0 0 0	
	原材料	甲材料	√		2 6 0 0 0 0 0
		乙材料	√		2 4 0 0 0 0 0
合　计				¥5 0 0 0 0 0 0	¥5 0 0 0 0 0 0

会计主管：钱发财　　复核：佟田　　记账：高桂格　　制单：李斯

有关人员须签名或盖章

(二)通用记账凭证的填制方法

通用记账凭证的格式类似于转账记账凭证,凭证的要素内容与转账凭证基本相同,只是反映的内容不再受经济业务类别的限制,只需要在记账凭证上直接进行会计分录的编制,并相应地填写其他内容即可。关于通用记账凭证的填制方法,可参照转账记账凭证的填制方法,此处不再赘述。

与专用记账凭证相比,通用记账凭证的优点在于:❶凭证种类单一,格式简化,填制方法易于掌握。❷记账凭证无需再细分为三种,可降低记账凭证的印制成本。❸通用记账凭证的适用范围广泛,尤其是在使用电子计算机会计处理系统的企业,通用记账凭证具有不可比拟的优势。

五、记账凭证的填制规范

明确了记账凭证应具备的基本要素后,必须根据记账凭证的填制规范,做好记账凭证的填制工作。

(一)必须以审核无误的原始凭证为填制依据

记账凭证必须附有经审核确认为真实、完整和合法的原始凭证为依据。具体要求有:❶除结账和更正错账的记账凭证可以不附原始凭证外,其他记账凭证必须附有原始凭证。❷可以根据一张原始凭证填制记账凭证,也可以根据若干张同类原始凭证汇总填制记账凭证,还可以根据原始凭证汇总表填制记账凭证。❸不得将不同内容和类别的原始凭证汇总在一起填制在一张记账凭证上,这样会造成摘要无法填写,会计科目失去对应关系,记账时审核困难,容易造成记账错误。

(二) 按照会计制度规定,正确填制会计科目、子目和编制会计分录

填写会计科目时,应填写会计科目的全称,不得简写。为了便于登记日记账和明细账,还应填写子目甚至细目。❶记账凭证中所编制的会计分录一般应是一借一贷、一借多贷或多借一贷,尽量避免多借多贷的会计分录。❷但是对于一些特殊经济业务,例如,收回联营投资,只有编制多借多贷的会计分录才能说明来龙去脉时,应填写一张含有多借多贷会计分录的记账凭证,而不能拆为几个简单会计分录或一借多贷、多借一贷的会计分录分别填写多张记账凭证。

(三) 选择、确定记账凭证的种类

会计人员应根据原始凭证所记录的经济业务内容,先确定应借、应贷的会计科目,即会计分录。在采用收、付、转记账凭证的情况下:❶若分录的借方出现"库存现金"或"银行存款"科目的,应选择使用收款凭证。❷若分录的贷方出现"库存现金"或"银行存款"科目的,应选择使用付款凭证。❸若会计分录的借方出现"库存现金"科目,而贷方出现"银行存款"科目,或反之,应选择付款凭证。❹若会计分录的借、贷方均未出现"库存现金"或"银行存款"科目,则选择使用转账凭证。

> **提示:**
> 在采用通用记账凭证的情况下,无论什么类型的会计分录,都统一使用一种通用记账凭证。

(四) 填写记账凭证的日期

记账凭证的日期一般是会计人员填制记账凭证的当天日期,也可以根据管理需要填写经济业务发生日期或月末日期。具体可分为以下三种情况:

(1) 付款业务。现金或银行存款付款业务的记账凭证,一般按财会部门付出现金或开出银行付款结算凭证的日期填写。

(2) 收款业务。❶现金收款业务的记账凭证,应当填写收款当日的日期。❷银行存款收款业务的记账凭证,实际收款日期可能和收到该凭证的日期不一致,则应按填制收款凭证的日期填写。

(3) 转账业务。月末计提折旧或摊销、分配费用、归集成本、账项结转等业务,大多是在下月初进行,但所填日期应当为当月最后一天的日期。

(五) 记账凭证中金额的填写

❶记账凭证的金额应与原始凭证的金额相符。❷阿拉伯数字应书写规范,并填至分位。❸相应的数字应平行对准相应的借贷栏次和会计科目的栏次,防止错栏串行。❹合计行填写金额合计时,应在金额最高位数值前填写人民币"￥"字符号,以示金额封顶,防止窜改。

(六) 记账凭证应按行次逐笔填写,不得跳行或留有空行

记账凭证金额栏最后留有的空行,用斜直线或"S"线注销。所划的斜直线或"S"线应以金额栏最后一笔金额数字下的空行划到合计数行上面的空行。

(七) 填写记账凭证的编号或字号

为了根据记账凭证顺序登记账簿和日后核对账簿、凭证以及保证会计

凭证的安全和完整,要对记账凭证进行编号。记账凭证的编号按月编写,编写方法有三种：❶将一个月的全部经济业务,按发生时间的先后顺序统一编号,这种编号方法简便,适用于采用通用记账凭证的单位使用。❷将一个月的全部经济业务,分收款业务、付款业务、转账业务三类,分别按发生时间的先后顺序编号,如"收字×号""付字×号""转字×号"。❸将一个月的全部经济业务,分库存现金收、库存现金付款、银行存款收、银行存款付款、转账业务五类,分别按发生时间的先后顺序编号,如"现收字×号""现付字×号""银收字×号""银付字×号""转字×号"。

特别提示：
无论采用哪一种方法编号,都应按自然顺序连续编号,不得跳号、重号。

一笔经济业务需要在两张及以上的记账凭证上共同反映时,几张记账凭证的编号应是一个总号,在此总号码下,采用分数方法来表示,称为分数编号法。如,某笔经济业务属某月转账业务的第32号,需填制3张转账凭证,则3张转账凭证的编号应是 $32\frac{1}{3}$、$32\frac{2}{3}$、$32\frac{3}{3}$,分母3表示该经济业务需3张记账凭证,分子1、2、3分别表示本凭证为全部3张记账凭证中的第1、2、3张。

（八）计算和填写所附原始凭证的张数

记账凭证一般应附有原始凭证。附件张数用阿拉伯数字写在记账凭证的右侧或右上角"附件××张"行内。

（1）附件张数的计算方法有两种：❶按所附原始凭证的自然张数计算。❷有原始凭证汇总表的附件,可将原始凭证汇总表张数作为记账凭证的附件张数,再把原始凭证作为原始凭证汇总表的附件张数处理。

From & to：
在记账凭证中有一"过账"或"页次"栏,此栏的功能是标示该资料的去处,如英文的"to",标明它在账簿的位置；而在账簿上有一"凭证字号"栏,该栏作用乃标示资料的来处,亦如英文的"from"。如此一来,每笔资料每个数字的来龙去脉都清清楚楚,环环相扣。

（2）对于汽车票、火车票等外形较小的原始凭证,可将其粘贴在"凭证粘贴单"上,以"凭证粘贴单"的数量作为原始凭证附件数量。但在每张粘贴单上应注明所粘贴原始凭证的张数和金额。

（3）当一张原始凭证涉及几张记账凭证时,可将原始凭证附在一张主要的记账凭证后面,并在摘要栏内注明"本凭证附件包括××号记账凭证业务"字样,在其他记账凭证上注明"原始凭证附在××号记账凭证后面"字样。没有原始凭证,只有复印件的,不能作为填制记账凭证的依据。

（九）记账凭证的签名或盖章

记账凭证填制完成后：❶一般应由填制人员、审核人员、会计主管人员、记账人员分别签名盖章,以示其经济责任,并使会计人员互相制约、互相监督,防止错误和舞弊行为的发生。❷对于收款凭证及付款凭证,还应由出纳人员签名盖章,以证明款项已收讫或付讫。❸实行会计电算化的单位,对于机制记账凭证,在审核无误后,上述人员也要加盖印章或签字。

相关链接：
有关由于记账凭证的错误引起的错账更正,将在本书第八章中进行阐述。

（十）错填记账凭证的更正

如果填制记账凭证时发生错误,应分别以下情况处理：❶如果没有登记入账,应将加盖作废章并重新填制。❷如果已经登记入账,应采用正确的更正方法予以更正。

六、记账凭证的审核

记账凭证的审核是保证账簿记录真实、准确的前提和基础。因此,除了

填制人员应当认真负责、加强自审外,会计部门还应建立相互复核或专人审核的制度。审核的主要内容包括以下三个方面:

(1) 附件是否齐全,记账凭证是否附有原始凭证,记账凭证与所附原始凭证在经济内容和金额上是否一致。

(2) 会计分录是否正确,包括:应借、应贷的账户名称和金额是否正确,账户对应关系是否清楚,核算内容是否符合会计制度准则规定。

(3) 记账凭证中的有关项目,是否填列齐全,有关人员是否都已签名或盖章。

第四节 会计凭证的传递与保管

一、会计凭证的传递

会计凭证尤其是原始凭证,并非都是在会计部门由会计人员填制和办理凭证手续的,但都必须集中到会计部门并由会计人员将它们全部登记入账。会计凭证除了作为记账依据之外,还有其他的用途,如据以组织经济活动、协调业务关系、强化内部控制、明确岗位责任、加强会计监督等。因此,企业必须认真做好会计凭证的传递。

会计凭证的传递,是指会计凭证从填制到归档保管期间,在本单位内部各有关部门和人员之间的传递程序和传递时间。组织会计凭证的传递:首先,必须确定由谁填制或取得原始凭证,填制多少份数;其次,填制的各份凭证或取得的凭证应分别交哪一部门,由谁接办下一步手续,由谁交到会计部门,再由谁负责整理填制记账凭证,又由谁负责审核记账,直到最后归档保管时止。在这里不仅要规定各种凭证的传递环节和顺序,还要规定一定的停留时间,才能使各项工作有条不紊地进行。

一般来说,会计凭证传递程序越简单,就越有利于提高会计工作效率,保证会计核算的及时性,但也会削弱内部控制的效力,容易产生错弊,也可能会限制会计凭证其他方面作用的发挥。因此,必须根据经济业务的性质、单位规模的大小和人员分工情况,以及经营管理的需要和成本效益原则,恰当地规定会计凭证的传递环节和顺序,并根据各个环节办理经济业务所需的时间,合理规定凭证在各个环节停留的时间,使会计凭证的传递既保证有必要的控制环节,又有利于提高工作效率、节约费用;既能满足各方面的需要,又能确保会计信息的时效。

为了保证会计凭证传递的顺利进行,要以会计部门为主,会同有关部门共同研究和协商凭证的格式、份数及传递程序。然后,分别将各种主要经济业务的凭证传递程序绘成流程图或流程表,以便有关部门和人员执行。会计凭证传递程序制定后,有关部门和人员要认真执行,会计部门也要经常进行检查,发现不合理的地方,要及时进行修订。

二、会计凭证的装订与保管

会计凭证是一种具有法律效力的重要经济档案,入账后要妥善保管,以便日后随时利用查阅。

(一) 装订方式与要求

1. 加具封面并装订

每月记账完毕,要将本月的记账凭证按编号顺序整理,检查有无缺号和附件是否齐全,然后加具封面封底,装订成册,以防散失。为了防止任意拆装,在装订处要贴上封签,并由会计主管人员盖章。最后,要将凭证按封面大小折叠整齐,在封面上写明年度、月份、共计册数,每册记账凭证的起止号数等。

2. 特殊要求

如果某些原始凭证过多,如收、发料单,工资单等,某些以后仍要使用的重要原始凭证,如合同、存出保证金收据等,也可另行装订或单独保管,但应在记账凭证中注明"附件另订"和原始凭证名称及编号。

(二) 保管方式与要求

1. 原始凭证的调阅与复印

(1) 原始凭证不得外借,已装订成册的不得抽出。

(2) 其他单位和个人经单位领导批准调阅会计凭证的,要填写会计档案调阅表,详细填写借阅会计凭证名称、调阅日期、调阅人姓名和工作单位、调阅理由、归还日期,调阅人一般不得将会计凭证携带外出;确因工作需要且根据国家有关规定必须借出的,应当严格按照规定办理相关手续。且要在规定的时间内归还。

(3) 如有贪污盗窃等经济犯罪案件,需要以某些原始凭证作证时,也只能复制,不得抽取。

2. 保管期限与销毁

会计凭证要按照有关会计法规制度规定的期限进行保管。保管期间要防止虫蛀鼠咬等毁损事故的发生。保管期满后,要报经上级主管部门批准后,方能销毁,必要时应由主管部门派人监销。根据我国《会计档案管理办法》的规定,企业类会计凭证的保管期限为 30 年。

第六章 制造业企业主要经济业务的核算

制造业企业是以产品的加工制造和销售为主要业务的企业。其生产经营过程中发生的主要经济业务有:资金筹集业务、生产准备业务、生产业务、销售业务、经营成果形成与分配业务。

第一节 资金筹集业务的核算

"巧妇难为无米之炊",开门七件事,柴、米、油、盐、酱、醋、茶,家庭如此,企业更是如此,没有钱(资金)将一事无成。所以,筹集资金的融资活动,是企业一切活动的前提。企业为了开展经营生产活动,必须筹集到足够的资金。企业筹集资金的渠道主要有两种:❶股权资本,即投资者投入的资本金,形成所有者权益;❷债权资本,即向债权人借入的资金,形成债权人权益,即负债。

一、投资者投入资金业务的核算

实收资本代表着一个企业的实力,是创办企业的"本钱",也是一个企业维持正常的经营活动、以本求利、以本负亏最基本的条件和保障,是企业独立承担民事责任的资金保证。

(一) 投资者投入资金的主要内容

1. 实收资本及其分类

实收资本,也称为投入资本,是投资者按照企业章程或合同、协议的约定,实际投入企业的资本金。实收资本是企业所有者权益的主体,也是企业进行正常生产经营活动之必需。实收资本是企业的注册资本总额。对于投资者投入的资金只有按投资者占被投资企业实收资本比例计算的部分,才作为实收资本,超过投资比例计算的部分,作为资本溢价。

所有者向企业投入资本,即形成企业的资本金。❶企业的资本金按投入资本的不同主体,可以分为国家资本金、法人资本金、个人资本金和外商资本金。❷企业的资本金按投入资本的不同形态,可以分为货币投资、实物投资、证券投资和无形资产投资。

2. 实收资本入账价值的确定

企业收到各方投资者投入资本金入账价值的确定是实收资本核算中一个比较重要的问题。总体来说,投入资本是按照实际收到的投资额入账。❶收到货币资金投资的,应以实际收到的货币资金额入账。❷收到实物等

> **特别说明:**
>
> 接受投资者投入的资金是企业筹措资金的主要方式,主要包括吸收直接投资和发行股票两种形式。我国目前实行注册资本认缴制,即登记机关只登记公司股东认缴的出资总额(注册资本),股东实际缴纳的出资额(实收资本)由股东自主约定并记载于公司章程中。

其他形式投资的,应以投资各方确认的价值入账。❸实际收到的货币资金额或投资各方确认的资产价值超过其在注册资本中所占份额部分,作为超面额缴入资本,计入资本公积。

3. 资本公积及其来源与用途

资本公积,是投资者或者他人投入到企业、所有权归属投资者并且金额超过法定资本(或注册资本)部分的资本,是企业所有者权益的重要组成部分。由此可见,资本公积从本质上讲属于投入资本的范畴,其形成的主要原因是由于我国采用注册资本制度,限于法律的规定而无法将资本公积直接以实收资本(或股本)的名义入账。所以,资本公积从其实质上看是一种准资本,它是资本的一种储备形式。但是,资本公积与实收资本(或股本)又有一定的区别,实收资本(或股本)是公司所有者(股东)为谋求价值增值而对公司的一种原始投入,从法律上讲属于公司的法定资本,而资本公积主要来源于投资者的额外投入。

资本公积金主要来源于以下三个方面:❶所有者投入资本中超过法定资本份额的部分(资本或股本溢价)。❷直接记入资本公积的各种利得或损失。❸其他业务产生的资本公积。我国《公司法》等法律规定,资本公积的用途主要是转增资本。资本公积转增资本,一方面可以改变企业资本结构,体现企业稳健、持续发展的潜力;另一方面,对股份有限公司而言,它会增加投资者持有的股份,从而提高股票的交易量和增加资本的流动性。

(二)账户设置及账户结构

1."实收资本"账户

该账户是核算企业接受投资者投入的资本金的增减变动及结余情况的所有者权益类账户。账户结构如下:❶贷方登记增加数。❷借方登记减少数。❸期末有贷方余额,表示实收资本的实有数额。❹按照投资主体设置明细账进行明细分类核算。"实收资本"账户结构如图6-1所示。

借	实收资本(股本)	贷
—		+
		期末余额

图6-1 "实收资本"账户结构

2."资本公积"账户

该账户是核算企业资本公积的增减变动及其结余情况的所有者权益类账户。账户结构如下:❶贷方登记增加数。❷借方登记减少数。❸期末有贷方余额,表示资本公积的实有数额。"资本公积"账户结构如图6-2所示。

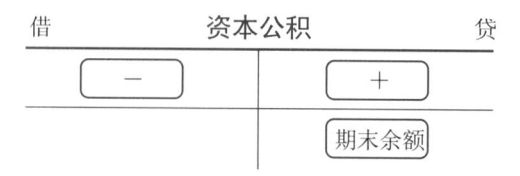

借	资本公积	贷
—		+
		期末余额

图6-2 "资本公积"账户结构

实收资本与资本公积的确认基础

超链接:
与直接计入当期损益的利得与损失不同,将在后续课程"中级财务会计"中阐述。

提示:
公司的资本公积一般都有特定的来源,不同来源形成的资本公积金,核算的方法也不一样,本书主要阐述资本溢价形成的资本公积,其余内容将在"中级财务会计"课程中阐述。

3. "无形资产"账户

该账户属于资产类账户,用来核算企业无形资产原始价值的增减变动及结存情况。账户结构如下:❶借方登记以各种方式形成的无形资产的原始价值,包括专利权、商标权、非专利技术、土地使用权、特许使用权等。❷贷方登记由于出售或报废而减少的无形资产的原始价值。❸期末余额在借方,表示无形资产的原始价值。❹按照无形资产类别设置明细账,进行明细分类核算。"无形资产"账户结构如图 6-3 所示。

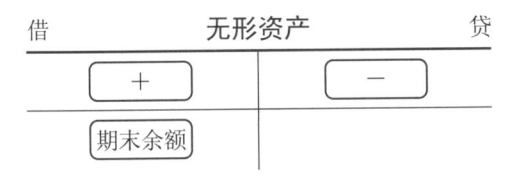

```
借            无形资产            贷
        ┌─────┐       ┌─────┐
        │  +  │       │  -  │
        └─────┘       └─────┘
        ┌─────┐
        │期末余额│
        └─────┘
```

图 6-3 "无形资产"账户结构

> **特别提示:**
> 资金筹集业务的核算除设置以上账户外,还需要设置"原材料"账户、"固定资产"账户、"应交税费"账户等,其用途与结构参见本章第二节的阐述。

(三) 账务处理举例

本章以东海康华机械公司 2×19 年 12 月份发生的经济业务为例说明其账务处理。

1. 企业基本概况

❶法定代表人:姚颖莉。❷财务经理:莫奎遂。❸企业类型:有限责任公司。❹注册地址及电话:东海市建设路 168 号,38706543。❺注册资本:人民币柒佰万元整(7 000 000 元),实收资本:人民币伍佰万元整(5 000 000 元),其中:港城公司占 50%;强生公司占 50%。❻经营范围及主要产品:机械生产与销售,产品包括 AW18 型车床(简称 A 产品)和 BW26 型车床(简称 B 产品)。❼增值税一般纳税人,适用增值税税率为 13%。❽纳税人识别号(统一社会信用代码):91310028190WH6450G。❾开户银行及账号:工商银行东海支行(简称"工行东支"),账号为 2003004567。

2. 期初数据

东海康华机械公司 2×19 年 12 月月初总分类账户及明细分类账户期初余额如表 6-1 所示。

3. 东海康华机械公司 2×19 年 12 月份发生的有关投入资本业务

【例 6-1】 收到以货币资金的形式交来剩余投资款并已通过银行收讫。12 月 1 日,❶收到港城公司开来的金额为 164 620 元的转账支票一张。❷同日,填制一式两联"中国工商银行进账单"连同转账支票一同送交开户银行,同时收到银行加盖"收讫章"的"收账通知"联。

【分析】 该业务为收款业务:❶使企业的资产项目——"银行存款"增加 164 620 元。❷使企业的所有者权益项目——"实收资本"增加 164 620 元。应编制以下收款凭证:

> 借:银行存款　　　　　　　　　164 620　　　　收 1,附件 1 张
> 　　贷:实收资本——港城公司　　164 620

> **特别说明:**
> 本书为节约篇幅,以下经济业务应填制的记账凭证,以会计分录代替。记账凭证的具体格式和填制方法参见第五章表 5-22 至表 5-26。

表 6-1　东海康华机械公司总分类账户及明细分类账户 12 月初余额表

单位：元

总账科目	明细科目	借方金额	总账科目	明细科目	贷方金额	总账科目	明细科目	贷方金额
库存现金		19 500	库存商品	A产品	420 800	应交税费	未交增值税	120 000
银行存款		1 856 800		B产品	262 400		应交城建税	60 000
应收票据	天宏公司	578 000	累计折旧		158 400		教育费附加	9 800
应收账款		736 000	累计摊销				应交所得税	4 200
	金龙公司	446 000	固定资产	机器设备类	7 027 000	应付利息	工行东支	46 000
	银冠公司	279 000		房屋建筑类	3 863 000	其他应付款		11 840
	华光公司	11 000	短期借款		3 164 000			
在建工程		155 000	应付票据	秋林公司	288 000			1 000
	锅炉工程	155 000	应付账款	碧华公司	124 000			−200
	排污工程	−20 000		绣明公司	164 000			1 200
无形资产		175 000	预收账款	浩杰公司	270 000	实收资本		5 000 000
	H专利	8 000		靓丽公司	38 000		港城公司	2 500 000
	M专利	48 600		盛楠公司	48 000		强生公司	2 500 000
生产成本	A产品	245 800	应付职工薪酬		6 000	资本公积	资本溢价	970 760
	B产品	134 800		工资	494 000	盈余公积	法定盈余公积	446 100
原材料	甲材料	65 200		职工福利	490 000	利润分配	未分配利润	169 500
	乙材料	55 600			311 240	本年利润	本年利润	2 092 500
	丙材料	55 400			306 000			
其他应收款	朱逸群				4 000			
	华峰公司				5 240			
在途物资		31 200						

借方余额总计：11 718 700　　贷方余额总计：11 718 700

注：1. 表中负数为该账户反方向余额；2. "本年利润"账户 2 092 500 元为 1—11 月累计实现的税后利润。

第一节 资金筹集业务的核算

【例6-2】 收到以无形资产和实物原材料的形式作价的剩余投资款。12月1日,收到强生公司投资的N专利技术和甲材料,经双方协商,N专利技术作价108 120元,原材料作价56 500元。❶收到的"增值税专用发票("发票联")"上注明:N专利技术,价款102 000元,税额6 120元;甲材料500千克,单价100元,价款50 000元,税额6 500元。❷填制"无形资产交接验收单"确定N专利技术的原始价值为102 000元。❸填制"收料单"并确定甲材料的实际成本为50 000元。

【分析】 该业务为转账业务:❶使企业的资产项目——"无形资产"和"原材料"分别增加102 000元和50 000元。❷使企业具有垫付性质并可抵扣的负债项目——"应交增值税(进项税额)"增加12 620元。❸使企业的所有者权益(法人资本金)项目——"实收资本"增加164 620元。应编制以下转账凭证:

> 借:无形资产——N专利技术　　102 000
> 　　原材料——甲材料　　　　　50 000　　　转1,附件3张
> 　　应交税费——应交增值税(进项税额)　12 620
> 　贷:实收资本——强生公司　　　　164 620

特别理解:

"应交税费——应交增值税(进项税额)"账户的用途和结构参见本章第二节有关内容。

【例6-3】 按照公司章程规定,经公司董事会批准将资本公积转增资本金。12月1日,根据董事会资本公积转增资本金的批准文件,将资本公积970 760元按照实收资本比例转增资本金。编制"资本公积转增资本金表",港城公司(50%)和强生公司(50%)应分别增加资本金485 380元。

【分析】 该业务为转账业务:❶使企业的所有者权益项目——"实收资本"增加970 760元。❷使企业的另一所有者权益项目——"资本公积"减少970 760元。应编制以下转账凭证:

> 借:资本公积　　　　　　　　970 760
> 　贷:实收资本——港城公司　　485 380　　　转2,附件1张
> 　　　　　　——强生公司　　485 380

【例6-4】 新增投资者,收到以机器设备投资并已完成增资法律手续。12月1日,收到祥云公司新增投资的机床2台,双方协商作价734 500元。❶根据"投资协议"该投资在企业注册资本(700万元)中所占份额为10%(70万元),其余34 500元作为资本公积(资本溢价)。❷收到"增值税专用发票(发票联)"上注明:机床,价款650 000元,税额84 500元。❸填制"固定资产交接验收单"并确定其原始价值为650 000元。

【分析】 该经济业务为转账业务:❶使企业的资产项目——固定资产增加650 000元。❷具有垫付性质的并可以抵扣的负债项目——"应交增值税(进项税额)"增加84 500元。❸使企业的所有者权益项目——"实收资本"增加700 000元和"资本公积"增加34 500元。应编制以下转账凭证:

借：固定资产——机器设备类	650 000	
应交税费——应交增值税(进项税额)	84 500	转3,
贷：实收资本——祥云公司	700 000	附件3张
资本公积——资本溢价	34 500	

二、借入资金业务的核算

借入资金，是指企业为取得生产经营所需资金而向债权人借入的款项并形成企业的负债。通常意义上来说，借款是指向银行借款。前述企业的负债按其偿还期限的长短可以分为流动负债和非流动负债，所以，向银行借款按其偿还期限的长短可以分为短期借款和长期借款两种。本书仅以流动负债中的短期借款来阐述借入资金业务的核算。

（一）短期借款及其利息的确认与计量

1．短期借款的含义

短期借款，是指企业为了满足其生产经营活动对资金的临时需要而向银行或其他金融机构等借入的偿还期限在1年以内（含1年）的各种借款。一般情况下企业取得短期借款是为了维持正常的生产经营活动或者是为了抵偿某项债务。企业取得各种短期借款时，根据企业的借款计划及确定的担保形式，经贷款单位审核批准并订立借款合同后方可取得借款。每笔借款可在取得时根据借款合同上的金额来确认和计量。

2．短期借款利息的确认与计量

短期借款必须按期归还本金并按时支付利息。短期借款的利息支出属于企业在理财活动过程中为筹集资金而发生的一项耗费，在会计核算中，企业应将其作为期间费用（财务费用）加以确认。由于短期借款利息的支付方式和支付时间不同，会计处理的方法也有一定的区别。

（1）银行按月计收短期借款利息，或者在借款到期时一并收回本金和利息，但利息数额不大时：企业可以在收到银行的计息通知或在实际支付利息时，直接将发生的利息支出作为当期损益计入财务费用。

（2）银行按季或半年等较长期间计收短期借款利息，或者是在借款到期时一并收回本金和利息且利息数额较大时：❶为了正确地计算各期损益额，保持各个期间损益额的均衡性，企业通常按权责发生制核算基础的要求，采取预提的方法按月预提借款利息，一方面作为负债增加，计入应付利息，另一方面作为预提期间损益计入财务费用。❷待季度或半年等结息期终了或到期支付利息时，再冲销应付利息应付利息。

（3）短期借款利息的计算：短期借款利息的计算公式为：**短期借款利息＝借款本金×利率×时间**。❶"时间"与"利率"：对于按月预提短期借款利息的，"时间"是一个月，但是在实际工作中借款或还款的当月不一定都是整月，所以，对于借款当月和还款月的计息的起点时间则应按实际天数计算并将月利率转化为日利率。在将月利率转化为日利率时，为简便起见，一年按360天计算，一个月按30天计算。❷"借款本金"：由于短期借款利息按照日利率计算,所以**"借款本金"**应按照天换算为**"利息积数"**,就是按实际天数每日累计短期借款余额。

(二)账户设置及账户结构

1."短期借款"账户

该账户是核算短期借款的取得、归还及余额情况的负债类账户。账户结构如下:❶贷方登记取得借款的增加数。❷借方登记归还借款的减少数。❸期末余额在贷方,表示企业尚未归还的短期借款。❹按债权人和借款种类设置明细账,进行明细分类核算。"短期借款"账户结构如图6-4所示。

短期借款利息的计算

图6-4 "短期借款"账户结构

2."财务费用"账户

该账户是核算企业为筹集经营生产用资金所发生的相关费用情况的费用类账户。包括借款利息支出(减存款利息收入)和相关的手续费等。账户结构如下:❶借方登记增加数。❷贷方登记期末结转到"本年利润"账户的转销数。❸期末结转后无余额。❹按照费用项目设置明细账,进行明细分类核算。"财务费用"账户结构如图6-5所示。

进一步理解:

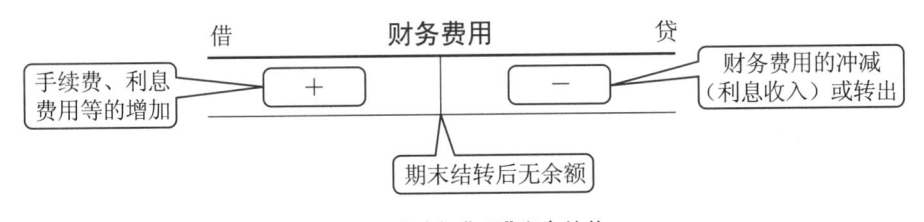

"结转",即结束和转销的简称。结转是会计核算技巧的需要,是将某一账户的借方(或贷方)发生额由该账户的反方向贷方(或借方)转到另外一个账户的借方(或贷方)。

图6-5 "财务费用"账户结构

3."应付利息"账户

该账户核算企业因借入资金而发生利息的应付、偿还及余额情况的负债类账户。账户结构如下:❶贷方登记应付而未付利息的增加数。❷借方登记应付而未付利息的减少数。❸期末余额在贷方,表示企业应付而未付利息的累计数。"应付利息"账户结构如图6-6所示。

图6-6 "应付利息"账户结构

117

(三) 账务处理举例

东海康华机械公司 2×19 年 12 月份发生的有关借入短期借款的经济业务如下:

【例 6-5】 从银行借入期限不超过 1 年的临时周转借款并转入指定账户。12 月 1 日,根据开户银行中国工商银行东海支行核定的授信额度,填制"中国工商银行借款凭证"并收到银行加盖"转讫章"的第一联("回单联"),上列借款金额 80 000 元并转入公司的存款账户,借款年利率为 3.6%,期限为 9 个月,利息按季结算。

【分析】 该业务为收款业务:❶使企业的资产项目——"银行存款"增加 80 000 元。❷使企业的负债项目——"短期借款"增加 80 000 元。应编制以下收款凭证:

借:银行存款	80 000	
贷:短期借款——工行东支	80 000	收 2,附件 1 张

【例 6-6】 开户银行结算第四季度本公司的应付贷款利息,并从借款人的银行存款账户中转出。12 月 21 日,收到"中国工商银行东海支行计收利息(付款通知)"并加盖银行"转讫章"的第一联("客户联"),计息起讫日期为 9 月 21 日—12 月 20 日,按照计息积数和贷款利率计算,本季度利息总金额为 19 100 元。

【分析】 该业务为付款业务:❶由于银行利息结算期与企业计算财务费用的会计期间不一致,使企业的负债项目——"应付利息"减少 19 100 元。❷通过银行付款,使企业的资产项目——"银行存款"减少 19 100 元。应编制以下付款凭证:

借:应付利息——工行上支	19 100	
贷:银行存款	19 100	付 16,附件 1 张

【例 6-7】 开户银行结算第四季度本公司的银行存款利息,并转入存款人的银行存款账户。12 月 21 日,收到"中国工商银行东海支行计付利息(收款通知)"并加盖银行"转讫章"的第一联("客户联"),计息起讫日期为 9 月 21 日—12 月 20 日,按照计息积数和日利率计算,本季度应收存款利息 4 940 元。

【分析】 该业务为付款业务:❶使企业的资产项目——"银行存款"增加 4 940 元。❷使企业的收入项目——"利息收入"增加 4 940 元,由于存款利息收入并非企业的主要业务且所占比重很小,不作为收入项目处理,作为冲减企业的"财务费用"处理。应编制以下收款凭证:

借:银行存款	4 940	
贷:财务费用——利息收入	4 940	收 9,附件 1 张

【例 6-8】 偿还到期的银行短期借款。12 月 31 日,填制"中国工商银

> **特别提示:**
> 积数计息法就是按实际天数每日累计账户余额,以累计积数乘以日利率计算利息的方法。其计息公式为:利息=累计计息积数×日利率;其中累计计息积数=账户每日余额合计数。

> **提示:**
> 在登记"财务费用"明细账时,应用"红字"登记该明细账"利息收入"栏的借方。这样,便于月末根据"财务费用"明细账的借方发生额结转"本年利润"账户,避免了财务费用"虚增"。

行还款凭证"并收到贷款银行加盖银行"转讫章"的第二联(归还本金),上列还款金额 200 000 元。

【分析】 该业务为付款业务:❶使企业的负债项目——"短期借款"减少 200 000 元。❷通过银行付款,使企业的资产项目——"银行存款"减少 200 000 元。应填制以下付款凭证:

```
借:短期借款——工行东支    200 000
    贷:银行存款                    200 000      付 27,附件 1 张
```

【例 6-9】 计提应由本月负担的银行短期借款利息。12 月 31 日,按照借款金额和借款利率,月末编制本月"银行短期借款利息计算表",应计入本月财务费用的借款利息为 7 800 元。

【分析】 该业务为转账业务:❶使企业的费用项目——"财务费用"增加 7 800 元。❷因按照季度结算的原因,使企业的负债项目——"应付利息"增加 7 800 元。应编制以下转账凭证:

```
借:财务费用——利息费用    7 800
    贷:应付利息——工行上支      7 800      转 18,附件 1 张
```

重点提示:

企业从银行借入的短期借款所应支付的利息,一般采用按季结算、分月计提,并记入"财务费用"账户。

第二节 生产准备业务的核算

制造业企业要进行正常的产品生产,就必须购置机器设备、建造厂房、建筑物等固定资产,购买和储备一定品种与数量的材料等存货。因此,固定资产购建和材料采购经济业务的核算,就成为企业生产准备经济业务的主要内容。

一、固定资产购建经济业务的核算

(一)固定资产的确认与计量

1. 固定资产的确认

首先,必须符合固定资产的定义,即固定资产必须是具备以下两个特征的有形资产:一是为生产商品、提供劳务、出租或经营管理而持有;二是使用寿命超过一个会计年度。其次,必须同时满足企业所有资产得以确认的两个条件:一是该固定资产包含的经济利益很可能流入企业;二是该固定资产的成本能够可靠计量。第三,固定资产为有形资产。

2. 固定资产的计量

固定资产的计量包括初始计量和后续计量两个方面。

(1)初始计量,是指企业在以不同方式取得固定资产时对其成本的确定。

(2)后续计量,是指企业在固定资产存续期间,具体考虑其实际使用状况及市场价格变化等因素,对固定资产价值的重新确认。该确认既应考虑固定资产在使用过程中发生的物理损耗,也应考虑由于技术进步等原因使

理论高度:

固定资产是用于生产经营活动的而不是为了出售的,且由于固定资产要长期地用于企业的生产经营,因而其价值周转与实物补偿并不同步,这两个特征是其区别于商品、产品等流动资产的重要标志。

特别说明:

这里的使用寿命是指企业使用固定资产的预计期间,或者该固定资产所能生产产品或提供劳务的数量。

固定资产价值产生的无形损耗、固定资产减值等。

(二) 固定资产购建业务的主要内容

1. 企业固定资产的取得方式与初始成本

企业的固定资产通常可通过两个主要途径取得：一是外购，二是自行建造。根据《企业会计准则第 4 号——固定资产》，应按照历史成本加以计量是指企业购建固定资产达到预定可使用状态前所发生的一切合理、必要的支出，反映的是固定资产处于预定可使用状态时的实际成本。

(1) 企业外购固定资产的初始成本包括：❶购进的价款（买价）。❷相关费用（如运输费、装卸费和安装费）。❸相关税金（如进口关税，但不包括按照税法规定可以抵扣的增值税进项税额）。

(2) 企业自行建造固定资产的初始成本包括：❶通过"在建工程"账户归集的兴建过程中发生的人工费用、材料费用及其他相关费用。❷工程完工并达到预计可使用状态后，再由"在建工程"账户转入"固定资产"账户。

2. 企业固定资产的折旧

固定资产投入使用后，根据对其预计的寿命周期，将其全部价值在一定时期内进行分摊，即折旧。所以，折旧就是将固定资产成本系统地分配到各个会计期间，所分配的金额根据受益对象和期间分别计入生产成本或期间费用。❶用于产品生产的固定资产，其折旧计入制造费用，构成产品成本的一部分。❷用于非生产性的固定资产，其折旧计入期间费用。

既然折旧是一种价值分摊，每期分摊金额的计算就是折旧的核心。影响折旧的因素主要有三个：❶折旧基础，即固定资产应分摊的金额，等于固定资产原始成本减去预计的净残值。❷折旧年限，即固定资产预计使用寿命，该预计使用寿命应基于固定资产的物理寿命和经济寿命加以综合考虑后确定。❸折旧方法，即每期分摊金额的计算方法。

根据《企业会计准则》的规定，企业选用的固定资产折旧方法包括"年限平均法""工作量法""双倍余额递减法"和"年数合计法"。其中，"年限平均法"假设固定资产是均衡使用的，每期所分摊的折旧额相等，在坐标系中折旧图像呈一条直线，所以，又将该方法称为"直线法"，是各种折旧方法的基础。下面主要介绍固定资产折旧的"直线法"。

按照直线法计算每期折旧额的公式如下：

$$年折旧额 =（原始成本 - 预计净残值）\div 预计折旧年限$$

$$月折旧额 = 年折旧额 \div 12$$

利用折旧率来计算每年的折旧额，其公式如下：

$$年折旧率 =（1 - 预计净残值率）\div 预计折旧年限 \times 100\%$$

$$预计净残值率 =（预计净残值 \div 固定资产原值）\times 100\%$$

$$年折旧额 = 固定资产原值 \times 年折旧率$$

(三) 账户设置及其账户结构

1. "固定资产"账户

该账户是核算企业固定资产的原始价值的资产类账户。账户结构如

理论高度：

对于企业建造的已达到预定可使用状态，但尚未办理决算的固定资产，会计准则规定，应自达到预定可使用状态之日起，根据工程决算、造价或实际成本等相关资料，按估计的价值计入固定资产并计提折旧。这就意味着是否达到**预定可使用状态**是衡量该资产可否作为固定资产进行核算和管理的标志，而不拘泥于"**竣工决算**"这个标准，这也是**实质重于形式**的一个具体应用。

固定资产的几种折旧方法

下:❶借方登记以各种方式取得的固定资产原始价值增加。❷贷方登记由于出售或报废而减少固定资产的原始价值(不包括因提取折旧而减少的价值)。❸期末余额在借方,表示固定资产的原始价值。❹按照固定资产的类别设置二级明细账,按照使用部门设置固定资产卡片,进行明细分类核算。"固定资产"账户结构如图 6-7 所示。

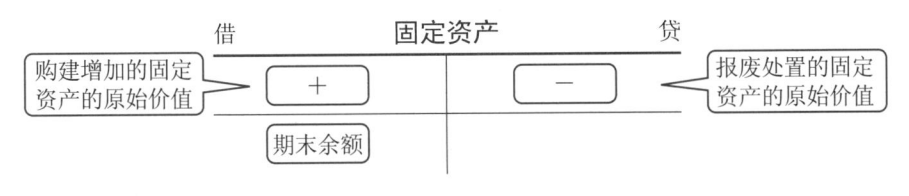

```
借              固定资产              贷
购建增加的固定   ┌──┐    ┌──┐    报废处置的固定
资产的原始价值   │ + │    │ − │    资产的原始价值
                └──┘    └──┘
                ┌──┐
                │期末余额│
                └──┘
```

图 6-7 "固定资产"账户结构

2."在建工程"账户

该账户是核算企业进行设备安装工程(包括需要安装设备的购买价值)、建造固定资产的建筑工程等发生的实际支出,并据以计算完工工程的成本的资产类账户。账户结构如下:❶借方登记安装设备或建筑工程所发生的各项购建支出。❷贷方登记安装或建筑工程完成后结转入"固定资产"账户的工程实际成本。❸期末借方余额,表示期末尚未完工工程的实际成本。"在建工程"账户结构如图 6-8 所示。

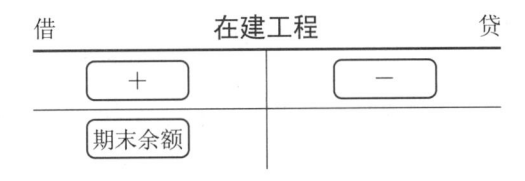

```
借              在建工程              贷
                ┌──┐    ┌──┐
                │ + │    │ − │
                └──┘    └──┘
                ┌──┐
                │期末余额│
                └──┘
```

图 6-8 "在建工程"账户结构

3."应交税费——应交增值税"账户

(1) 对于增值税一般纳税人:❶在销售产品、提供劳务或服务时代税务局向对方暂时收取的增值税,称为"**销项税额**"。❷在购买生产设备、材料等物料用品、接受应税劳务或服务和耗费的自来水、电力时,依据增值税专用发票支付的增值税,称为"**进项税额**",按照税法规定可以从销项税额中予以抵扣。❸按照增值税的具体项目单独核算,在"应交增值税"二级明细账户内,设置"进项税额""销项税额"等多个专栏,进行三级明细分类核算。❹"应交增值税"明细账的其他专栏将在本章第四节、第五节及本书后续章节中阐述。

(2)"应交税费——应交增值税(进项税额)"账户。"进项税额"属于"应交增值税"明细分类账户的借方专栏,专门用于核算企业(一般纳税人)外购物品(包括材料、设备、电力、自来水等)和接受应税劳务或服务时支付的、可以从销项税额中予以抵扣的税额。❶依据增值税专用发票,应向供应单位支付的增值税税额记入该专栏。❷购货退回等应冲销的进项税额用"红字"记入该专栏。

知识卡片:

增值税是价外税,具有明显的税负转嫁特征,随着商品流转层层转嫁,最终由消费者承担,进项税额是代下一个环节的企业垫付的税额。

(3)"应交税费——应交增值税(销项税额)"账户。"销项税额"属于"应交增值税"明细分类账户的贷方专栏,专门用于核算企业(一般纳税人)因销售应向购买方收取的增值税税额。❶企业因销售业务发生的应向对方收取的增值税税额记入该专栏。❷因销售退回应冲销的销项税额,用"红字"记入该专栏。

"应交税费——应交增值税"账户结构如图6-9所示。

增值税及其计税原理与方法

图6-9 "应交税费——应交增值税"账户结构

借方：实际缴纳的增值税税额、进项税额
贷方：计算出的应交而未交的增值税税额、销项税额

4."累计折旧"账户

该账户是核算企业的固定资产在使用过程中累计损耗的价值的资产类账户备抵账户。❶贷方登记按月计算提取的固定资产折旧额。❷借方登记固定资产因出售、毁损、报废等原因减少时应注销的该项固定资产累计提取的折旧额。❸期末有贷方余额,表示企业现有固定资产已提取折旧的累计额。"累计折旧"账户结构如图6-10所示。

图6-10 "累计折旧"账户结构

借方：固定资产折旧的减少
贷方：提取的固定资产折旧的增加额

知识卡片：

固定资产折旧,是指固定资产因使用而转移到企业成本、费用中的金额,因此,固定资产的折旧也称固定资产的价值转移。

(四)账务处理举例

东海康华机械公司2×19年12月份发生的有关固定资产投资经济业务如下：

【例6-10】 购入不需要安装的设备,直接交付使用。12月7日,❶收到的新盛机械公司开具的"增值税专用发票(发票联)"上注明：机器设备,价款41 100元,税额5 343元。❷对方代垫运费并转来承运单位开具的"增值税专用发票(发票联)"其上注明：运费2 200元,税率9%,税额198元。❸填制"固定资产交接验收单",确定的原始价值为43 300元(41 100+2 200),该设备直接交付车间使用。❹收到开户银行转来的货款"托收凭证(付款通知)",托收金额为48 841元,同时,填制"付款审批表"报经有关领导审批同意后付款。

【分析】 该业务为付款业务：❶使企业的资产项目——"固定资产"增加43 300元。❷使企业具有垫付性质并可抵扣的负债项目——"应交增值税(进项税额)"增加5 541元。❸通过银行付款,使企业的资产项目——"银行存款"减少48 841元。应编制以下付款凭证：

借：固定资产——机器设备类	43 300	
应交税费——应交增值税（进项税额）	5 541	付3，附件5张
贷：银行存款		48 841

【例6-11】 购入需要安装的设备、发包外单位安装、达到预定可使用状态并交付使用。

（1）设备购入。12月9日，❶收到的东海重型机械厂开具的"增值税专用发票（发票联）"上注明：BN69型锅炉，价款80 000元，税额10 400元。❷对方负担运费，验收合格并填制"工程物资验收单"，上列工程物资成本80 000元。❸收到开户银行转来的"托收凭证（付款通知）"，托收金额90 400元，同时，填制"付款审批表"已报经有关领导审批同意付款。

【分析】 该业务为付款业务：❶使企业待安装的资产项目——"在建工程"增加80 000元。❷使企业具有垫付性质并可抵扣的负债项目——"应交增值税（进项税额）"增加10 400元。❸通过银行付款，使企业的资产项目——"银行存款"减少90 400元。应编制以下付款凭证：

借：在建工程——锅炉工程	80 000	
应交税费——应交增值税（进项税额）	10 400	付5，附件4张
贷：银行存款		90 400

（2）将设备发包给外单位安装。12月13日，❶收到晋源安装公司开具的"增值税专用发票（发票联）"，其上注明：安装费1 750元，税额105元。❷填制"付款审批表"已报经有关领导审批同意付款，开出金额为1 855元"转账支票"（留"存根联"）支付安装费。

【分析】 该业务为付款业务：❶通过银行付款，使企业的资产项目——"银行存款"减少1 855元。❷使企业的资产项目——"在建工程"增加1 750元。❸使企业具有垫付性质并可抵扣的负债项目——"应交增值税（进项税额）"增加105元。应编制以下付款凭证：

借：在建工程——锅炉工程	1 750	
应交税费——应交增值税（进项税额）	105	付9，附件3张
贷：银行存款		1 855

（3）设备安装完毕，经验收达到预定可使用状态并交付车间使用。12月19日，填制"固定资产交接验收单"确定的原始价值为205 750元[月初余额124 000元＋本期发生额81 750元（80 000＋1 750）]。

【分析】 该业务为转账业务：应将其全部成本205 750元，由"在建工程"账户的贷方转入"固定资产——机器设备类"账户的借方。应编制以下转账凭证：

借：固定资产——机器设备类	205 750	
贷：在建工程——锅炉工程	205 750	转14，附件1张

> **提示：**
> 如果在建工程的工期较长、金额较大，应通过"工程物资"账户核算，借记"工程物资"账户；交付安装时，借记"在建工程"账户，贷记"工程物资"账户。

二、材料采购经济业务的核算

(一)材料采购经济业务的主要内容及实际成本的构成

1. 材料采购经济业务的主要内容

材料采购经济业务是生产准备过程的主要内容之一。❶企业向供货单位采购材料时,应遵守经济合同和约定的结算办法,根据供货单位开列的发票,支付货款、税款或承担付款的责任。❷在采购过程中,还会发生运输费、装卸费、包装费、仓储费等采购费用。❸材料的买价加上采购费用构成材料采购成本,即外购材料的实际成本。❹对运达企业的材料,要办理验收入库手续。

所以,材料的买价、增值税和各项采购费用的发生及结算,材料采购成本的计算,以及材料的验收入库等,就构成了供应过程材料采购经济业务核算的主要内容。

2. 材料采购实际成本的构成

材料采购实际成本,是指企业为采购一定种类和数量的材料而发生的各种耗费之和。主要由以下两部分组成:

(1)买价,即在完成采购材料过程并支付货款以后,由供应商开具的增值税发票上所开列的购买材料本身的价格,一般根据所购买材料的单价和数量计算确定,不包括增值税发票上的增值税进项税额。

(2)采购费用,是指企业在将购入材料运达企业,以及将材料验收入库的过程中发生的有关费用,包括运输费、装卸费、包装费、保险费、运输途中的合理损耗,以及入库前的挑选和整理费用等。

需要特别强调的是:基于会计信息质量的重要性要求,实际工作中对某些本应计入材料采购成本的采购费用,如采购人员的差旅费、市内采购材料的运杂费、专设采购机构的经费等,不计入材料采购成本,而是列作管理费用支出。

> **特别提示:**
> 采购材料支付的增值税进项税额不应计入材料采购成本,因为增值税属于价外税。

(二)账户设置及账户结构

当企业的规模较小、材料种类较少及收发较少时,企业材料收发经济业务的日常核算,应采用实际成本法(此外还有计划成本法将在后续课程"中级财务会计学"中阐述)。在实际成本法下,一般应设置以下主要账户。

1."在途物资"账户

该账户是核算企业采用实际成本(或进价)进行材料、商品等物资的日常核算、货款已付尚未验收入库的在途物资的采购成本的资产类账户。账户结构如下:❶借方登记企业购入的在途物资的实际成本(包括买价和采购费用)。❷贷方登记验收入库在途物资的实际成本。❸期末余额在借方,反映企业在途材料、商品等物资的采购成本。❹按供应单位和物资品种进行明细核算。"在途物资"账户结构如图6-11所示。

> **知识卡片:**
> 已经付款或已经开出商业承兑汇票,但尚未到达或虽已到达,但尚未验收入库的材料,称为在途材料。

借	在途物资	贷
购入材料的买价 +		结转验收入库材料的实际采购成本 −
	期末余额	

图6-11 "在途物资"账户结构

2."原材料"账户

该账户在材料日常核算采用实际成本计价的情况下,是核算库存材料的增减变动及结存情况的资产类账户。账户结构如下:❶借方登记已验收入库材料的实际成本。❷贷方登记发出材料的实际成本。❸期末余额在借方,表示结存材料的实际成本。❹按材料的种类、名称和规格型号设置明细分类账,进行明细分类核算。"原材料"账户结构如图 6-12 所示。

图 6-12 "原材料"账户结构

3."应付账款"账户

该账户核算企业因采用赊购方式购买材料和设备等而产生的应付给供应商的款项及其偿还情况。❶贷方登记应偿还但暂未付款的应付账款。❷借方登记已经偿还的应付账款。❸期末余额一般在贷方,表示企业尚未偿还的应付款项。❹期末如为借方余额,表示企业预付的款项。❺按供应单位设置明细账,进行明细分类核算。"应付账款"账户结构如图 6-13 所示。

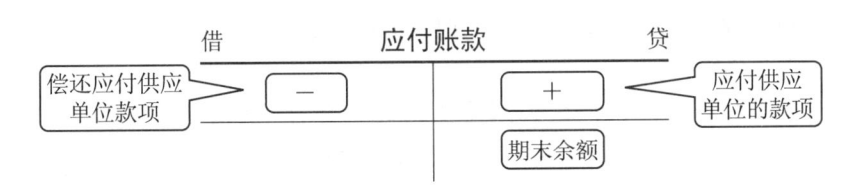

图 6-13 "应付账款"账户结构

4."应付票据"账户

该账户核算企业因购买材料、商品和接受劳务、服务供应等开出并承兑的商业汇票。❶企业开出并承兑商业汇票时,按票据票面金额,贷记本账户。❷票据到期并按约兑付(付款)时,按票据票面金额,借记本账户。❸期末贷方余额,表示尚未到期的应付票据款项。❹按照债权人和票据种类设置明细账,进行明细分类核算。"应付票据"账户结构如图 6-14 所示。

> **知识拓展:**
> 票据到期但不能按约付款时,应借记本账户,贷记"应付账款"账户。

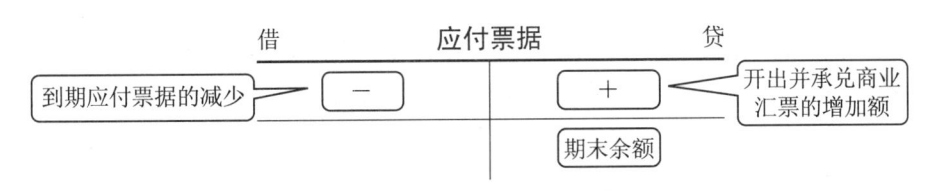

图 6-14 "应付票据"账户结构

5."预付账款"账户

该账户核算企业按照购销合同规定预先付给供应商的款项及其结算情

"预付账款"账户的设置与使用

况。❶借方登记预先支付给供应商的货款和补付的货款等。❷贷方登记收到购入材料后抵扣预付货款和供应商退回的多预付货款。❸期末一般为借方余额,反映企业期末预付账款的结余额。❹期末如为贷方余额,反映企业期末尚应补付的款项(即供应商实际供货应付款项超过企业原预付款的差额)。❺按供应单位设置明细账,进行明细分类核算。"预付账款"账户结构如图 6-15 所示。

```
        借        预付账款        贷
预付供应单位款项    ┌─────┐  ┌─────┐   冲销预付供应
的增加(采购费用)──→│  +  │  │  -  │←── 单位的款项
        └─────┘  └─────┘
              │ 期末余额 │
              └──────┘
```

图 6-15 "预付账款"账户结构

(三)账务处理举例

东海康华机械公司 2×19 年 12 月份发生的有关材料采购经济业务如下:

1. 货款已经支付或开出商业承兑汇票,同时材料已验收入库

企业采购材料,如果付款后随即收到材料,或者货款已支付、或已开出并承兑商业汇票与材料的验收入库基本上同时进行,则可以:❶根据银行结算凭证、发票账单和收料单等确定的材料成本,借记"原材料"账户。❷根据取得的增值税专用发票上注明的增值税税额,借记"应交税费——应交增值税(进项税额)"账户。❸按照实际支付的款项或票据等值,贷记"银行存款""应付票据"账户等。

【例 6-12】 材料验收入库,货款通过银行付讫(钱货两清)。12 月 3 日,从外地光明公司购入原材料并验收入库:❶收到的"增值税专用发票(发票联)"上注明:甲材料 1 000 千克、单价 97 元、价款 97 000 元、税额 12 610 元;乙材料 1 500 千克、单价 45 元、价款 67 500 元、税额 8 775 元。❷对方代垫运费并转来承运单位开具的"增值税专用发票(发票联)",其上注明:运费 12 500 元、税额 1 125 元。❸货款及运费 199 510 元,已收到银行转来的"托收凭证(付款通知)",填制"付款审批表"并报经有关负责人审核同意后,在承付期限内通知银行付款。❹材料已经验收入库,将运费按照各材料的托运重量采用比例分配法进行分配后,填制原材料"收料单"并确定原材料实际总成本:甲材料为 102 000 元(买价 97 000 元 + 运费 5 000 元)、乙材料为 75 000 元(买价 67 500 元 + 运费 7 500 元)。

采购费用的分配:应选取适当的分配标准,采用比例分配法在所采购的各种材料之间进行分配。❶对于采购费用中的运输费,应选择材料的重量、体积等作为分配标准。❷对于采购费用中的保险费,应选取材料的买价作为分配标准。其计算公式如下:

$$\text{采购费用分配率} = \frac{\text{实际发生的采购费用}}{\text{各种材料的买价或重量之和}}$$

$$\text{某种材料应分担的采购费用} = \text{该材料的重量或买价} \times \text{采购费用分配率}$$

特别提示:

此处所讲的货款,包括价款和增值税税额,不能将其理解为仅是货物的价款,因为价款和增值税税额的支付或收取是不能截然分开的。

承付期限:

会计实务中,如果企业拒付款项,在承付期限内应及时通知开户银行拒付并说明理由;如果企业同意付款,一般不通知开户银行,在承付期满的次日,银行视同于企业默认同意付款并划转款项。

采购费用分配率＝12 500÷(1 000＋1 500)＝5(元／千克)
甲材料应分配的运费＝1 000×5＝5 000(元)
乙材料应分配的运费＝1 500×5＝7 500(元)

【分析】 该业务为付款业务：❶使企业的资产项目——"原材料"增加 855 000 元。❷使企业具有垫付性质并可抵扣的负债项目——"应交增值税（进项税额）"增加 22 510 元(12 610＋8 775＋1 125)。❸通过银行付款，使企业的资产项目——"银行存款"减少 199 510 元。应编制以下付款凭证：

借：原材料——甲材料	102 000	
——乙材料	75 000	付 1，附件 5 张
应交税费——应交增值税(进项税额)	22 510	
贷：银行存款	199 510	

【例 6-13】 材料验收入库，货款签发商业承兑汇票承付。12 月 15 日，以商业汇票方式从南海市秋林公司购入原材料并验收入库。❶收到的"增值税专用发票(发票联)"上注明：乙材料 2 000 千克、单价 44 元、价款 88 000 元、税额 11 440 元。❷对方代垫运费并转来承运单位开具的"增值税专用发票(发票联)"，其上注明：运费 6 400 元、税额 576 元。❸审核无误并填制"商业汇票审批表"，报经有关负责人审核同意后，签发一张金额为 106 416 元、付款期限为 6 个月的商业承兑汇票。❹材料已经验收入库，填制原材料"收料单"，确定乙材料实际成本为 94 400 元。

【分析】 该业务为转账业务：❶使企业的资产项目——"原材料"增加 94 400 元。❷使企业具有垫付性质并可抵扣的负债项目——"应交增值税(进项税额)"增加 12 016 元(11 440＋576)。❸使企业的负债项目——"应付票据"增加 106 416 元。应编制以下转账凭证：

借：原材料——乙材料	94 400	
应交税费——应交增值税(进项税额)	12 016	转 9，附件 4 张
贷：应付票据——秋林公司	106 416	

2. 货款已经支付或已开出商业汇票，材料尚未验收入库

该类经济业务的产生，多数是在企业向外地采购材料，发生结算凭证等单据已到，并已承付货款或开出商业承兑汇票，但材料尚在运输途中。一般将此项经济业务作为在途材料处理，通过"在途物资"账户核算。

【例 6-14】 货款已付，材料尚未验收入库。12 月 25 日，从外地雪悦公司购入甲材料：❶收到的"增值税专用发票(发票联)"上注明：甲材料 800 千克、单价 102 元、价款 81 600 元、税额 10 608 元。❷收到银行转来的"托收凭证(付款通知)"，上列托收金额 92 208 元。❸对上述凭证审核无误后，填制"付款审批表"报经有关负责人审批同意后通知银行付款。

【分析】 该业务为付款业务：❶使企业的资产项目——"在途物资"增加 81 600 元。❷使企业具有垫付性质并可抵扣的负债项目——"应交增值税(进项

特别提醒：
假设运费由销售方负担。该经济业务，没有填制"收料单"，表明材料尚未验收入库。

税额)"增加10 608元。❸通过银行付款,使企业的资产项目——"银行存款"减少92 208元。应编制以下付款凭证:

```
借:在途物资——雪悦公司(甲材料)        81 600
    应交税费——应交增值税(进项税额)     10 608     付20,附件3张
    贷:银行存款                                92 208
```

🍄 **学一反三:**

如果采用商业汇票结算方式购入的材料尚未验收入库,应将此处的"银行存款"账户换成"应付票据"账户。

💡 **提示:**

秋林公司托收票据款时,应附"商业承兑汇票第2联(票据联)"作为托收货款的依据。下同。

【例6-15】 偿付到期应付票据款。12月9日,应付秋林公司票据到期,通过银行付讫。❶收到银行转来托收票据款的"托收凭证(付款通知)",上列托收金额80 000元。❷审核无误后,填制"付款审批表",报经有关负责人审批同意后付款。

【分析】 该业务为付款业务:❶使企业的负债项目——"应付票据"减少80 000元。❷通过银行付款,使企业的资产项目——"银行存款"减少80 000元。应编制以下付款凭证:

```
借:应付票据——秋林公司    80 000
    贷:银行存款                 80 000     付6,附件2张
```

【例6-16】 在途材料验收入库,计算并结转材料采购成本。12月11日,上月从华峰公司购入的丙材料验收入库:查"在途材料——华峰公司"明细账,数量600件,金额为48 600元,填制"收料单",确定丙材料实际总成本为48 600元。

【分析】 该业务为转账业务:❶材料验收入库,完成采购过程,使企业的资产项目——"原材料"增加48 600元。❷采购过程完成材料验收入库,应将其成本予以结转,使企业的资产项目——"在途物资"减少48 600元。应编制以下转账凭证:

```
借:原材料——丙材料            48 600
    贷:在途物资——华峰公司        48 600     转5,附件1张
```

3. 发票账单已到,材料已验收入库,货款暂未支付(赊购)

企业在材料采购过程中,如结算凭证已到并材料也已验收入库,企业暂时无力支付或其他原因暂未付款,构成了企业的一项流动负债,应通过"应付账款"账户核算。

【例6-17】 材料已验收入库,货款暂未支付。12月15日,从外地碧华公司购入丙材料并验收入库。❶收到的"增值税专用发票(发票联)"上注明:丙材料数量1 200件、单价80元、价款96 000元、税额12 480元。❷材料已经验收入库,填制"收料单",确定丙材料的实际成本为96 000元。❸货款108 480元承诺下月偿付。

【分析】 该业务为转账业务:❶使企业资产项目——"原材料"增加96 000元。❷使企业具有垫付性质并可抵扣的负债项目——"应交增值税(进项税额)"增加12 480元。❸使企业负债项目——"应付账款"增加

108 480 元。应编制以下转账凭证：

借：原材料——丙材料	96 000	转 10，附件 2 张
应交税费——应交增值税（进项税额）	12 480	
贷：应付账款——碧华公司		108 480

【例 6-18】 偿还前欠货款。12 月 27 日，上月所欠碧华公司和绣玥公司的货款到期，通过银行付讫。❶收到银行转来的碧华公司开具的"中国工商银行委托收款凭证（付款通知）"，上列托收金额 38 000 元，审核无误后，填制"付款审批表"报经有关负责人审批同意后通知银行付款。❷根据经有关负责人审批同意的"付款审批表"偿还前欠绣玥公司的货款 48 000 元；而在汇款时填制了金额为 84 000 元的"中国工商银行电汇凭证"并收到银行加盖"付讫章"的第三联（汇款依据）。

【分析】 该 2 笔业务均为付款业务：❶使企业的负债项目——"应付账款"减少 122 000 元，应分别借记"应付账款——碧华公司"38 000 元、"应付账款——绣玥公司"84 000 元。❷通过银行付款，使企业的资产项目——"银行存款"减少 122 000 元。应分别编制以下 2 张付款凭证：

| 借：应付账款——碧华公司 | 38 000 | 付 22，附件 2 张 |
| 贷：银行存款 | | 38 000 |

| 借：应付账款——绣玥公司 | 84 000 | 付 23，附件 2 张 |
| 贷：银行存款 | | 84 000 |

此时，多付给绣玥公司的 36 000 元（84 000－48 000）仍反映在"应付账款"账户中，但变成了预付款的性质。

4．以预付账款方式购进货物

预付账款属于企业的债权范围，是企业的货币资金暂时被其他单位占用的部分。企业按照购货合同规定预付给供应单位的款项，应通过"预付账款"账户核算。

【例 6-19】 预付购货款。12 月 15 日，按照购销合同规定，向星海公司预付购买甲材料的货款：❶填制"付款审批表"并报经有关负责人同意。❷填制"中国工商银行电汇凭证"并收到开户银行加盖"转讫章"的第一联（回单联），汇款金额为 90 400 元。

【分析】 该业务为付款业务：❶通过银行付款，使企业的资产项目——"银行存款"减少 90 400 元。❷使企业的资产项目——"预付账款"增加 90 400 元。应编制以下付款凭证：

| 借：预付账款——星海公司 | 90 400 | 付 11，附件 2 张 |
| 贷：银行存款 | | 90 400 |

【例 6-20】 预付购货款的材料验收入库。12 月 19 日，收到上月已预

提示：
由于绣玥公司是康华机械公司的固定供应商，多汇的 36 000 元经与对方协商作为抵扣下一次的购货款，对方不再退回。会计实务中，为简化记账手续，多付的 36 000 元不再记入"预付账款"账户，"应付账款——绣玥公司"账户余额转借方余额，表示预付的资产。

提示：
在预付款项的情况不多时，也可以不设置"预付账款"账户，将预付的款项直接记入"应付账款"账户的借方。

付货款给华润公司购买的甲材料：❶收到的"增值税专用发票（发票联）"上注明：甲材料1 600千克、单价97元、价款155 200元、税额20 176元。❷对方代垫运费并转来承运单位开具的"增值税专用发票（发票联）"，其上注明：运费8 000元，税额720元。❸材料已验收入库，填制"收料单"，确定甲材料实际成本为163 200元。❹货款及运费总计184 096元，抵扣上月预付的175 000元，余款9 096元暂欠。

> **提示：**
> 会计实务中，为简化记账手续，余款9 096元不再转入"应付账款"账户，"预付账款——华润公司"账户余额转为贷方余额，表示债务。

【分析】 该业务为转账业务：❶使企业的资产项目——"原材料"增加163 200元。❷使企业具有垫付性质的并可以抵扣的负债项目——"应交增值税（进项税额）"增加20 896元。❸使企业另一资产项目——"预付账款"减少184 096元。应编制以下转账凭证：

```
借：原材料——甲材料              163 200
    应交税费——应交增值税（进项税额）  20 896         转15，附件3张
  贷：预付账款——华润公司                    184 096
```

第三节　生产业务的核算

制造业企业的产品生产过程具有双重性，既是新产品新价值的形成过程，也是物化劳动与活劳动的消耗过程，即劳动者（员工）借助劳动资料（机器、厂房等）对劳动对象（原材料等）进行加工，制造出各种产品的过程。

一、生产业务的主要内容

（一）费用及其分类

1．费用的确认

（1）费用要素确认的有关规定。《企业会计准则——基本准则》对费用要素的确认有如下规定：❶费用是指企业在日常活动中发生的、会导致所有者权益减少的、与向所有者分配利润无关的经济利益的总流出。❷费用的实质是资产的耗费或负债的形成，而负债是经济利益的流出并以表现为资产的减少，所以，费用的实质是资产的耗费。❸企业为生产产品发生的可归属于产品成本的费用，应当在确认产品销售收入时，计入当期损益（只计入与已销售产品配比的那部分费用）。即企业为生产产品发生的可归属于产品成本的费用，在产品没有销售并确认为收入的情况下，不能计入当期损益。❹企业发生的支出不产生经济利益的，或者即使能够产生经济利益但不符合或者不再符合资产确认条件的，应当在发生时确认为费用并计入当期损益。❺企业发生的经济业务导致企业承担了一项负债而又不确认为一项资产的，应当在发生时确认为费用并计入当期损益。

（2）资产的耗费的具体内容。企业在生产经营时会发生各种各样的资

产耗费,包括外购材料、外购燃料和动力、工资及职工福利费、折旧费、利息支出、费用性税金、其他支出等。这些耗费:❶有些发生在生产车间并与产品生产直接相关或密切相关,如生产车间的固定资产折旧费、材料费、职工薪酬、办公费等。❷有些发生在有关职能部门,是为组织和管理企业的生产经营活动并与产品生产间接相关,如行政管理部门的固定资产折旧费、行政管理人员的职工薪酬、办公费、会议费等。❸有些是为销售商品而发生,并与产品生产无关,如包装费、展览费、广告费、运输费以及专设销售机构的固定资产折旧费、工资及职工福利费、办公费等。❹有些是为筹集资金而发生,并与产品生产无关,如利息支出、手续费等。企业之所以要发生各种资产的耗费就是为了取得收入,所以,费用的确认就应该与收入保持一致。

2."制造成本法"与"完全成本法"

按照以上资产的耗费所形成的费用是否全部计入产品成本,成本核算方法可分为"制造成本法"与"完全成本法"。❶**"制造成本法"** 是指只将发生在生产车间并与产品生产密切相关或直接相关的费用归集、分配到一定种类的产品上去的产品成本计算方法。❷**"完全成本法"** 是指将全部费用归集、分配到一定种类的产品上去的产品成本计算方法。

3."生产费用"与"期间费用"

基于会计信息质量要求的"谨慎性",我国企业会计准则规定,制造业企业应采用"制造成本法"。在制造成本法下:❶发生在生产车间并与产品生产直接相关或密切相关的资产的耗费,应确认为相关产品的成本,叫做生产费用。❷发生在有关的职能部门并与产品生产间接相关的资产的耗费,应确认为计入当期损益的费用,叫做管理费用。❸为商品销售而发生并与产品生产无关的资产耗费或形成的负债,应确认为计入当期损益的费用,叫做销售费用。❹为筹集资金而发生并与产品生产无关的资产耗费或形成的负债,应确认为计入当期损益的费用,叫做财务费用。由于管理费用、销售费用和财务费用在发生的当期计入损益,与"会计期间"关联,所以,管理费用、销售费用和财务费用统称为"期间费用"。综上所述,资产的耗费分为生产费用与期间费用两大类。有关期间费用的概念及其核算将在本章第五节中介绍,本节主要阐述生产费用的核算。

(二)生产费用的分类及产品成本计算

产品生产过程的双重性,表现为由一种(或几种)资产转化为另一种资产,即以货币表现的生产费用最终都要归集、分配到一定种类的产品上去。

1. 生产费用与生产成本的关系

企业为生产一定种类、一定数量的产品所发生的生产费用总额,对象化于产品就形成了这些产品的生产成本。由此可见,生产费用与生产成本有着密切的联系,生产费用的发生过程就是生产成本的形成过程,生产费用是生产成本形成的基础。但是,生产费用是在一定会计期间内为了生产经营活动而发生的各项耗费,它的发生与会计期间相关联,即生产费用强调的是会计期间,而生产成本则是为了生产一定种类和一定数量的产品所消耗的费用,它的发生与负担者关联,即生产成本强调的是产品对象。

2. 确定产品成本计算对象

确定产品成本计算对象是产品成本计算首先要解决的问题。❶只有确定了产品成本计算对象,所发生的生产费用才有了归集与承担的依据,所以,产品成本计算对象就是承担和归集生产费用的对象,即生产费用的受益对象。❷在实际工作中,产品成本计算对象的确定虽然与不同类型企业的生产特点和管理要求密切相关,但最终都要按照产品品种计算出各种产品的生产成本,所以按产品品种确定成本计算对象是最基本的做法。本教材所讲的产品成本计算对象主要是指某一产品。

3. 生产费用的分类与成本项目

产品成本计算就是生产费用归集与分配的计算。

（1）直接费用,是指企业生产产品过程中消耗的、能够直接确认为某一产品成本对象的费用,主要包括直接材料和直接人工。❶**直接材料**是指企业在产品生产和提供劳务的过程中所消耗的、直接用于产品生产,构成产品实体的各种原材料、外购半成品,以及不构成产品实体但有助于产品形成的辅助材料等。❷**直接人工**是指企业在产品生产和提供劳务的过程中,直接从事产品生产的工人的工资、津贴、补贴和福利费等职工薪酬。

（2）间接费用,是指企业生产产品过程中消耗的、不能直接确认为某一产品成本对象,需分配计入产品成本的费用,主要包括**制造费用**。制造费用指企业为生产产品和提供劳务而发生的各项间接费用,包括企业生产部门（如生产车间）发生的水电费、固定资产折旧、管理人员的职工薪酬、机物料消耗、办公费、劳动保护费、以及全部固定资产的修理费等。

对以上资产的耗费所形成的费用的分类以及归属如图 6-16 所示。

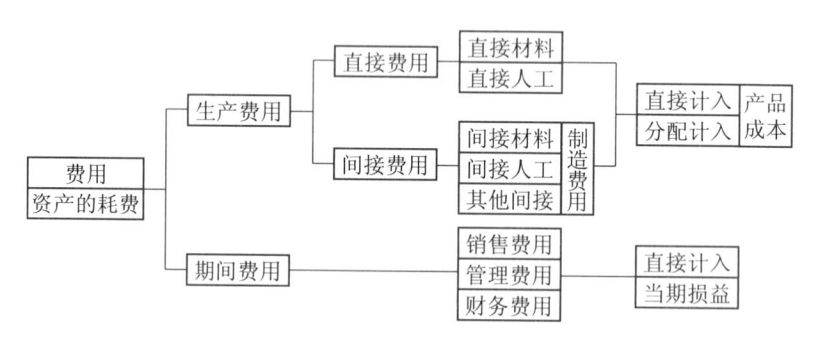

> **超链接:**
> 有关成本计算对象的确定比较复杂,取决于企业生产组织、生产技术过程和成本管理的要求,详细内容将在后续课程"成本会计学"中学习。

图 6-16 费用分类及归属

综上所述,生产费用的发生、归集和分配、产品成本的形成与计算,构成生产过程经济业务核算的主要内容。

二、账户设置及账户结构

(一)"生产成本"账户

该账户是归集产品生产过程中所发生的应计入产品成本的各项生产费用,并据以计算产品生产成本的成本类账户。账户结构如下:❶借方登记应计入产品成本的各项费用,包括平时登记应直接计入产品成本的直接材料费和直接人工费,以及月末通过分配转入的制造费用。❷贷方登记已完工验收入库转入"库存商品"账户借方的产品的生产成本。❸期末借方余额,表示尚未完工产品(在产品)的成本。❹按产品品种设置明细账,进行明细分类核算。"生产成本"账户结构如图6-17所示。

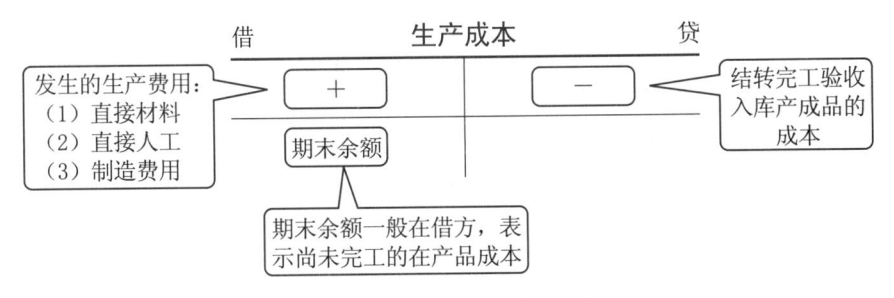

```
          借         生产成本         贷
发生的生产费用:                            结转完工验收
(1) 直接材料    [ + ]      [ − ]      入库产成品的
(2) 直接人工                              成本
(3) 制造费用
              期末余额
              期末余额一般在借方,表
              示尚未完工的在产品成本
```

图 6-17 "生产成本"账户结构

(二)"制造费用"账户

该账户是归集和分配在车间范围内因组织和管理产品生产而发生的,不能直接记入"生产成本"账户的各项间接费用的成本类账户。账户结构如下:❶借方登记平时在车间、分厂范围内实际发生的各项制造费用。❷贷方登记月末经分配后转入"生产成本"账户借方的费用转出额。❸月末经分配结转后无余额。❹按生产车间、分厂设置明细账,并在账内按费用项目设置专栏,进行明细分类核算。"制造费用"账户结构如图6-18所示。

助您理解:

"制造费用"账户是集合分配账户,先集合费用后分配。

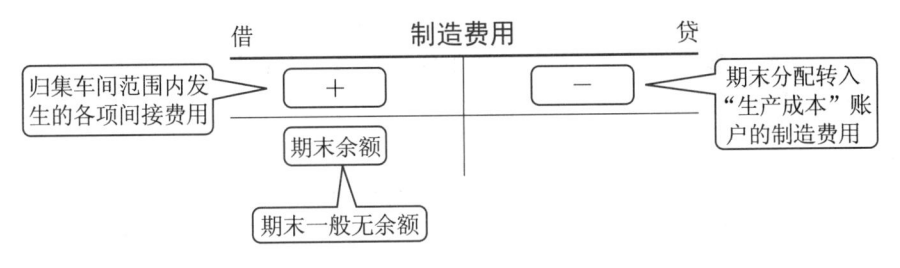

```
           借         制造费用         贷
归集车间范围内发                            期末分配转入
生的各项间接费用  [ + ]      [ − ]      "生产成本"账户
                                        的制造费用
              期末余额
              期末一般无余额
```

图 6-18 "制造费用"账户结构

特别提醒:

依据《企业会计准则》的相关规定,对车间固定资产进行日常修理,应予以费用化的后续支出,作为期间费用计入管理费用。

(三)"应付职工薪酬"账户

该账户是核算企业应付给职工和为职工发生的各种薪酬及结算情况的成本类账户。其核算内容包括:职工工资、奖金、津贴和补贴;职工福利;社会保险;住房公积金;工会经费和职工教育经费;非货币性福利;辞退福利;股份支付。账户结构如下:❶贷方登记本月应付给职工和为职工发生的各种福利费用。❷借方登记本月实际支付的职工薪酬。❸月末贷方余额,表示本月应付的职工薪酬大于实付职工薪酬的差额。❹按照职工薪酬项目

（如工资、职工福利等）进行明细分类核算。"应付职工薪酬"账户结构如图 6-19 所示。

```
         借      应付职工薪酬      贷
实际支付的                          月末计算分配的职
职工薪酬    [ — ]      [ + ]      工薪酬（转入有关
                                  成本费用账户）
                    期末余额
```

图 6-19 "应付职工薪酬"账户结构

（四）"库存商品"账户

该账户是核算企业库存商品实际成本的增减变动及结存情况的资产类账户。账户结构如下：❶借方登记完工并验收入库产品的实际成本。❷贷方登记因销售等原因出库的产品的实际成本。❸期末余额在借方，表示库存产品的实际成本。❹按产品种类、品种和规格进行明细分类核算。"库存商品"账户结构如图 6-20 所示。

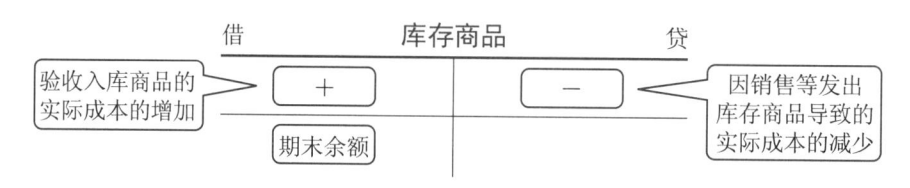

```
         借       库存商品       贷
验收入库商品的                      因销售等发出
实际成本的增加    [ + ]   [ — ]    库存商品导致的
                                  实际成本的减少
                 期末余额
```

图 6-20 "库存商品"账户结构

（五）"管理费用"账户

该账户是核算企业行政管理部门因组织和管理生产经营活动而发生的各项费用的损益类账户。包括：行政管理部门人员的工资及其他薪酬、办公费、折旧费、工会经费、职工教育经费、业务招待费、固定资产日常修理费、劳动保险费等。账户结构如下：❶借方登记期内发生的各项管理费用。❷贷方登记期末转入"本年利润"账户借方的管理费用转出数。❸该账户期末结转后无余额。❹按费用项目进行明细分类核算。"管理费用"账户结构如图 6-21 所示。

```
         借       管理费用        贷
本期实际发生                       期末转入"本年
的管理费用    [ + ]   [ — ]       利润"账户冲销
                                  的管理费用
```

图 6-21 "管理费用"账户结构

此外，生产过程发生的经济业务的核算，由于涉及原材料的消耗和固定资产折旧，因此还涉及前述的"原材料"账户和"累计折旧"账户。

对"累计折旧"账户的进一步理解

三、生产费用归集与分配的账务处理

东海市康华机械公司 2×19 年 12 月份发生的有关产品生产的业务如下。

(一)材料费用归集与分配

材料费用采用实际成本法核算,因各批购入材料的实际单位成本不同,需要采用一定的存货计价方法来计算确定发出材料的实际成本。《企业会计准则第1号——存货》第十四条规定:"企业应当采用先进先出法、加权平均法或者个别计价法确定发出存货的实际成本。" 本教材中存货计价方法采用"月末一次加权平均法"。

> **提示:**
> 加权平均法包括"移动加权平均法"和"月末一次加权平均法"。

企业领用(发出)原材料,一般应按照材料名称并分领料用途填制"领料单",在月末汇总编制"发出材料汇总表",根据领料(发出)的用途,借记"生产成本""制造费用""销售费用""管理费用""其他业务成本"等账户,贷记"原材料"账户。

【例 6-21】 *材料费用按照用途的核算*

(1) 计算加权平均单价。12月31日,根据"原材料"明细账的记录(期初结存数量与金额、本期收入数量合计与金额合计),按照月末一次加权平均法计算原材料加权平均单价的计算表,如表 6-2 所示。

存货的计价方法及其比较

表 6-2

原材料月末一次加权平均单位成本计算表

2×19 年 12 月 31 日   单位:元

材料名称	期初结存 数量	期初结存 金额	本期收入 数量	本期收入 金额	合计 数量	合计 金额	加权平均单位成本
甲材料	1 400	134 800	3 100	315 200	4 500	450 000	100
乙材料	1 000	55 600	3 500	169 400	4 500	225 000	50
丙材料	700	55 400	1 800	144 600	2 500	200 000	80
合 计		245 800		629 200		875 000	

(2) 按照用途归集材料费用。根据本月领用材料所填制的 10 张"领料单"和表 6-2 计算的各材料加权平均单价,汇总编制"原材料发料凭证汇总表"如表 6-3 所示。

> **提示:**
> "领料单"上标明了所领材料的名称、数量及用途。

表 6-3

原材料发料凭证汇总表   附件 10 张

2×19 年 12 月 31 日   单位:元

用 途	甲材料 数量	甲材料 金额	乙材料 数量	乙材料 金额	丙材料 数量	丙材料 金额	金额合计
生产 A 产品	2 080	208 000	1 760	88 000			296 000
生产 B 产品	1 130	113 000	2 092	104 600			217 600
小 计	3 210	321 000	3 852	192 600			513 600
车间一般耗用					160	12 800	12 800
销售包装耗用					900	72 000	72 000
合 计	3 210	321 000	3 852	192 600	1 060	84 800	598 400

【分析】 该业务为转账业务:❶使企业的资产项目——"原材料"减少598 400元。❷使企业的成本项目——"生产成本"增加513 600元、"制造费用"增加12 800元。❸使企业的费用项目——"销售费用"增加72 000元。应编制以下转账凭证:

```
借:生产成本——A产品          296 000
         ——B产品          217 600
   制造费用——材料费         12 800        转19,附件16张
   销售费用——材料费         72 000
   贷:原材料——甲材料        321 000
          ——乙材料        192 600
          ——丙材料         84 800
```

(二) 职工薪酬计算与分配

企业发生的职工薪酬的用途是不同的,有的直接用于产品生产,有的用于管理活动等,所以,在确定本月应负担的职工薪酬时,应该按其用途分别在有关账户中进行核算。❶应付车间生产人员的职工薪酬,借记"生产成本"账户。❷应付车间管理人员的职工薪酬,借记"制造费用"账户。❸应付企业行政管理人员的职工薪酬,借记"管理费用"账户。❹应付销售人员的职工薪酬,借记"销售费用"账户。❺同时,贷记"应付职工薪酬"账户及其下属的"工资"或"职工福利"明细账户。

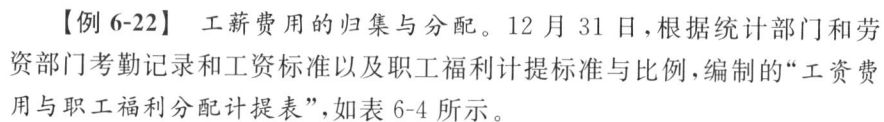

【例6-22】 工薪费用的归集与分配。12月31日,根据统计部门和劳资部门考勤记录和工资标准以及职工福利计提标准与比例,编制的"工资费用与职工福利分配计提表",如表6-4所示。

职工薪酬的构成

表6-4　　　　　　**工资费用与职工福利分配计提表**

2×19年12月31日　　　　　　　　　　　　　　　　单位:元

车间或部门(人员类别)		工资费用分配	职工福利计提		
			计提依据	计提比例	计提金额
生产工人	A产品生产工人	130 000	130 000	14%	18 200
	B产品生产工人	110 000	110 000	14%	15 400
	小　计	240 000	240 000		33 600
车间管理人员		26 000	26 000	14%	3 640
专设销售机构人员		20 000	20 000	14%	2 800
行政管理人员		40 000	40 000	14%	5 600
合　计		326 000	326 000		45 640

【分析1】 工资费用的归集与分配。该业务为转账业务:❶因应付而未付职工薪酬,使企业的负债项目——"应付职工薪酬——工资"增加

326 000 元。❷使企业的成本项目——"生产成本"下属明细项目"A 产品""B 产品"及费用项目——"制造费用""销售费用""管理费用"分别增加 130 000 元、110 000 元、26 000 元、20 000 元、40 000 元。应编制以下转账凭证：

借：生产成本——A 产品	130 000	
——B 产品	110 000	
制造费用——工资	26 000	
销售费用——工资	20 000	转 20，附件 1 张
管理费用——工资	40 000	
贷：应付职工薪酬——工资	326 000	

【分析 2】 职工福利费用的归集与分配。该业务为转账业务：❶因按照职工工资总额的 14% 计提职工福利费，使企业的有关成本项目——"生产成本"下属明细项目"A 产品""B 产品"及费用项目——"制造费用""销售费用""管理费用"分别增加 18 200 元、15 400 元、3 640 元、2 800 元、5 600 元。❷计提的职工福利费在尚未用于职工之前，使企业的负债类账户——"应付职工薪酬（职工福利）"增加 45 640 元。应编制以下转账凭证：

借：生产成本——A 产品	18 200	
——B 产品	15 400	
制造费用——职工福利	3 640	转 21，
销售费用——职工福利	2 800	附件 1 张
管理费用——职工福利	5 600	
贷：应付职工薪酬——职工福利	45 640	

【例 6-23】 应付职工薪酬的发放。12 月 5 日，签发一张金额为 306 000 元的现金支票，由银行代发应付 11 月份职工工资并由银行直接转入职工个人工资账户。

【分析】 该业务为付款业务：❶通过银行付款，使企业的资产项目——"银行存款"减少 306 000 元。❷使企业的负债项目——"应付职工薪酬（工资）"减少 306 000 元。应编制付款凭证：

借：应付职工薪酬——工资	306 000	付 2，附件 1 张
贷：银行存款	306 000	

【例 6-24】 职工福利的使用。12 月 23 日，❶收到东海市人民医院开具的"增值税普通发票（发票联）"，其上注明：职工体检费项目，价款 48 000 元，税额 2 880 元。❷填制"付款审批表"报经有关部门领导审核同意后，签发收款人为东海市人民医院、金额为 50 880 元的银行转账支票（留"存根联"）。

【分析】 该业务为付款业务：❶使企业的负债项目——"应付职工薪酬

(职工福利)"减少 50 880 元。❷通过银行付款,使企业的资产项目——"银行存款"减少 50 880 元。应编制以下付款凭证:

> 借:应付职工薪酬——职工福利　　50 880
> 　　贷:银行存款　　　　　　　　　　　50 880
>
> 付 19,附件 3 张

特别规定

根据我国税法,"用于非增值税应税项目、免征增值税项目、集体福利或者个人消费的购进货物、应税劳务服务"的进项税额,不得从销项税额中抵扣。

(三)制造费用的归集与分配

制造费用在发生时一般无法直接判定其应归属的产品成本核算对象,因而不能直接计入"生产成本"及其下属明细账户,必须将其按照发生的不同空间范围在"制造费用"账户中予以归集,然后再按照一定的标准采用比例分配法在各种产品之间进行分配。

【例 6-25】 固定资产折旧费用的计提与分配。12 月 31 日,根据月初固定资产原值和规定的折旧率计算编制"固定资产折旧计提表",其中:生产车间分摊 40 960 元,专设销售机构分摊 2 000 元,企业行政管理部门分摊 9 600 元。

【分析】 该业务为转账业务:❶使企业的成本费用项目——"制造费用""销售费用""管理费用"分别增加 40 960 元、2 000 元、9 600 元。❷使企业固定资产项目的备抵项目——"累计折旧"增加 52 560 元。应编制以下转账凭证:

超链接:

有关房屋出租应结转的其他业务成本,参见本章第五节有关说明。

> 借:制造费用——折旧费　　40 960
> 　　销售费用——折旧费　　 2 000
> 　　管理费用——折旧费　　 9 600
> 　　贷:累计折旧　　　　　　　　52 560
>
> 转 22,附件 1 张

【例 6-26】 水费、电费的结算。通过"其他应付款"账户,对费用结算期和月度会计期间不一致的过渡。12 月 21 日:(1)东海市供水公司托收 11 月 21 日—12 月 20 日水费:❶收到开户银行转来供水公司托收水费的"特约托收凭证(付款通知)",上列托收金额 4 578 元。❷收到供水公司开具的"增值税专用发票(发票联)",其上注明:数量 840 m³,单价 5 元,价款 4 200 元,税率为 9%,税额 378 元。(2)东海市供电公司托收 11 月 21 日—12 月 20 日电费:❶收到开户银行转来供电公司托收电费的"特约托收凭证(付款通知)",上列托收金额为 58 308 元。❷收到供电公司开具的"增值税专用发票(发票联)",其上注明:数量 64 500 度,单价 0.8 元,价款 51 600 元,税率为 13%,税额 6 708 元。

【分析】 该业务为付款业务:❶使企业的虚设负债项目——"其他应付款"下属明细项目"供水公司""供电公司"分别减少 4 200 元、51 600 元。❷使企业具有垫付性质并可抵扣的负债项目——"应交增值税(进项税额)"分别增加 378 元、6 708 元。❸通过银行付款,分别使企业的资产项目——"银行存款"减少 4 578 元、58 308 元。应编制以下 2 张付款凭证:

```
借：其他应付款——供水公司          4 200
    应交税费——应交增值税(进项税额)  378
  贷：银行存款                           4 578
```
付17,附件2张

```
借：其他应付款——供电公司          51 600
    应交税费——应交增值税(进项税额)  6 708
  贷：银行存款                          58 308
```
付18,附件2张

【例 6-27】 水、电费的分配。月末,根据各车间、部门本月用水、电量记录,编制"水电费用计算分配表",如表6-5 所示。

表 6-5 **水电费用计算分配表**

2×19 年 12 月 31 日　　　　　　　　　　　　　　　金额单位:元

项目及部门	水费分配			电费分配			金额合计
	耗用量	单价	金额	耗用量	单价	金额	
生产车间	400	5.00	2 000	42 000	0.80	33 600	35 600
专设销售机构	100	5.00	500	1 000	0.80	800	1 300
行政管理部门	400	5.00	2 000	20 000	0.80	16 000	18 000
合　计	900		4 500	63 000		50 400	54 900

【分析】 该业务为转账业务:❶使企业的成本费用项目——"制造费用""销售费用"和"管理费用"分别增加 35 600 元、1 300 元和 18 000 元。❷对冲企业虚设的负债项目——"其他应付款"54 900 元。应编制以下转账凭证:

```
借：制造费用——水电费            35 600
    销售费用——水电费             1 300
    管理费用——水电费            18 000
  贷：其他应付款——供水公司        4 500
              ——供电公司       50 400
```
转23,附件1张

【例 6-28】 间接生产费用——办公费用的分配。12 月 13 日:❶收到办公室报销办公费的一张"现金报销票签"(附增值税专用发票 6 张),合计金额为 5 085 元,以现金付讫。❷收到"增值税专用发票"(共 6 张),其上注明:价款合计 4 500 元,税额合计 585 元。❸编制"办公用品费用分配表",其中:生产车间 1 000 元、专设销售机构 1 100 元、行政管理部门 2 400 元。

【分析】 该业务为付款业务:❶使企业的成本费用项目——"制造费用""销售费用"和"管理费用"分别增加 1 000 元、1 100 元和 2 400 元。❷使企业具有垫付性质并可抵扣的负债项目——"应交增值税(进项税额)"增加 585 元。❸以库存现金支付,使企业的资产项目——"库存现金"减少 5 085

元。应编制以下付款凭证:

借:制造费用——办公费	1 000	
销售费用——办公费	1 100	付10,附件8张
管理费用——办公费	2 400	
应交税费——应交增值税(进项税额)	585	
贷:库存现金		5 085

【例6-29】 制造费用的分配与结转。12月31日,将本月发生的制造费用总额分配转入"生产成本"账户。

常用的制造费用分配标准有:生产工人工资、生产工人工时、机器设备运转台时(工时)等。在月末应将本月"制造费用"账户归集的制造费用总额,采用比例分配法,在各产品之间进行分配。其计算公式如下:

> **重点提示:**
> 当制造费用分配率为近似值时,各种产品应负担的制造费用之和与制造费用总额会产生尾差,这时,最后一种产品应负担的制造费用额应采用倒挤法计算。

$$制造费用分配率 = 制造费用总额 \div \sum 制造费用分配标准$$

$$某产品应负担的制造费用 = 该产品的分配标准 \times 制造费用分配率$$

从【例6-21】至【例6-28】可知,本月发生的制造费用总额为120 000元(材料费12 800元+工资26 000元+职工福利3 640元+折旧费40 960元+水电费35 600元+办公费1 000元)。假设本企业采用"生产工人工资比例法"对制造费用予以分配,其计算分配过程如下:

$$制造费用分配率 = 120\ 000 \div (130\ 000 + 110\ 000) = 0.5(元)$$
$$A产品应负担的制造费用 = 130\ 000 \times 0.5 = 65\ 000(元)$$
$$B产品应负担的制造费用 = 110\ 000 \times 0.5 = 55\ 000(元)$$

制造费用的分配,一般应编制"制造费用分配表",如表6-6所示。

表6-6

制造费用分配表

2×19年12月31日　　　　　　　　　　金额单位:元

项　目	分配标准(生产工人工资)	分配率	分配金额
A产品	130 000	0.5	65 000
B产品	110 000	0.5	55 000
合　计	240 000		120 000

【分析】 该业务为转账业务:❶经过计算分配,将间接生产费用转化为直接生产费用,使企业的成本项目——"生产成本"下属明细项目"A产品"、"B产品"分别增加65 000元、55 000元。❷经过转销使企业的另一成本项目——"制造费用"减少(转出)120 000元。应编制以下转账凭证:

借:生产成本——A产品	65 000	
——B产品	55 000	转24,附件1张
贷:制造费用	120 000	

四、产品成本计算

(一) 产品成本计算的基本程序与"品种法"

前述按照产品品种确定的产品成本计算对象是确定成本计算对象最基本的做法,即"品种法"。产品成本计算方法除"品种法"以外,还有"分步法"与"分类法"等,这些内容将在后续课程"成本会计学"中进行阐述。

1. 按照成本计算对象设置并登记"生产成本明细账"归集生产费用

生产费用应按照成本计算对象分成本项目记入"生产成本"账户及其下属明细账的借方。这些成本项目包括直接材料、直接人工和制造费用。

2. 确定成本计算期

计算产品生产成本,在前述确定了成本计算对象后,应确定成本计算期。所谓**成本计算期**,是指每隔多长时间计算一次产品成本。理论上成本计算期应当与产品生产周期保持一致,但由于产品品种的多样性和生产周期的不确定性,使得大多数企业难以按照生产周期来计算产品生产成本。在会计实务中,成本计算期有会计期间和产品生产周期两种选择:❶在大批量生产并以产品品种为成本计算对象的企业中,其产品的生产周期通常短于会计期间,则选会计期间为成本计算期。❷在小批量生产并以单件产品为成本计算对象的企业中,其产品的生产周期通常比会计期间长,则选产品的生产周期为成本计算期。

3. 编制"产品成本计算单"计算各产品完工产品成本与在产品成本

在"品种法"下,由于按照会计期间确定成本计算期,所以,在期末,产品的生产可能有以下三种情况:❶**全部未完工**——按照该成本计算对象设置的"生产成本明细账"中归集的生产费用为该产品的月末在产品成本。❷**全部完工**——按照该成本计算对象设置的"生产成本明细账"中归集的生产费用为该产品的完工产品成本。❸**部分完工**——按照该成本计算对象设置的"生产成本明细账"中归集的生产费用,需要通过适当的分配方法在完工产品与在产品之间进行分配。

对于完工产品,应按照成本项目编制"成本计算单"(见表6-8、表6-9所示):❶根据该成本计算对象的"生产成本明细账",填列"成本计算单"的"月初在产品成本"行和"本月生产费用"行的各成本项目金额。❷按照适当的月末在产品成本计算方法计算各成本项目月末在产品成本,并填列"成本计算单"的"月末在产品成本"行的成本项目金额。❸按照下列公式计算完工产品各成本项目金额,并填列"成本计算单"的"完工产品成本"行的各成本项目金额。

$$\text{完工产品成本} = \text{月初在产品成本} + \text{本月发生的生产费用} - \text{月末在产品成本}$$

4. 生产费用在完工产品和在产品之间的分配

对生产费用在完工产品和在产品之间进行分配,主要是如何计算期末在产品成本。期末在产品成本的计算有多种方法,且是成本计算中一个既重要又复杂的问题,这一问题将在后续课程"成本会计学"中详细讲述。但

生产费用在完工产品和在产品之间的分配方法

为了使大家对成本计算有一个完整的认识,本教材对期末在产品成本计算的"定额成本法"作一简单介绍。

定额成本法,就是根据事先按成本项目核定的单位在产品定额成本标准和在产品数量计算月末在产品成本,倒挤确定本期完工产品成本的一种方法。其计算公式如下:

$$月末在产品定额成本 = 月末在产品数量 \times 单位定额成本$$

$$本期完工产品总成本 = 月初在产品定额成本 + 本月生产费用 - 月末在产品定额成本$$

$$本期完工产品单位成本 = 本期完工产品总成本 \div 本期完工产品数量$$

5. 编制"完工产品成本汇总表"结转产成品生产成本

根据"产品成本计算单"计算的各种产品完工产品成本,编制"完工产品成本汇总表"(见表6-10),计算完工产品和在产品的总成本和单位成本,据以结转产成品生产成本,借记"库存商品"账户,贷记"生产成本"账户。

(二)完工产品成本的计算及账务处理

根据以上所述的产品成本计算程序与方法,根据东海康华机械公司2×19年12月发生的有关生产费用的资料,对该公司12月的完工产品成本计算如下:

1. 产品成本计算的有关资料

(1)期初在产品成本资料。根据"生产成本明细账"上月末的"月末在产品"行的金额确定,见表8-8、表8-9的"月末在产品"行。

(2)本月发生的生产费用。根据【例6-21】【例6-22】和【例6-29】所填制的记账凭证(转19、转20、转21、转24)登记A产品和B产品"生产成本明细账"的本期发生额(见表8-8、表8-9)。

(3)月末在产品定额成本。根据单位在产品各成本项目的成本定额及月末在产品数量,编制"月末在产品各成本项目定额成本及月末在产品定额成本计算表"如表6-7所示。

表6-7　月末在产品各成本项目定额成本及月末在产品定额成本计算表

2×19年12月31日　　　　　　　　　　　　单位:元

期末在产品		直接材料		直接人工		制造费用		定额成本合计
名称	数量	成本定额	定额成本	成本定额	定额成本	成本定额	定额成本	
A产品	40	200	8 000	100	4 000	40	1 600	13 600
B产品	60	150	9 000	80	4 800	30	1 800	15 600
合　计			17 000		8 800		3 400	29 200

2. 开设并填制"成本计算单",计算完工产品成本

"成本计算单"应按成本计算对象并分成本计算期开设,单内按照成本项目设置专栏,具体填制方法如下。

(1)成本计算单"月初在产品定额成本"行金额与"本月生产费用"行金

额,应根据"生产成本明细账"各成本项目专栏的上月末"月末在产品"行与本期发生额填列。

(2) 成本计算单"生产费用合计"行金额,应根据"月初在产品定额成本"行金额与"本月生产费用"行金额加计填制。

(3) 成本计算单"月末在产品定额成本"行金额,应分以下两种情况填制:❶如果该产品全部完工,则"月末在产品定额成本"行金额为零,"生产费用合计"行金额即为该产品完工产品总成本。❷如果该产品部分完工,应根据"月末在产品各成本项目定额成本计算表",填制成本计算单"月末在产品定额成本"行金额。

(4) 成本计算单"本月完工产品成本"行金额,应按照"生产费用合计"行金额与"月末在产品定额成本"行金额的差额填制。

根据以上步骤填制的"产品成本计算单"如表 6-8、表 6-9 所示。

表 6-8　　　　　　　　　　　**产品成本计算单**

产品名称:A 产品　　　　　　　2×19 年 12 月 31 日　　　　　　　　　　单位:元

月初在产品 __100__ 台　　本月投产 __900__ 台　　本月完工 __800__ 台　　月末在产品 __200__ 台

摘　要	成本项目			合　计
	直接材料	直接人工	制造费用	
月初在产品定额成本	20 000	10 000	4 000	34 000
本月生产费用	296 000	148 200	65 000	509 200
生产费用合计	316 000	158 200	69 000	543 200
月末在产品定额成本	8 000	4 000	1 600	13 600
本月完工产品成本	308 000	154 200	67 400	529 600

表 6-9　　　　　　　　　　　**产品成本计算单**

产品名称:B 产品　　　　　　　2×19 年 12 月 31 日　　　　　　　　　　单位:元

月初在产品 __120__ 台　　本月投产 __830__ 台　　本月完工 __800__ 台　　月末在产品 __150__ 台

摘　要	成本项目			合　计
	直接材料	直接人工	制造费用	
月初在产品定额成本	18 000	9 600	3 600	31 200
本月生产费用	217 600	125 400	55 000	398 000
生产费用合计	235 600	135 000	58 600	429 200
月末在产品定额成本	9 000	4 800	1 800	15 600
本月完工产品成本	226 600	130 200	56 800	413 600

3. 编制"完工产品成本汇总表"

根据成本计算单"本月完工产品成本"行金额并除以完工产品数量,分成本项目填制"完工产品成本汇总表"的"总成本"和"单位成本",见表 6-10 所示。

【例 6-30】 汇总结转完工产品成本。

根据"完工产品成本汇总表"(表 6-10),编制结转完工产品成本的记账凭证并登记"生产成本明细账"。

表 6-10

完工产品成本汇总表

2×19 年 12 月 31 日　　　　　　　　　　　　　　　　　　单位:元

成本项目	A产品(800 台) 总成本	A产品(800 台) 单位成本	B产品(800 台) 总成本	B产品(800 台) 单位成本	总成本合计
直接材料	308 000	385.00	226 600	283.25	534 600
直接人工	154 200	192.75	130 200	162.75	284 400
制造费用	67 400	84.25	56 800	71.00	124 200
合　计	529 600	662.00	413 600	517.00	943 200

【分析】 该业务为转账业务:❶使企业的资产项目——"库存商品"增加 943 200 元(A 产品 529 600 元、B 产品 413 600 元);❷使企业的另一资产项目——"生产成本"(在产品)减少(转出)943 200 元。应编制以下转账凭证:

> 请思考:
> 该经济业务属于资金运动的哪一个环节?

```
借:库存商品——A 产品        529 600
        ——B 产品        413 600     转25,附件9张
  贷:生产成本——A 产品        529 600
        ——B 产品        413 600
```

第四节　销售业务的核算

一、销售业务的主要内容

销售过程是企业通过对外提供劳务和服务、出售有形和无形资产,补偿生产耗费的一个关键环节。对于制造业企业,销售过程中发生的:❶销售产成品、自制半成品等,统称为*产品销售*。❷除产品销售以外的材料销售、技术转让、固定资产出租、提供运输服务等,统称为其他销售。

在销售过程中,企业按照合同向购买方发货、提供劳务或服务后:第一,要按照销售价格办理货款结算手续,以确认销售收入的实现和计算应缴纳的相关税额;第二,要计算并结转销售成本,因为,销售收入的取得是以付出产品和提供劳务或服务为代价的,这一代价就是销售成本;第三,在销售过程中,还会发生为销售而支付的包装费、运输费、装卸费、广告费、展览费、专设销售机构的经费等费用,这些费用被称为销售费用。

由此可见,以下三个方面构成了制造业企业销售业务的主要内容:❶确认销售收入的实现。❷计算并结转销售成本。❸发生并支付销售费用。

> 特别说明:
> 有关销售费用经济业务的核算,将在本章第五节中阐述。

二、销售收入的核算

(一)销售收入的概念及分类

销售收入,是指企业因产品销售和其他销售等所形成的经济利益的流

入。销售收入按照是否属于企业的主营业务,分为主营业务收入和其他业务收入。

(1) 主营业务收入,是指企业在主要的经营活动中获得的经济利益的流入。如制造业的销售产品、半成品和提供工业性劳务作业的收入;商品流通企业的销售商品收入。

(2) 其他业务收入,是指企业主营业务收入以外的所有销售商品、提供劳务收入及让渡资产使用权等日常活动中所形成的经济利益的流入。包括材料销售、包装物销售、废旧物资出售、技术转让、固定资产出租、包装物出租等。

(二) 销售收入的确认与计量

销售收入核算的关键问题是销售收入实现的确认,即解决何时入账的问题。在会计上收入确认采用的是应计制和配比原则。❶在"应计制"下,各会计期间是以商品发出和收款权利的取得来确认收入,即不论款项是否收到,只要能够确定企业已经取得了收取款项的权利,就可确认为企业的收入。❷配比原则是指各会计期间所确认的收入必须与其相关的成本、费用相对应,以便合理计算本期损益。❸配比原则是应计制在会计核算中的具体体现,同时也是对应计制的进一步补充和完善。

(三) 账户设置及账户结构

1. "主营业务收入"账户

该账户是核算企业因销售商品、提供劳务等主营业务所实现的收入的损益类账户。账户结构如下:❶贷方登记本期实现的主营业务收入。❷借方登记期末转入"本年利润"账户的主营业务收入转出数。❸该账户在期末结转后应无余额。❹按主营业务类别或产品名称设置明细账,进行明细分类核算。"主营业务收入"账户结构如图6-22所示。

> **法律法规:**
> 我国在2017年新修订的《企业会计准则第14号——收入》中对商品销售收入的确认条件和步骤进行了明确规定。详细内容将在后续课程"中级财务会计"中阐述。

图 6-22 "主营业务收入"账户结构

2. "其他业务收入"账户

该账户是核算企业其他销售或其他业务所实现的收入的损益类账户。账户结构如下:❶贷方登记本期实现的其他业务收入。❷借方登记期末转入"本年利润"账户的其他业务收入转出数。❸期末结转后无余额。❹按照其他业务的种类设置明细账,进行明细分类核算。"其他业务收入"账户结构如图6-23所示。

图 6-23 "其他业务收入"账户结构

3. "应收账款"账户

该账户是核算企业因销售产品、提供劳务等，应向购买单位收取的款项的资产类账户。账户结构如下：❶借方登记因销售业务产生的债权。❷贷方登记已经收回的应收款项。❸期末余额一般在借方，表示尚未收回的应收款项。❹期末如果出现贷方余额，表示企业预收的账款。❺按债务单位或个人设置明细账，进行明细分类核算。"应收账款"账户结构如图 6-24 所示。

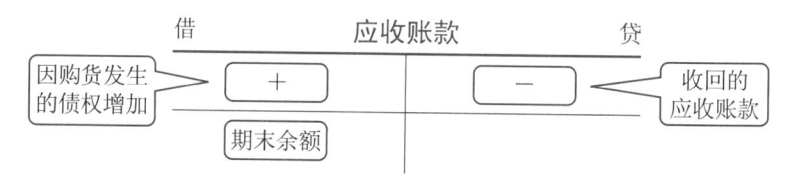

```
借              应收账款              贷
因购货发生      ┌───┐      ┌───┐      收回的
的债权增加  →  │ + │      │ - │  ←  应收账款
                └───┘      └───┘
              ┌──────┐
              │期末余额│
              └──────┘
```

图 6-24 "应收账款"账户结构

4. "应收票据"账户

该账户是核算企业因销售商品、提供劳务等而收到的商业汇票的资产类账户。账户结构如下：❶借方登记企业收到承兑方签字的商业汇票的增加数。❷贷方登记票据到期（不论是否收到款项）的减少数。❸期末如有借方余额，表示尚未到期的应收票据款项。❹按照承兑方（即债务单位）设置明细账，进行明细分类核算。"应收票据"账户结构如图 6-25 所示。

```
借              应收票据              贷
本期因销售等收   ┌───┐      ┌───┐    到期（或贴现）
到的商业汇票款 → │ + │      │ - │  ← 票据应收款的减少
                └───┘      └───┘
              ┌──────┐
              │期末余额│
              └──────┘
```

图 6-25 "应收票据"账户结构

> **请思考：**
> "预收账款"与"预付账款"之间的区别。

5. "预收账款"账户

该账户是核算企业按照合同规定向购买单位预收的款项及结算情况的负债类账户。账户结构如下：❶贷方登记收到客户预付的款项。❷借方登记企业用商品或劳务抵偿预收账款。❸期末余额一般在贷方，表示企业尚未用商品或劳务抵偿的预收款项。❹期末如果出现借方余额，表示企业应向客户补收的款项。❺按购买单位名称设置明细账，进行明细分类核算。"预收账款"账户结构如图 6-26 所示。

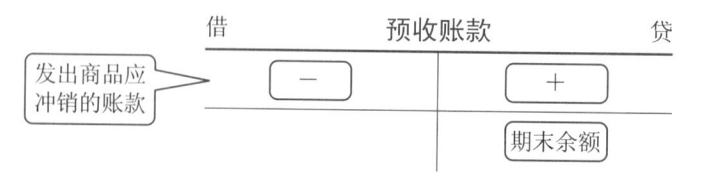

```
借              预收账款              贷
发出商品应      ┌───┐      ┌───┐
冲销的账款  →  │ - │      │ + │
                └───┘      └───┘
                         ┌──────┐
                         │期末余额│
                         └──────┘
```

图 6-26 "预收账款"账户结构

"预收账款"账户的设置与使用

第四节 销售业务的核算

(四) 账务处理举例

企业销售商品或提供劳务及其他业务实现的收入,按应收货款,借记"银行存款"(现销方式)、"应收账款"(赊销方式)、"应收票据"(商业汇票方式)、"预收账款"(预收款项方式)等账户;按确认的收入金额,贷记"主营业务收入""其他业务收入"账户;按应收取的增值税税额,贷记"应交税费——应交增值税(销项税额)"账户。

东海康华机械公司 2×19 年 12 月份发生的有关销售收入的经济业务如下:

【例 6-31】 采用现销方式销售商品——按照购销合同发出商品,货款通过银行收讫,简称钱货两清。12 月 3 日,向本市建设机械公司销售产品。❶开具的"增值税专用发票"(留"记账联")上注明:A 产品 150 台、单价 1 200 元、价款 180 000 元,税额 23 400 元;B 产品 160 台、单价 1 000 元、价款 160 000 元、税额 20 800 元;价税合计 384 200 元。❷货已发出,填制"产品出库单"。❸收到建设机械公司开来金额为 384 200 元的转账支票,填制一式二联的"中国工商银行进账单"连同转账支票一同送存开户银行,收到银行加盖"收讫章"的"中国工商银行进账单(收账通知)"。

【分析】 该业务为收款业务:❶通过银行收到款项,使企业的资产项目——"银行存款"增加 384 200 元。❷因销售收入实现使企业的收入项目——"主营业务收入"下属明细项目"A 产品""B 产品"分别增加 180 000 元、160 000 元及具有预收性质(抵销上一环节垫付)的负债项目——"应交增值税(销项税额)"增加 44 200 元。应编制以下收款凭证:

> **特别提醒:**
> 该出库单因没有列明金额,不能作为该经济业务所填记账凭证的附件,这是因为本公司对发出商品成本的计算采用"月末一次加权平均法",所以,该出库单上只有数量,没有金额。下同。

借:银行存款	384 200	
贷:主营业务收入——A 产品	180 000	收3, 附件2张
——B 产品	160 000	
应交税费——应交增值税(销项税额)	44 200	

【例 6-32】 采用赊销方式销售商品——发出商品并代垫运费,款项暂未收到。12 月 9 日,采用赊销方式向大理市金龙公司销售产品。❶开具的"增值税专用发票"(留"记账联")上注明:A 产品 300 台、单价 1 200 元、价款 360 000 元、税额 46 800;B 产品 320 台、单价 1 000 元、价款 320 000 元、税额 41 600 元。❷货已发出,填制"产品出库单"。❸委托本市华茂物流公司运输并代垫运费 4 080 元,开出"转账支票"(留"存根联")支付。❹价税合计及代垫运费总计 772 480 元,对方承诺下月付款。

【分析1】 货已发出并办妥款项托收手续。该业务为转账业务:❶未收到款项,使企业的资产项目——"应收账款"增加 768 400 元。❷因销售实现使企业的收入项目——"主营业务收入"下属明细项目"A 产品""B 产品"分别增加 360 000 元、320 000 元及具有预收性质(抵扣上一环节垫付)的负债项目——"应交增值税(销项税额)"增加 88 400 元。应编制以下转账凭证:

```
借：应收账款——金龙公司              768 400
    贷：主营业务收入——A产品                360 000     转4，
              ——B产品                      320 000     附件2张
        应交税费——应交增值税(销项税额)      88 400
```

【分析2】 用银行存款支付代垫运杂费。该业务为付款业务：❶因支付运费属于垫付性质，使企业的资产项目——"应收账款"增加4 080元。❷通过银行付出款项，使企业的资产项目——"银行存款"减少4 080元。应编制以下付款凭证：

```
借：应收账款——金龙公司      4 080
    贷：银行存款                  4 080      付7，附件1张
```

【例6-33】 通过银行收到前欠货款。12月13日：❶收到开户银行转来金龙公司偿还前欠货款的"中国工商银行电汇凭证(收账通知)"，金额为446 000元。❷收到开户银行转来银龙公司偿还前欠货款的"中国工商银行电汇凭证(收账通知)"，金额为297 000元。

> **提示：**
> 经查，"应收账款——银龙公司"账户月初借方余额为279 000元，对方多汇的18 000元经与对方协商作为抵扣下次银龙公司的购货款，不再退回。

【分析】 该业务为收款业务：❶通过银行分别收到款项，使企业的资产项目——"银行存款"增加446 000元、297 000元。❷使企业的资产项目——"应收账款"分别减少446 000元、297 000元。应编制以下2张收款凭证：

```
借：银行存款                446 000
    贷：应收账款——金龙公司      446 000     收5，附件1张

借：银行存款                297 000
    贷：应收账款——银龙公司      297 000     收6，附件1张
```

【例6-34】 货已发出，收到对方签发并承兑的商业汇票。12月15日，采用商业汇票方式向清海市天宏公司销售产品(自己提货)：❶开具的"增值税专用发票"(留"记账联")上注明：A产品150台、单价1 200元、价款180 000元、税额23 400元；B产品96台、单价1 000元、价款96 000元、税额12 480元。❷货已发出，填制"产品出库单"。❸收到天宏公司签发并承兑、期限为5个月、金额为311 880元的商业承兑汇票。

【分析】 该业务为转账业务：❶使企业的资产项目——"应收票据"增加311 880元。❷因销售实现使企业的收入项目——"主营业务收入"下属明细项目"A产品""B产品"分别增加180 000元和96 000元及具有预收性质(抵销上一环节垫付)的负债项目——"应交增值税(销项税额)"增加35 880元。应编制以下转账凭证：

借：应收票据——天宏公司	311 880	
贷：主营业务收入——A产品	180 000	转11，
——B产品	96 000	附件2张
应交税费——应交增值税（销项税额）	35 880	

【例6-35】 商业承兑汇票到期，委托银行收款。❶应收天宏公司2×19年6月29日签发、期限为6个月、金额为213 000元的商业承兑汇票到期。❷填制付款单位为天宏公司的"中国工商银行委托收款凭证"办理委托银行收款手续。❸12月29日，收到银行转来并加盖收讫章的"委托收款凭证（收账通知）"，上列金额为213 000元。

【分析】 该业务为收款业务：❶通过银行收到款项，使企业的资产项目——"银行存款"增加213 000元。❷使企业的资产项目——"应收票据"减少213 000元。应编制以下收款凭证：

借：银行存款	213 000	
贷：应收票据——天宏公司	213 000	收11，附件2张

> **提示：**
> 对即将到期的应收票据，应匡算邮程（即委托收款凭证在路途的时间），在票据到期日前几天办理委托银行收款手续。

【例6-36】 按照合同规定预收货款（定金）。12月25日，收到金额为92 000元的中国工商银行"电汇凭证（收账通知）"，系盛楠公司预付购买A产品的定金。

【分析】 该业务为收款业务：❶通过银行收款，使企业的资产项目——"银行存款"增加92 000元。❷使企业的负债项目——"预收账款"增加92 000元。应编制以下收款凭证：

借：银行存款	92 000	
贷：预收账款——盛楠公司	92 000	收10，附件1张

> **特别解释：**
> 购销双方签订销售合同，购货方先预付一定金额的货款，销货方收到款项后，根据合同规定的日期发货，然后进行货款多退少补的结算手续，或者不予结算待下次预付货款或再次发货时予以冲抵。

【例6-37】 货已发出，货款冲抵预收定金。12月23日，❶填制"产品出库单"发出上月已预收靓丽公司账款的商品。❷开具的"增值税专用发票"（留"记账联"）上注明：A产品250台、单价1 200元、价款300 000元、税额39 000元；B产品200台、单价1 000元、价款200 000元、税额26 000元。❸价税总计565 000元，抵扣上月预收的货款490 000元，余款75 000元对方承诺下月支付。

【分析】 该业务为转账业务：❶因销售收入实现使企业的收入项目——"主营业务收入"下属明细项目"A产品""B产品"分别增加300 000元和200 000元及具有预收性质（抵销上一环节垫付）的负债项目——"应交增值税（销项税额）"增加65 000元。❷用销售收入抵偿债务后，使企业的负债项目——"预收账款"减少565 000元。应编制以下转账凭证：

> **提示：**
> 会计实务中为简化记账手续，余款 75 000 元不转入"应收账款"账户，"预收账款——靓丽公司"账户余额转化为借方余额，表示债权。

```
借：预收账款——靓丽公司              565 000
    贷：主营业务收入——A 产品            300 000       转 16，
                  ——B 产品            200 000       附件 1 张
        应交税费——应交增值税(销项税额)   65 000
```

【例 6-38】 其他业务收入——材料转让。12 月 29 日，本市宏光公司急需甲材料，本公司向宏光公司转让多余的甲材料。❶开具的"增值税专用发票"(留"记账联")上注明：甲材料 800 千克、单价 105 元、价款 84 000 元、税额 10 920 元。❷填制用途为对外销售的"领料单"。❸应收宏光公司 94 920 元，对方承诺下月 20 日付款。

【分析】 该业务为转账业务：❶因材料销售(其他销售)收入实现使企业的收入项目——"其他业务收入"增加 84 000 元及具有预收性质(抵销上一环节垫付)的负债项目——"应交增值税(销项税额)"增加 10 920 元。❷未收到款项，使企业的资产项目——"应收账款"增加 94 920 元。应编制以下转账凭证：

```
借：应收账款——宏光公司              94 920
    贷：其他业务收入——材料销售          84 000       转 17，
        应交税费——应交增值税(销项税额)   10 920       附件 1 张
```

【例 6-39】 其他业务收入——无形资产使用权转让收入。企业在年初将 H 专利技术的使用权转让给宏华机械公司，合同规定年使用费(不含增值税)为 36 000 元并在每月月末收取。❶12 月 29 日，开具的"增值税专用发票"(留"记账联")上注明：价款 3 000 元，税率 6%，税额 180 元。❷收到金额为 3 180 元的转账支票，填制一式二联的"中国工商银行进账单"连同转账支票一同送存开户银行，收到银行加盖"收讫章"的第二联("收账通知")。

【分析】 该业务为收款业务：❶因转让无形资产使用权使企业的收入项目——"其他业务收入"增加 3 000 元及具有预收性质(抵销上一环节垫付)的负债项目——"应交增值税(销项税额)"增加 180 元。❷通过银行收到款项，使企业的资产项目——"银行存款"增加 3 180 元。应编制以下收款凭证：

```
借：银行存款                         3 180
    贷：其他业务收入——无形资产转让      3 000       收 12，附件 2 张
        应交税费——应交增值税(销项税额)    180
```

【例 6-40】 其他业务收入——房屋租赁。企业在年初将一栋办公楼租赁给光明塑料公司，合同规定月租金 20 000 元(不含增值税)并于每月月末收取。12 月 29 日：❶开具的"增值税专用发票"(留"记账联")上注明：价款 20 000 元，税率 9%，税额 1 800 元。❷收到光明塑料公司开来的金额为 21 800 元的转账支票，填制一式 2 联的"中国工商银行进账单"连同转账支

票一同送存开户银行,收到银行加盖"收讫章"的第二联("收账通知")。

【分析】 该业务为收款业务:❶因房屋出租使企业的收入项目——"其他业务收入"增加20 000元和具有预收性质(抵销上一环节垫付)的负债项目——"应交增值税(销项税额)"增加1 800元。❷通过银行收到款项,使企业资产项目——"银行存款"增加21 800元。应编制以下收款凭证:

```
借:银行存款                          21 800
    贷:其他业务收入——房屋租赁           20 000      收13,附件2张
        应交税费——应交增值税(销项税额)   1 800
```

三、销售成本的核算

(一) 销售成本的确认与计量

我国《企业会计准则——基本准则》第三十五条规定,"企业为生产产品、提供劳务等发生的可归属于产品成本、劳务成本等的费用,应当在确认产品销售收入、劳务收入等时,将已销售产品、已提供劳务的成本等计入当期损益。"**销售成本**,是指已销售产品的生产成本或已提供劳务的劳务成本以及其他销售的业务成本。企业在销售过程中,为取得销售收入必然要付出一定数量的商品或提供一定数量的劳务、服务等。所以,在确认和计量销售收入的同时,必须对销售成本进行确认和计量。按照《企业会计准则》的规定,销售成本的确认与计量采用"因果配比"方式,包括主营业务成本和其他业务成本两部分。

1. 主营业务成本的确认与计量

企业销售商品产品、半成品以及提供工业性劳务等业务所形成的成本。将销售一定数量产品的生产成本或提供一定劳务数量的劳务成本,与出售该产品或提供该劳务的销售收入配比,形成了主营业务成本。其计算公式如下:

$$\text{主营业务成本} = \text{产品销售数量或提供劳务数量} \times \text{产品单位生产成本或单位劳务成本}$$

就销售产品而言,上式中的产品单位生产成本可采用多种方法进行计算确定,如先进先出法、加权平均法和个别计价法等,但企业一经选定某一种方法后,不得随意变动。

2. 其他业务成本的确认与计量

企业销售材料、出租包装物、出租固定资产、销售无形资产或转让无形资产使用权等业务所形成的成本。与其他业务收入配比的其他业务成本,包括:销售材料的成本、出租固定资产的折旧额、出租无形资产的摊销额、出租包装物的摊销额。

(二) 账户设置及账户结构

1. "主营业务成本"账户

该账户是核算企业与主营业务收入配比应在本期结转的实际成本的损益类账户。账户结构如下:❶借方登记主营业务发生的实际成本(如从"库

> **特别提示:**
> 主营业务成本的确认与计量,不仅应与主营业务收入的确认在同一会计期间,而且应与主营业务收入在对应的产品数量上保持一致。

存商品"账户转入的本期已销商品的生产成本)。❷贷方登记期末转入"本年利润"账户的主营业务成本。❸期末结转后无余额。❹按照主营业务类别设置明细账,进行明细分类核算。"主营业务成本"账户结构如图 6-27 所示。

图 6-27 "主营业务成本"账户结构

2. "其他业务成本"账户

该账户是核算企业与其他业务收入配比应在本期结转的实际成本或支出的损益类账户。账户结构如下:❶借方登记从相关账户(如"原材料""累计折旧""累计摊销")转入的其他业务成本。❷贷方登记期末转入"本年利润"账户的其他业务成本。❸期末结转后无余额。❹按照其他业务种类设置明细账,进行明细分类核算。"其他业务成本"账户结构如图 6-28 所示。

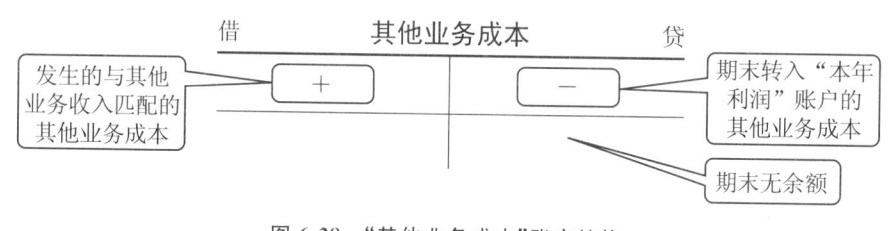

图 6-28 "其他业务成本"账户结构

(三)账务处理举例

(1)根据本期销售各种商品的实际成本,计算应结转的主营业务成本,借记"主营业务成本"账户,贷记"库存商品"账户。

(2)根据本期其他销售的实际成本,计算应结转的其他业务成本,借记"其他业务成本"账户,贷记"原材料"账户、"累计折旧"账户、"累计摊销"等账户。

东海康华机械公司 2×19 年 12 月份发生的有关销售成本业务如下:

【例 6-41】 期末计算并结转本月主营业务成本——产品销售。

(1)期末主营业务成本的计算方法。按照事先确定的期末存货计价方法计算已销商品的单位销售成本,然后按照销售数量和单位销售成本计算已销商品的销售总成本。本教材按照"月末一次加权平均法"来计算本月的主营业务成本。其计算公式如下:

$$\text{某商品月末加权平均单位成本} = \frac{\text{期初结存库存商品成本} + \text{本期入库商品成本}}{\text{期初库存商品数量} + \text{本期入库商品数量}}$$

$$\text{本月已销某商品的销售成本} = \text{本月已销售该商品数量} \times \text{该商品的月末加权平均单位成本}$$

(2) 本期主营业务成本的具体计算。2×19 年 12 月库存商品月初结存、本月收入和本月发出的有关资料整理及"主营业务成本计算表"的计算如下：

❶月初结存：A 产品 400 台，总成本 262 400 元，B 产品 300 台，总成本 158 400 元。❷本月收入：A 产品本月完工入库 800 台，总成本 529 600 元，B 产品本月完工入库 800 台，总成本 413 600 元。❸本月发出：A 产品本月销售 850 台，B 产品本月销售 776 台。

$$A\text{ 产品月末加权平均单位成本} = \frac{262\,400 + 529\,600}{400 + 800} = 660(\text{元}/\text{台})$$

$$A\text{ 产品本月已销产品销售成本} = 850 \times 660 = 561\,000(\text{元})$$

$$B\text{ 产品月末加权平均单位成本} = \frac{158\,400 + 413\,600}{300 + 800} = 520(\text{元}/\text{台})$$

$$B\text{ 产品本月已销产品销售成本} = 776 \times 520 = 403\,520(\text{元})$$

【分析】 结转本期主营业务成本。该业务为转账业务：❶由于销售商品，使企业与销售收入配比的费用项目——"主营业务成本"增加 964 520 元（A 产品 561 000 元、B 产品 403 520 元）。❷由于商品出库，使企业资产项目——"库存商品"减少 964 520 元（A 产品 561 000 元、B 产品 403 520 元）。应编制以下转账凭证：

借：主营业务成本——A 产品	561 000	
——B 产品	403 520	转 26，
贷：库存商品——A 产品		561 000	附件 1 张
——B 产品		403 520	

【例 6-42】 期末计算并结转本月其他业务成本。

(1) 计算并结转本月对外转让材料的成本。月末，汇总"领料单"本月对外转让甲材料 800 千克，采用"月末一次加权平均法"计算得出甲材料的加权平均单价为 100 元/千克。

【分析】 该业务为转账业务：❶由于转让材料，使企业与其他业务收入（材料销售）配比的费用项目——"其他业务成本（材料销售）"增加 80 000 元。❷由于材料出库，使企业的资产项目——"原材料"减少 80 000 元。应填制以下转账凭证：

| 借：其他业务成本——材料销售 | 80 000 | |
| 　贷：原材料——甲材料 | | 80 000 | 转 27，附件 3 张 |

(2) 计提并结转出租房屋的折旧费。月末，根据所编制的"固定资产折旧计提表"，结转出租房屋应计提的折旧费 4 600 元。

【分析】 该业务为转账业务：❶由于计提折旧，使企业与其他业务收入（房屋租赁）配比的费用项目——"其他业务成本（房屋租赁）"增加 4 600

> **请比较：**
>
> 与固定资产计提折旧不同，当月购进的无形资产，当月应进行价值摊销；当月报废的无形资产当月不进行价值摊销。

元。❷使企业的资产备抵项目——"累计折旧"增加4 600元。应填制以下转账凭证：

借：其他业务成本——房屋租赁	4 600	
贷：累计折旧		4 600	转28，附件3张

（3）按照平均年限法进行无形资产摊销。月末，根据"无形资产明细账"编制无形资产摊销表，如表6-11所示。

表6-11

无形资产摊销表

2×19年12月31日

单位：元

名　称	入账时间	原　值	摊销年限	已摊销月数	累计已摊销金额	本月应摊销金额	备注
H专利技术	2×16-12-18	180 000	10	36	54 000	1 500	出租
M专利技术	2×17-08-31	90 000	10	28	21 000	750	自用
N专利技术	2×19-12-01	102 000	10			850	自用
合　计		372 000			75 000	3 100	

【分析】 该业务为转账业务：❶转让无形资产使用权应摊销的金额，与转让无形资产使用权收入计入"其他业务收入（无形资产使用权）"相匹配，使企业的费用项目——"其他业务成本（无形资产使用权）"增加1 500元。❷自用无形资产应摊销的金额，使企业的费用项目——"管理费用"增加1 600元。❸因摊销使企业的**无形资产**价值减少3 100元，贷记"无形资产"账户的备抵账户"累计摊销"账户。应填制以下转账凭证：

> **特别提示：**
>
> "累计摊销"账户也是一个结构特殊的资产类账户，其结构与"累计折旧"账户相似。反映的内容实质上是无形资产价值的减少，分析该账户余额与"无形资产"账户余额后，可确定企业无形资产的净值。

借：其他业务成本——无形资产摊销	1 500	
管理费用——无形资产摊销	1 600	
贷：累计摊销		3 100	转29，附件1张

第五节　经营成果形成与分配业务的核算

一、经营成果的构成与计算

我国《企业会计准则——基本准则》第三十七条指出，"利润是指企业在一定会计期间的经营成果。利润包括收入减去费用后的净额、直接计入当期利润的利得和损失等。"所以，经营成果，是企业一定会计期间收入减去费用后的净额加上当期利得减去当期损失的最终结果。按照利润的品质、作用和计算过程，有营业利润、利润总额和净利润之分。

（一）营业利润的构成与计算

营业利润，是指企业通过组织日常营业活动获得的利润。营业利润是企业最基本经营活动的成果，也是企业一定时期获得利润中最主要、最稳定

的来源,反映了企业盈余的品质。其包含的项目和计算公式如下:

$$\begin{aligned}营业\\利润\end{aligned} = \begin{aligned}营业\\收入\end{aligned} - \begin{aligned}营业\\成本\end{aligned} - \begin{aligned}税\ 金\\及附加\end{aligned} - \begin{aligned}期间\\费用\end{aligned} - \begin{aligned}资产减\\值损失\end{aligned} - \begin{aligned}信用减\\值损失\end{aligned}$$

$$+ \begin{aligned}其他\\收益\end{aligned} \pm \begin{aligned}投\ 资\\净损益\end{aligned} \pm \begin{aligned}公允价值\\变动净损益\end{aligned} + \begin{aligned}资产处\\置收益\end{aligned}$$

式中:

$$营业收入 = 主营业务收入 + 其他业务收入$$
$$营业成本 = 主营业务成本 + 其他业务成本$$
$$期间费用 = 销售费用 + 管理费用 + 财务费用$$

(二) 利润总额的计算

利润总额,是指企业一定会计期间全部经营活动获得的利润。也称为"会计利润"。其计算公式如下:

$$利润总额 = 营业利润 + 营业外收入 - 营业外支出$$

(三) 净利润的计算

净利润,是指在企业利润总额的基础上减去按照税法规定应纳所得税形成的所得税费用后利润。也称为"税后利润"。其计算公式如下:

$$净利润 = 利润总额 - 所得税费用$$

式中:所得税费用,是指企业按照所得税法的规定,在对利润总额进行调整而得到的"应税所得额"和适用税率计算的应纳所得税。

应纳所得税,虽然不是企业生产经营资金的耗费,但它是企业为取得净利润这一最终目的而必须付出的代价,站在这个意义上讲,它是费用,一种特殊的费用——所得税费用。其计算公式如下:

$$应纳所得税额 = 应纳税所得额 \times 适用税率(25\%)$$

式中:应纳税所得额,是指企业按照所得税法的有关规定对会计利润构成项目中,因限制或鼓励而调增或调减后得到的金额。

二、利润总额形成业务的核算

利润总额是在营业利润的基础上加减营业外收支后的结果。营业利润构成项目中,有关营业收入、营业成本的确认与计量,前已专门述及,此处不再赘述。本节主要对营业利润构成项目中的其他项目及营业外收支的内容进行阐述。

(一) 期间费用的核算

1. 期间费用的主要内容

期间费用,是指不能直接归属于某个特定的产品成本,而应直接计入当期损益的各种费用。它是企业在经营过程中随着时间的推移而不断地发生的与产品生产活动的管理和销售有一定的关系,但与产品的制造过程没有

资产处置收益

特别说明:

为简便起见,本书假定对会计利润不需要调整,即会计利润等于应纳税所得额。

直接关系的各种费用。这些费用一般能够很容易地确定其应归属的会计期间,但难以确定其应归属的负担对象,所以期间费用不计入产品制造成本,而是直接从当期损益中扣除。

制造业企业的期间费用按照经济用途可分为**销售费用**、**管理费用**和**财务费用**。这些费用的发生对企业取得收入有很大的作用,但很难与各类收入直接配比,所以将其视为与某一期间的营业收入相关并按其实际发生额予以确认。期间费用中的财务费用的具体内容在本章第一节"资金筹集业务的核算"中述及,此处不再赘述,以下仅对期间费用中的销售费用和管理费用的核算进行介绍。

2. 销售费用的核算

销售费用,是指企业在销售商品和材料、提供劳务等日常经营过程中发生的各项费用。具体包括:保险费、包装费、展览费和广告费、商品维修费、预计产品质量保证损失、运输费、装卸费以及为销售本企业的商品而专设的销售机构(含销售网点、售后服务网点等)的职工薪酬、业务费、折旧费等。

为了核算企业与一定会计期间收入进行配比的各种销售费用的发生和结转情况,应设置"销售费用"账户。账户结构如下:❶借方登记本期发生的销售费用。❷贷方登记期末转入"本年利润"账户的销售费用(转出数)。❸该账户期末结转后无余额。❹该账户应按费用项目设置明细账。"销售费用"账户结构如图 6-29 所示:

图 6-29 "销售费用"账户结构

东海康华机械公司 2×19 年 12 月份发生的有关销售费用业务如下:

【例 6-43】 销售费用——印刷费。12 月 7 日,用银行存款支付宏盛印刷公司的商标和使用说明书的印刷费。❶收到的"增值税专用发票(发票联)"上注明:价款 10 100 元,税额 1 313 元。❷填制"付款审批表"报经有关部门负责人审核同意后,签发收款人为宏盛印刷公司、金额为 11 413 元的"转账支票"(留"存根联")。

【分析】 该业务为付款业务:❶使企业的费用项目——"销售费用"增加 10 100 元。❷使企业的具有垫付性质并可以抵扣的负债项目——"应交增值税(进项税额)"增加 1 313 元。❸通过银行支付项款,使企业的资产项目——"银行存款"减少 11 413 元。应填制以下付款凭证:

借:销售费用——印刷费	10 100	
应交税费——应交增值税(进项税额)	1 313	付 4,
贷:银行存款	11 413	附件 3 张

【例6-44】 **销售费用——广告费。** 12月17日,用银行存款支付阳明广告公司的广告费。❶收到的"增值税专用发票("发票联")"上注明:价款15 000元,税率6%,税额900元。❷填制"付款审批表"报经有关部门负责人审核同意后,签发金额为15 900元的转账支票(留"存根联")。

【分析】 该业务为付款业务:❶使企业的费用项目——"销售费用"增加15 000元。❷使企业的具有垫付性质的并可以抵扣的负债项目——"应交增值税(进项税额)"增加900元。❸通过银行支付项款,使企业的资产项目——"银行存款"减少15 900元。应填制以下付款凭证:

```
借:销售费用——广告费              15 000
    应交税费——应交增值税(进项税额)    900
  贷:银行存款                        15 900
```
付12,附件3张

3. 管理费用的核算

管理费用,是指企业行政管理部门为组织和管理企业的生产经营活动而发生的各种费用。具体包括:企业在筹建期间内发生的开办费、董事会和行政管理部门在企业的经营管理中发生的或者应由企业统一负担的公司经费(包括行政管理部门的职工薪酬、物料消耗、低值易耗品摊销、办公费和差旅费等)、工会经费、董事会费(包括董事会成员津贴、会议费和差旅费等)、聘请中介机构费、咨询费(含顾问费)、诉讼费、业务招待费、技术转让费、矿产资源补偿费、研发费用、排污费等。

为了核算企业与一定会计期间收入进行配比的各种管理费用的发生和结转情况,应设置"**管理费用**"账户。该账户用途与结构参见本章第二节中的"账户设置与结构"。

有关管理费用核算的部分项目(折旧费、工薪费用、物料消耗、办公费、无形资产摊销)的账务处理,已在本书有关章节中进行了介绍。此处主要阐述除以上有关项目以外的管理费用的核算。

东海康华机械公司2×19年12月份发生的有关管理费用业务如下:

【例6-45】 **出差借现金——债权增加。** 12月25日,供销科科员史珍珠出差借现金6 000元。填制"借款单",内容包括借款部门、借款人、借款用途、借款金额、出差地点并经有关部门负责人和领导签字,加盖"现金付讫章"后由出纳员付现金6 000元。

【分析】 该业务为付款业务:❶现金支付款项,使企业的资产项目——"库存现金"减少6 000元。❷使企业的资产项目——"其他应收款"增加6 000元。应编制以下付款凭证:

```
借:其他应收款——史珍珠    6 000
  贷:库存现金                6 000
```
付21,附件1张

【例6-46】 **报销差旅费——报销金额小于原借款金额。** 12月11日,供销科科长朱逸群报销本月1—8日出差的差旅费。❶由出差人填制

"差旅费报销单"(格式参见第五章表 5-15),并经有关部门负责人审核同意后,实报金额 7 592 元(包括出差补助:8 天×180 元/天=1 440 元)。❷"差旅费报销单"后附有关发票 4 张,其中:住宿费增值税专用发票中列明,价款 3 500 元、税额 210 元;火车票 1 张 654 元(票价),票外应计进项税额 54 元[654÷(1+9%)×9%];飞机票 1 张 1 685 元(票价 1 560 元、民航发展基金 50 元、燃油费附加 75 元),票外应计进项税额 135 元[(1 560+75)÷(1+9%)×9%];长途汽车票 1 张 103 元(票价),票外应计进项税额 3 元[103÷(1+3%)×3%]。❸交回现金余款 408 元,由财务科开具金额为 408 元的"收款收据"。

【分析 1】 报销差旅费,抵扣原借款。该业务为转账业务:❶实报金额 7 592 元,扣除进项税额 402 元(210+54+135+3),应计入管理费用的金额为 7 190 元,使企业的费用项目——"管理费用"增加 7 190 元。❷使企业的具有垫付性质并可抵扣的负债项目——"应交增值税(进项税额)"增加 402 元。❸使企业的债权资产项目——"其他应收款"减少 7 592 元。应编制以下转账凭证:

借:管理费用——差旅费	7 190	
应交税费——应交增值税(进项税额)	402	转6,附件1张
贷:其他应收款——朱逸群	7 592	

【分析 2】 该业务为收款业务:❶收到现金,使企业的资产项目——"库存现金"增加 408 元。❷使企业债权资产项目——"其他应收款"减少 408 元。应编制以下收款凭证:

借:库存现金	408	
贷:其他应收款——朱逸群	408	收4,附件1张

> **请思考:**
> 如果朱逸群实报差旅费为 8 592 元,即报销金额大于原借款金额,其他条件不变,应如何进行账务处理?

【例 6-47】 报销审计鉴证费。12 月 27 日,通过银行支付世华会计师事务所审计鉴证费。❶收到的"增值税专用发票(发票联)"上注明:价款 7 000 元,税额 420 元。❷填制"付款审批表"报经有关部门负责人审核同意后,签发收款人为世华会计师事务所、金额为 7 420 元的"转账支票"(留"存根联")。

【分析】 该业务为付款业务:❶使企业的费用项目——"管理费用"增加 7 000 元及具有垫付性质并可以抵扣的负债项目——"应交增值税(进项税额)"增加 420 元。❷通过银行付款,使企业的资产项目——"银行存款"减少 7 420 元。应编制以下付款凭证:

借:管理费用——审计鉴证费	7 000	
应交税费——应交增值税(进项税额)	420	付24,附件3张
贷:银行存款	7 420	

【例 6-48】 非资本性支出的固定资产修理费全部计入"管理费用"。12 月 29 日,支付车间房屋和办公大楼修理费。❶收到上海高峰建筑公司开具的"增值税专用发票(发票联)",其上列示:车间房屋修理,价款

12 000 元,税额 720 元;办公大楼修理价款 8 300 元,税额 498 元。❷填制"付款审批表"报经有关部门负责人审核同意后,签发金额为 21 518 元的"转账支票"(留"存根联")。

【分析】 该业务为付款业务:❶使企业的费用项目——"管理费用"增加 20 300 元和具有垫付性质并可抵扣的负债项目——"应交增值税(进项税额)"增加 1 218 元。❷通过银行付款,使企业的资产项目——"银行存款"减少 21 518 元。应编制以下付款凭证:

```
借:管理费用——修理费           20 300
   应交税费——应交增值税(进项税额) 1 218    付26,附件3张
  贷:银行存款                  21 518
```

(二)增值税及销售税费的核算

1. 应纳增值税及销售税费的确认与计量

(1) 应纳增值税的确认与计量。❶**增值税**——是对在我国境内销售货物或者加工、修理修配劳务,销售服务、无形资产、不动产以及进口货物的单位和个人,就其销售货物、劳务、服务、无形资产、不动产的增值额和货物进口金额为计税依据课征的一种流转税。❷**应纳增值税**——企业在购进应税货物或劳务时支付的增值税形成了进项税额,在销售货物或劳务时代收的增值税形成了销项税额,一定时期(纳税期限)的销项税额与进项税额相抵后的差额,即为应纳增值税或待抵扣增值税。

(2) 应纳销售税费的确认与计量。增值税是针对生产经营各环节就其增值额而征收的一种"价外税",而销售税费是指企业缴纳的除增值税外的各种"价内税",主要包括应纳消费税、应纳城市维护建设税、应纳教育费附加等。❶**应交消费税**——企业生产和销售应税消费品时按销售额或销售数量计算确定的应纳税金。❷**应交城市维护建设税**——纳税人以本期实际缴纳的增值税税额为计税依据,按规定的税率计算确定的应纳税金。❸**应交教育费附加**——纳税人以本期实际缴纳的增值税税额为计税依据,按规定的缴费率计算确定的费用。❹由于增值税是价外税,所以,应纳增值税不应作为销售收入的减项。❺应纳消费税、应交城市维护建设税和应交教育费附加是价内税,属于**营业性税费**,应作为销售收入的减项,采用"**期间配比**"方式计入当期损益。

2. 账户设置及账户结构

(1)"税金及附加"账户。该账户是核算企业与一定会计期间的收入进行**期间配比**的各种营业性税费的损益类账户。账户结构如下:❶借方登记按照相关计税依据计算的各种税费的应纳数。❷贷方登记期末转入"本年利润"账户的各种税费(转出数)。❸期末结转后无余额。❹按税费名称设置明细账,进行明细分类核算。"税金及附加"账户结构如图 6-30 所示。

```
         借      税金及附加       贷
按照计税依据计算出的  ┌─────┐  ┌─────┐  期末转入"本年
消费税、城市维护建设  │  +  │  │  -  │  利润"账户的税金
税及教育费附加等     └─────┘  └─────┘  及附加额
```

图 6-30 "税金及附加"账户结构

增值税纳税申报流程

(2)"应交税费"账户。该账户是核算企业按税法规定应缴纳的各种税费的计算与实际缴纳情况的损益类账户。账户结构如下:❶贷方登记计算出的各种应交而未交税费的增加。这些税费包括增值税、消费税、资源税、城市维护建设税、教育费附加、所得税、房产税、土地使用税、车船税、资源税等。❷借方登记实际缴纳的各种税费,包括支付的增值税进项税额。❸期末余额方向不固定,如果在贷方,表示应交未交税费的结余额;如果在借方,表示多交的税费。❹按税费种类设置明细账户,进行明细分类核算。"应交税费"账户结构如图6-31所示。

```
          借        应交税费        贷
实际缴纳的各种税费 [ − ]        [ + ]  计算出的应交
                                      而未交的税费
                          [期末余额]
```

图6-31 "应交税费"账户结构

(3)"应交税费——应交增值税(已交税金)"账户。❶该账户属于"应交增值税"明细账户的借方专栏,专门核算纳税人按照税法规定在月中缴纳的增值税。❷企业在月中实际缴纳时,借记"应交税费——应交增值税(已交税金)"账户,贷记"银行存款"账户。

(4)"应交税费——应交增值税(转出未交增值税)"账户。❶该账户属于"应交增值税"明细账户的借方专栏,专门核算纳税人本月应纳增值税额大于本月已交增值税额(已交税金)应转入下月缴纳的增值税额。❷企业在月末计算出本月应交未交的增值税税额时,借记"应交税费——应交增值税(转出未交增值税)"账户,贷记"应交税费——未交增值税"账户。

(5)"应交税费——应交增值税(转出多交增值税)"账户。❶该账户属于"应交增值税"明细账户的贷方专栏,专门核算纳税人本月因应纳增值税额小于本月已交增值税额(已交税金)而应转入下月抵交的增值税额。❷企业在月末计算出本月多交的增值税税额时,借记"应交税费——未交增值税"账户,贷记"应交税费——应交增值税(转出未交增值税)"账户。

(6)"应交税费——未交增值税"账户。该账户是核算纳税人应交而未交的增值税税额的损益类账户。账户结构如下:❶贷方登记本月应纳增值税大于本月已交增值税(已交税金)转入下月缴纳的增值税(转出未交增值税)。❷借方登记实际交纳的上月未交增值税。❸期末贷方余额,反映企业应交而未交的增值税税额。

3.账务处理举例

东海康华机械公司2×19年12月份发生的应纳增值税及销售税费的业务如下:

【例6-49】 应交增值税——已交税金。12月17日,通过银行"电子缴税付款平台"缴纳本月1—15日的应交增值税6 008元,收到打印的"中国工商银行电子缴税付款凭证(第二联"付款回单")。

【分析】 该业务为付款业务:❶**按照纳税期限**计算并缴纳1—15日应

交增值税,使企业法定负债项目——"应交增值税(已交税金)"减少6 008元。❷通过银行支付,使企业的资产项目——"银行存款"减少6 008元。应填制以下付款凭证:

> 借:应交税费——应交增值税(已交税金)　　6 008
> 　　贷:银行存款　　　　　　　　　　　　　　　　6 008
>
> 付13,附件1张

【例6-50】 应交税费——计算本月应交增值税和转出未交增值税。月末,根据"应交增值税明细账"的专栏"进项税额""销项税额""已交税金"记录的发生额,编制"应纳增值税及未交增值税计算表"(见表6-12),计算并结转本月应纳增值税及应转出的未交增值税。

表6-12　　　　　　　　　　应纳增值税及未交增值税计算表
2×19年12月31日　　　　　　　　　　　　　　　　　　　　　单位:元

项　目	当期销项税额	当期进项税额	当期应纳增值税	已交增值税	转出未交增值税
计算过程	❶	❷	❸=❶-❷	❹	❺=❸-❹
金　额	246 900	203 600	43 300	6 008	37 292

【分析】 该业务为转账业务:❶应将本月未交增值税37 292元从"应交增值税"账户反方向转出,借记"应交税费——应交增值税(转出未交增值税)"账户。❷使企业的负债项目——"应交税费(未交增值税)"账户增加37 292元。应填制以下转账凭证:

> 借:应交税费——应交增值税(转出未交增值税) 37 292
> 　　贷:应交税费——未交增值税　　　　　　　　　　 37 292
>
> 转30,附件1张

【例6-51】 销售税费——应交城市维护建设税和应交教育费附加的计算。月末,编制"应纳销售税费计算表"(见表6-13),计算并结转本月应交城市维护建设税和教育费附加。

表6-13　　　　　　　　　　　应纳销售税费计算表
2×19年12月31日　　　　　　　　　　　　　　　　　　　　单位:元

项　目	计税依据	金　额	税　率	应纳税额
城市维护建设税	本月应纳增值税与消费税之和	43 300	7%	3 031
教育费附加	本月应纳增值税与消费税之和	43 300	3%	1 299
合　计				4 330

【分析】 该业务为转账业务:❶因销售而发生了纳税义务,使企业的负债项目——"应交税费"增加4 330元。❷城市维护建设税和教育费附加是价内税费,应作为销售税费,从销售收入中扣除,使企业的费用项目——"税金及附加"增加4 330元。应填制以下转账凭证:

```
借：税金及附加——城市维护建设税        3 031
            ——教育费附加              1 299     转31，
   贷：应交税费——应交城市维护建设税   3 031    附件1张
             ——应交教育费附加           1 299
```

【例6-52】 应交税费的实际缴纳。12月9日，填写"税收专用缴款书"，缴纳上月未交增值税60 000元；填写"税收通用缴款书"，缴纳上月应交所得税46 000元、上月应交城市维护建设税9 800元、教育费附加4 200元。根据国库经收处（纳税人的开户银行）收款盖章后退缴款单位的第一联（收据）作完税凭证。

【分析】 该业务为付款业务：❶使企业的负债项目——"应交税费"下属明细项目"未交增值税""应交所得税""应交城市维护建设税""应交教育费附加"分别减少60 000元、46 000元、9 800元、4 200元。❷通过银行支付，使企业的资产项目——"银行存款"减少120 000元。应填制以下付款凭证：

```
借：应交税费——未交增值税              60 000
           ——应交所得税                46 000
           ——应交城市维护建设税         9 800   付8，
           ——应交教育费附加             4 200   附件1张
   贷：银行存款                        120 000
```

（左侧）增值税网上申报现场操作视频

【例6-53】 不记入"应交税费"账户并实行"三自"缴纳的印花税。12月27日，报税员报销购买购销合同应贴印花税票360元（购销金额1 200 000×0.3‰）。❶收到"印花税票销售凭证（第二联购买单位记账）"。❷填制"付款审批表"报经有关部门负责人审核同意后，以现金付讫。

【分析】 该业务为付款业务：❶这一费用性税金使企业的费用项目——"税金及附加"增加360元。❷现金支付，使企业的资产项目——"库存现金"减少360元。应填制以下付款凭证：

```
借：税金及附加——印花税        360     付25，
   贷：库存现金                       360   附件2张
```

（三）信用减值损失与资产减值损失的核算

1. 减值损失及其包括的内容

减值损失，是指企业在资产负债表日，经过对资产的测试，判断资产可回收金额低于账面价值而计提资产减值准备所确认的相应损失。按照现行企业会计准则，减值损失包括"资产减值损失"和"信用减值损失"。

（1）根据《企业会计准则第8号——资产减值》，"资产减值损失"是指企业在资产负债表日，对各项资产（不包括金融资产）进行测试，判断资产的可收回金额低于其账面价值而计提资产减值损失准备所确认的相应损失。需进行资产减值测试的主要有固定资产、无形资产以及除特别规定外的其他资产,包括对存货计提跌价准备、对固定资产计提减值准备损失,但不包括应收账款计提坏账准备所确认的减值损失。

(2) 根据《企业会计准则第 22 号——金融工具确认和计量》应用指南的解释,企业应当在资产负债表日计算金融工具(或金融工具组合)预期信用损失。如果该预期信用损失大于该工具(或组合)当前减值准备的账面金额,企业应当将其差额确认为减值损失,借记"信用减值损失"科目,根据金融工具的种类,贷记"债权投资减值准备""坏账准备"等账户。

本书主要阐述应收款项减值损失的核算,并采用"余额百分比法"计提坏账准备。其他减值损失将在后续课程"中级财务会计学"和"高级财务会计学"中阐述。

2. 账户设置及账户结构

(1)"坏账准备"账户,是资产类账户的抵减账户,核算应收款项应计提和转销的坏账准备。账户结构如下:❶贷方登记资产负债表日应计提的坏账准备金额。❷借方登记实际发生坏账损失时应冲销的坏账准备金额。❸该账户期末如有贷方余额,表示已计提但尚未转销的坏账准备。❹该账户期末如有借方余额,表示实际发生的坏账损失大于已计提的坏账准备。❺在年末应有贷方余额。❻按"应收账款"和"其他应收款"设置明细账,进行明细分类核算。"坏账准备"账户结构如图 6-32 所示。

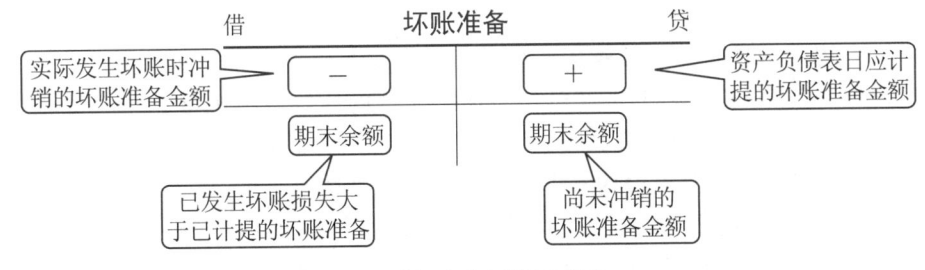

图 6-32 "坏账准备"账户结构

(2)"信用减值损失"账户,是损益类账户,核算期末计提确认的各项金融资产减值准备所形成的损失。❶借方登记因计提各项金融资产减值准备而确认的信用减值损失。❷贷方登记期末转入"本年利润"账户的信用减值损失(转出数)。❸期末结转后无余额。❹按金融资产减值损失的项目进行明细核算。"信用减值损失"账户结构如图 6-33 所示。

图 6-33 "信用减值损失"账户结构

3. 账务处理方法

(1) 资产负债表日,应收款项发生减值的,按应减记的金额,借记"信用减值损失"账户,贷记"坏账准备"账户。❶本期应计提的坏账准备大于其账面余额的,应按差额计提。❷本期应计提的坏账准备小于其账面余额的,按差额冲销。

(2)对于确实无法收回的应收款项,按管理权限报经批准后作为坏账处理,转销应收款项,借记"坏账准备"账户,贷记"应收账款"和"其他应收款"等账户。

(3)对于已确认并转销的应收款项以后又收回的,按照实际收回的金额,借记"银行存款"账户,贷记"坏账准备"账户。

4. 账务处理举例

东海康华机械公司2×19年12月份发生的有关信用减值的业务如下:

【例6-54】 发生坏账,注销应收账款,冲减坏账准备。12月11日,经确认于2×17年3月入账的应收上海华光公司的货款11 000元已无法收回。填制"坏账损失确认单",并经公司董事会讨论决定按照有关规定作为坏账注销处理。

【分析】 该业务为转账业务:❶因实际发生坏账,使企业计提的应收款项的抵减项目——"坏账准备"减少11 000元。❷企业的应收账款应予以注销11 000元。应填制以下转账凭证:

```
借:坏账准备——应收账款         11 000
    贷:应收账款——华光公司              11 000    转7,附件1张
```

【例6-55】 收回已确认并转销的应收款项——恢复坏账准备。12月13日,通过银行收到上年度已作为坏账注销的应收诚信机械公司的货款。收到"中国建设银行电汇凭证(收账通知)",上列金额为5 000元。

【分析】 该业务为收款业务:❶通过银行收到款项,使企业的资产项目——"银行存款"增加5 000元。❷使企业计提的应收款项的抵减项目——"坏账准备"得以恢复(增加)5 000元。应填制以下收款凭证:

```
借:银行存款                    5 000
    贷:坏账准备——应收账款             5 000    收7,附件1张
```

【例6-56】 年末计提坏账准备,确认信用减值损失。资产负债表日,进行应收款项减值测试,按照应收账款减值损失的历史数据,确定本年度应计提坏账准备的比例为应收款项余额的4.5%。12月31日,经计算本年度应补提坏账准备39 460元并编制"坏账准备计提表"。有关数据及计算过程如下:"坏账准备——应收账款"账户:❶本月月初有贷方余额8 068元。❷【例6-54】本月发生坏账损失11 000元。❸【例6-55】本月收回已注销的坏账5 000元。❹年末计提坏账准备前"坏账准备"账户贷方余额为2 068元。❺期末应收款项942 400元("应收账款"账户下属"金龙公司"和"宏光公司"明细账户期末借方余额分别为772 480元和94 920元,"预收账款——靓丽公司"账户期末借方余额75 000元),即为年末计提坏账准备的基数。

$$\text{当期应计提的坏账准备} = \text{当期按应收账款期末余额计算应计提的坏账准备金额} + (\text{或} -) \text{坏账准备账户借方余额(或贷方余额)}$$

当期应计提的坏账准备＝942 400×4.5%－(8 068－11 000＋5 000)
＝42 408－2 068＝40 340（元）

【分析】 该业务为转账业务：❶因计提坏账准备使企业的利润抵减项目——"信用减值损失"增加 40 340 元。❷使企业计提的应收款项抵减项目——"坏账准备"增加 40 340 元。应填制以下转转账证：

借：信用减值损失——计提坏账准备	40 340	转32，附件1张
贷：坏账准备——应收账款	40 340	

(四) 营业外收支业务的核算

1. 营业外收支业务的主要内容

(1) 营业外收入，是指与企业正常的生产经营活动没有直接关系的、不构成企业营业利润的各项收入。包括：❶盘盈利得。❷罚款收入。❸捐赠利得等。

(2) 营业外支出，是指与企业正常生产经营活动没有直接关系的、不构成企业营业利润以外的各项支出。包括：❶非流动资产毁损报废损失。❷罚款支出。❸捐赠支出等。

需特别指出的是：营业外收入不是由企业经营资金耗费所产生的，并未付出代价，实际上是一种纯收入，因而无法与有关的费用支出相配比。营业外支出并非是为取得营业外收入而发生的，两者之间不存在配比关系。

形象比喻：

主营业务收入、其他业务收入、营业外收入之间的区别，好比农民种地，收割稻子出售稻谷属于"主营业务收入"，将稻草卖了，就是"其他业务收入"；翻耕稻田挖到一罐"金子"就是"营业外收入"。

2. 账户设置及账户结构

(1) "营业外收入"账户，是核算企业实现及结转的各项营业外收入的损益类账户。账户结构如下：❶贷方登记营业外收入的增加。❷借方登记期末转入"本年利润"账户的贷方的各项营业外收入的转出数。❸期末经结转后无余额。❹按照收入的具体项目设置明细账户，进行明细分类核算。"营业外收入"账户结构如图 6-34 所示。

借	营业外收入	贷
期末转入"本年利润"账户的利得	－	＋ 实现的利得
		期末无余额

图 6-34 "营业外收入"账户结构

(2) "营业外支出"账户，是核算企业发生及结转的各项营业外支出的损益类账户。账户结构如下：❶借方登记各"损失"项目的增加。❷贷方登记期末转入"本年利润"账户借方的各项损失的转出数。❸期末经结转后无余额。❹按各"损失"项目设置明细账，进行明细分类核算。"营业外支出"账户结构如图 6-35 所示。

借	营业外支出	贷
损失的发生（增加）	＋	－ 期末转入"本年利润"账户的损失
		期末无余额

图 6-35 "营业外支出"账户结构

(3)"固定资产清理"账户,是核算企业因出售、报废和毁损等原因转入清理的固定资产的价值,以及在清理过程中发生的清理费用和清理收入等,并据以确定清理损益的资产类账户。账户结构如下:❶借方登记被清理固定资产的清理成本,包括:账面净值、清理费用。❷贷方登记被清理固定资产的清理收入,包括:出售固定资产价款、残料变价款、残料验收入库时的预估价值、过失人赔偿款等。❸如有借方差额,表示清理成本大于清理收入而发生的净损失,应由贷方结转到"营业外支出"或"资产处置损益"账户的借方。❹如有贷方差额,表示清理收入大于清理成本,实现的净收益,应由借方结转到"营业外收入"或"资产处置损益"账户的贷方。❺结转后无余额。❻按固定资产清理项目设置明细账。"固定资产清理"账户结构如图6-36所示。

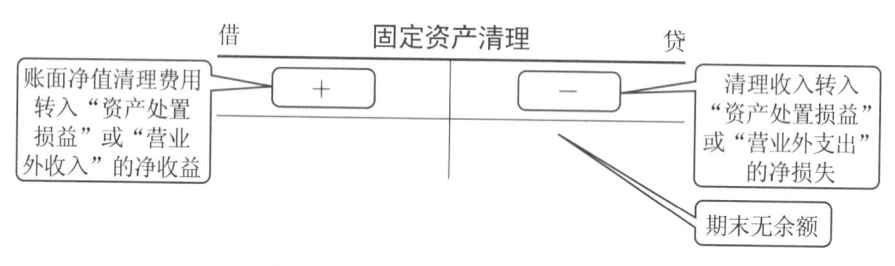

图 6-36 "固定资产清理"账户结构

3. 账务处理举例

东海康华机械公司 2×19 年 12 月发生的有关营业外收支的业务如下:

【例 6-57】 无法支付的应付款项——不再符合负债定义。12 月 13 日,将 3 年前应付大同市浩杰公司的货款 6 000 元,因其倒闭按规定将应付账款确认为营业外收入。填制"无法支付应付款项确认单",并经公司董事会讨论决定按照有关规定作为营业务收入处理。

【分析】 该业务为转账业务:❶因债权单位倒闭应付账款无法支付已不再符合负债的定义,使企业的利得项目——"营业外收入"增加 6 000 元。❷使企业的负债项目——"应付账款"减少 6 000 元。应填制以下转账凭证:

| 借:应付账款——浩杰公司 | 6 000 | 转8, |
| 贷:营业外收入——债务收入 | 6 000 | 附件1张 |

【例 6-58】 捐赠支出与罚没支出。12 月 17 日,通过银行向中国红十字会捐赠 82 000 元。❶收到的"行政事业单位收费发票(发票联)",上列捐款额 82 000 元。❷填制"付款审批表"报经有关部门负责人审核同意后,填制"信汇凭证"办理付款手续,收到银行加盖转讫章的第一联("回单联")。

【分析】 该业务为付款业务:❶因公益性捐赠使企业的损失项目——"营业外支出(捐赠支出)"增加 82 000 元。❷通过银行付款,使企业的资产项目——"银行存款"减少 82 000 元。应填制以下付款凭证:

```
借：营业外支出——捐赠支出        82 000
    贷：银行存款                        82 000
```
付14,附件2张

【例6-59】 固定资产报废、毁损和处置变卖，产生营业外支出或资产处置损益。固定资产报废、毁损和处置变卖时，将固定资产账面价值(折余价值)和清理费用从变卖收入中扣除，从而形成一定的收益(处置收入大于其净值)或损失(处置收入小于其净值)。

(1) 固定资产报废转入清理，注销固定资产原值与已提折旧。12月15日，将本公司报废的HW52机床转入清理。填列"固定资产处置清理单"，该设备原始价值为80 000元，已提折旧为74 000元。

【分析】 该业务为转账业务：❶使企业的资产项目——"固定资产"(原值)减少80 000元。❷一是反映固定资产价值损耗的抵减项目——"累计折旧"74 000元应随着固定资产的减少而注销，借记"累计折旧"账户；二是反映固定资产提前报废而转出的账面价值6 000元，借记"固定资产清理"账户。应编制以下转账凭证：

> **特别提示：**
> 有关资产处置损益的账务处理将在"中级财务会计"中阐述。

```
借：固定资产清理——HW52机床清理    6 000
    累计折旧                      74 000
    贷：固定资产——机器设备              80 000
```
转12,附件1张

(2) 发生清理费用。12月17日，车间主任填制"现金内部报销单"，报销聘用民工王清民清理固定资产的费用，付现金500元。

【分析】 该业务为付款业务：❶直接现金支付，使企业的资产项目——"库存现金"减少500元。❷使反映固定资产清理的损益项目——"固定资产清理"增加500元。应编制以下付款凭证：

```
借：固定资产清理——HW52机床清理    500
    贷：库存现金                        500
```
付15,附件1张

(3) 处置固定资产变价收入。12月17日，将该报废的设备出售给通达汽车修厂：❶开具的增值税专用发票(留"记账联")上注明：价款4 000元，增税额520元。❷收到金额为4 520元的"转账支票"，填制"中国工商银行进账单"连同转账支票一同送交开户银行并收讫。

【分析】 该业务为收款业务：❶使企业的收入项目——"固定资产清理"贷方增加4 000元及具有预收性质的负债项目——"应交增值税(销项税额)"增加520元。❷通过银行收款，使企业的资产项目——"银行存款"增加4 520元。应编制以下收款凭证：

```
借：银行存款                      4 520
    贷：固定资产清理——HW52机床清理    4 000
        应交税费——应交增值税(销项税额)  520
```
收8,附件1张

> **请思考：**
> 如果该设备出售价款8 000元，其他条件不变，还会产生营业外支出吗？应如何进行账务处理？

> **知识拓展：**
> 根据《企业会计准则第42号——持有待售的非流动资产、处置组和终止经营》，企业出售划分为持有待售的固定资产等非流动资产，以及处置未划分为持有待售的固定资产等非流动资产，产生的处置利得或损失，通过"资产处置损益"账户进行核算。❶处置以上资产如果产生清理净收益，借记"固定资产清理"账户，贷记"资产处置收益"账户。❷如果产生清理净损失，借记"资产处置收益"账户，贷记"固定资产清理"账户。

> 企业所得税的年终汇算清缴与纳税调整

（4）计算并结转固定资产清理净损失，计入营业外支出。12月17日，填制"固定资产清理损益计算表"，该固定资产清理发生净损失2 500元（4 000－6 000－500）。

【分析】该业务为转账业务：❶使企业的损失项目——"营业外支出"增加2 500元。❷应反方向转销贷记"固定资产清理"账户的差额2 500元。应编制以下转账凭证：

借：营业外支出——固定资产报废损失	2 500	转13，
贷：固定资产清理——HW52机床清理	2 500	附件1张

资产处置收益与营业外收支的区别：❶营业外收入核算与企业日常活动无关的政府补助、盘盈利得、捐赠利得等。❷营业外支出核算公益性捐赠支出、非常损失、盘亏损失、非流动资产毁损报废损失等。❸固定资产的处置利得，在利润表中，以"资产处置收益"项目列报。❹固定资产的报废毁损，在利润表中，以"营业外支出"项目列报。

通过前述各项经济业务的核算，就可以计算确定企业的营业利润和利润总额如下：

营业利润＝营业收入1 903 000元（主营业务收入1 796 000元＋其他业务收入107 000元）－营业成本1 050 620（主营业务成本964 520元＋其他业务成本86 100元）－税金及附加4 690元－期间费用238 850元（销售费用124 300元＋管理费用111 690元＋财务费用2 860元）－信用减值损失40 340元＝568 500(元)

利润总额＝营业利润568 500元＋营业外收入6 000元－营业外支出84 500元＝490 000(元)

三、净利润的核算

净利润是利润总额扣除所得税费用后的结果，有关利润总额构成的收入总额（包括"利得"）的核算与费用总额（包括"损失"）的核算前已述及，本部分主要介绍所得税费用与本年利润（包括利润总额及净利润）的核算方法。

（一）所得税费用的核算

1. 企业所得税的计缴方法

根据企业所得税法的规定，企业应纳所得税采取"按年计算、分期据实预交、年终汇算清缴"的方式。其中：❶"按年计算"，是指以一个会计年度为企业所得税的纳税期。❷"分期据实预交"，是指按月度或按季度（分期）实现的利润总额（据实）和规定的所得税税率计算应纳所得税税额，并在下月（或下季）月初（或季初）实际缴纳。❸"年终汇算清缴"是指对企业按照企业会计准则计算的利润总额（会计利润），按照所得税法的规定进行调整后的应税所得额和适用税率计算的应纳所得税额，扣除已据实预缴的所得税额，计算应补缴或应退还的所得税额。❹特别提示：企业所得税前利润中予以调整的项目，及在下年度的3—4月份进行并完成的年终汇算清缴的内容，将在后续课程"中级财务会计"中阐述。

2. "所得税费用"账户及其结构

企业按月(或按季)应预缴的所得税形成所得税费用,应通过"所得税费用"账户进行核算。该账户:❶借方登记按照应税所得额计算的应纳所得税额形成的从会计利润中抵扣的所得税费用。❷贷方登记期末转入"本年利润"账户的所得税费用。❸经过结转后,该账户期末无余额。"所得税费用"账户结构如图6-37所示。

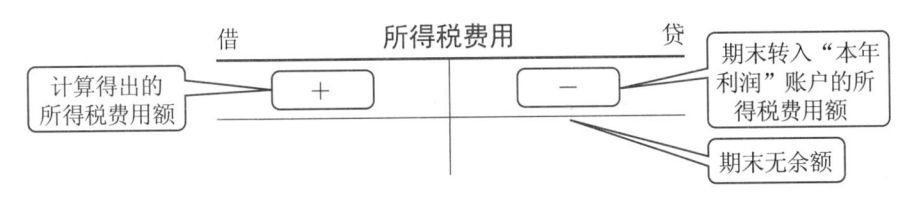

图6-37 "所得税费用"账户结构

(二)"本年利润"账户及其损益结转的"账结法"和"表结法"

1. "本年利润"账户及其结构

按照我国会计准则的要求,企业一般应当按月核算利润,按月核算利润有困难的,经批准,也可以按季或者按年核算利润。在会计核算中,本年利润(包括:利润总额、净利润)的计算确定是通过设置"本年利润"账户来完成的。

该账户属于所有者权益类账户,用来核算企业在一定时期内净利润的形成或亏损的发生情况的账户。❶其贷方登记期末由各收入(包括"利得")类账户反方向转入的各项收入。❷借方登记期末由各费用(包括"损失")类账户反方向转入的各项费用。❸该账户年内期末余额:如果在贷方,表示实现的累计净利润;如果在借方,表示发生的累计亏损。❹在年末应将该账户的余额转入"利润分配——未分配利润"账户,如为贷方余额(净利润),应自该账户的借方转入"利润分配"账户的贷方;如为借方余额(亏损),应自该账户的贷方转入"利润分配"账户的借方;经过结转后,该账户年末没有余额。❺特别提示:关于"本年利润"账户的结构与核算内容,应结合以下如何计算确定本期利润总额、净利润和本年累计利润总额、累计净利润的"账结法"和"表结法"加以理解。"本年利润"账户结构如图6-38所示。

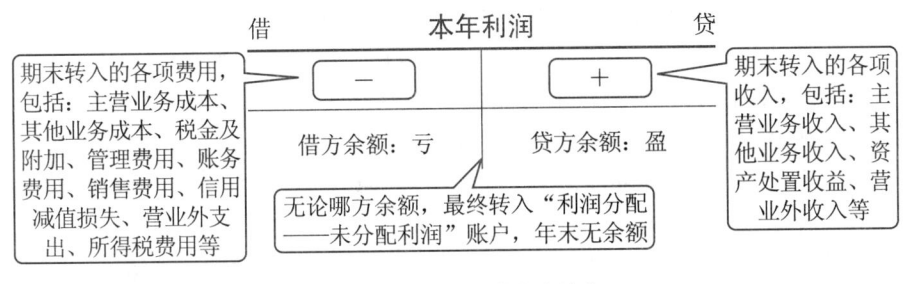

图6-38 "本年利润"账户结构

2. 本年利润结计的方法之一——"账结法"

账结法,是指在每月月末编制转账凭证将各损益类账户发生额转入"本年利润"账户,通过"本年利润"账户借方发生额与贷方发生额的比较,来

重点提示:

"本年利润"账户的设置和使用,取决于企业所采用的利润结计方法。

计算本期利润(或亏损)的一种利润计算方法。

账结法下"本年利润"账户的结构与登记分为以下三步：

第一步，计算确定利润(或亏损)总额：❶各月末应该将本月收入总额——收入类账户的贷方发生额，反方向转入"本年利润"账户的贷方，即借记"主营业务收入"等收入类账户，贷记"本年利润"账户。❷将本月费用总额——费用类账户(暂不包括"所得税费用"账户)的借方发生额，反方向转入"本年利润"账户的借方，即借记"本年利润"账户，贷记"主营业务成本"等费用类账户。❸通过"本年利润"账户借方发生额与贷方发生额的比较，来确定本期实现的利润总额(贷方差额)或发生的亏损总额(借方差额)。

第二步，计算确定净利润：❶以各月"本年利润"账户的贷方差额(利润总额)作为本月据实预缴所得税的计税基础，计算应交所得税并形成所得税费用，借记"所得税费用"账户，贷记"应交税费——应交所得税"账户。❷将本月"所得税费用"账户借方发生额，反方向转入"本年利润"账户的借方，即借记"本年利润"账户，贷记"所得税费用"账户。❸此时，"本年利润"账户的贷方(或借方)余额，即为截至本月末本年累计已实现的净利润(或已发生的净亏损)。❹在年度内该账户的余额一直保留不予结转(即"本年利润"账户的余额为累计数)。

第三步，计算确定未分配利润(或未弥补亏损)：❶年终，"本年利润"账户如果有贷方余额并按规定进行利润分配后，为计算未分配利润，应将"本年利润"账户的年末贷方余额(净利润)，自该账户反方向转入"利润分配——未分配利润"账户，借记"本年利润"账户，贷记"利润分配——未分配利润"账户。❷年终，"本年利润"账户如果有借方余额(净亏损)，为计算未弥补亏损，应将"本年利润"账户的年末借方余额(净亏损)，自该账户反方向转入"利润分配——未分配利润"账户，借记"利润分配——未分配利润"账户，贷记"本年利润"账户。❸年末该账户经结转后，应无余额。

3. 本年利润结计的方法之二——"表结法"

表结法，是指用"利润表"结转期末损益类账户来直接计算期末利润(或亏损)，并在年末通过"本年利润"账户将全部损益类账户的余额予以结转的一种利润计算方法。

在表结法下：❶各损益类账户每月末只需结计出本月发生额和月末余额，暂不结转至"本年利润"账户，各损益类账户有期末余额并表示截至本月末累计发生额；❷在每月月末将损益类账户的本月发生额填入"利润表"的"本月数"栏，同时将月末余额填入"利润表"的"本年累计"栏，即各期末通过"利润表"计算反映各期的利润(或亏损)。❸在年终结算时，再按照"账结法"将各损益类账户的12月月末余额(即全年累计发生额)，通过编制结账分录转入"本年利润"账户，结转后各损益类科目的余额为0。❹"本年利润"账户集中反映了全年累计净利润的实现或亏损的发生情况。

（三）账务处理举例

东海康华机械公司2×19年12月份发生的净利润业务如下：

【例6-60】 收入、费用的结转——利润总额的计算。"账结法"下的利润总额和净利润的计算,是根据有关损益类账户的记录来进行的,并无相关的原始凭证,但本书为了叙述的方便,将前述【例 6-1】至【例 6-59】中有关损益类账户结转前的记录汇总整理后如表 6-14 所示。

表 6-14　　　　　**本月损益类账户结转前发生额或余额表**

2×19 年 12 月 31 日　　　　　　　　　　　　　　单位:元

收入类账户	贷方金额	费用类账户	借方金额	费用类账户	借方金额
主营业务收入	1 796 000	主营业务成本	964 520	管理费用	111 690
其他业务收入	107 000	其他业务成本	86 100	财务费用	2 860
营业外收入	6 000	税金及附加	4 690	信用减值损失	40 340
		销售费用	124 300	营业外支出	84 500
收入合计 1 909 000		费用合计 1 419 000			
利润总额 = 1 909 000 - 1 419 000 = 490 000(元)					

会计主管签章:　　　　　　　　　　　　　　　制证人签章:

【分析 1】　收入类账户的结转——反方向转记至"本年利润"账户的贷方。该业务为转账业务:应反方向借记"主营业务收入"等有关收入类账户,贷记"本年利润"账户。应填制以下转账凭证:

```
借:主营业务收入          1 796 000
    其他业务收入            107 000         转 33,
    营业外收入                6 000         附件 1 张
    贷:本年利润                      1 909 000
```

【分析 2】　费用类账户的结转——反方向转记至"本年利润"账户的借方。该业务为转账业务:应反方向贷记"主营业务成本"等有关费用类账户,借记"本年利润"账户。应填制以下转账凭证:

```
借:本年利润              1 419 000
    贷:主营业务成本            964 520
        其他业务成本             86 100
        税金及附加                4 690         转 34,
        销售费用                124 300         附件 0 张
        管理费用                111 690
        财务费用                  2 860
        信用减值损失             40 340
        营业外支出               84 500
```

【例 6-61】　按月据实预缴企业所得税申报及所得税费用的计算。❶根据本年度各损益类账户下属明细账结账后的"本年累计金额",编制"损益类账户全年累计发生额汇总表"(见表 6-15 所示)。❷根据"损益类账户全年累计发生额汇总表",结合有关明细账,按照所得税申报表填制要求,填列该公司 12 月份"企业所得税按月(季)度预缴纳税申报表(A 类)"简易(见表 6-16 所示),本期应补所得税额 122 500 元。

表 6-15　　　　　　　损益类账户全年累计发生额汇总表

(12 月份计算预缴所得税前)　　　　　　　　　　　　　单位:元

账户名称	金　　额	借或贷	账户名称	金　　额	借或贷
主营业务收入	9 253 000	贷	管理费用	786 190	借
其他业务收入	469 000	贷	财务费用	20 960	借
营业外收入	87 100	贷	资产减值损失	34 500	借
主营业务成本	4 430 520	借	信用减值损失	40 340	借
其他业务成本	305 100	借	营业外支出	322 000	借
税金及附加	31 640	借	所得税费用	697 500	借
销售费用	557 850	借			

表 6-16　　　　　企业所得税按月(季)度预缴纳税申报表(A 类)简易

税款所属期间:　　2×19 年 12 月 1 日至 20×9 年 12 月 31 日
纳税人识别号: 9 1 3 1 0 2 8 1 9 0 W H 6 4 5 0 G
纳税人名称:东海康华机械公司　　　　　　　　　金额单位:人民币元(列至角分)

预缴方式	☑按照实际利润额预缴	□按照上一纳税年度应纳税所得额平均额预缴
企业类型	☑一般企业	□跨地区经营汇总纳税企业总机构

预缴税款计算

行次	项　　目	本年累计金额
1	营业收入	9 722 000
2	营业成本	4 735 620
3	利润总额	3 280 000
4	加:特定业务计算的应纳税所得额	0
5	减:不征税收入	0
6	减:免税收入、减计收入、所得减免等优惠金额	0
7	减:固定资产加速折旧(扣除)调整额	0
8	减:弥补以前年度亏损	0
9	实际利润额(3+4-5-6-7-8)	3 280 000
10	税率(25%)	25%
11	应纳所得税额(9×10)	820 000
12	减:减免所得税额	0
13	减:实际已缴纳所得税额	697 500
14	减:特定业务预缴(征)所得税额	0
15	本期应补(退)所得税额(11-12-13-14)	122 500

谨声明:此纳税申报表是根据《中华人民共和国企业所得税法》《中华人民共和国企业所得税法实施条例》以及有关税收政策和国家统一会计制度的规定填报的,是真实的、可靠的、完整的。

法定代表人(签章):　　　　2×19 年　12 月 31 日

注:本表的营业收入、营业成本项目仅填企业发生的主营业务和其他业务,与利润总额计算无关。

【分析1】 预缴所得税税额计算——产生负债并形成所得税费用。该业务为转账业务：❶按税法规定本月应预缴的所得税需在下月缴纳,使企业的法定负债项目——"应交税费(应交所得税)"增加 122 500 元。❷企业从利润总额中扣除的特殊费用项目——"所得税费用"增加 122 500 元。应填制以下转账凭证：

借：所得税费用　　　　　　　122 500	
贷：应交税费——应交所得税　 122 500	转35,附件1张

【分析2】 结转本月所得税费用——反方向转记至"本年利润"账户,计算企业的净利润。该业务为转账业务:应反方向贷记"所得税费用"账户至"本年利润"账户的借方。应填制以下转账凭证:

借：本年利润　　　　　　　　122 500	
贷：所得税费用　　　　　 122 500	转36,附件0张

所得税费用转入"本年利润"账户之后,就可以根据"本年利润"账户的借、贷方记录的各项收入(包括"利得")和费用(包括"损失"),计算确定企业的净利润。T形"本年利润"账户的记录如图 6-39 所示。

借方	本年利润		贷方
【例 6-60】结转各项费用损失： 1 419 000		12 月月初余额：	2 092 500
【例 6-61】结转所得税费用： 122 500		【例 6-60】结转各项收入利得：	1 909 000
		月末余额：	2 460 000

图 6-39　"本年利润"账户记录

"本年利润"账户的期末余额 2 460 000 元,即为东海康华机械公司的本年净利润(税后利润)。

四、利润分配业务的核算

利润分配,是指企业在实现利润的情况下,对净利润按照《公司法》及公司章程的有关规定和程序在有关方面进行分配。

(一) 利润分配的主要内容和顺序

在不存在用当年利润弥补亏损的情况下,净利润一般按照下列顺序进行分配：

1. 提取法定盈余公积

法定盈余公积,是企业根据《公司法》的规定,按本年税后利润的 10% 提取的公共积累。其目的是留有余地并可弥补亏损或转增资本等。

2. 提取任意盈余公积

任意盈余公积,是指企业按照公司董事会、股东大会等的决议,按照所批准的比例从净利润中提取的公共积累。任意盈余公积的提取,减少了当

> **重点提示：**
> ❶当企业法定盈余公积金达到企业注册资本的 50% 时,可不再提取法定盈余公积。
> ❷转增资本后的企业盈余公积的数额不得少于转增前注册资本的 25%。

期可以分派股利的利润额,其目的在于保持财力以应付特殊情况。如果企业估计未来有足够的现金流入,也可以不提任意盈余公积。

3．向投资者分配利润或股利(俗称"分红")

企业当年提取了盈余公积后的净利润,加上年初未分配利润,为当年可供分配的利润,可在各投资者之间按照投资比例进行分配。

利润分配的主要内容和顺序如图6-40所示。

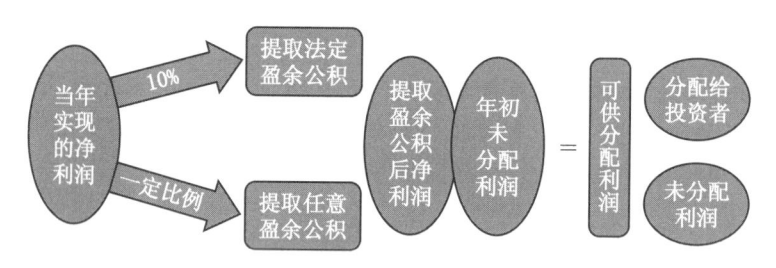

图6-40 利润分配的主要内容和顺序

4．未分配利润

未分配利润,是指可供向投资者分配的利润在扣除实际向投资者分配的利润后的留待以后年度进行分配的部分。

> **特点：**
> 未分配利润是企业所有者权益的一个重要部分。相对于所有者权益的其他部分来讲,企业对未分配利润的安排有较大的自主权。

(二)账户设置、账户结构及账户对应关系

1．"利润分配"账户

该账户是核算企业按照规定的项目进行利润分配(或未弥补的亏损)和历年分配(或弥补)后的积存余额的所有者权益类账户。账户结构如下：❶借方登记利润的分配额和亏损转入额。❷贷方登记利润转入额和亏损弥补额。❸年末如为贷方余额,表示未分配的利润额。❹年末如为借方余额,表示未弥补亏损额。❺按"提取法定盈余公积""提取任意盈余公积""应付股利""未分配利润"设置明细账户,进行明细分类核算。"利润分配"账户结构如图6-41所示。

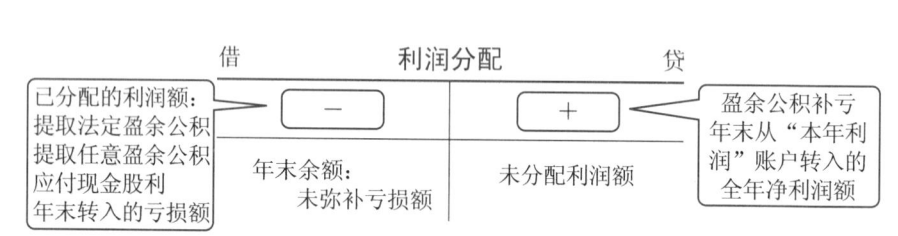

图6-41 "利润分配"账户结构

由于"利润分配"账户核算的项目较多且各项目之间差异较大,所以,将该账户的结构分为以下几个明细账户进行说明。

(1)"利润分配——提取法定盈余公积"账户：❶借方登记年末按《公司法》规定提取的法定盈余公积。❷贷方登记年末转入"利润分配——未分配利润"账户借方的已提取的法定盈余公积。❸年终结转到"未分配利润"明细账后,该明细账户无余额。

(2) "利润分配——提取任意盈余公积"账户:❶借方登记年末按公司董事会决议提取的任意盈余公积。❷贷方登记年末转入"利润分配——未分配利润"账户借方的已提取的任意盈余公积。❸年终结转到"未分配利润"明细账后,该明细账户无余额。

(3) "利润分配——应付利润"账户:❶借方登记年末按规定应分配给投资者的利润。❷贷方登记年末转入"利润分配——未分配利润"账户借方的本年度已分配给投资者的利润。❸年终结转到"未分配利润"明细账后,该明细账户无余额。

(4) "利润分配——未分配利润"账户:🍄核算企业本年度实现的净利润(或发生的亏损)与已分配利润并确定未分配利润(或未弥补亏损)及历年积存的未分配利润(或未弥补亏损)。❶年终,借方登记由"利润分配——(各分配项目明细账)"账户转来的已分配利润(或由"本年利润"账户转来的本年度亏损)。❷贷方登记年末由"本年利润"账户转来的本年度实现的净利润。❸年末如为贷方余额,表示历年累计的未分配利润。❹年末如为借方余额;表示历年累计的未弥补亏损。

请您思考:
为了更清楚地反映年终利润分配和未分配利润余额的形成情况,是否可以将"利润分配——未分配利润"的二级账户"未分配利润"提升为一级账户?

2. "盈余公积"账户

该账户是核算企业按规定从净利润中计提及使用的盈余公积金的所有者权益类账户。账户结构如下:❶贷方登记从税后利润中提取的盈余公积。❷借方登记盈余公积的减少,如弥补亏损等。❸期末贷方余额,表示盈余公积金结余额。❹分别"法定盈余公积"和"任意盈余公积"进行明细核算。"盈余公积"账户结构如图 6-42 所示。

```
              借    盈余公积    贷
实际使用的 →  [  -  ] | [  +  ]  ← 年末按规定提取
  盈余公积              |              的盈余公积
                    [期末余额]
```

图 6-42 "盈余公积"账户结构

3. "应付股利"账户

该账户是核算企业宣告利润分配方案后应付给投资者的利润(或股利)的所有者权益类账户。账户结构如下:❶贷方登记按分配决议应付给投资者的利润(现金股利)。❷借方登记实际支付的利润(现金股利)。❸期末有贷方余额,表示企业已宣布分配但尚未支付给投资者的利润(现金股利)。❹按照投资者设置明细账,进行明细核算。"应付股利"账户结构如图 6-43 所示。

```
              借    应付股利    贷
实际支付的 →  [  -  ] | [  +  ]  ← 已宣布分配但尚未
利润或股利             |              支付的利润或股利
                    [期末余额]
```

图 6-43 "应付股利"账户结构

(三) 账务处理举例

【例 6-62】 可供分配利润的计算及利润分配。❶本年可供分配利润为 2 629 500 元("本年利润"账户年末结转前贷方余额 2 460 000 元加"利润分配"账户年初贷方余额 169 500 元)。❷按规定提取 10% 的法定盈余公积 246 000 元和 5% 的任意盈余公积 123 000 元。❸公司董事会决议批准分配利润 1 800 000 元。❹按照年末各投资者投资额比例(港城公司占 45%;强生公司占 45%;祥云公司占 10%)进行利润分配。根据上述资料,整理编制可供分配利润计算及利润分配表如表 6-17 所示。

表 6-17

可供分配利润计算及利润分配表

2×19 年 12 月 31 日 单位:元

项　　目	金　额	项　　目	金　额
全年预计净利润	2 460 000	可供分配的净利润	2 260 500
减:全年应提取法定盈余公积(10%)	246 000	应付股利(董事会决议批准分配)	1 800 000
全年应提取任意盈余公积(5%)	123 000	其中:港城公司(占 45%)	810 000
扣除盈余公积后的本年净利润	2 091 000	强生公司(占 45%)	810 000
加:年初未分配利润	169 500	祥云公司(占 10%)	180 000

【分析】 该业务为转账业务:❶以提取法定盈余公积、任意盈余公积和向投资者分配利润的形式,使企业抵减本年利润的利润分配项目——"提取法定盈余公积"增加 246 000 元、"提取任意盈余公积"增加 123 000 元、"应付股利"增加 1 800 000 元。❷使企业的留存收益项目——"盈余公积"增加 369 000 元及负债项目——"应付股利"增加 1 800 000 元。应填制以下转账凭证:

```
借:利润分配——提取法定盈余公积      246 000
          ——提取任意盈余公积      123 000
          ——应付股利          1 800 000
  贷:盈余公积——法定盈余公积         246 000
          ——任意盈余公积         123 000       转 37,
      应付股利——港城公司            810 000      附件 1 张
          ——强生公司              810 000
          ——祥云公司              180 000
```

【例 6-63】 已实现的利润和已分配利润的结转及未分配利润的计算。查有关账户的记录:❶本年已实现净利润为"本年利润"账户贷方期末余额 2 460 000 元。❷本年已分配利润为"利润分配"账户下属的"提取法定盈余公积""提取任意盈余公积"和"应付利润"明细账户的期末借方余额,分别为 246 000 元、123 000 元和 1 800 000 元。❸本年已实现净利润 2 460 000 元扣除本年已分配利润 2 169 000 元,即本年度末分配利润为 291 000 元,加上年初未分配利润 169 500 元,即为累计结存的未分配利润 460 500 元。

具体操作步骤：❶将已实现的净利润由"本年利润"账户的借方转入"利润分配——未分配利润"账户的贷方。❷将已分配的利润由"利润分配"及其下属明细账户贷方转入"利润分配——未分配利润"账户的借方。❸"利润分配——未分配利润"账户年末贷方余额，即历年积存的未分配利润。将以上账务处理资料整理后如表6-18所示。

表6-18　　　　　　　已实现和已分配利润结转及未分配利润计算表

2×19年12月31日　　　　　　　　　　　　　　　　　　　　单位：元

账户名称	结转情况	结转前余额 借方	结转前余额 贷方	实际结转 借方	实际结转 贷方	结转后余额 借方	结转后余额 贷方
本年利润			2 460 000	2 460 000		无	无
利润分配	提取法定盈余公积	246 000			246 000	无	无
利润分配	提取任意盈余公积	123 000			123 000	无	无
利润分配	应付利润	1 800 000			1 800 000	无	无
利润分配	未分配利润		169 500	2 169 000	2 460 000		460 500

会计主管签章：　　　　　　　　　　　　　　　　　　　　　制表人签章：

【分析1】　结转本年已实现的利润，结转"本年利润"账户至"利润分配——未分配利润"账户。该业务为转账业务：❶企业用来计算本年实现的净利润的"本年利润"账户已登记完毕，应予以反方向结平，即借记"本年利润"账户。❷企业用来为计算未分配利润的"利润分配——未分配利润"账户增加应予以贷记。应填制以下转账凭证：

借：本年利润　　　　　　　　　　　2 460 000
　　贷：利润分配——未分配利润　　　　　2 460 000　　转38，附件1张

【分析2】　结转本年已分配的利润至"利润分配——未分配利润"账户，计算累计未分配利润。该事项为转账业务：❶企业用来反映已分配利润的"提取法定盈余公积""提取任意盈余公积"和"应付利润"明细账户的登记已完毕，应予以反方向结平，即贷记"利润分配"账户及其下属明细账户。❷将已分配的利润结转至用来计算未分配利润的"利润分配——未分配利润"账户，以抵减本年已实现的利润，借记"利润分配——未分配利润"账户，通过该账户计算累计未分配利润。应填制以下转账凭证：

借：利润分配——未分配利润　　　　　　　2 169 000
　　贷：利润分配——提取法定盈余公积　　　　246 000
　　　　　　　——提取任意盈余公积　　　　　123 000　　转39，附件0张
　　　　　　　——应付利润　　　　　　　　1 800 000

摘要：原始凭证1张附在转34$\frac{1}{2}$凭证后。

第七章　账户的分类

通过上一章结合制造业企业的主要经济业务的处理，阐述了一系列具有代表性的账户及其应用，我们知道了每个账户都是从某一个侧面反映和监督会计要素的变化过程及结果，知道了借助于账户才可以把各种各样的经济业务，按其经济内容的特征归类后，使会计资料系统化，为企业的经营管理及与企业有关的各个方面提供决策有用的会计信息。

在企业生产经营的各个环节，对各种不同的经济业务，都要设置和运用特定的账户，每个账户都有既定的适用范围和专门用途，各账户之间具有明显的区别，这对于正确使用每一个账户反映不同的经济业务是十分必要的。但是，账户彼此之间并不是孤立的，而是相互关联地形成一个完整的账户体系。

根据经济业务内容的不同设置并反映它们增减变化情况的账户，因经济业务内容的内在联系和某些账户在使用方法上的共同点，决定了各账户之间又是相互联系的。所以，各账户之间既有区别，也有联系；既有个性，也存在着共性。为了更好地在反映经济活动过程及结果中运用这些账户，就有必要进一步研究账户的分类，不仅要弄清楚各个账户之间的区别，即了解每个账户的特性，而且还要研究账户之间的内在联系，从账户的特性中概括出共性，以便掌握各类账户在设置和提供会计指标方面的规律性，并从实践操作上了解账户的内容、用途和结构。

账户可以按不同的标准，从不同角度进行分类。但主要的分类是按经济内容的分类和按用途和结构的分类。其中，账户按经济内容的分类是最基础的分类。

第一节　账户按经济内容的分类

一、账户按照经济内容分类的意义

账户的经济内容，是指账户所反映的会计对象的具体内容。如前所述，按照我国会计准则的规定，企业会计对象的具体内容可以分为资产、负债、所有者权益、收入、费用和利润六大类会计要素。与此相适应，账户按照经济内容分类，也可以分为资产类账户、负债类账户、所有者权益类账户、收入类账户、费用类账户和利润类账户。

对以上账户分类可以作如下调整：其一，由于企业在一定期间实现的利润最终归属于所有者，所以在按账户的经济内容分类时，可以将反映利润要

> **温故知新：**
> 会计对象也可以具体概括为会计要素的增减变化。

素的账户并入所有者权益类；其二，由于许多企业，特别是制造业企业，产品成本计算的工作量多、难度大，而且成本会计信息又直接决定着企业整体会计信息的质量，因此有必要将反映企业产品成本内容的账户从资产类账户中分离出来，单独设置成本类账户；其三，企业在一定期间取得的收入利得，以及需要按照配比原则从该期收入中直接扣除的各项费用损失，都体现在损益计算中，还有在会计实务中经常要设置一些既反映收益又反映损失的双重性质账户，因此可以将涉及损益计算的收入类账户和费用类账户合并为"损益类"账户。

二、账户按照经济内容的具体分类

根据上述说明，账户按其反映的经济内容，可分为资产类账户、负债类账户、所有者权益类账户、成本类账户和损益类账户五大类。

(一) 资产类账户

资产类账户，是指反映企业若干个资产项目价值增减变化及其余额情况的账户。按照资产的流动性，又可以分为：❶反映流动资产的账户。❷反映非流动资产的账户。

1. 反映流动资产的账户

具体包括：❶反映现金资产的账户，如"库存现金""银行存款"等账户。❷反映金融资产的账户，如"交易性金融资产"等账户。❸反映结算债权的账户，如"应收票据""应收账款""其他应收款""预付账款""坏账准备"等账户。❹反映存货资产的账户，如"材料采购""在途物资""原材料""库存商品"等账户。

2. 反映非流动资产的账户

具体包括：❶反映长期投资的账户，如，"长期股权投资"等账户。❷反映固定资产的账户，如"在建工程""固定资产""累计折旧"等账户。❸反映无形资产的账户，如"无形资产""累计摊销"等账户。❹反映其他资产的账户，如"长期待摊费用"等账户。

(二) 负债类账户

负债类账户，是指反映负债金额的增减变化及其余额情况的账户。按债务偿还期限的长短不同，又可以分为以下两大类：❶反映流动负债的账户。❷反映非流动负债的账户。

1. 反映流动负债的账户

具体包括：❶反映经营活动形成的负债账户，如"短期借款""交易性金融负债""应付票据""应付账款""预收账款""应付职工薪酬""其他应付款"等账户。❷反映经营成果分配形成的负债账户，如"应付股利""应交税费"等账户。

2. 反映非流动负债的账户

具体包括：❶反映向金融机构负债的账户，如"长期借款"等账户。❷反映向社会公众负债的账户，如"应付债券"等账户。❸反映向租赁公司负债的账户，如"租赁负债"等账户。

（三）所有者权益类账户

所有者权益账户，是指反映企业所有者权益的增减变化及余额情况的账户。按照所有者权益的来源渠道不同，可以分为四大类：

（1）反映所有者原始投资形成的权益的账户，如"实收资本"或"股本"账户。

（2）反映原始投入与经营过程共同形成的权益的账户，如"资本公积"账户。

（3）反映经营过程中形成的权益的账户，如"盈余公积"账户。

（4）反映未分配利润情况的账户，如"本年利润""利润分配"账户。

（四）成本类账户

成本类账户，是指反映企业生产费用发生情况并与某一资产项目成本计算有关的账户。对于制造业企业而言，是指在生产过程中用来归集生产费用，计算产品生产成本的账户，如"生产成本""制造费用"等账户。

成本类账户与资产类账户有着密切的关联。费用一定是资产的耗费，由于其耗费的目的不同并有不同会计要素确认。当费用与某一会计期间相关时，应确认为费用；当费用与某一成本计算对象有关时，应确认为资产，如"生产成本"和"制造费用"账户是用来核算为某一产品制造发生的资产耗费，其载体是在产品。所以，"生产成本"和"制造费用"账户在按照经济内容进行分类时，既是成本类账户，也可以归入资产类账户。

按照我国《企业会计准则》的规定，为突出制造业企业的特点，成本类账户应单独列示而不包括在资产类账户中。会计上的费用概念有广义与狭义之分，广义的费用是指资产的耗费，狭义的费用仅仅是指与收入配比的费用。

（五）损益类账户

损益类账户，是指那些核算内容与经营成果的计算确定直接相关的账户。该类账户可以有多种分类方式。

1. 按与损益组成内容关系的分类

按照与损益组成内容的关系可分为三类：

（1）反映营业性损益的账户，如"主营业务收入""主营业务成本""税金及附加""其他业务收入""其他业务成本""销售费用""管理费用""财务费用""投资收益"等账户。

（2）反映营业外收支的账户，如"营业外收入""营业外支出"账户。

（3）反映企业所得税费用的账户，如"所得税费用"账户。

2. 按损益配比方式的分类

按照损益配比的方式可分为两类：

（1）反映损益**直接配比**方式的账户，如"主营业务收入""主营业务成本""其他业务收入""其他业务成本"账户。

（2）反映损益**期间配比**方式的账户，如"销售费用""管理费用""财务费用""投资收益""税金及附加""营业外收入""营业外支出""所得税费

> **进一步理解：**
> 成本类账户也可以理解为是与某一成本计算对象相关的资产类账户。费用是资产的耗费，对象化的费用是成本，成本一般具有实物载体。

> **约定俗成：**
> 会计上许多概念具有约定俗成的含义界定，如"制造费用"虽然称为费用，但实际上是成本；而"主营业务成本"虽然称为成本，但实际上是费用。

用"账户。

第二节 账户按用途和结构的分类

一、账户按用途和结构分类的意义

账户按经济内容分类,对于在会计核算中,正确地区分账户的经济性质,科学设置账户并提供信息使用者管理与决策需要的各种核算指标具有重要的意义,以及为编制会计分录确定借贷方向提供了方便。但是,要想深入地理解和掌握账户在提供核算指标方面的规律性,正确地设置和运用账户来记录经济业务,还有必要掌握账户按用途和结构的分类。

账户的用途,是指设置和运用账户的目的,即通过账户记录能提供什么会计核算指标。**账户的结构**,是指账户如何记录经济业务并提供会计核算指标。在借贷记账法下,是指账户的借方和贷方记录什么增减内容,期末有无余额并在账户的哪一方,表示什么经济含义。

账户的经济内容决定账户的本质,它是账户分类的基础和出发点,账户的用途和结构直接或间接地依存于账户的经济内容,其一般规律是反映同类经济内容的账户,其账户的用途也应当是相通的。例如,企业的资产类账户,其用途是提供各种资产的实有数额及其增减变化情况,因此,它们的结构是借方登记增加数,贷方登记减少数,期末余额在借方,表示期末资产的实际结存数。

受管理要求的影响,账户并不完全是按其反映的经济内容设置的,两者的分类不可能完全一致。**一方面,经济内容属于相同类别的账户,可能具有不同的用途和结构**,例如"固定资产"和"累计折旧"账户都属于反映资产类账户,都是用来核算企业的固定资产,但它们的用途和结构却不同;**另一方面,经济内容属于不相同类别的账户,却可能具有相同或相似的用途和结构**,例如"应收账款"和"预收账款"账户,虽然经济内容分别属于资产类账户和负债类账户,但它们的用途和结构却相同。

综上所述,账户按经济内容的分类虽然是最基本的分类,但它不能代替账户按用途和结构的分类。账户按用途和结构的分类就是在账户按经济内容分类的基础上,对用途和结构基本相同的账户进行归类,是对账户按经济内容分类的必要补充,以便更加准确地掌握和熟练地运用账户来记录企业的经济业务。

> **知识扩展:**
> 您知道实账户(亦称资产负债表账户)和虚账户(亦称利润表账户)的概念吗?

二、账户按照用途和结构的具体分类

以制造业企业为例,在借贷记账法下,账户按用途和结构进行分类,一般可分为盘存账户、结算账户、所有者投资账户、集合分配账户、跨期摊配账户、成本计算账户、收入计算账户、费用计算账户、财务成果计算账户、调整

账户、计价对比账户 11 类。

(一) 盘存账户

盘存账户,是用来核算企业各项货币性资产、实物资产的增减变动及其结存情况的账户。主要包括:"库存现金""银行存款""交易性金融资产""原材料""库存商品""在建工程""固定资产"等账户。

盘存账户的基本结构是:❶借方登记增加数。❷贷方登记减少数。❸期末余额在借方,表示实际结存数。盘存账户的基本结构如图 7-1 所示。

> **多重属性:**
> 当"生产成本""材料采购"账户有余额时,分别表示在产品、在途材料,具有盘存账户的属性。

盘 存 账 户

期初余额:期初货币性资产和实物资产的结存金额	
发生额:本期货币性资产和实物资产的增加金额	发生额:本期货币性资产和实物资产的减少金额
期末余额:期末现金资产、货币性资产和实物资产的结存金额	

图 7-1　盘存账户基本结构

盘存账户的特点:其一,可以通过实物盘点或对账的方法确定其实有数,并通过实有数与账面数进行核对,以查明实存的财产物资和货币资金在管理上及使用上存在的问题;其二,盘存类账户,除"库存现金""银行存款"和"交易性金融资产"账户外,其余账户的明细账都可以提供金额和实物数量两种指标。

(二) 结算账户

结算账户,是用来核算企业与其他单位或个人之间发生的债权、债务结算业务的账户。由于结算业务性质的不同,决定了结算账户具有不同的用途和结构,一般可分为债权结算账户、债务结算账户以及债权债务结算账户三类。

1. 债权结算账户

债权结算账户,亦称为资产结算账户,是专门用来核算企业与各债务单位或个人之间的债权(应收、暂付)结算业务的账户。主要包括:"应收票据""应收账款""预付账款""其他应收款"等账户。

债权结算账户的基本结构是:❶借方登记增加数。❷贷方登记减少数。❸期末余额一般在借方,表示期末尚未收回或冲销的债权实有数。债权结算账户的基本结构如图 7-2 所示。

债权结算账户

期初余额:期初尚未收回的应收款项及未结算的预付款	
发生额:本期应收款项及预付款项的增加额	发生额:本期应收款项及预付款项的减少额
期末余额:期末尚未收回的应收款项及未结算的预付款	

图 7-2　债权结算账户基本结构

2. 债务结算账户

债务结算账户，亦称负债结算账户，是用来核算企业与各债权单位或个人的债务（应付、暂收）结算业务的账户。主要包括："短期借款""应付票据""应付账款""预收账款""应付职工薪酬""应交税费""应付利润""其他应付款""长期借款"等账户。

债务结算账户的基本结构是：❶贷方登记增加数。❷借方登记减少数。❸期末余额一般在贷方，表示期末尚未偿还债务的实有金额。债务结算账户的基本结构如图 7-3 所示。

债务结算账户

	期初余额：期初尚未偿还的应付款项及未结算的预付款
发生额：本期应付款项及预收款项的减少额	发生额：本期应付款项及预收款项的增加额
	期末余额：期末尚未偿还的应付款项及未结算的预收款

图 7-3　债务结算账户基本结构

3. 债权债务结算账户

债权债务结算账户，亦称往来结算账户，是用来核算企业与其他单位或个人之间的往来结算业务的账户。企业在实际经营活动中，常常与某些企业发生往来业务，在与同一个单位发生往来业务的过程中，企业有时充当债权人的角色，有时又充当债务人的角色。于是，为了便于集中反映企业与同一单位发生的债权、债务的往来结算情况，就有必要设置和运用既属债权结算、又属债务结算的往来账户，即资产和负债双重性账户。

如企业不单独设置"预收账款"账户，可按规定将预收货款的业务并入"应收账款"账户核算，于是"应收账款"账户就形成债权债务结算账户，既要反映债权的发生及收回，又要反映债务的发生及偿还。

对于不单独设置"预付账款"账户，而将预付货款的业务并入"应付账款"账户核算的单位，"应付账款"账户就属于债权债务结算账户。除此之外，"待处理财产损溢"等账户，也属于债权债务结算账户。

债权债务结算账户的基本结构是：❶借方登记债权的增加数及债务的减少数。❷贷方登记债务的增加数及债权的减少数。❸期末余额如在借方，表示月末尚未收回的债权大于月末尚未偿付的债务的金额。❹期末余额如在贷方，表示期末尚未偿还的债务大于期末尚未收回债权的金额。债权债务结算账户的基本结构如图 7-4 所示。

债权债务结算账户

期初余额：期初债权大于债务的差额 发生额：本期债权增加额 　　　　本期债务减少额（或偿还）	或：期初余额：期初债务大于债权的差额 发生额：本期债务增加额 　　　　本期债权减少额（或收回）
期末余额：期末债权大于债务的差额	或：期末余额：期末债务大于债权的差额

图 7-4　债权债务结算账户基本结构

需要特别注意是：❶债权债务结算账户的期末余额，无论是在借方还是在贷方，并不表示债权或债务的实存额，只表示期末债权、债务增减变动后的差额。❷该类账户下属明细账户的借方余额之和与贷方余额之和的差额，应当与总分类账户的余额相等。❸月末编制资产负债表时，不能根据总账账户余额的方向来判断余额的性质，而应根据明细分类账户余额的方向来判断是资产还是负债，从而真实地反映债权债务的实际情况。

下面以"应收账款"和"预收账款"合二为一的"应收账款"账户为例，说明该类账户的用途和结构。

【例 7-1】 M 公司 11 月初应收甲公司的货款为 50 000 元，上月预收乙公司的货款 30 000 元。本月发生如下经济业务：

(1) 向甲公司赊销商品 50 000 元。
(2) 向甲公司收回货款 60 000 元。
(3) 向丙公司预收货款 90 000 元。
(4) 向乙公司发货 40 000 元。

M 公司"应收账款"账户登记的内容如图 7-5 所示。

借方	应收账款		贷方
期初余额 20 000			
(1) 本期应收款增加数	50 000	(2) 本期应收款减少数	60 000
(4) 本期预收款减少数	40 000	(3) 本期预收款增加数	90 000
发生额合计	90 000	发生额合计	150 000
		期末余额	40 000

图 7-5 "应收账款"账户结构

结算账户的特点：一是必须按照发生结算业务的对方单位或个人名称设置明细分类账户；二是只提供金额指标。

(三) 所有者投资账户

所有者投资账户，亦称资本账户，是用来核算企业投资者投入的原始资本以及生产经营过程中形成的归投资者享有的权益的增减变动及其实有数额情况的账户。主要包括："实收资本""资本公积""盈余公积"等账户。

所有者投资账户的基本结构是：❶贷方登记增加额。❷借方登记减少额。❸期末余额在贷方，表示所有者权益的实有额。所有者投资账户的基本结构如图 7-6 所示。

所有者投资账户

发生额：所有者投资的本期减少额	期初余额：所有者投资的期初实有额
	发生额：所有者投资的本期增加额
	期末余额：所有者投资的期末实有额

图 7-6 所有者投资账户基本结构

所有者投资账户的特点是:按投资人设置明细账户进行明细分类核算,且只记录金额。

(四) 集合分配账户

集合分配账户,是用来归集和分配生产经营过程中某个阶段所发生的各种间接生产费用的账户。较为典型的是"制造费用"账户。企业在生产经营过程中,往往会发生一些不能或不便于直接计入某一成本计算对象,而应由多个成本计算对象共同负担的生产费用,为减少计算分配的工作量及加强各生产车间间接生产费用的预算控制,对这些费用先按其发生的地点进行归类集中,月末,再按一定的标准分配计入各个成本计算对象。于是就决定了这些费用先集合汇总其增加的发生额,再于期末分配到各成本计算对象。

集合分配账户的基本结构是:❶借方登记生产车间各种间接生产费用的发生额。❷贷方登记期末按一定标准分配计入各个成本计算对象的转出额。❸期末经转出后无余额。集合分配账户的基本结构如图 7-7 所示。

集合分配账户

发生额:生产车间各种间接生产费用的增加额	发生额:分配计入各个成本计算对象的转出额

图 7-7　集合分配账户基本结构

集合分配账户的特点是:具有过渡性质,由于各项间接生产费用在期末要全部分配到各有关成本计算对象,因而月末没有余额。

(五) 跨期摊配账户

跨期摊配账户,是用来核算一次性支付并应由超过一个会计年度的会计期间共同负担的费用的发生、分期摊销及摊余情况的账户。企业在生产经营过程中发生的受益期限超过 1 年的费用,按照权责发生制原则的要求,必须严格划分费用的归属期并合理地分摊到几个会计年度,以正确计算各个会计期间的损益。

> 提示:
> 该账户属于费用性资产账户。

跨期摊配账户的基本结构是:❶借方登记费用的实际发生数或支付数。❷贷方登记应由各个会计期间负担的费用摊配数。❸期末为借方余额,反映已发生或支付但尚未摊销的预付费用。跨期摊配账户的基本结构如图 7-8 所示。

跨期摊配账户

期初余额:以前各期已支付但尚未摊销的预付费用 发生额:本期实际预付额	发生额:预付费用的本期摊销额
期末余额:已经支付但尚未摊销的期末预付费用	

图 7-8　跨期摊配账户基本结构

(六) 成本计算账户

成本计算账户,是用来核算生产经营过程中为生产或取得某一项资产而发生的应计入成本的全部费用,并据以确定该资产(或成本计算对象)实际成本情况的账户。主要包括:"材料采购""生产成本""在建工程"等账户。

成本计算账户的基本结构是:❶借方登记应计入成本计算对象的全部费用(包括可直接计入各个成本计算对象的费用和分配转入各个成本计算对象的费用)。❷贷方登记因分配给已完工产品而转出的各成本计算对象的实际成本。❸期末若有余额,一定在借方,表示尚未完成某一过程的成本计算对象的实际成本,如在途材料、在产品、在建工程等。成本计算账户的基本结构如图 7-9 所示。

成本计算账户

期初余额:上期尚未完工的某成本计算对象的实际成本 发生额:归集应计入成本计算对象的全部费用	发生额:经计算转出已完工的某成本计算对象的实际成本
期末余额:期末尚未完成某成本计算对象的实际成本	

图 7-9 成本计算账户基本结构

成本计算账户的特点有:其一,均以各成本计算对象设置明细分类账户,进行明细分类核算;其二,各明细分类账户既要进行数量记录,也要进行金额记录;其三,若有余额,亦可列入盘存账户。

(七)收入计算账户

收入计算账户,是用来核算企业在一定时期间取得的全部收入的确认及结转情况的账户。主要包括:"主营业务收入""其他业务收入""投资收益""营业外收入"等账户。

收入计算账户的基本结构是:❶贷方登记本期收入的增加额和用"红字"登记本期收入的冲销额。❷借方登记期末结转入"本年利润"账户的转销额。❸期末结转后无余额。收入计算账户的基本结构如图 7-10 所示。

收入计算账户

发生额:期末转入"本年利润"账户的收入转销额	发生额:(1)本期确认的收入 (2)用"红字"登记销货退回收入的冲销额

图 7-10 收入计算账户基本结构

收入计算账户的特点是:只需用金额记录且在期末结转入"本年利润"账户后无余额,所以,收入计算账户具有明显的过渡性质。

(八)费用计算账户

费用计算账户,是用来核算企业在一定时期间内所发生的,应当计入本期损益的各种费用的确认及结转情况的账户。主要包括"主营业务成本""税金及附加""其他业务成本""销售费用""管理费用""财务费用""营业外支出""所得税费用"等账户。

> **请注意:**
> 此处所讲"费用"是指广义的费用概念,包括直接减少利润的"损失"。

费用计算账户的基本结构是：❶借方登记费用的增加额和用"红字"登记费用的冲销额。❷贷方登记期末结转入"本年利润"账户的转销额。❸期末结转后无余额。费用计算账户的基本结构如图 7-11 所示。

费用计算账户

发生额：(1) 本期确认的费用 　　　　(2) 用"红字"登记费用冲销额	发生额：期末转入"本年利润"账户的费用转销额

图 7-11　费用计算账户基本结构

费用计算账户的特点是：只需用金额记录且在期末结转入"本年利润"账户后无余额，所以，费用计算账户具有明显的过渡性质。

(九) 财务成果计算账户

财务成果计算账户，是用来核算（归集和汇总）企业在一定时期内全部收入和费用并计算确定税前利润（或亏损）和净利润及其结转情况的账户。较为典型的账户有"本年利润"账户。

财务成果计算账户的基本结构是：❶贷方登记期末从各收入账户反方向结转记入的本期收入额。❷借方登记期末从各费用账户反方向结转记入的本期费用金额。❸期末余额若在贷方，则表示一定时期内收入大于费用的差额，即本期实现的利润总额或净利润。❹期末余额若在借方，则表示一定时期内收入小于费用的差额，即本期发生的亏损总额。❺年末如为净利润，需将"本年利润"账户的贷方余额反方向结转至"利润分配——未分配利润"账户的贷方。❻年末如为净亏损，需将"本年利润"账户的借方余额反方向结转至"利润分配——未分配利润"账户的借方，结转后该账户无余额。财务成果计算账户的基本结构如图 7-12 所示。

财务成果计算账户

发生额：(1) 期末从各费用账户转入的费用额 　　　　　　(不包括所得税费用) 或差额：发生的亏损总额（借方＞贷方） 发生额：(2) 从"所得税费用"账户转入的所得税费用	发生额：(1) 期末从各收入账户转入的收入额 差额：实现的利润总额（贷方＞借方）
发生额：(3) 结转至"利润分配——未分配利润"账户贷方的净利润转销额	差额：本年累计实现的净利润 或发生额：(2) 结转至"利润分配——未分配利润"账户借方的净亏损转出额

图 7-12　财务成果计算账户基本结构

财务成果计算账户的特点是：其一，体现会计核算的配比原则，将一定时期发生的收入，与形成这些收入的耗费在空间上、时间上通过该账户实现配比，反映经营结果；其二，任何一个报告期末的余额，均为累计发生额；其三，只需提供价值指标；其四，年末结转其累计余额后，无余额。

（十）调整账户

调整账户，是用来调整某些资产和权益账户（被调整账户）账面余额，以求得某些资产和权益账户（被调整账户）的实际余额的账户。该类账户的设置和运用，需要明确以下两个问题：

一是调整账户调整的对象仅限于某些资产或权益账户，需要调整的账户称为被调整账户，对调整账户与被调整账户进行综合分析，才能确定某项资产或权益的实际数额。

二是某些资产或权益账户之所以需要调整，主要是由于管理上对某些会计要素项目需要从两个不同的方面进行记录，这就需要设置两个账户，其中一个账户登记原始数字，反映其原始状况，而另一个账户则反映对原始数字的调整数字，反映调整状况，将原始数字同调整数字相加或相减后，则可求得某些资产或权益的实际余额。

调整账户按其调整方式不同可分为备抵账户、附加账户和备抵附加账户三类。

1. 备抵账户

备抵账户，亦称抵减账户，是用来抵减被调整账户的余额，以求得被调整账户的实际余额的账户。其调整计算公式如下：

$$\text{被调整账户的实际余额} = \text{被调整账户的账面余额} - \text{备抵账户的账面余额}$$

可见备抵账户与其被调整账户存在着反方向关系，即当被调整账户的余额为借方（或贷方）时，则备抵账户的余额为贷方（或借方）。所以，备抵账户，按被调整账户的性质不同又分为：资产备抵账户和权益备抵账户两类。

（1）资产备抵账户，是用来抵减某一资产账户（即被调整账户）余额，以求得该资产账户实际余额的账户。如，"累计折旧"账户是"固定资产"账户的备抵调整账户。

> **特别提示：**
> "坏账准备"账户也是一个资产备抵账户。"应收账款"账户的借方余额减去"坏账准备"账户的贷方余额，其差额表示应收账款的实有数额（预计可收回金额）。

固定资产会随着生产经营过程中的使用而发生损耗，使其价值不断减少，按照账户的一般结构应记入"固定资产"账户的贷方，由此引发的结果是"固定资产"账户的借方余额只能提供固定资产的净值。从管理的角度出发：❶既需要提供固定资产的原始价值，以考察原有的投资或生产规模。❷又需要提供固定资产的净值，并通过与固定资产原始价值的对比，来衡量固定资产的新旧程度和提供企业生产能力置换的决策依据。❸为满足以上要求，就需要"固定资产"账户必须始终保持记录原始价值，而固定资产因损耗而减少的价值（即提取的折旧额）则记入"累计折旧"账户。

由于"累计折旧"账户核算的是固定资产的磨损情况，因而其属于资产类账户，又由于折旧是固定资产价值的减少，按照资产类账户的结构应记入"累计折旧"账户的贷方。期末，将"固定资产"账户的借方余额（即现有固定资产原值）减去"累计折旧"贷方余额（即现有固定资产已累计提取的折旧额），即可求得固定资产的净值或折余价值，从而形成"累计折旧"和"固定资产"账户之间的调整与被调整关系。"累计折旧"账户对"固定资产"账户的备抵调整方式，如图 7-13 所示。

被调整账户(固定资产)		调整账户(累计折旧)
期末余额:固定资产原始价值 960 000		期末余额:固定资产累计损耗价值 240 000

```
固定资产原始价值                960 000
减：固定资产累计损耗价值         240 000
固定资产净值(账面价值)          720 000
```

图 7-13 "累计折旧"账户对"固定资产"账户的备抵调整方式

（2）**权益备抵账户**，是用来抵减某一所有者权益账户(即被调整账户)的余额，以获得该权益账户实际余额的账户。如"利润分配"账户就是"本年利润"账户的备抵账户。

前已述及，"本年利润"账户年终结转前的贷方余额，反映企业期末累计实现的利润数，"利润分配"账户期末借方余额反映已分配的利润数，用"本年利润"账户的贷方余额减去"利润分配"账户的借方余额，其差额反映期末尚未分配的利润数。"利润分配"账户对"本年利润"账户的抵减方式，如图 7-14 所示。

被调整账户(本年利润)		调整账户(利润分配)
	期末余额:本年已实现利润的实际数额 1 860 000	期末余额:本年已分配利润的实际数额 1 340 000

```
本年已累计实现的利润额          1 860 000
减：本年已累计分配的利润额      1 340 000
未分配的利润额                   520 000
```

图 7-14 "利润分配"账户对"本年利润"账户的抵减方式

2. 附加账户

附加账户，亦称增加账户，是用来增加被调整账户的余额，以求得被调整账户实际余额的账户。附加账户对被调整账户的调整方式，可用下列计算公式表示：

$$\text{被调整账户的实际余额} = \text{被调整账户的账面余额} + \text{附加账户账面余额}$$

可见，附加账户与被调整账户的结构相同，余额方向相同。在实际会计核算工作中，附加账户的运用较少。

3. 备抵附加账户

备抵附加账户，是指既可用来抵减，又可用来附加被调整账户的余额，以求得被调整账户实际余额的账户。它兼有备抵账户与附加账户的双重功能，**属于双重性质的账户**。但是，备抵附加账户不能对被调整账户同时起两种作用，只能起附加作用或者是抵减作用。❶当其余额与被调整账户余额方向相同时,属于附加调整账户。❷当其余额与被调整账户余额方向相反时,属于备抵调整账户。制造业企业对材料的日常核算采用计划成本计价时,所设置的"材料成本差异"账户就属于备抵附加账户。

【例 7-2】 企业甲材料的计划成本是 900 元/吨,本次采购甲材料 100 吨。所采购甲材料的实际总成本是 85 000 元,计划总成本是 90 000 元。采购过程中实际成本较计划成本节约 5 000 元。应编制的会计分录如下(略去增值税进项税额的因素):

> **知识准备:**
> 需要提前了解"材料采购"账户的用途与结构,请先熟悉一下本章"(十一)计价对比账户"中的有关内容。

【分析1】 按照实际采购成本记入"材料采购"账户的借方。

借:材料采购	85 000	
贷:银行存款		85 000

【分析2】 原材料入库,按照计划成本记入"原材料"账户的借方,并由"材料采购"账户的贷方转出。

借:原材料	90 000	
贷:材料采购		90 000

【分析3】 材料采购过程结束,形成材料采购节约差异(即贷差)5 000 元(实际成本 85 000 − 计划成本 90 000),应由其反方向(即借方)转出,转入"材料成本差异"账户的贷方,表示购入材料的节约差。

借:材料采购	5 000	
贷:材料成本差异		5 000

这时,购入原材料的实际成本 85 000 元,就分别登记在"原材料"账户的借方 90 000 元(计划成本)和"材料成本差异"账户的贷方 5 000 元。由于"材料成本差异"账户的发生额在贷方,"原材料"账户的发生额在借方,于是,"材料成本差异"账户就对"原材料"账户起备抵调整作用。其调整方式如图 7-15 所示。

```
        材料采购                              原材料
实际成本 85 000 | 计划成本 90 000 ──入库──▶ 计划成本 90 000
       ▶ 5 000 |
(结转节约差异) |
                        材料成本差异
                                  | (节约差异)5 000 ◀
```

"原材料"账户的借方数字(计划成本)　　　　　　　　90 000
　减:"材料成本差异"账户的贷方数字(节约额)　　　　5 000
原材料的实际成本　　　　　　　　　　　　　　　　　85 000

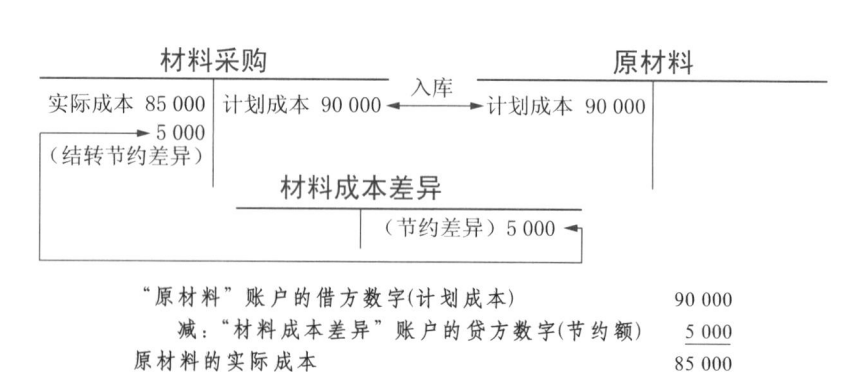

图 7-15 "材料成本差异"账户对"原材料"账户的备抵调整方式

【例7-3】 假定上例所购材料的实际总成本变为96 000元,其他条件不变,则采购过程中超支6 000元。应编制的会计分录如下(略去增值税进项税额的因素):

【分析1】 采购材料,按照实际采购成本记入"材料采购"账户的借方。

借:材料采购　　　　　　　　　　　　96 000
　　贷:银行存款　　　　　　　　　　　　　96 000

【分析2】 原材料入库,按照计划成本记入"原材料"账户的借方,并由"材料采购"账户的贷方转出。

借:原材料　　　　　　　　　　　　　90 000
　　贷:材料采购　　　　　　　　　　　　　90 000

【分析3】 材料采购过程结束,形成材料采购超支差异(即借差)6 000元(实际成本96 000－计划成本90 000),应由其反方向(即贷方)转出,转入"材料成本差异"账户的借方,表示购入材料的超支差异。

借:材料成本差异　　　　　　　　　　6 000
　　贷:材料采购　　　　　　　　　　　　　6 000

这时,购入原材料的实际成本96 000元,就分别登记在"原材料"账户的借方90 000元(计划成本)和"材料成本差异"账户的借方6 000元。由于"材料成本差异"账户的发生额和"原材料"账户的发生额同时在借方,于是,"材料成本差异"账户就对"原材料"账户起附加调整作用。其调整方式如图7-16所示。

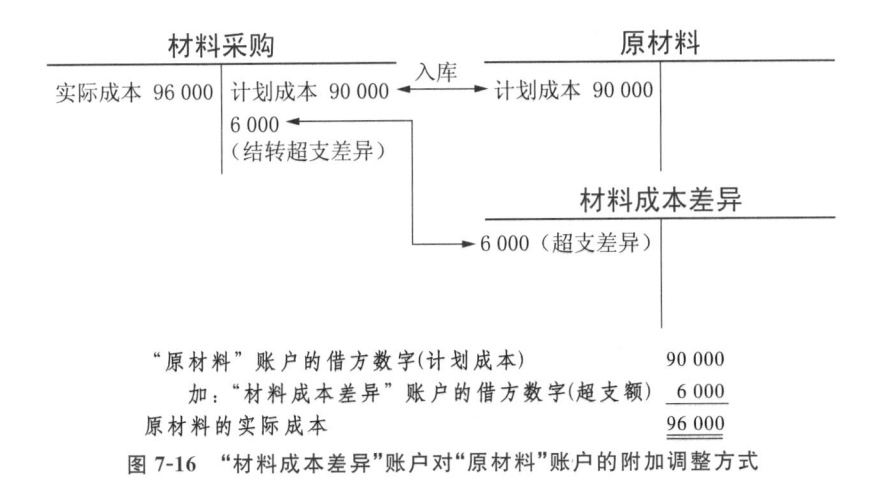

材料采购		原材料
实际成本 96 000	计划成本 90 000　入库→	计划成本 90 000
	6 000	
	(结转超支差异)	

材料成本差异

6 000(超支差异)

"原材料"账户的借方数字(计划成本)　　　　　90 000
加:"材料成本差异"账户的借方数字(超支额)　　6 000
原材料的实际成本　　　　　　　　　　　　　　96 000

图7-16 "材料成本差异"账户对"原材料"账户的附加调整方式

综上所述,调整账户的特点有:其一,调整账户与被调整账户反映的经济内容相同,而用途及结构不同;其二,被调整账户记录着会计要素的原始数额,而调整账户却记录着同一会计要素的调整数额,因此,调整账户不能脱离被调整账户而独立存在;其三,调整账户对被调整账户的调整方式是相加还是相减,主要取决于被调整账户与调整账户的余额是在同一方向还是相反方向,若在同一方,则是相加调整方式,若在相反方,则是相减调整方式;其四,调整账户对被调整账户的调整,只涉及金额调整,不涉及数量调整。

(十一) 计价对比账户

计价对比账户,是对某一要素的记录中,按照两种不同的计价标准进行计价、对比,以确定其业务成果的账户。

计价对比账户的基本结构是:❶借方以一种计价标准记录某笔经济业务。❷贷方以另一种计价标准记录该笔经济业务。❸期末将贷方和借方进行对比,据以确定业务成果。计价对比账户的基本结构如图 7-17 所示。

计价对比账户

发生额:(1) 核算业务的第一种计价	发生额:(1) 核算业务的第二种计价
借差:第一种计价大于第二种计价的差额 发生额:(2) 贷差反方向结转到差异账户的贷方	或贷差:第二种计价大于第一种计价的差额 或发生额:(2) 借差反方向结转到差异账户的借方

图 7-17 计价对比账户基本结构

典型的计价对比账户有"材料采购""本年利润""固定资产清理""待处理财产损溢"等账户。下面以"材料采购"账户为例说明计价对比账户的结构。

按计划成本对企业材料进行日常核算的企业,应设置"材料采购"账户,❶借方登记采购材料的实际成本。❷贷方登记入库材料的计划成本。❸借方发生额和贷方发生额比较后的差额为节约额或超支额。"材料采购"这一计价对比账户的结构如图 7-18 所示。

计价对比账户——"材料采购"账户

发生额:(1) 外购材料的实际成本	发生额:(2) 外购材料的计划成本
借差(实际成本大于计划成本的超支差异) 发生额:(3) 材料采购节约差异转入"材料成本差异"账户的贷方	或贷差(实际成本小于计划成本的节约差异) 或发生额:(3) 材料采购超支差异转入"材料成本差异"账户的借方

图 7-18 "材料采购"账户基本结构

计价对比账户的特点是:借方和贷方分别按照不同的计价标准记录,其差额表示业务成果在相反的方向转出,同时只提供金额核算指标。

下面将制造业企业设置的主要账户,按照用途和结构进行归类,如图 7-19 所示。

第二节 账户按用途和结构的分类

会计账户
- 盘存账户
  - 库存现金、银行存款
  - 交易性金融资产
  - 材料采购、原材料、包装物、低值易耗品
  - 生产成本、库存商品
  - 在建工程、固定资产
- 结算账户
  - 应收票据、应收账款、预付账款、其他应收款
  - 短期借款、长期借款、应付债券、长期应付款
  - 应付票据、应付账款、预收账款、其他应付款
  - 应付职工薪酬、应交税费、应付股利、应付利息
  - 其他往来
- 所有者投资账户
  - 实收资本
  - 资本公积
  - 盈余公积
  - 利润分配
  - 本年利润
- 集合分配账户——制造费用
- 跨期摊配账户——长期待摊费用
- 成本计算账户
  - 材料采购
  - 生产成本
  - 在建工程
- 收入计算账户
  - 主营业务收入、其他业务收入
  - 投资收益
  - 营业外收入
- 费用计算账户
  - 主营业务成本、其他业务成本
  - 税金及附加
  - 销售费用、管理费用、财务费用
  - 营业外支出
  - 所得税费用
- 财务成果计算账户——本年利润
- 调整账户
  - 累计折旧
  - 坏账准备
  - 利润分配
  - 材料成本差异、产品成本差异
  - 应付债券——利息调整
- 计价对比账户
  - 材料采购
  - 本年利润
  - 固定资产清理
  - 待处理财产损溢

图 7-19 制造业企业账户按用途和结构的分类归纳

> **学习重点：**
> 有些账户按用途和结构的分类可以归入不同的类别，结合账户按经济内容的分类，学习账户按用途和结构的分类。

193

第八章 会 计 账 簿

第一节 会计账簿概述

一、会计账簿的定义及基本结构

(一)会计账簿的定义

会计账簿,亦称账簿,是根据会计科目开设并由专门格式的账页连接在一起的,以会计凭证为依据,序时、分类地记录各项经济业务,为编制会计报告进行会计数据加工和存储的簿籍,俗称"账本"。设置和登记账簿是会计的一种专门方法。对会计账簿定义的理解应注意把握以下三点:
❶账户是根据会计科目开设的,任何一个会计主体应该为每一个会计科目开设相应的会计账户。❷一旦将会计科目填入具有一定格式的账页中,该账页就称为记录该会计科目所规定的内容的账户。❸由一系列具有专门格式且相互连接的账页所组成的簿籍就是会计账簿。

> **法律法规:**
> 我国《会计法》第三条明确规定:"各单位必须依法设置会计账簿,并保证其真实、完整。"

(二)会计账簿的基本结构

会计账簿一般由以下三部分组成:❶封面和封底——标明单位名称和账簿名称并保护扉页和账页。❷扉页——登记账簿须知、账簿启用及交接记录、账户目录。❸账页——记录某项经济业务的增减变化及其结果。

二、设置和登记会计账簿的目的

(1)满足记录经济业务的要求,将分散在记账凭证中的资料进行汇总集中。❶就某一个特定账户来看,可用于连续记录某一特定方面的经济业务。❷就所设置的全部账户来看,可以对企业发生的全部经济业务分门别类地进行全面记录。

(2)为会计报告进行数据加工和信息存储。会计报告所需要的数据资料,绝大部分来源于会计账簿。账簿的记录是否及时、详尽,数字是否真实、可靠,直接关系到会计报告的质量。所以说,正确设置并登记账簿,为会计报告的及时准确编制提供了依据和保障。

(3)有利于开展会计检查和会计分析。会计账簿既是汇集、加工会计信息的工具,也是积累、储存经济活动情况的数据库。企业的一切财务收支、经营过程和结果都体现在账簿中。因此,利用账簿提供的资料,可以有效地开展会计检查和会计分析,加强会计监督,保护财产的安全和完整,提高企业的经营管理水平。

三、会计账簿的分类

会计账簿的种类很多,为了具体地认识各种账簿的特点,更好地运用账簿的功能,应对会计账簿从不同的角度进行分类。

(一) 按会计账簿用途分类

会计账簿用途,主要是对会计报表编制的作用而言。分为三种:序时账簿、分类账簿和备查账簿。

(1) 序时账簿,也称日记账,是按照经济业务发生的时间先后顺序,逐日逐笔连续登记的会计账簿。主要有:❶现金日记账。❷银行存款日记账。

(2) 分类账簿,是指对所有的经济业务按照会计科目开设账户并进行分类登记的会计账簿。分类账簿按照提供的会计信息的详细程度不同,又可以分为两种:❶总分类账簿——按照总分类科目(即一级会计科目)开设账户并登记的会计账簿。❷明细分类账簿——按照明细分类科目(即二级会计科目、三级会计科目等)开设账户并登记的会计账簿。

(3) 备查账簿,是指对一些在序时账簿和分类账簿中不能记载或记载不全的经济业务进行补充登记的账簿。相对于序时账簿和分类账簿这两种主要账簿而言,备查账簿属于辅助性账簿,它可以为经营管理提供参考资料,如委托加工材料登记簿、租入固定资产登记簿等。

(二) 按会计账簿外表形式分类

会计账簿的外表形式,主要是对账簿登记的方便性和保管的安全性而言。分为三种:订本式账簿、活页式账簿和卡片式账簿。

(1) 订本式账簿,是在启用前就把若干账页按顺序编号并装订成册的账簿。❶一些具有统御作用的账簿及记录的经济业务特别重要的账簿都应采用订本式账簿。例如对明细账具有统驭作用的总分类账,发生频次较高且容易出问题的现金日记账、银行存款日记账等。❷其优点是可以避免账页的散失,防止账页被人为抽换,保证账簿的安全完整。❸其缺点是使用不够灵活,因其事先已连续编号,不易确定为每个账户预留多少账页,或多预留造成账页浪费,或少预留不能保证账户记录的连续性。

(2) 活页式账簿,是在启用前既不进行账页装订,也不按顺序连续编号,其账页放在账页夹中,记账人员可根据设置的账户和记账的需要随时取用和补充空白账页的账簿。❶明细分类账因需对经济业务逐项逐笔记录且比较频繁,所以一般采用活页式账簿。❷其优点是账页使用灵活方便,可根据需要选择账页用量的多少以减少其浪费,同时也便于记账人员分工操作。❸其缺点是账页平时散置,容易造成账页的散失或被人为抽换。❹为了保证其安全与完整,应在会计期末,将已记录经济业务的账页装订成册并连续编号,形成订本式账簿。

(3) 卡片式账簿,是用印有记账格式的卡片登记经济业务的账簿。❶某些可以跨年度使用、无需经常更换的明细账,如固定资产明细账、低值易耗品明细账等,可采用卡片式账簿,它是一种特殊的活页式账簿。❷为了保证账簿安全完整、经久耐用,可以用有一定格式的硬纸卡片组成账簿,装在卡片箱内保管和使用。❸其优点和缺点与活页式账簿基本相同。

(三) 按会计账簿账页格式分类

分为三种：三栏式账簿、数量金额式账簿和多栏式账簿。

(1) 三栏式账簿，是设有借方、贷方和余额三个基本栏目的账簿。总分类账、现金日记账、银行存款日记账、债权债务类明细账、资本类明细账都可以采用三栏式账簿。

(2) 数量金额式账簿，是设有"收入""发出"和"结存"三个栏目，并在每个栏目内再分设"数量""单价"和"金额"三个小栏目的账簿。"原材料"和"库存商品"等明细账一般都采用数量金额式账簿。

(3) 多栏式账簿，是在借方和贷方的某一方或两方下面分设若干栏目，详细反映借、贷方金额的组成情况的账簿，如"制造费用""管理费用"和"主营业务收入"等成本费用类及收入类账户明细账一般都采用多栏式账簿。

第二节 账簿的设置与登记

一、序时账簿的设置与登记

(一) 现金日记账的设置与登记

1. 现金日记账的设置

(1) 现金日记账，是由出纳人员根据记录库存现金收付的收款凭证、付款凭证，按经济业务发生的时间先后顺序逐日逐笔连续登记的一种日记账。按照我国《现金管理暂行条例》及其实施细则中对企业库存现金收支的管理规定，现金日记账除应提供企业在每日的库存现金收入、支出及其余额的信息外，还应提供反映库存现金收支是否符合国家对库存现金收支的管理规定方面的信息，因此，在现金日记账上应设置"对方科目"栏。

(2) 现金日记账登记的特殊要求：❶对于从银行提取现金的业务，一般只填制银行存款付款凭证，不再填制库存现金收款凭证，库存现金的收入数，应根据银行存款付款凭证登记。❷根据账款分管原则，由会计人员根据收、付款凭证，汇总登记总分类账。❸现金日记账必须"日清月结"，每日收付款项逐笔登记完毕后，应分别计算现金收入和支出的合计数及账面结余额，并将账面余额与库存现金实存数核对，借以检查每日库存现金收入、支出和结余情况。

(3) 现金日记账分类：现金日记账按照其格式不同可分为两种：❶三栏式现金日记账，其基本结构为"收入""支出"和"结余"三栏。❷多栏式现金日记账，其基本结构是将"收入"栏和"支出"栏分别按照对应科目设置若干专栏。

2. 三栏式现金日记账的格式及登记方法

【例 8-1】 现以 ABC 公司 2×19 年 9—11 月发生的有关现金和银行存款的收、付业务(部分)所填制的记账凭证(见表 8-1)为例，具体阐述三栏式现金日记账的格式及登记方法，如表 8-2 所示。

表 8-1　　　　　　　　　　　记账凭证(简易)　　　　　　　　　　单位:元

序号	日　期	摘　要	会　计　分　录	字　号
1	9月30日	报销修理费	借:管理费用　　　　2 810 　贷:库存现金　　　　　　2 810	现付19
2	9月30日	收回欠款	借:库存现金　　　　　400 　贷:应收账款　　　　　　　400	现收13
3	9月30日	收到上月货款	借:银行存款　　　15 000 　贷:应收账款　　　　　15 000	银收28
4	9月30日	偿还前欠货款	借:应付账款　　　16 000 　贷:银行存款　　　　　16 000	银付35
5	10月1日	王尧报销交通费	借:管理费用　　　　　45 　贷:库存现金　　　　　　　45	现付1
6	10月1日	收到上月账款	借:银行存款　　　16 800 　贷:应收账款　　　　　16 800	银收1
7	10月1日	从银行提现备用	借:库存现金　　　　　500 　贷:银行存款　　　　　　500	银付1
8	10月1日	购买办公用品	借:管理费用　　　　　65 　贷:库存现金　　　　　　　65	现付2
9	10月1日	销售产品	借:银行存款　　　22 600 　贷:主营业务收入　　　20 000 　　　应交税费　　　　　2 600	银收2
10	10月2日	向个人销售产品	借:库存现金　　　22 600 　贷:主营业务收入　　　20 000 　　　应交税费　　　　　2 600	现收1
11	10月2日	收回前欠货款余款	借:库存现金　　　　150 　贷:应收账款　　　　　　150	现收2
12	10月2日	将现金送存银行	借:银行存款　　　22 600 　贷:库存现金　　　　　22 600	现付3
13	10月2日	偿还前欠货款	借:应付账款　　　34 000 　贷:银行存款　　　　　34 000	银付2
14	10月31日	提现备发工资	借:库存现金　　　19 400 　贷:银行存款　　　　　19 400	银付20
15	10月31日	用现金发放工资	借:应付职工薪酬　　19 400 　贷:库存现金　　　　　19 400	现付11
16	10月31日	收回前欠货款余款	借:库存现金　　　　420 　贷:应收账款　　　　　　420	现收18
17	10月31日	常宏梅出差报销差旅费	借:管理费用　　　　600 　贷:库存现金　　　　　　600	现付12
18	10月31日	偿还前欠货款	借:应付账款　　　18 970 　贷:银行存款　　　　　18 970	银付21
19	10月31日	支付销售运费	借:销售费用　　　　3 200 　贷:银行存款　　　　　3 200	银付22

续 表

序号	日 期	摘 要	会 计 分 录	字 号
20	10月31日	销售产品	借:银行存款　　　　　33 900 　贷:主营业务收入　　　　30 000 　　　应交税费　　　　　　3 900	银收 20
21	11月1日	报销差旅费	借:管理费用　　　　　　3 100 　贷:库存现金　　　　　　3 100	现付 1
22	11月1日	提现备用	借:库存现金　　　　　　3 500 　贷:银行存款　　　　　　3 500	银付 1
23	11月1日	销售产品	借:银行存款　　　　　11 300 　贷:主营业务收入　　　　10 000 　　　应交税费　　　　　　1 300	银收 1

表 8-2　　　　　　　　　　　　　　现金日记账(三栏式)　　　　　　　　　　　　　第 14 页

（填写收、付款记账凭证上的日期）
（填写分录中与"库存现金"对应的科目）

2×19年		凭 证		摘　要	对方科目	收　入	支　出	结　余
月	日	字	号					
9				承上页		28 620	27 420	3 965
9	30	现付	19	报销修理费	管理费用		2 810	
		现收	13	收回欠款	应收账款	400		
	30			本日合计		400	2 810	1 555
9	30			月　结		29 020	30 230	1 555
10	1	现付	1	王尧报销交通费	管理费用		45	
	1	银付	1	从银行提现备用	银行存款	500		
	1	现付	2	购买办公用品	管理费用		65	
	1			本日合计		500	110	1 945
	2	现收	1	向个人销售产品	主营业务收入	22 600		
	2	现收	2	收回前欠货款余款	应收账款	150		
	2	现付	3	将现金送存银行	银行存款		22 600	
	2			本日合计		22 750	22 600	2 095
10	31	银付	20	提现备发工资	银行存款	19 400		
	31	现付	11	用现金发放工资	应付职工薪酬		19 400	
	31	现收	18	收回前欠货款余款	应收账款	420		
	31	现付	12	常宏梅报销差旅费	管理费用		600	
	31			本日合计		19 820	20 000	3 350
	31			月　结		97 450	95 655	3 350
11	1	现付	1	报销差旅费	管理费用		3 100	
		银付	1	提现备用	银行存款	3 500		
				转次页		3 500	3 100	3 750

（填写收、付款记账凭证编号）（简要说明事项内容）（根据收、付凭证金额及本日合计数填列）（每日终了计算填列）

(1)"日期"栏,填入记账凭证的日期,应与库存现金实际收付日期一致。

(2)"凭证"栏,填入登记入账的收、付款凭证的种类和编号,用于查账和核对。库存现金收款凭证简称"现收",库存现金付款凭证简称"现付",银行存款收款凭证简称"银收",银行存款付款凭证简称"银付"。

(3)"摘要"栏,简要说明登记入账的经济业务的主要内容。要求文字简练并能说明问题。

(4)"对方科目"栏,填入与库存现金发生对应关系的账户的名称。其作用是揭示企业库存现金收入的来源和支出的用途。

提醒与鉴别:

如果有几个科目与"库存现金"科目对应,一般应填写主要的科目;所谓主要科目,一般指金额最大者。

(5)"收入""支出"栏,填入企业库存现金实际收付的金额。在每日终了后,应结出本日的余额,记入"余额"栏并与出纳员的库存现金核对。

3. 多栏式现金日记账的格式及登记方法

在会计实务中,设置多栏式现金日记账和银行存款日记账,可以将多栏式日记账中各会计科目发生额作为登记总分类账簿的依据。在收、付款凭证数量较多时,采用多栏式现金日记账可以减少收款凭证和付款凭证的汇总编制手续,简化总分类账簿的登记工作,而且可以清晰地反映账户的对应关系,了解货币资金每项收支的来源或用途。多栏式账簿格式如表8-3所示。

表8-3　　　　　　　　　　**现金日记账(多栏式)**

2×19年		凭证字号	摘要	贷方科目		收入合计	借方科目		支出合计	余额
月	日			银行存款	应收账款		银行存款	管理费用		
10	1		月初余额							

采用多栏式现金日记账格式时,如果与"库存现金"账户对应的账户较多时,账页篇幅必然过大(长),会使登记不便且容易发生错栏串行的错误。为解决这一问题,可以分别设置现金收入日记账和现金支出日记账。二者的格式分别如表8-4和表8-5所示。

表8-4　　　　　　　　　**现金收入日记账(多栏式)**

2×19年		凭证字号	摘要	贷方科目			收入合计	支出合计	余额
月	日			银行存款	主营业务收入	应收账款			
10	1		月初余额						

表 8-5
现金支出日记账(多栏式)

2×19年		凭证字号	摘要	借方科目					支出合计
月	日			银行存款	其他应收款	管理费用	销售费用	应收账款	
10	1		月初余额						

(二)银行存款日记账的设置与登记

银行存款日记账,是由出纳人员根据记录银行存款收付的收款凭证、付款凭证,按照经济业务发生的时间先后顺序逐日逐笔连续登记的一种日记账。❶银行存款日记账除应提供每日银行存款的增减金额及余额的信息外,还应反映企业的银行存款收付是否符合国家《支付结算办法》等的规定,因此,应设置"结算凭证种类、编号"栏和"对方科目"栏。❷对于将库存现金存入银行的业务,一般只填制库存现金付款凭证,不填制银行存款收款凭证,银行存款的收入数,应根据库存现金付款凭证登记。❸银行存款日记账必须"日清月结",每日结出账面结余金额,防止签发"空头支票",同时便于定期同银行转来的"对账单"逐笔核对。❹银行存款日记账按照其格式不同也分为三栏式和多栏式两种,其格式和登记方法与现金日记账基本相同。

素质教育:

贪婪的猴子——会计工作要求常在河边走就是不湿鞋

在阿尔及尔地区的长拜尔有一种猴子,经常偷食农民的玉米。当地的农民根据这些猴子的特性,发明了一种捕捉猴子的巧妙方法。农民们把一只葫芦型的细颈瓶子固定在大树上,再在瓶子中放入猴子们最爱吃的玉米,然后就静候佳音了。到了晚上,猴子来到树下,见到瓶中的玉米十分高兴,就把爪子伸进瓶子去抓玉米。这瓶子的妙处就在于猴子的爪子刚刚能够伸进去,当它抓住一把玉米时,爪子却怎么也拉不出来了。贪婪的猴子绝不可能放下已到手的玉米,就这样,它的爪子也就一直不抽出来,它就死死地守在瓶子旁边。直到第二天早晨,农民把它抓住的时候,它依然不会放开爪子,直到要把那玉米放入嘴中。

教授寄语:

人从猴子进化而来,当然比猴子聪明一些。如果把玉米换成金钱、权力,上当的恐怕就是人而不是猴子了。会计经常与金钱打交道,莫伸手,伸手必被捉!

二、分类账簿的设置与登记

分类账簿包括总分类账簿和明细分类账簿两类。两类账簿的作用与目的不同,因而其账簿(页)格式差异也较大,其登记方法也不尽相同。

(一)总分类账簿的设置与登记

总分类账簿,简称"总账",是按总分类账户开设并分类登记全部会计交易或事项的账簿。由于总账不仅能够全面、总括地反映经济业务情况,并为会计报表的编制提供资料,同时也对其所属的各明细账起控制和统驭作用,因此任何单位都必须设置总账。❶在总分类账簿中,应按照总账账户的编码顺序分别开设账户,并事先为每一个账户预留若干账页。❷总分类账的登记依据,取决于所采用的账务处理程序,它可以根据记账凭证逐笔登记;也可以根据汇总记账凭证定期汇总登记;还可以根据科目汇总表和多栏式现金、银行存款日记账于月终时汇总登记。❸总分类账的格式也因采用的记账方法和账务处理程序不同而异,可以采用三栏式格式,也可以采用按照全部账户开设的多栏式格式。

为什么?

因为总账采用订本式,所以,事先要为每一个账户预留若干账页。

1. 三栏式总账的格式及登记方法

三栏式总账,设有借方、贷方和余额三个栏次,分别记录账户的增加额、减少额和余额。其格式如表 8-6 所示。

表 8-6　　　　　　　　　　　　　原材料　总账　　　　　　　　　　　　　第 23 页

2×19年 月	日	凭证字号	摘　要	借方	贷方	借或贷	余　额
3	1		月初余额			借	32 000
	1	付1	购进甲材料	67 000			
		转1	生产领用		83 000		
3	31	付25	购进乙材料	45 000			
3	31		月结	458 000	431 000	借	59 000

- 填写记账凭证日期
- 填写记账凭证种类及其编号
- 简要说明交易或事项的内容
- 根据记账凭证所列金额填列
- 根据余额性质填写,无余额时写"平"
- 月末计算填列

三栏式总账的登记方法主要有两种:❶逐日逐笔登记——根据所填制的记账凭证,按照经济业务发生的时间顺序逐笔登记。❷定期汇总登记——将一定时期的专用记账凭证,定期汇总编制成"科目汇总表"或"汇总记账凭证",再据以登记总账。总账账页中有关栏目的登记方法如下:

(1) "凭证字号"栏,填写登记总账所依据的记账凭证的种类和编号。❶依据记账凭证登记的,填写记账凭证的字号。❷依据科目汇总表登记的,填写科目汇总表编号。❸依据汇总记账凭证登记的,填写汇总记账凭证字号。

(2) "摘要"栏,填写所依据的凭证的简要内容。❶对于依据记账凭证登记总账的,应与记账凭证中的摘要内容一致。❷对于依据科目汇总表登记总账的,应填写"×日至×日发生额"字样。❸对于依据汇总记账凭证登记总账的,应填写每一张汇总记账凭证的汇总依据,即所依据的记账凭证的号数。

(3) "借或贷"栏,登记余额的方向。如果期末余额为零,则写"平"字,并在"余额"栏的"元"位上画"ϕ"符号。

2. 多栏式总账的格式及登记方法

多栏式总账是将所有的总账科目合并设在一张账页上,把序时账簿和总分类账簿结合在一起,变成了一种联合账簿,通常称为日记总账。采用日记总账的优点是可以不再设置现金日记账和银行存款日记账,减少了记账工作量并能较全面地反映企业资金运动的情况,便于分析企业的经济活动情况;缺点是账页篇幅较大(长),不便于登记和保管。这种账簿适用于经济业务较少及用到的会计科目不多的单位。日记总账的格式如表 8-7 所示。

表 8-7　　　　　　　　　　　日　记　总　账

年		凭证字号	摘要	发生额	库存现金		银行存款		应收票据		～	管理费用	
月	日				借方	贷方	借方	贷方	借方	贷方		借方	贷方

(二) 明细分类账簿的设置与登记

明细分类账簿,简称"明细账",是指按照某一总分类账户下属的各个明细账户开设,用于记录其详细指标的账簿。根据各单位的实际需要,可以按照二级科目或三级科目开设账户,用来分类、连续地记录有关资产、负债、所有者权益、收入、费用及利润的详细情况,提供编制会计报表所需要的数据。因此,各单位在按照总分类账户设置总账的同时,还应按明细分类账户设置明细账。明细账一般应采用活页式账簿,并按照经济业务发生的时间顺序逐笔登记。根据管理的需要和各明细账记录内容的不同,明细账可以采用三栏式、数量金额式和多栏式等格式。

> 请思考:
> 明细分类账簿能否采用汇总登记的方法?为什么?

1. 三栏式明细账的设置及登记(甲式账)

三栏式明细账,亦称"甲式账",这种明细账在账页中设有借方、贷方和余额三个金额栏,分别登记增减发生额及余额,并采取逐笔登记的方法。❶三栏式明细账适用于只提供价值核算指标、只反映金额变化情况的明细分类账簿。如"应收账款""应付账款""短期借款"等债权债务结算类账户的明细账和"实收资本""资本公积"等资本类账户的明细账。❷为与三栏式总账进行区分,在实际工作中,将明细账中的三栏式,称为"甲式账"。❸甲式账是由会计人员根据审核后的记账凭证,按照经济业务发生的时间顺序逐笔登记的,其各栏次的登记与三栏式总账的登记方法基本相同,如表 8-16、表 8-17 所示。

> 别称:
> 由于在明细账中有了"甲式账",在实际工作中,将数量金额式明细账称为"乙式账"。

2. 数量金额式明细账的设置及登记(乙式账)

数量金额式明细账,亦称"乙式账",这种明细账在账页上设有收入(或借方)、发出(或贷方)和结存(或余额)三大栏次,并在每一大栏下分别设置数量、单价和金额三个小栏目。❶乙式账适用于既要进行金额核算、又要进行数量核算的各种财产物资类账户的明细账,如"原材料""库存商品"等账户的明细分类核算。❷乙式账可以由会计人员根据原始凭证按照经济业务发生的时间先后顺序逐日逐笔进行登记,也可以由仓库保管人员根据原始凭证按照时间先后顺序逐日逐笔进行登记。其有关栏目登记方法如下：

（1）"凭证字号"栏，一般按原始凭证进行登记，如收料单的"收"字、领料单的"领"字、商品入库单的"入"字、商品出库单的"出"字。

（2）"收入""发出"和"结存"栏，此处仅以采用"月末一次加权平均法"进行原材料核算的明细账的登记为例进行说明：❶"收入"栏，序时登记实际入库原材料的"数量""单价"和"金额"栏。❷"发出"栏，序时登记实际出库原材料的"数量"栏；而"单价"栏和"金额"栏，则在月末根据计算出的加权平均单价和实际出库的数量计算的总额，填列在"月结"行的"单价"和"金额"栏内。❸"结存"栏，序时登记结存原材料的"数量"栏；其"单价"和"金额"栏的登记与"发出"栏的相应栏次相同。

> **重点提示：**
> 原材料明细账的收入登记所依据的"凭证字、号"，也可以填所编制记账凭证的"凭证字、号"。

3. 多栏式明细账的设置及登记

多栏式明细账，是指在账页的借方、贷方或借贷双方设置若干个专栏，以集中反映某一总分类账户或某一明细分类账户全部明细项目的账簿。❶适用于登记明细项目较多且相对固定、记账方向单一、或平时记账方向单一月末反方向只登记一次的经济业务所设置的账户。❷根据经济业务的特点和经营管理的需要，多栏式明细账又可分为：借方多栏式、贷方多栏式、借贷方多栏式三种格式。

> **重点提示：**
> 加权平均单价计算到分，分以下四舍五入，如果单价是四舍五入时，则结存金额等于期初结存金额加本期收入金额减本期发出金额，以消除尾差的影响。即把尾差倒挤计入期末余额。

（1）借方多栏式明细账。借方多栏式明细账，是指在账页中设有"借方""贷方"和"余额"三个金额栏，并在借方栏按照明细科目或明细项目分设若干专栏，或者单独开设借方金额分析栏，分别记录增减发生额及余额的账簿。"生产成本"明细账、"管理费用"明细账、"制造费用"明细账一般都采用借方多栏式明细账。

借方多栏式明细账依据审核后的记账凭证按照经济业务发生的时间顺序逐笔进行登记。一般应为每一明细项目设置一个金额栏，登记该项目借方的发生额，对于贷方的发生额，则在该栏目内用"红字"记录，以表示对该项目金额的减少数或转出数。这些明细项目平时只有借方发生额，只有在月末结转至某一账户时，才有一次贷方发生额（转销），如"制造费用"账户结转至"生产成本"账户、"生产成本"账户结转至"库存商品"账户、费用类账户结转至"本年利润"账户。为减少账页的长度，不设置贷方专栏，其转销可用"红字"登记在借方。

【例 8-2】 以下以第六章第三节东海康华机械公司 2×19 年 12 月份发生的有关产品生产成本计算的经济业务为例，来说明"生产成本"明细账的格式与登记：❶期初在产品成本资料。A 产品：直接材料 20 000 元、直接人工 10 000 元、制造费用 4 000 元；B 产品：直接材料 18 000 元、直接人工 9 600 元、制造费用 3 600 元，参见表 6-7 所给资料。❷本月发生的经济业务。参见【例 6-21】【例 6-22】【例 6-29】和【例 6-30】所填制的记账凭证（转 19、转 20、转 21、转 24、转 25）。❸期末在产品成本资料。A 产品：直接材料 8 000 元、直接人工 4 000 元、制造费用 1 600 元；B 产品：直接材料 9 000 元、直接人工 4 800 元、制造费用 1 800 元，参见表 6-8 所给资料。根据以上资料所登记的"生产成本"明细账如表 8-8 和表 8-9 所示。

表 8-8　　　　　　　　　　　　　　　　　生产成本　明细账　　　　　　　　　　　　　第 12 页

产品名称：A 产品　　　　　　　本月完工数量：800 台　　　　　　　　月末在产品数量：40 台

| 2×19年 ||凭证字号| 摘　要 | 借方发生额 | 借方（成本项目） |||借或贷| 余　额 |
月	日				直接材料	直接人工	制造费用		
11			承前页	425 140	246 800	123 540	54 800	借	457 680
	30	转 25	完工产品成本转出	423 680	246 400	123 360	53 920		
	30		月末在产品成本		20 000	10 000	4 000	借	34 000
12	31	转 19	分配材料费用	296 000	296 000				
		转 20	分配工薪费用	130 000		130 000			
		转 21	计提职工福利	18 200		18 200			
		转 24	分配制造费用	65 000			65 000		
		转 25	完工产品成本转出	529 600	308 000	154 200	67 400		
	31		月末在产品成本		8 000	4 000	1 600	借	13 600
	31		结转下年		8 000	4 000	1 600	借	13 600

表 8-9　　　　　　　　　　　　　　　　　生产成本　明细账　　　　　　　　　　　　　第 14 页

产品名称：B 产品　　　　　　　本月完工数量：900 台　　　　　　　　月末在产品数量：70 台

| 2×19年 ||凭证字号| 摘　要 | 借方发生额 | 借方（成本项目） |||借或贷| 余　额 |
月	日				直接材料	直接人工	制造费用		
11			承前页	358 200	195 840	112 860	49 500	借	403 440
	30	转 25	完工产品成本转出	372 240	203 940	117 180	51 120		
	30		月末在产品成本		18 000	9 600	3 600	借	31 200
12	31	转 19	分配材料费用	217 600	217 600				
		转 20	分配工薪费用	110 000		110 000			
		转 21	计提职工福利	15 400		15 400			
		转 24	分配制造费用	55 000			55 000		
		转 25	完工产品成本转出	413 600	226 600	130 200	56 800		
	31		月末在产品成本		9 000	4 800	1 800	借	15 600
	31		结转下年		9 000	4 800	1 800	借	15 600

重点提示：上表中"红字"为冲销，因为生产成本明细账只为"直接材料""直接人工""制造费用"设置了借方专栏。月结为单红线，年结为双红线。

【例 8-3】 以下以第六章东海康华机械公司 2×19 年 12 月份发生的有关管理费用业务为例,阐述借方多栏式"管理费用"明细账的格式与登记方法:参见【例 6-46】【例 6-28】【例 6-47】【例 6-48】【例 6-22】【例 6-25】【例 6-27】【例 6-42】和【例 6-60】所编制的记账凭证(转 6、付 10、付 24、付 26、转 20、转 21、转 22、转 23、转 29、转 34),根据以上资料所登记的"管理费用"明细账如表 8-10 所示。

表 8-10　　　　　　　　　　　　管理费用　明细账　　　　　　　　　　　　第 28 页

| 2×19年 ||凭证字号|摘要|借方发生额|(借)方金额分析||||||
月	日					差旅费	办公费	审计费	修理费	工薪费	折旧费	其他
11			承前页	672 920	53 360	19 800	13 700	59 920	342 000	92 300	91 840
11	30	转 28	摊销无形资产	1 580							1 580
11	30	转 33	结转费用至本年利润	96 310	6 670	2 500	5 200	11 240	45 600	9 600	15 500
11	30		本年累计	674 500	53 360	19 800	13 700	59 920	342 000	92 300	93 420
12	11	转 6	报销差旅费	7 190	7 190						
	11	付 10	现金报销办公用品	2 400		2 400					
	27	付 24	支付审计费	7 000			7 000				
	29	付 26	支付固定资产修理费	20 300				20 300			
	31	转 20	分配工资费用	40 000					40 000		
	31	转 21	计提职工福利	5 600					5 600		
	31	转 22	计提折旧费	9 600						9 600	
	31	转 23	分配水电费	18 000							18 000
	31	转 29	摊销无形资产	1 600							1 600
	31	转 34	结转费用至本年利润	111 690	7 190	2 400	7 000	20 300	45 600	9 600	19 600
12	31		本年累计	786 190	60 550	22 200	20 700	80 220	387 600	101 900	113 020

(2) 贷方多栏式明细账。贷方多栏式明细账,是在账页中设有借方、贷方和余额三个金额栏,并在贷方按照明细科目或明细项目分设若干专栏,或者单独开设贷方金额分析栏。"主营业务收入""其他业务收入"和"营业外收入"明细账一般都采用贷方多栏式明细账。

贷方多栏式明细账适用于一般在平时只有贷方项目的发生额,而借方只在月末发生一次且与贷方项目相同的账户的明细分类核算。因此,贷方多栏式明细账一般为每一明细项目设置一个金额栏,登记该项目贷方的发生额,对于借方的发生额,则在该栏目内用"红字"记录,以表示对该项目金额的转出数。如"主营业务收入"等收入类账户结转至"本年利润"账户。

【例 8-4】 以下以东海康华机械公司 2×19 年 12 月发生的有关主营业

务收入的经济业务为例,阐述贷方多栏式"主营业务收入"明细账的格式与登记方法:参见【例 6-31】【例 6-32】【例 6-34】【例 6-37】和【例 6-60】所编制的记账凭证(收 3、转 4、转 11、转 16、转 33),来说明贷方多栏式"主营业务收入"明细账的格式与登记,如表 8-11 所示。

表 8-11　　　　　　　　　主营业务收入　明细账　　　　　　　　　第 16 页

2×19年		凭证字号	摘　要	对方科目	贷方发生额	(贷)方金额分析			
月	日					A 产品	B 产品		
11			承前页		7 287 000	4 354 000	2 933 000		
	29	转 18	销售冲销预收账款	预收账款	170 000	120 000	50 000		
	30	转 32	结转收入至本年利润	本年利润	1 077 000	612 000	465 000		
	30		本年累计		7 457 000	4 474 000	2 983 000		
12	3	收 3	销售并收到款项	银行存款	340 000	180 000	160 000		
	9	转 4	销售并办妥托收手续	应收账款	680 000	360 000	320 000		
	15	转 11	销售并收到商业汇票	应收票据	276 000	180 000	96 000		
	23	转 16	销售冲销预收账款	预收账款	500 000	300 000	200 000		
	31	转 33	结转收入至本年利润	本年利润	1 796 000	1 020 000	776 000		
	31		本年累计		9 253 000	5 494 000	3 759 000		

(3) 借贷方多栏式明细账。借贷方多栏式明细账,是指在账页中设有"借方""贷方"和"余额"三个金额栏,并同时在借方和贷方栏下设置若干个明细科目或明细项目进行登记的账簿。它适用于借贷方均需要设置多个栏目进行登记的账户,如"应交税费——应交增值税"明细账、"材料采购"明细账、"材料成本差异"明细账等。

(三) 总分类账与明细分类账的关系及平行登记

1. 总分类账与明细分类账的关系

总账和明细账之间有着密切的联系:❶两者所反映的经济业务的内容和登账依据相同,只是两者反映的详简程度不同。❷总账和明细账存在主属关系,总账提供的信息,是综合性信息,对明细账起着统驭和控制作用;明细账对总账起着补充说明作用,用来说明总分类账户是由哪些具体内容组成的。

2. 总分类账与明细分类账的平行登记

由于总账和明细账之间的关系,决定了其在记录经济业务时必须采用平行登记的方法。所谓平行登记,是指经济业务发生后,应根据会计凭证(包括原始凭证和记账凭证),一方面要登记有关的总分类账户,另一方面要

> **相关链接:**
> "材料采购"明细账、"材料成本差异"明细账的格式及登记方法,将在"中级财务会计"课程中结合具体内容进行阐述。

登记该总分类账户下属的各有关明细分类账户。平行登记的要求可概括为以下三点：

（1）同时登记，即对发生的每一笔经济业务，同一会计凭证的内容，在同一会计期间，既要在有关的总账中进行总括登记，又要在该总账下属的明细账中进行明细登记。

（2）方向相同，即对于一笔经济业务，在依据同一会计凭证登记总分类账户的借贷方向与登记下属明细分类账户的借贷方向必须一致。

（3）金额相等，即记入总账中的金额，必须与记入其下属各明细账中的金额之和相等。

【例8-5】 现以"原材料"和"应付账款"账户为例，说明总账与明细账的平行登记。假设强华公司2×19年12月份有关"原材料"和"应付账款"账户的相关资料及其下属的明细账户的月初余额及本月发生的经济业务如下：

（1）月初余额：❶"原材料"总账余额7 040元；下属各明细账户：甲材料，数量40千克，单价149元，金额5 960元；乙材料，数量10千克，单价108元，金额1 080元。❷"应付账款"总账余额4 560元，下属各明细账户：茂华公司2 160元，翔龙公司2 400元。

（2）本月发生：该公司2×19年12月份发生下列材料收发和应付账款发生与偿还的经济业务及所填制的记账凭证如下(本例为简化核算，假设该公司为增值税小规模纳税人，不涉及增值税进项税额)：❶5日，从茂华公司购入下列材料：甲材料70千克，单价148元，金额10 360元；乙材料40千克，单价98元，金额3 920元。材料已验收入库并填写"收料单"(编号为101)，货款尚未支付。应填制编号为"转1"的记账凭证(以会计分录代，下同)如下：

借：原材料——甲材料　　　　　10 360
　　　　　——乙材料　　　　　　3 920　　　转1
　　贷：应付账款——茂华公司　　　　　14 280

❷7日，车间产品生产领用材料，填制"领料单"(编号为201)，上列甲材料60千克、乙材料30千克。❸12日，车间一般消耗领用材料，填制"领料单"(编号为202)，上列甲材料10千克、乙材料10千克。❹13日，用银行存款偿还茂华公司的货款7 600元和翔龙公司的货款2 400元，应填制编号为"付1"的记账凭证如下：

借：应付账款——茂华公司　　　　　7 600
　　　　　——翔龙公司　　　　　　2 400　　　付1
　　贷：银行存款　　　　　　　　　　　　10 000

❺15日，从翔龙公司购入下列材料：甲材料90千克，单价152元，金额为13 680元；乙材料50千克，单价100元，金额为5 000元。材料已验收入库

> **特别注意：**
> 该公司的材料发出的计价采用"月末一次加权平均法"，因而，生产领料只登记原材料明细账发出栏的数量，因没有金额也不编制记账凭证。下同。

> **特别说明：**
> 会计实务中不会出现一张记账凭证对应几个债权单位的情况，此处为了简便，将几个分录合并为一个分录。

并填写"收料单"(编号为102),货款尚未支付。应填制编号为"转2"的记账凭证如下:

借:原材料——甲材料　　　　　　　　　　13 680
　　　　　——乙材料　　　　　　　　　　 5 000　　转2
　贷:应付账款——翔龙公司　　　　　　　18 680

❻ 18日,车间产品生产领用材料,填制"领料单"(编号为203),上列甲材料70千克、乙材料40千克。❼ 26日,车间一般消耗领用材料,填制"领料单"(编号为204),上列甲材料22千克、乙材料6千克。❽ 29日,用银行存款偿还茂华公司的货款5 500元和翔龙公司的货款9 500元,应编制编号为"付2"的记账凭证如下:

借:应付账款——茂华公司　　　　　　　 5 500
　　　　　——翔龙公司　　　　　　　　　9 500　　付2
　贷:银行存款　　　　　　　　　　　　　15 000

❾ 编制发料凭证汇总表,结转发出材料成本。本公司发出材料的计价采用月末一次加权平均法计算发出材料的成本,根据原材料明细账中记录的期初结存数量、金额,本月收入材料的数量、金额,按照下列方法计算加权平均单价:

$$\text{月末加权平均单价} = \frac{\text{月初结存金额} + \text{本月收入金额}}{\text{月初结存数量} + \text{本月收入数量}}$$

甲材料加权平均单价 = (5 960 + 24 040) ÷ (40 + 160) = 150(元／千克)
乙材料加权平均单价 = (1 080 + 8 920) ÷ (10 + 90) = 100(元／千克)

发出材料的实际成本为:

生产产品耗用:(60 + 70) × 150 + (30 + 40) × 100 = 26 500(元)
车间一般耗用:(10 + 22) × 150 + (10 + 6) × 100 = 6 400(元)

根据上述计算,12月31日结转本月耗用材料费用时,应填制编号为"转3"的记账凭证如下:

借:生产成本　　　　　　　　　　　　　　26 500
　　制造费用　　　　　　　　　　　　　　 6 400
　贷:原材料——甲材料　　　　　　　　　24 300　　转3
　　　　　——乙材料　　　　　　　　　　 8 600

根据上述资料,按照总分类账和明细分类账平行登记的要点,登记"原材料"总账及其下属的明细分类账、"应付账款"总账及其下属的明细分类账,如表8-12、表8-13、表8-14、表8-15、表8-16、表8-17所示。

表 8-12　　　　　　　　　　　　　原材料　总账　　　　　　　　　　　　　第 28 页

2×19年		凭证字号	摘要	对方科目	借方金额	贷方金额	借或贷	余额
月	日							
11			承前页		31 150	0		36 530
	26	付6	购进并付款	银行存款	6 100			
	30	转5	结转发出材料成本	生产成本		35 590		
11	30		本月合计		37 250	35 590	借	7 040
12	5	转1	购进材料,货款未付	应付账款	14 280			
	15	转2	购进材料,货款未付	应付账款	18 680			
	31	转3	结转发出材料成本	生产成本		32 900		
12	31		本月合计		32 960	32 900	借	7 100
			本年合计		338 100	331 010	借	7 100
12	31		结转下年				借	7 100

表 8-13　　　　　　　　　　　　　原材料　明细账　　　　　　　　　　　总第 30 页

明细科目:甲材料　　计量单位:千克　　储备定额:　　　存储地点:原材料库　　分第 20 页

2×19年		凭证字号	摘要	收入			发出			结存		
月	日			数量	单价	金额	数量	单价	金额	数量	单价	金额
11			承前页	150		22 490	150			30		
	27	收104	购进	30	147	4 410				60		
	28	领109	车间一般耗用				20			40		
11	30		本月合计	180		26 900	170	149	25 330	40	149	5 960
12	5	收101	购进	70	148	10 360				110		
	7	领201	生产产品领用				60			50		
	12	领202	车间一般耗用				10			40		
	15	收102	购进	90	152	13 680				130		
	18	领203	生产产品领用				70			60		
	26	领204	车间一般耗用				22			38		
12	31		本月合计	160		24 040	162	150	24 300	38	150	5 700
	31		结转下年							38	150	5 700

注:发出甲材料的单价为"月末加权平均单价",150=(5 960+24 040)÷(40+160)。

表 8-14　　　　　　　　　　　　　　**原材料　明细账**　　　　　　　　　　　总第 30 页

明细科目:乙材料　　计量单位:千克　　储备定额:　　存储地点:原材料库　　分第 25 页

2×19年		凭证字号	摘要	收入			发出			结存		
月	日			数量	单价	金额	数量	单价	金额	数量	单价	金额
11			承前页	88		9 126	87			6		
	26	收 103	商业汇票购进	12	102	1 224				18		
	28	领 1 107	车间一般耗用				8			10		
11	30		本月合计	100		10 350	95	108	10 260	10	108	1 080
12	5	收 101	购进	40	98	3 920				50		
	7	领 201	生产产品领用				30			20		
	12	领 202	车间一般耗用				10			10		
	15	收 102	购进	50	100	5 000				60		
	18	领 203	生产产品领用				40			20		
	26	领 204	车间一般耗用				6			14		
12	31		本月合计	90		8 920	86	100	8 600	14	100	1 400
	31		结转下年							14	100	1 400

注:发出甲材料的单价为"月末加权平均单价",100＝(1 080＋8 920)÷(10＋90)

表 8-15　　　　　　　　　　　　　　**应付账款　总账**　　　　　　　　　　　　　第 36 页

2×19年		凭证字号	摘要	对方科目	借方金额	贷方金额	借或贷	余额
月	日							
11			承前页		23 800	28 900	贷	12 680
	24	转 4	应付购进翔龙公司货款	原材料		2 300		
	27	付 7	偿还茂华和翔龙公司货款	银行存款	10 420			
11	30		本月合计		34 220	28 900	贷	4 560
12	5	转 1	应付购进茂华公司货款	原材料		14 280		
	13	付 1	偿还茂华和翔龙公司货款	银行存款	10 000			
	15	转 2	应付购进翔龙公司货款	原材料		18 680		
	29	付 2	偿还茂华和翔龙公司货款	银行存款	15 000			
12	31		本月合计		25 000	32 960	贷	12 520
			本年合计		249 500	286 600		12 520
12	31		结转下年				贷	12 520

注:表中"本年合计"为12个月的"本月合计"之和。

表 8-16　　　　　　　　　　应付账款　明细账　　　　　　　　总第 25 页
户名:茂华公司　　　　　　　　　　　　　　　　　　　　　　　　　分第 7 页

2×19年		凭证字号	摘要	对方科目	借方金额	贷方金额	借或贷	余额
月	日							
11			承前页				贷	7 760
11	29	付9	偿还前欠货款		5 600		贷	2 160
12	5	转1	应付购进甲、乙材料款	原材料		14 280	贷	16 440
	13	付1	偿还前欠货款	银行存款	7 600		贷	8 840
	29	付2	偿还前欠货款	银行存款	5 500		贷	3 340
12	31		结转下年				贷	3 340

表 8-17　　　　　　　　　　应付账款　明细账　　　　　　　　总第 33 页
户名:龙翔公司　　　　　　　　　　　　　　　　　　　　　　　　　分第 7 页

2×19年		凭证字号	摘要	对方科目	借方金额	贷方金额	借或贷	余额
月	日							
11			承前页				贷	7 220
11	28	付3	偿还前欠货款		4 820		贷	2 400
12	13	付1	偿还前欠货款	银行存款	2 400		平	0
	15	转2	应付购进甲、乙材料款	原材料		18 680	贷	18 680
	29	付2	偿还前欠货款	银行存款	9 500		贷	9 180
12	31		结转下年				贷	9 180

第三节　会计账簿的启用与登记方法

会计账簿是储存数据资料的重要会计档案,登记会计账簿是一项要求严谨、技术性很强的工作,为保证会计信息的质量,会计账簿的登记应严格遵循一定的技术规范要求,包括:❶会计账簿的设置与启用方法。❷会计账簿的登记方法。❸更正错账的方法。

一、会计账簿的设置与启用

(一)会计账簿的设置

(1)各单位应当按照国家统一会计制度的规定和会计业务的需要设置

会计账簿。会计账簿包括总账、明细账、日记账和其他辅助性账簿。

(2) 现金日记账和银行存款日记账必须采用订本式账簿。不得用银行对账单或者其他账表代替日记账。

(3) 实行会计电算化的单位,用计算机打印的会计账簿必须连续编号,经审核无误后装订成册,并由记账人员、会计机构负责人和会计主管人员签字或者盖章。

(二) 会计账簿的启用

1. 填写"账簿启用及交接表"

启用会计账簿时:❶应当在账簿封面上写明单位名称和账簿名称。❷在账簿扉页后应当附账簿启用及交接表,内容包括:启用日期、账簿页数、记账人员和会计机构负责人、会计主管人员姓名,并加盖名章和单位公章。❸记账人员或者会计机构负责人、会计主管人员工作调动时,应当注明交接日期、接办人员或者监交人员姓名,并由交接双方人员签名或者盖章。

2. 填写"账户目录"

(1) 启用订本式账簿:❶应当从第一页到最后一页顺序编定页数,不得跳页、缺号。❷按照会计科目的编号顺序填写科目名称和启用页号。

(2) 使用活页式账页:❶应当按账户顺序编号,并定期装订成册。❷装订后再按实际使用的账页顺序编定页码。❸另加目录,记明每个账户的名称和页次。

3. 粘贴"印花税票"

(1) 印花税是对经济活动和经济交往中书立、领受的应税经济凭证所征收的一种税。征税对象包括:经济合同、产权转移书据、营业账簿、权证和许可证照等。

(2) 印花税票是缴纳印花税的完税凭证,由国家税务总局负责监制,其票面金额有壹角、贰角、伍角、壹元、贰元、伍元、拾元、伍拾元和壹佰元九种。

(3) 记载资金的账簿:❶按实收资本和资本公积合计金额的 $0.5‰$ 贴花(从 2018 年 5 月 1 日起减半征收)。❷其他账簿从 2018 年 5 月 1 日起免征印花税。❸纳税人(立账簿人)应按规定的应缴税额,购买相同金额的印花税票并粘贴在账簿的右上角,并且画线注销。❹对于记录资金的账簿,由于其金额较大,一般使用缴款书缴纳印花税,这样就应在账簿的右上角注明"印花税已缴"字样及缴款金额。❺**特别注意**:记载资金的账簿并非每年都要缴纳印花税,以后年度仅就其资金总额增加部分于次年年初补贴印花税票。

二、会计账簿的登记方法

会计人员应当根据审核无误的会计凭证登记会计账簿,具体规则如下:

(1) 使用蓝黑墨水。登记账簿必须用蓝黑色墨水或碳素墨水书写,不允许使用铅笔或圆珠笔记账。这是因为:❶圆珠笔的笔油容易挥发,不利于账簿的长期保管。❷用铅笔登记的账簿容易被他人涂改,不利于保证账簿记录的正确性。

(2) 书写适当留格。账簿中书写的文字和数字上面要留有适当空格,不要写满格;一般应占格高的二分之一。

(3) 登账依据。❶登记会计账簿时,应当将会计凭证日期、编号、业务内容摘要、金额和其他有关资料逐项记入账内,做到数字准确、摘要清楚、登记及时、字迹工整。❷登记完毕后,要在记账凭证上签名或者盖章,在"过账"栏注明已经登账的符号(打"√"等),表示已经记帐,避免重记或漏记。

(4) 账页连续登记。各种账簿应按账户页次顺序连续登记,不得跳行、隔页。如果发生跳行、隔页现象,应在空行、空页处用红色墨水画对角线注销,注明"此行空白"或"此页空白"字样,并由记账人员签章。

(5) 红字限制使用。下列情况,可以用红色墨水记账:❶按照红字记账凭证,冲销错误记录。❷在不设借贷等栏的多栏式账页中,登记减少数。❸在三栏式账户的余额栏前,如未印明余额方向的,在余额栏内登记负数余额。❹根据国家统一会计制度的规定可以用红字登记的其他会计记录。

(6) 账户余额结计。❶凡需要结出余额的账户,结出余额后,应当在"借或贷"等栏内写明"借"或者"贷"等字样。❷没有余额的账户,应当在"借或贷"等栏内写"平"字,并在余额栏内用"๑"表示。❸现金日记账和银行存款日记账必须逐日结出余额。

(7) 账页结转处理。❶每一账页登记完毕结转下页时,应当结出本页合计数及余额,写在本页最后一行和下页第一行有关栏内,并在摘要栏内注明"过次页"和"承前页"字样。❷也可以将本页合计数及金额只写在下页第一行有关栏内,并在摘要栏内注明"承前页"字样。❸对需要结计本月发生额的账户,结计"过次页"的本页合计数应当为自本月初起至本页末止的发生额合计数。❹对需要结计本年累计发生额的账户,结计"过次页"的本页合计数应当为自年初起至本页末止的累计数。❺对既不需要结计本月发生额也不需要结计本年累计发生额的账户,可以只将每页末的余额结转次页。

(8) 规范更正错账。❶对于登错的账簿记录,不得刮擦、挖补、涂改或用药水消除字迹等手段更正错误,也不允许重抄。❷发生错误时,应采用正确的错账更正方法进行更正。

> **特别提示:**
> 账页结转处理,其目的在于把工作做在平时,以减少月末结账的工作量。同时,转次页或承前页的发生额为各月累计数或本年累计数。

三、更正错账的方法

(一) 错账的基本类型

虽然引起错账的原因是多方面的,但都可以从编制记账凭证和登记账簿两个环节找出问题的症结之所在,主要包括以下两种类型。

1. 记账凭证正确,仅在登记账簿时发生错误

所谓记账凭证正确,是指记账凭证上所编制的会计分录完全正确,在过账时所过入的账户名称及方向也没有错误,仅是过账金额多记或少记而产生了错账,如【例 8-6】的情况。

2. 记账凭证错误,造成账簿登记错误

该错账类型,是指记账凭证上所编制的会计分录与实际发生的经济业务不符,且已根据错误的记账凭证登记入账。包括三种情况:❶记账凭证上会计科目用错引发的登账错误,如【例 8-7】的情况。❷记账凭证上所填会计科目与记账方向正确,但所记金额大于应记金额引发的错账,如【例 8-8】的情况。❸记账凭证上所填会计科目与记账方向正确,但所记金额小于应记金额引发的错账,如【例 8-9】的情况。

(二)错账的更正方法

当账簿记录出现错误时,为了防止非法改账,应按规定的方法进行更正。由于错账的性质和发现的时间不同,更正的方法也有所不同。常用的错账更正方法主要有以下三种。

1. 划线更正法(又称红线更正法)

在每月结账前,如果发现账簿记录中的文字或数字有错误,而其所依据的记账凭证没有错误,即纯属记账时的笔误或计算错误,应采用划线更正法进行更正。其具体做法如下:

首先,将错误的文字或数字用一条红色横线予以注销,但必须使原有文字或数字清晰可认,以备查阅;然后,在划线文字或数字的上方用蓝字(或黑字,下同)将正确的文字或数字填写在同一行的上方位置,并由更正人员在更正处签章,以明确责任。经过上述处理,原来的错账就得到了更正。

> **特别提示:**
> 对于文字差错,只需划去错误的文字,然后予以更正;对于数字差错,应将错误的数额全部划去,而不能只划去错误数额中的个别数字。

【例 8-6】 会计人员张一帆将"应付账款"总账中的一笔未付购进材料货款 12 780 元,错记为 17 280 元。具体的更正方法如表 8-18 所示。

表 8-18   应付账款   总账   第   页

摘 要	借 方	贷 方
	百十万千百十元角分	百十万千百十元角分
偿还前欠货款	9 8 2 0 0 0	
购进材料货款未付		1 2 7 8 0 0 0 1 7 2 8 0 0 0
		2 7 1 7 2 8 0 0 0

(沿底线占1/2空格)(更正人员签章以示负责 张一帆)(错误数字上方写正确数字)(将错误的数字用红线整体注销)(不规范的更正方法)

2. 红字更正法(又称红字冲销法)

这种方法是用红字冲销原有记录后再予以更正的方法,主要适用于以下两种情况:

第一种情况:原记账凭证中的应借、应贷账户名称或借、贷方向有误,而账簿记录与记账凭证是相吻合的。其更正的方法是:

首先,用红字金额填制一张与原错误记账凭证内容完全一致的记账凭证,并据以用红字登记入账,以冲销原错误记录;然后,再用蓝字填制一张正确的记账凭证,并据以用蓝字登记入账。经过上述处理,原来的错账就得到了更正。

【例 8-7】 2×19 年 5 月 6 日,生产车间领用材料 35 920 元,直接用于生产产品。所填制的记账凭证如下并已据以登记入账。

| 借：制造费用 | 35 920 | |
| 贷：原材料 | | 35 920 |

转 16

经查发现所填记账凭证上"制造费用"会计科目用错,应为"生产成本"会计科目。发现以上错误并进行更正时：

(1) 注销原错误记录。❶填制一张与原错误记账凭证内容完全相同的红字记账凭证。❷在填制的"红字"记账凭证的摘要栏注明：注销2×19年5月6日转字16号凭证,编号为"转32"。❸该记账凭证中的填制日期为2×19年5月31日。

| 借：制造费用 | 35 920 | |
| 贷：原材料 | | 35 920 |

转 32

摘要：注销2×19年5月6日编号为"转16"的转字16号凭证。

(2) 重新编制正确的记账凭证。❶用蓝字填制一张正确的记账凭证。❷在重新填制的"蓝字"记账凭证的摘要栏注明：订正2×19年5月6日转字16号凭证,编号为"转33"。❸该记账凭证上填制日期为2×19年5月31日。

| 借：生产成本 | 35 920 | |
| 贷：原材料 | | 35 920 |

转 33

摘要：订正2×19年5月6日编号为"转16"的转字16号凭证。

(3) 登记账簿。❶根据所填制的"红字"记账凭证(转32),用红字金额登记入账,这样原有的错账记录得以冲销。❷根据所填制的"蓝字"记账凭证(转33),用蓝字金额登记入账。经过上述处理,原来的错账就得到了更正。

以上错账的更正方法以"T"形账户简示如图8-1所示。

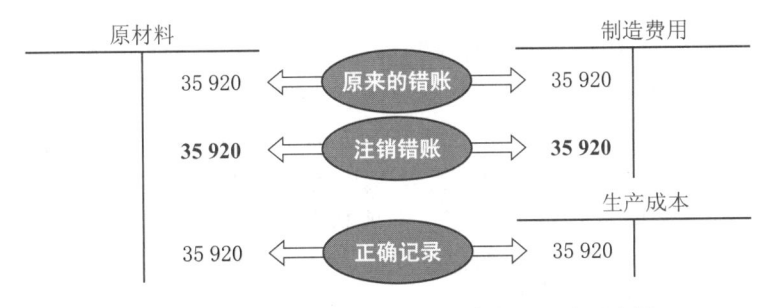

图 8-1　记账凭证错记账户及记账方向更正法示意图

第二种情况：记账以后,发现记账凭证中应借、应贷科目和记账方向都正确,只是所填金额大于应填金额并已据以登记账簿。其更正方法是：编制"红字"差额记账凭证,即将多记金额用红字填制一张与原错误记账凭证的会计科目、记账方向相同的记账凭证,并据以用红字登记入账,以冲销多记金额,求得正确的金额。经过上述处理,原错账就得到了更正。

【例 8-8】 2×19 年 5 月 15 日,企业职工艾楚才预借差旅费 1 200 元,以现金付讫。所填制的记账凭证如下并已据以登记入账。

借:其他应收款　　　　　　　　　　2 100
　贷:库存现金　　　　　　　　　　　　　　2 100　　付 26

经查发现,所填记账凭证上应借、应贷账户名称及记账方向正确,但所填金额大于应填金额的差额为 900 元。发现以上错误并进行更正时:

（1）编制冲销原错误记录中的多记金额的记账凭证。❶将多记金额用红笔填制一张与上述会计分录中应借、应贷科目一致的记账凭证。❷在填制的"红字"记账凭证的摘要栏注明:冲减 2×19 年 5 月 15 日付字 26 号凭证多记金额,编号为"付 34"。❸该记账凭证上填制日期为 2×19 年 5 月 31 日。

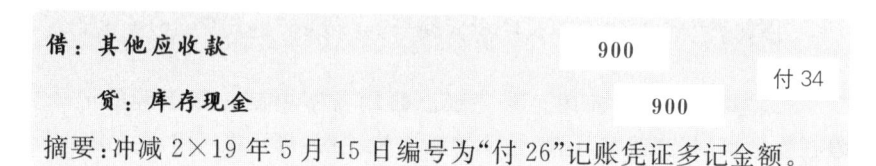

借:其他应收款　　　　　　　　　　900
　贷:库存现金　　　　　　　　　　　　　　900　　付 34

摘要:冲减 2×19 年 5 月 15 日编号为"付 26"记账凭证多记金额。

（2）登记账簿。根据所填制的"红字"差额记账凭证（付 34）,用红字金额登记入账,这样原有的错账记录得以冲销,原来的错账就得到了更正。

以上错账的更正方法以"T"形账户简示如图 8-2 所示。

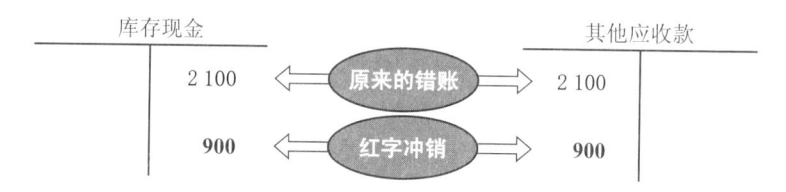

库存现金		其他应收款
2 100	⇐ 原来的错账 ⇒	2 100
900	⇐ 红字冲销 ⇒	900

图 8-2　记账凭证金额多记错账更正法示意图

采用红字更正法,更正金额多记的错账记录时,应特别注意:一般不得以蓝字金额填制与原错误记账凭证记账方向相反的记账凭证,达到冲销原错误金额之目的。因为蓝字记账凭证反方向记录的会计分录,虽然能够达到冲销原错误金额,但反映的经济业务与反映错账更正的内容完全不同。如【例 8-8】多记的金额 900 元,用蓝字填制借记"库存现金"账户 900 元,贷记"其他应收款"账户 900 元的记账凭证,则反映的是企业收取某职工的欠款的经济业务,并不反映对错误账簿记录的更正内容。

3. 补充登记法（也称蓝字补记法）

记账以后,发现记账凭证中应借、应贷会计科目和记账方向都正确,只是所填金额小于应填金额并已据以记账,应采用补充登记法予以更正。更正的方法是:编制"蓝字"差额记账凭证,即将少记金额用蓝字填制一张与原错误记账凭证科目名称和方向一致的蓝字记账凭证,并据以登记入账,以补

☞ 提示:
由于会计电算化软件的应用,会计准则中已经允许用相反会计分录冲减原记录,但必须将摘要写清楚。

足少记的金额。经过上述处理,原来的错账就得到了更正。

【例 8-9】 2×19 年 6 月 25 日,销售科职工杨光美出差借款,所填制的"借款单"中借款金额为 2 000 元,已通过有关审批手续并加盖"现金付讫"戳记。所填制的记账凭证如下并已据以登记入账。

| 借:其他应收款 | 200 | | 付 35 |
| 贷:库存现金 | | 200 | |

经查发现所填记账凭证上应借应贷账户名称及记账方向正确,但所填金额小于应填金额的差额为 1 800 元。发现以上错误并进行更正时:

(1) 编制补记原错误记录中少记金额的记账凭证。❶将少记金额用蓝字填制一张与上述会计分录中应借、应贷科目一致的记账凭证。❷在填制的"蓝字"差额记账凭证的摘要栏注明:补记 2×19 年 6 月 25 日付字 35 号凭证少记金额,并重新编号为"付 57"。❸该记账凭证上填制日期为 2×19 年 6 月 30 日。

| 借:其他应收款 | 1 800 | | 付 57 |
| 贷:库存现金 | | 1 800 | |

摘要:补记 2×19 年 6 月 25 日编号为"付 35"记账凭证少记金额。

(2) 登记账簿。根据所填制的"蓝字"差额记账凭证(付 57),用蓝字金额登记入账,这样原有的错账记录得以补记,原来的错账就得到了更正。

以上错账的更正方法以"T"形账户简示如图 8-3 所示。

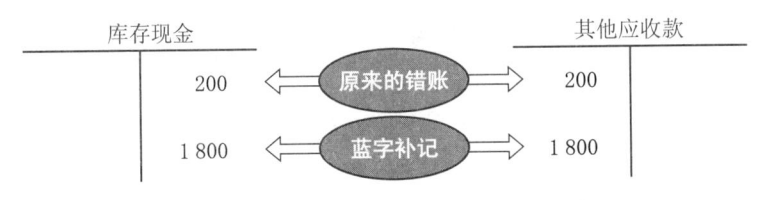

图 8-3 记账凭证金额少记错账更正法示意图

以上所介绍的都属于账簿记录与其所依附记账凭证内容完全一致时所出现的错账的更正方法。当账簿记录与其所依据的记账凭证不一致时,则应首先采用划线更正法更正账簿记录,使之与原记账凭证相符,然后再采用相应的更正方法予以更正。

> **重点掌握:**
> 应重点掌握三种错账更正方法适用的范围。

第四节 对账与结账

一、对账

(一) 对账的含义和作用

对账,就是核对账目,即对会计账簿中所作的记录进行全面的核对。在会计核算的日常记账、过账及结账过程中,难免发生记账、计算等差错,也难免出现账实不符的现象。为了保证各种账簿记录的完整与正确,为会计报表的编制提供真实可靠的数据资料,在全部经济业务入账之后,于平时或期末结账之前,应对各种账簿记录进行核对,做到账证相符、账账相符和账实相符。

形象比喻:
如将账簿记录比喻为会计报表这一"产成品"的构成"部件",则对账就如同对构成产成品的各部件的质量检查与修复。

(二)对账的主要内容

1. 账证核对

账证核对,是指对各种账簿的记录与记账凭证及其所附的原始凭证相核对,做到账证相符。这种核对通常是在日常核算中进行的,以使错账能及时得到更正。月终时,如果出现账账不符的情况,则应将账簿记录与记账凭证重新复核,以确保账证相符。

2. 账账核对

账账核对,是指对各种账簿之间的有关数字进行核对,做到账账相符。主要包括:

(1)总账中各账户期末借方余额合计数与各账户期末贷方余额合计数相核对。

(2)总账与下属明细账之间的核对,包括:将总账的本期借方发生额、贷方发生额、期末余额,与其下属各明细账户的本期借方发生额合计数、贷方发生额合计数、期末余额合计数进行核对。

(3)现金总账、银行存款总账,分别与库存现金日记账、银行存款日记账进行核对。核对内容同样包括余额核对和发生额核对。

(4)会计部门各种财产物资明细账与财产物资保管或使用部门的有关财产物资明细账进行核对。

提示:
账账之间的核对,最终的要求是做到账账相符,以便进行账物、账款之间的核对。

3. 账实核对

账实核对,将各种财产物资的账面余额与实有数额进行核对,做到账实相符。主要包括:

(1)现金日记账的余额与库存现金实际库存数相核对,并保证日清月结。

(2)银行存款日记账的余额与银行对账单相核对,每月最少一次,并保证相符。

(3)各种应收、应付款明细账余额与有关债务、债权单位的账目相核对,并保证相符。

(4)各种材料、物资、产品明细账的余额与其实物数额相核对,并保证相符。

超链接:
账实核对,一般要结合财产清查进行。有关财产清查的内容、方法等将在第九章专门介绍。

(三)对账的主要方法

利用借贷复式记账法的自动平衡机制,在结账前和结账后通过编制"总分类账户本期发生额及余额试算平衡表",来检查账簿记录是否有差错。这种方法适用于过账错误造成的差错。根据试算平衡表中借方与贷方的差额,按照其差额的某些特征,可能提供错账类型的线索,从而找出错误所在。一般的方法有差数法、二除法、九除法。

(1)差数法,是指根据试算平衡表中借方发生额与贷方发生额的差数来查找漏记金额错账的一种方法。

（2）二除法，是指通过将试算平衡表中借方发生额与贷方发生额的差数除以2来查找出现的将应记入借方（或贷方）的金额错记到贷方（或借方）其差额一定是偶数的一种方法。

（3）九除法，是指通过将试算平衡表借方发生额与贷方发生额的差数除以9来查找数字错位或倒码记错账的一种方法，包括：数字错位和倒码情况，所产生的差额均可被9整除，其商数就是要查找的差错数。

如果通过以上方法仍找不出错误，则可能是非过账错误造成的差错，如记账凭证编制错误，以及几种错误交叉影响造成的，这就需要采用其他查错方法进行查找。主要有顺查法、逆查法和抽查法三种。

二、结账

结账，是指把一定时期内发生的经济业务在全部登记入账的基础上，按照规定的方法对该时期内的账簿记录进行小结，结计出本期发生额合计数和期末余额，并将余额结转下期或者转入新账。

（一）结账的作用及主要内容

为了保证能及时为会计信息使用者提供对其决策有用的会计信息，需要定期对企业"持续性"的经营活动及其成果进行总结，有助于计算确定企业本期实现的损益。因此，在检查当期发生的各项经济业务是否已经全部入账并将对账过程中发现的错账予以更正之后，就需在会计期末结计各个账户的本期发生额和期末余额。结账的作用有两个，一是可以按照会计分期的要求，计算企业在会计期末的财务状况和该会计期间的经营成果；二是可以为期末编制会计报表提供必要的数据资料。

通常，结账工作包括三部分：❶按照权责发生制调整有关账项（如对递延项目和应计项目的确认）。❷对损益类账户进行结账，并据以确定本期的利润或亏损，把经营成果在账户上显示出来。❸分"月结"和"年结"计算结计各账户的本期发生额和期末余额（年终结账时应将各账户余额转记至下一年启用的新账簿中）。

（二）按照权责发生制的要求，对应计项目和递延项目进行确认

企业在本期日常活动中发生的各种已经实际收、付款和转账的经济业务（可简单地理解为"显性经济业务"），已经在有关账簿中进行了记录，但按照权责发生制的要求，这些经济业务还需要进行收入确认和费用确认的调整，以正确计算各期的经营成果（可以简单地理解为"隐性经济业务"）。

1. 应计项目的确认

应计项目，是指前期已经发生（收、付款）且将延续到本期和以后各期，应在本期和以后各期确认的应计费用和收入，包括：

（1）应计预收收入的确认，是指企业将要让渡资产使用权而预先收取款项，随着时间的推移，将在以后期间确认为收入的让渡资产的使用权收入。如前期已经收到租金本期应确认的资产租赁收入的经济业务。

> **职业判断：**
> 这三种方法的使用，主要靠会计人员的职业经验和判断，如果上半月精力不集中，错误可能出现在上半月，则采用"顺查法"；反之，则采用"逆查法"。

(2) 应计预付费用的确认,是指企业在以前会计期间已经实际付款,因受益期限较长本期应确认的那部分费用的调整。如执行《小企业会计准则》的企业预付下年度全年的财产保险费、报刊订阅费等。

2. 递延项目的确认

递延项目,是指将在以后期间发生(收、付款)但应在本期确认的应计收入和费用,包括:

(1) 应计未收收入的确认,是指那些已在本期实现、因款项未收而未登记入账收入的确认。如对外债券投资在年末应确认的债券利息收入的经济业务。

(2) 应计未付费用的调整,是指企业在本会计期间应当负担,但无须在当期付款而在以后某一会计期间一次支付款项费用的确认。如按照季度结算的银行借款利息,在前两个月应确认的利息费用等经济业务。

(三) 结清损益类账户明细账发生额

由于会计核算技巧的需要,进行的收入结转、费用结转,即将本期发生的收入和费用,由该类账户反方向转入"本年利润"账户的贷方和借方,通过上述结转后,损益类账户就不再有余额,其结转的目的是为了计算确定当期的经营成果。具体包括:

(1) 期末编制结转收入类账户发生额至"本年利润"账户的结账分录(记账凭证),将收入类账户本期贷方发生额反方向结转到"本年利润"账户的贷方。具体账务处理参见第六章【例6-60】的【分析1】。

(2) 期末编制结转费用类账户发生额至"本年利润"账户的结账分录(记账凭证),将费用类账户本期借方发生额反方向结转到"本年利润"账户的借方。具体账务处理参见第六章【例6-60】的【分析2】和【例6-61】。

(3) 年末,将"本年利润"账户的借、贷方之差额,结转到"利润分配——未分配利润"账户,结平"本年利润"账户。具体账务处理参见第六章【例6-63】的【分析1】。

(四) 结计各账户的本期发生额及余额,并划结账标志线

在本期全部经济业务登记入账的基础上,计算出各个账户的本期发生额和期末余额,账户有余额时,应按规定的方法结转至下一会计期间的有关账户,同时应划出结账标志线。

1. 月度结账

月度结账,是指在月末结计出全部账户的本期借、贷方发生额及期末余额。由于各类账户的特点、作用和结账目的不同,结账方法也有所不同。

(1) 债权债务结算类账户明细账、资本类账户明细账和存货类账户明细账(除库存商品采用"月末一次加权平均法")的结账方法。根据管理要求,该类账户既不需要结计本月发生额也不需要结计本年累计发生额,只需结计期末余额:❶每次记账以后,都要随时结出余额(至少每日要结出余额),故每月最后一笔记录的余额即为月末余额,不需要再结计一次余额。❷月末结账时,只需要在最后一笔经济业务记录行的下一行沿着上线(注意不要重合和隔开明显,下同)通栏划单红线(简称"结账单红线",下同),以示本期与下期的区分。❸具体结账方法参见表 8-16、表 8-17"应付账款"明细账的结账方法。

（2）现金日记账、银行存款日记账、全部总账账户，以及"表结法"下损益类账户明细账和采用"月末一次加权平均法"的存货类账户明细账的结账方法。根据管理要求，该类账户既需要结计本期发生额又需要结计期末余额：❶每月结账时，要在最后一笔经济业务记录行的下一行（简称"月结行"）沿着上线划通栏单红线，然后在"月结行"结计本月借贷方发生额和期末余额并注明借贷方向（借或贷），期末没有余额的，应在"期末余额"栏内划"ф"符号，并在"借或贷"栏内写"平"字。❷在"日期"栏内填写本月最后一天的日期数，在"摘要"栏内注明"本月合计"或"月结"字样。❸如为损益类账户明细账，还需要结出本年累计发生额（自年初始至本月末止的累计发生额，下同），并在"本月合计"行的下一行的"摘要"栏内注明"本年累计"字样。❹在"月结行"或"本年累计"行的下一行沿上线通栏划单红线（以示本月的账簿记录已经结束，也表示下月经济业务登记的开始）。❺现金日记账的月度结账方法参见表 8-2，银行存款日记账的结账方法与现金日记账的结账方法相同，"原材料"明细账的结账方法参见表 8-13 和表 8-14。

（3）"账结法"下损益类账户明细账的结账方法。❶这类账户既需要结计本期发生额也需要结计本年累计发生额。❷损益类账户在期末都要反方向结转至"本年利润"账户，所以期末没有余额，其账页格式一般采用"借方多栏式"（不设贷方专栏）或"贷方多栏式"（不设借方专栏）。❸损益类账户在每月月末反方向结转至"本年利润"明细账时，因账页格式，决定了应用"红字"进行登记，这一"红字"金额既是借方发生额合计，又是贷方发生额合计，因而不需要再结计一次发生额。❹在反方向结转费用（或收入）发生额合计至"本年利润"行的下一行沿着上线通栏划单红线，结计本年累计发生额并在"摘要"栏内注明"本年累计"字样。❺在"本年累计"行下面再通栏划单红线。❻"管理费用"明细账与"主营业务收入"明细账的月度结账方法参见表 8-10 和表 8-11。

2．年度结账

年度结账，是指在年末结计出全年各账户的借方发生额、贷方发生额及余额，并将年末余额转入下一个会计年度的新账户，作为下一会计年度新账户的年初余额。

（1）总账账户的年度结账方法。为总括反映全年财务状况与经营成果增减变动的全貌，便于核对账目，所有总账账户都应当结出全年发生额和年末余额，具体做法如下：❶在 12 月份月结的基础上，加计 12 个月的月结金额即为本年度合计金额，并在"摘要"栏内注明"本年合计"字样。❷如果没有余额，直接在"本年合计"行下通栏划双红线（简称"封账双红线"下同）封账即可。❸如果有余额，应将余额结转到下一会计年度，并在"本年合计"行下一行的"摘要"栏内注明"结转下年"字样，并将余额记入同一行的"余额"栏内，然后在"结转下年"行下通栏划双红线，封账即可。❹在下一会计年度新建有关会计账簿的第一行"余额"栏内填写上年结转的余额，并在摘要栏注明"上年结转"字样。❺需特别强调的是,上年余额的结转,既不需要编制记账凭证,也不必将某账户的借方(或贷方)余额再记入本年该账户的贷方(或借方),使本年有余额的账户的余额为零。❻"原材料"总账、"应付账款"总账的年度结账方法参见表 8-12 和表 8-15。

(2) 明细账账户的年度结账方法。由于明细账账户的特点及结账目的不同,其月度结账方法各不相同,所以其年度结账方法也略有差异:❶损益类账户明细账,由于各月都要进行本年累计,所以 12 月月末的"本年累计"就是全年累计发生额,不需要再结计一次全年累计发生额,只需在全年累计发生额下面通栏划双红线封账即可,损益类账户明细账的年度结账方法参见表 8-10、表 8-11"管理费用"明细账和"主营业务收入"明细账的结账方法。❷既需要结计各月发生额又需要结计余额的明细账及现金日记账、银行存款日记账,由于不需要结计累计发生额,所以,这类账户应在 12 月份月结的基础上,进行"结转下年"与"上年结转"的处理,其处理方法与总账账户的年度结账方法相同,"原材料"明细账的年度结账方法参见表 8-13、表 8-14。❸只需要结计期末余额不需要结计发生额的明细账,12 月月末余额即为年末余额,所以,这类账户应在 12 月月结的基础上,进行"结转下年"与"上年结转"的处理,其处理方法与总账账户的年度结账方法相同,"应付账款"明细账的年度结账方法参见表 8-16、表 8-17。

第五节　会计账簿的更换与保管

一、会计账簿的更换

会计账簿的更换,是指在年度结账完毕后,以新账代替旧账。为了便于账簿的使用和管理,一般情况下:❶总分类账、现金日记账和银行存款日记账和大部分明细账都应每年更换一次。❷对于在年度内业务发生量较少、账簿变动不大的部分明细账,如固定资产明细账和固定资产卡片账,由于连续记录的要求比较强,可以跨年度连续使用,不必每年更换。❸各种备查账簿也可以连续使用。建立新账时,除了要遵守账簿启用规则以外,还需要注意以下几点:

(1) 更换新账时:❶要注明各账户的年份,然后在第一页第一行的"日期"栏内写明"1 月 1 日"。❷在"摘要"栏内用红笔注明**"上年结转"**或**"上年余额"**字样。❸根据上年账簿的账户余额直接写在"余额"栏内。在此基础上,再登记新年度所发生的相关经济业务。

(2) 总账应根据各账户记录经济业务的多少,合理估计各账户在新账中所需要的账页,并填写账户目录,然后据以设立账户。

(3) 对于有些有余额的明细账,如应收账款、应付账款、其他应收款、其他应付款等明细账,必须将各明细账户的余额,按照上述的方法,详细填写在新建明细账相同的明细账户下,以备清查和查阅;对于采用借贷方多栏式的材料采购、材料成本差异等明细账,应按照有关明细项目的余额采用正确的结转方法予以结转。

二、会计账簿的保管

会计账簿是各单位的重要会计档案资料,每个单位都必须健全账簿管理制度,妥善保管单位的各种账簿。考虑到账簿使用的特点,账簿管理制度主要包括:❶日常使用过程中的管理。❷使用过的账簿归档保管。

(一) 会计账簿的日常管理

会计账簿的日常管理包括:❶各种账簿要分工明确,并指定专人管理,一般是谁负责登记,谁负责管理。❷未经本单位领导或会计部门负责人允许,非经管人员不得翻阅查看会计账簿。❸会计账簿除需要与外单位核对账目外,一律不准携带外出。❹对需要携带外出的账簿,必须经本单位领导和会计部门负责人批准,并指定专人负责,不准交给其他人员管理,以保证账簿安全和防止任意涂改账簿等现象的发生。

(二) 会计账簿的归档保管

年度结账后,对需要更换新账的账簿,应将旧账按规定程序整理并装订成册,归档保管。旧账装订时应注意以下事项:❶活页账装订时,一般按账户分类装订成册,一个账户装订一册或数册;某些账户账页较少,也可以几个账户合并装订成一册,但应分别按资产、负债及所有者权益类账户分别装订。❷装订时应检查账簿扉页的内容是否填列齐全,要将账簿经管人员一览表及账户目录附在账页前面,并加具封面、封底。❸装订时,应将账页整齐牢固地装订在一起,并将装订线用纸封口,由经办人员及装订人员、会计主管人员在封口处签章。

旧账装订完毕后,交由会计档案保管人员造册归档。造册归档时,应在各种账簿的封面上注明单位名称、账簿种类、会计年度、账簿册数、及账簿总页数,并由会计主管人员和经办人员签章;然后,将全部账簿按册数顺序或保管期限统一编写"会计账簿归档登记表"。

素质教育:

价值的转换——会计工作谨防贪婪

一位勤劳的农民,从自己的菜园中收获了一个大得不得了的大南瓜,他又惊又喜,把这个南瓜献给了国王。国王很高兴,赐给农民一匹骏马。这件事很快家喻户晓。一个财主动开了脑筋:献个大南瓜,就能得到一匹骏马,如果献一匹骏马,国王会赐给我多少金银珠宝抑或美女呢?于是财主向国王进献了一匹价值连城的骏马。国王同样很高兴,吩咐侍者:"把那位农民献的那个珍贵大南瓜赐予这个献骏马的人吧。"

教授寄语:

朴实的真诚奉献,与贪婪的算计谋利自然会有不同的结果。现实生活中,后者往往会有眼前的收获与成功,但绝经不起时间的考验。

第九章 财产清查

第一节 财产清查概述

一、财产清查的必要性及作用

通俗理解：
财产清查相当于对在组装会计报表这一"产品"前，对"零部件"的质量检查与验收，以保证会计报表这一"产品"不因"零部件"不合格而造成"废品"或"次品"。

（一）财产清查的必要性

财产清查，是指通过对各种财产物资如现金资产、实物资产和往来款项的实地盘点、账项核对或查询，查明某一时期的实际结存数并与账存数核对，确定账实是否相符的一种会计核算方法。

企业单位各种财产物资的增减变动和结存情况，通过凭证的填制与审核、账簿的登记与核对，已经在账簿体系中得到了正确的反映，但账簿记录的正确性并不足以说明各种财产物资实际结存情况的真实性。在具体会计工作中，即使是账证相符、账账相符，财产物资的账面数与实际结存数，因种种原因仍然可能不相一致。根据资产管理制度以及为编制会计报表提供正确可靠的核算资料的要求，必须使账簿中所反映的有关财产物资和债权债务的结存数额与其实际数额保持一致，做到账实相符。因此，必须运用财产清查这一会计核算的专门方法。

（二）常见的造成账实不符的原因

如果清查发现企业各项财产物资的账存数与实存数有不相符的情况，就要分析原因，查明责任，进行处理。其主要原因有：

（1）财产收发时，由于计量不准确而发生品种或数量上的差错。
（2）财产保管过程中的自然损耗或自然升溢。
（3）因管理不善而出现财产的腐烂变质及毁损。
（4）贪污盗窃、徇私舞弊等违法行为造成财产的短缺。
（5）因未达账项而引起的数额不符。

（三）财产清查的作用

财产清查既是会计核算的一种方法，又是单位内部实施会计控制和会计监督的一种活动。其作用主要表现在以下几个方面。

1. 保证会计核算资料的真实可靠

通过财产清查，可以查明财产物资有无盈余或短缺以及发生盘亏的原因，确定财产物资的实有数，并通过账项的调整达到账实相符，保证会计核算资料的真实性，为编制会计报表奠定基础。

2. 充分挖掘财产物资的潜力

通过财产清查，可以查明财产物资的利用情况，发现其有无超储积压或储备不足以及不配套等现象,以便采取措施,对储备不足的设法补足,对呆滞积压和不配套的及时处理,充分挖掘财产物资潜力,提高资产的使用效果。

3. 强化财产管理的内部控制制度

通过财产清查,可以发现财产管理工作中存在的各种问题,诸如收发手续不健全、保管措施不得力、控制手续不严密等,以便采取对策加以改进,健全内部控制制度,保护资产的安全与完整。

4. 完善财产管理的岗位责任制

通过财产清查,可以促使保管人员总结经验,吸取教训,不断学习先进的管理技术,增强敬业精神,提高业务素质。

二、财产清查的种类

(一) 按清查的对象和范围分类

1. 全面清查

全面清查,是指对一个单位的全部财产物资,包括实物资产、现金资产以及债权债务等进行的全面盘点与核对。其特点是:清查范围大、投入人力多、耗费时间长。一般只在下述情况下实施全面清查:❶年终编制决算会计报表前。❷企业撤销、合并或改变隶属关系时。❸企业更换主要负责人时。❹企业改制等需要进行资产评估时。

2. 局部清查

局部清查,是指对一个单位的部分实物资产或现金资产或债权债务进行的盘点或核对。其特点是清查范围小、专业性强、人力与时间的耗费较少。其清查对象主要是流动性较强、易发生损耗以及比较贵重的财产。在企业的日常管理中,局部清查比较常见,主要包括以下情况:❶材料、商品、在产品、产成品等存货在年中进行的轮流盘点或重点清查。❷对贵重物资进行的经常性盘点。❸对库存现金于每日营业终了进行的实地盘点。❹企业与银行之间进行的账项核对。❺企业与有关单位进行的债权和债务查询。

(二) 按清查时间的计划性分类

1. 定期清查

定期清查,是指根据事先计划安排的时间,对一个单位的全部或部分财产进行的清查。常在月末、季末和年末结账时进行。❶定期清查可以是全面清查,如年终决算前的清查。❷也可以是局部清查,如对一些贵重物资的清查。

2. 不定期清查

不定期清查,是指事前未规定清查时间,而根据某种特殊需要进行的临时清查。主要有以下情况:❶更换财产物资经管人员(出纳员、仓库保管员)时。❷财产物资遭受自然灾害或其他损失时。❸单位合并、迁移、改制和改变隶属关系时。❹财政、审计、税务等部门进行会计检查时。❺按规定开展临时性清产核资工作时。发生上述情况时,可以根据不同需求进行全面清查或局部清查。

三、财产清查前的准备工作

财产清查是一项涉及面广，工作量大，既复杂又细致的具体工作。因此，在进行财产清查前，应有计划、有组织地进行各项准备工作，包括组织准备和业务准备。

（一）组织准备

组织准备，是指在总会计师及有关主管厂长（经理）的领导下，成立以由会计部门牵头包括有设备、技术、生产、行政及各有关部门参加的财产清查领导小组，具体负责财产清查的领导和组织工作。

（二）业务准备

业务准备，是指各资产管理、使用部门和财会部门应作好与清查有关的具体工作。主要包括：

（1）会计部门和资产保管部门应做好所有账簿的登记工作，正确结账和对账，做到账账相符、账证相符，为账实核对提供正确的账簿资料。

（2）资产使用和保管部门应将其使用和保管的各项资产按自然属性予以整理，有序排列、整齐堆放、挂上标签，标明品种、规格及结存数量，以便盘点核对。

（3）清查人员准备好必要的计量器具、有关清查需用的各种表册等。

素质教育：

砌墙工人的命运——要有做财务总监（CFO）的抱负

三个工人在砌一堵墙。有人过来问："你们在干什么？"第一个人没好气地说："没看见吗？砌墙。"第二个人抬头笑了笑，说："我们在盖一幢高楼。"第三个人边干边哼着歌曲，他的笑容很灿烂："我们正在建设一个新城市。"10年后，第一个人在另一个工地上砌墙；第二个人坐在办公室中画图纸，他成了工程师；第三个人呢，是前两个人的老板。

第二节 财产物资的盘存制度

财产物资的盘存制度，是指企业确定财产物资期末结存数量的方法。企业确定财产物资结存数量通常有实地盘存制和永续盘存制两种方法。

一、实地盘存制

（一）实地盘存制及其应用

实地盘存制，也称"定期盘存制"，是指期末通过实物盘点来确定财产物资的数量，并据以计算出结存成本和已销售成本的一种方法。采用这一方法，平时账上只登记财产物资的购进或收入数量，而不登记销售或耗用的数量，期末通过实地盘点确定结存数量后，据以计算结存成本，再倒挤出销售或

> **特别说明：**
> 实地盘存制用于商业企业，又称"以存计销制"或"盘存计销制"；用于制造业企业，又称"以存计耗制"或"盘存计耗制"。

耗用成本,因此被称为"以存计耗制"或"以存计销制"。其计算公式如下:

$$期末结存成本 = 结存数量(实地盘存数) \times 单位成本$$

$$\begin{matrix}本期销售\\或耗用成本\end{matrix} = \begin{matrix}期\quad初\\结存成本\end{matrix} + \begin{matrix}本期购进\\或收入成本\end{matrix} - \begin{matrix}期\quad末\\结存成本\end{matrix}$$

从以上公式可以看出,采用实地盘存制是先确定期末结存数量,然后计算期末结存成本,最后再计算销售或耗用成本,这里的单位成本可以采用个别辨认法、加权平均法和先进先出法等方法计算。方法一经选定,不得随意变更。

> **重点提示:**
> 采用实地盘存制是先计算期末结存成本,然后推算本期销售成本。

【例9-1】 假设ABC公司2×19年1月份有关甲材料的结存及购进情况如下:❶1月1日,期初结存数量500千克,单价50元。❷1月3日,购进数量1 000千克,单价50元。❸1月12日,购进数量1 800千克,单价52元。❹1月24日,购进数量1 700千克,单价54元。❺1月31日,期末实地盘存数量600千克。

在实地盘存制下,甲材料明细账的登记如表9-1所示。

> **提示:**
> 甲材料单位成本的确定采用月末一次加权平均法。

表9-1　　　　　　　　　　　原材料　明细账　　　　　　　　　总第 36 页

明细科目:甲材料　　计量单位:千克　　储备定额:　　存储地点:原材料库　　分第 22 页

2×19年		凭证字号	摘要	收入			发出			结存		
月	日			数量	单价	金额	数量	单价	金额	数量	单价	金额
1	1	(略)	期初结存							500	50	25 000
	3	收101	购　进	1 000	50	50 000						
	12	收104	购　进	1 800	52	93 600						
	24	收106	购　进	1 700	54	91 800						
1	31		本月合计	4 500		235 400	4 400	52.08	229 152	600	52.08	31 248

甲材料加权平均单价 = (25 000+235 400)÷(500+4 500)
　　　　　　　　　= 52.08(元/千克)
期末结存成本 = 600 × 52.08 = 31 248(元)
本月发出成本 = (25 000+235 400) - 31 248 = 229 152(元)

(二) 实地盘存制的优缺点及适用范围

(1) 实地盘存制的优点是简化了财产物资的明细账核算工作。

(2) 实地盘存制的缺点通常有三方面:❶不能随时反映财产物资的收入、发出和结存的动态情况,不利于财产物资的日常监督和管理。❷由于该方法的原理是以存计耗或以存计销,除盘存外的所有财产物资都被认为已耗用或售出,于是,盗窃、浪费或自然损耗等都会被计入耗用或销售成本中,使销售成本不能反映实际情况。❸不能及时反映财产物资的耗用成本或销售成本,影响成本结转的及时性。

> **请思考:**
> 实地盘存制为什么不能随时反映财产物资的收入、发出和结存的动态情况?

227

(3）实地盘存制适用于一些单价低、品种杂、进出频繁的材料物资以及损耗大、数量不稳定的鲜活商品。

二、永续盘存制

（一）永续盘存制及其应用

永续盘存制，也称"账面盘存制"，是指对于各项财产物资的增加和减少，都必须根据会计凭证逐日、逐笔在有关账簿中进行登记，并随时结算出其结存数额的一种方法。永续盘存制平时既登记增加数，又登记减少数。期末结存数量可通过账面推算出来。其计算公式如下：

$$本期销售或耗用成本 = 本期销售或耗用数量 \times 单位成本$$

$$期末结存数量 = 期初结存数量 + 本期购进或收入数量 - 本期销售或耗用数量$$

$$期末结存成本 = 期初结存成本 + 本期购进或收入成本 - 本期销售或耗用成本$$

从以上公式可以看出，永续盘存制一般是先确认本期销售或耗用成本，再确认期末库存财产物资的数量和成本。这里的单位成本的确定方法与上述实地盘存制下的确定方法相同。

（二）永续盘存制的优缺点及适用范围

永续盘存制的优点有：❶在财产物资明细账中，可以随时反映出每种财产物资的收入、发出和结存情况，并从数量和金额两方面加以控制，有利于加强财产物资的日常监督与管理。❷明细账的结存数量，可以通过盘点随时与实存数量相核对，及时发现财产物资的溢余或短缺，有利于加强财产物资的管理工作。❸可以随时将明细账上的结存数与预定的最高和最低库存限额进行比较，判断库存是积压还是不足，以便及时组织处理或采购，加速资金周转。❹在账上就可以算出本期耗用或销售成本，不用等到期末盘点以后，从而可以提高成本计算和成本结转的及时性（月末一次加权平均法除外）。

但使用这种方法，财产物资明细分类账核算的工作量比较大，耗用的人力、物力也较多。但由于永续盘存制更有利于控制和保护企业的财产物资，在实际工作中，除少数情况外，对财产物资的核算大多采用这种方法。

第三节 财产清查的方法

一、实物资产的清查

（一）实物资产清查的方法及要求

由于实物资产的种类较多、特点各异，因而，针对不同的清查对象，应采用不同的清查方法。主要有实地盘点法、技术推算盘点法、抽样盘点法和查询核实法四种。

（1）**实地盘点法**，是指通过点数、过磅、量尺等方式，确定财产物资的实有数量。该方法适用范围较广且易于操作，大部分实物资产均可采用。例如:机器设备、原材料、在产品和库存商品等的清查。

(2) 技术推算盘点法,是指通过技术推算(如量方、计尺等)测定财产物资实有数量的方法。该方法适用于大堆存放、物体笨重、价值低廉、不便逐一盘点的实物资产。例如,煤炭、沙石等数量大、价值低廉物资的清查。从本质上讲,它是实地盘点法的一种补充方法。

(3) 抽样盘点法,是指对于数量多、价值小、重量均匀的财产物资,采用从中抽取少量样品,以确定其数量的一种方法。

(4) 查询核实法,是指通过向对方单位发函调查,并与本单位的账存数相核对的方法。如出租的固定资产、包装物、委托加工材料等。

(二) 实物资产清查的要求

对实物资产进行盘点时:❶实物保管人员必须在场,并与有关人员认真核实,及时记录。❷对清查中发现的异常情况如腐烂、破损、过期失效等,致使不能使用或销售的实物资产,应详细注明并提出处理意见。❸盘点结果应由有关人员如实填制"盘存单",并由盘点人和实物保管人签字或盖章。

盘存单,是用来记录实物盘点结果,反映实物资产实存数额的原始凭证。其格式如表 9-2 所示。

表 9-2　　　　　　　　　　　**盘　存　单**

财产类别:　　　　存放地点:　　　　盘点日期: 年 月 日　　　　编号:

编号	名称	规格	计量单位	盘点数量	单价	金额	备注

盘点人签章:　　　　　　　　　　　　　　　　　保管人签章:

盘点完毕,发现某些实物资产账实不符时,应根据"盘存单"和有关账簿记录,填制"实存账存对比表",以便确定各种账实不符资产的具体盈亏数额。实存账存对比表,是指用来反映实物资产实存数与账存数之间的差异并作为调整账簿记录的一种自制原始凭证。其格式如表 9-3 所示。

表 9-3　　　　　　　　　　**实存账存对比表**

部门名称:　　　　　　　　　　年 月 日　　　　　　　　　编号:

编号	名称	规格型号	计量单位	单价	实存		账存		对比结果				备注
									盘盈		盘亏		
					数量	金额	数量	金额	数量	金额	数量	金额	

主管签章:　　　　　　　会计签章:　　　　　　　制表签章:

二、货币资金的清查

(一)现金的清查

对现金的清查,主要采用实地盘点的方法。除出纳人员于每日结账后对其经管的现金进行清点外,清查小组还应对现金进行定期和不定期的清查。既要清点现金实存数并与"现金日记账"余额相核对,查明盈亏,又要严格检查现金限额的遵守情况以及有无"白条抵库"的现象。

清查小组对现金进行盘点时,出纳人员必须在场。盘点完毕后,应根据盘点结果和现金日记账的结存余额填制"现金盘点报告表"并将盈亏情况及其原因如实填入。该表兼有"盘存单"和"实存账存对比表"的双重作用,是对现金进行差异分析和用以调整账项的原始凭证。其格式如表9-4所示。

表 9-4

现金盘点报告表

年　月　日　　　　　　　　　　　　　　　　　　单位:元

实存金额	账存金额	对比结果		备　注
		盘盈(长款)	盘亏(短款)	

负责人:(签章)　　　　　　　盘点人:(签章)　　　　　　　出纳员:(签章)

(二)银行存款的清查

1. 清查方法

对银行存款的清查,主要采用账项核对的方法,即根据银行存款日记账与开户银行转来的"银行对账单"进行核对。一般情况下,开户银行会定期将单位一定时期内在该行存款的变化和结存情况,以"对账单"的形式转给存款单位供其核对。存款单位接到"银行对账单"后,应与"银行存款日记账"逐笔核对其发生额及余额。

> **知识卡片:**
> "银行对账单"是开户银行在记录开户单位的存款时登记的明细账,在过去手工记账的情况下,银行要复写一式两份,一份作为银行的账簿,另一份要定期转给开户单位。

2. 清查手续

经过核对,如果两者金额相符,一般说明无错误。如果双方账目的结存余额不相一致,原因主要有两个:❶某方(尤其是存款单位)账簿登记发生差错,对于这种情况应查明原因,及时予以更正。❷大多数此类情况是由"未达账项"造成的。

3. 未达账项的类型

未达账项,是指单位与开户银行之间因结算凭证传递的时间差,发生的一方已经记账,而另一方尚未接到有关凭证没有记账的款项。从企业和银行双方来看,未达账项可分为两类:一类是企业已经入账而银行尚未入账的款项;另一类是银行已经入账而企业尚未入账的款项。具体包括四种情况:❶银行已收,企业未收——银行代企业收进的款项已作为企业存款增加记账,而企业因未接到收款通知单尚未入账的款项。❷银行已付,企业未付——银行代企业支付的款项已作为企业存款减少记账,而企业因未接到付款通知单尚未入账的款项。❸企业已收,银行未收——企业送存银行的款项,已作为存款增加记入银行存款日记账,但银行尚未入账的款项。❹企业已付,银行未付——企业开出支票或其他支款凭证后,已作为存款减少记入银行存款日记账,但持票人尚未到银行办理转账,故银行未作为减少入账的款项。以上未达账项的登记情况如图9-1所示。

内容拓展:

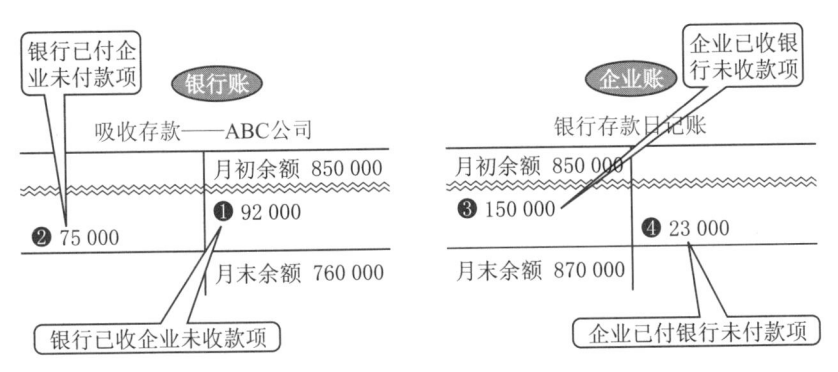

"吸收存款"账户是银行开设的负债类账户,用来核算企业款项的存入与支付。该账户应按存款企业名称设置明细账。

图 9-1 未达账项登记情况

图9-1显示:在上述❶、❹两种情况下,会使企业的银行存款日记账余额小于对账单余额;而在❷、❸两种情况下,则会使企业的银行存款日记账余额大于对账单余额。

4. 未达账项的调整方法

对未达账项所造成的企业与开户银行的存款余额不相一致的情况,一般在清查银行存款后,通过编制"银行存款余额调节表"的方法加以揭示和进行调整,并以此来确定单位与开户银行的账目是否正确。调节后的余额就是假定在消除了未达账项因素影响之后双方账户记录结果,在不存在其他问题的情况下,这两个余额应当是相等的。

若双方调整后的余额相等,一般表明双方记账正确;反之,则说明某一方或双方记账有误,在该种情况下,则应由某一方或双方按规定的错账更正方法予以更正。

银行存款余额调节表的常用编制方法是:以企业、银行双方调整前的账面余额为基础,各自补记对方已入账而本方尚未入账的未达账项,计算出双方各自调整后的余额。其计算公式如下:

$$\text{银行存款日记账余额} + \text{银行已收企业未收款项} - \text{银行已付企业未付款项} = \text{对账单余额} + \text{企业已收银行未收款项} - \text{企业已付银行未付款项}$$

5. 未达账项调整方法举例

【例9-2】 ABC机械公司2×19年10月31日银行存款日记账余额为870 000元,开户银行转来的对账单余额为760 000元。经逐笔核对,发现有以下未达账项:❶企业委托银行代收的销货款92 000元,银行已于29日收妥入账,企业未接到收款通知单。❷银行于31日代企业支付水电费75 000元已登记入账,企业未接到付款通知单。❸企业29日送存银行转账支票一张,金额为150 000元,银行尚未入账。❹企业30日开出支票一张计23 000元支付广告费用,银行尚未收到支票。根据上述未达账项,编制"银行存款余额调节表"如表9-5所示。

重点提示:

未达账项不是错账、漏账,因此,不能根据银行存款余额调节表做任何账务处理。对于其中所涉及的全部未达账项,都必须在收到有关结算凭证后方可登记入账。

表 9-5　　　　　　　　　　　**银行存款余额调节表**

开户银行:大华支行　　　　　账号:384950028　　　　　2×19年10月31日止

项　　　目	金　　额	项　　　目	金　　额
企业银行存款日记账余额	870 000	银行对账单余额	760 000
加:银行已收企业未收款项	92 000	加:企业已收银行未收款项	150 000
减:银行已付企业未付款项	75 000	减:企业已付银行未付款项	23 000
调节后的银行存款余额	**887 000**	调节后的银行存款余额	**887 000**

除上述调整方法外,还可以以单位"银行存款日记账"的余额为标准,对"银行对账单"进行独立调整,使其在调整了所有应填制的账项后,与"银行存款日记账"余额保持一致。其计算公式如下:

银行对账单余额 + 企业已收银行未收款项 + 银行已付企业未付款项 − 企业已付银行未付款项 − 银行已收企业未收款项 = 企业银行存款日记账余额

承上例资料,银行存款日记账余额计算如下:

760 000 + 150 000 + 75 000 − 23 000 − 92 000 = 870 000(元)

三、往来款项的清查

往来款项,是指企业的各种应收款项、预付款项、应付款项和预收款项等。其中前两项属于企业的债权,后两项属于企业的债务。

对往来款项的清查一般采用函证核对法,与债权、债务企业核对账目。企业应将清查日截止时的有关结算凭证全部登记入账,在确保本企业应收、应付款项余额正确的基础上,编制一式两联的对账单,送交对方单位进行核对,并由对方提出确认或不确认的意见。"往来款项对账单"的一般格式如表 9-6 所示。

表 9-6　　　　　　　　　　　**往来款项对账单**

清华机械公司:
　　贵公司 2×19 年 7 月 26 日购我公司 A 产品 20 件,已付货款 60 000 元,尚欠 50 000 元,请核对后将回联单寄回。

　　　　　　　　　　　　　　　　　　　　　清查单位:ABC 机械公司(盖章)
　　　　　　　　　　　　　　　　　　　　　2×19 年 12 月 24 日

沿此虚线裁下,将以下回联单寄回!

往来账项对账单(回联)

ABC 机械公司:
　　你单位寄来的"往来账项对账单"已收到,经核对相符无误。

　　　　　　　　　　　　　　　　　　　　　清华机械公司(盖章)
　　　　　　　　　　　　　　　　　　　　　2×19 年 12 月 28 日

第四节　财产清查结果的账务处理

一、财产清查结果的账务处理步骤及处理原则

（一）财产清查结果的账务处理步骤

为了保证会计核算资料的准确性，对财产清查中发现的盘盈、盘亏及毁损的财产，应及时在账簿中予以反映，做到账实相符。其账务处理的步骤一般分成以下两步：

（1）调整账簿记录并做到账实相符。根据实存账存对比表、现金盘点报告表，按各项财产物资的盘盈、盘亏及毁损数额，编制记账凭证并登记入账，使通过调整后的账面结存数与财产物资的实存数趋于一致，并将盈亏数额记入"待处理财产损溢"账户。同时，将盈亏情况、查明的原因及处理建议向单位领导或有关部门办理报批手续。

（2）根据批复意见并核销待处理盈亏。根据财产物资盘盈、盘亏的性质及原因，分别编制向责任人索赔、转入管理费用、营业外支出、营业外收入等的记账凭证；同时，核销"待处理财产损溢"账户的记录。

（二）财产清查结果的账务处理原则

企业在财产清查中对发生的盘盈、盘亏及毁损会计事项，一般的处理原则如下：

（1）对发生的除现金资产以外的流动资产盘亏：❶由责任人失职造成的盘亏损失，应责成责任人赔偿，作为"其他应收款"处理。❷因管理制度不健全、计量器具不准、定额内自然损耗造成的盘亏损失，作为增加"管理费用"处理。❸因自然灾害、意外事故导致的非常损失，应由保险公司赔偿的部分作为"其他应收款"处理，其余部分列作"营业外支出"。

（2）对发生的除现金资产以外的流动资产盘盈，当原因不明时：❶按《企业会计准则》规定，作冲销企业的"管理费用"处理。❷按《小企业会计准则》规定，作"营业外收入"处理。

（3）对发生的现金短缺金额：❶属于应由责任人（出纳员或保险公司）赔偿的，作为"其他应收款"处理。❷因非常事故（如抢劫等）造成或其他无法查明原因的损失，列作"营业外支出"。

（4）对发生的库存现金长余金额：❶在确定少支付的情况下，作为"其他应付款"处理。❷如果原因不明，应列作"营业外收入"。

（5）对发生的固定资产盘亏金额：❶如属于自然灾害造成，应由保险公司赔偿的部分作为其他应收款处理，残料评估作价，记入"原材料"账户，扣除保险公司赔偿和残料评估值后的部分，列作"营业外支出"处理。❷责任事故造成的固定资产毁损以及丢失的固定资产，应由责任人酌情赔偿损失，其余部分列作"营业外支出"。

（6）对出现的固定资产盘盈，大多是企业自制设备交付使用后未及时入账造成的，应以其净值：❶按《小企业会计准则》规定，列作"营业外收入"。

❷按《企业会计准则》规定,列作以前年度损益调整。

二、"待处理财产损溢"账户的设置及账户结构

由于财产清查结果的账务处理需分成两步,报批前已经调整了账簿记录,报批后才能针对盈亏原因作相应的处理,因此,必须有一个过渡性的账户衔接报批前后的相关记录。为了满足会计核算这一要求,就需要设置"待处理财产损溢"账户,核算企业在财产清查过程中各种财产物资的盘盈、盘亏或毁损的发生及其处理情况。❶借方用来登记发生的待处理盘亏、毁损的金额;待盘亏、毁损的原因查明并经审批后,再从该账户的贷方转入有关账户的借方。❷贷方用来登记发生的待处理盘盈金额,待盘盈的原因查明并经审批后,再从该账户的借方转入有关账户的贷方。❸该账户应按"待处理固定资产损溢"和"待处理流动资产损溢"设置明细账。"待处理财产损溢"账户的结构如图9-2所示。

借方	待处理财产损溢	贷方
发生额:❶ 发生的待处理财产盘亏和毁损数 ❷ 批准转销的待处理盘盈数		发生额:❶ 发生的待处理财产盘盈数 ❷ 批准转销的待处理毁损数
月末无余额		月末无余额

图9-2 "待处理财产损溢"账户结构

> **提示:**
> 为便于理解"待处理财产损溢"账户的结构,可以将该账户分为"待处理财产损失"和"待处理财产盘盈"两个账户。

按照现行财务制度和会计制度的规定:❶对清查中发现的各种清查损溢,应于月末前查明原因并根据其管理权限,经股东大会或董事会、或经理(厂长)会议或类似机构批准后,在期末结账前处理完毕。❷如果在月末结账前尚未经批准的,应在对外提供财务报告时先按上述规定进行账务处理,使"待处理财产损溢"账户在月末无余额;待下月初,用"红字"分录冲回,待批准后按文件规定再行处理。

三、财产清查结果的账务处理举例

以下是ABC机械公司2×19年10月份进行财产清查时发生的经济业务。

【例9-3】 财产清查中,发现账外设备一台,市场价值为360 000元,估算已提折旧25%。确认该设备归企业拥有,经批准后作为营业外收入。

【分析1】 盘盈时,应首先进行账实调增的账簿记录。应编制如下会计分录:

借:固定资产	360 000
贷:累计折旧	90 000
待处理财产损溢	270 000

> **提示:**
> ABC机械公司执行《小企业会计准则》,有关《企业会计准则》对盘盈固定资产的处理,应通过"以前年度损益调整"账户进行核算,具体内容将在后续课程"中级财务会计"中阐述。

【分析2】 批准处理时,按规定应转入"营业外收入"账户。应编制如下会计分录:

借：待处理财产损溢	270 000	
贷：营业外收入——固定资产盘盈收益		27 000

【例9-4】 财产清查中,盘亏设备一台,账面原价84 000元,已提折旧32 000元。

【分析1】 盘亏时,应首先进行账实调减的账簿记录,注销车辆原值及已提折旧。应编制如下会计分录：

借：待处理财产损溢	52 000	
累计折旧	32 000	
贷：固定资产		84 000

【分析2】 该设备盘亏的原因为管理不善丢失,责任不清,经批准作为营业外支出处理。应编制如下会计分录：

借：营业外支出——固定资产盘亏损失	52 000	
贷：待处理财产损溢		52 000

【例9-5】 财产清查中,发现库存甲材料盈余180千克,单价为70元。

【分析1】 盘盈时,应首先进行账实调增的账簿记录。应编制如下会计分录：

借：原材料——甲材料	12 600	
贷：待处理财产损溢		12 600

【分析2】 原因查明,为发出材料时计量不准而少发,按规定报经批准后,列作营业外收入。批准处理时编制如下会计分录：

借：待处理财产损溢	12 600	
贷：营业外收入——存货盘盈收益		12 600

【例9-6】 财产清查中,发现库存乙材料短缺2 300千克,单价为40元。

【分析1】 盘亏时,应首先应进行账实调减的账簿记录。应编制如下会计分录：

借：待处理财产损溢	92 000	
贷：原材料——乙材料		92 000

【分析2】 分析其原因：❶由于计量器具不准造成材料领用时多发700千克,按照规定调整增加"管理费用"。❷定额内自然损耗200千克,按照规定调整增加"管理费用"。❸保管员常石枝造成100千克丢失,按照规定应责令其赔偿,从下月工资中扣除。❹火灾造成毁损1 300千克,按照规定由平安保险公司赔偿80%,其余列入"营业外支出"。批准处理时,编制如下

会计分录：

```
借：其他应收款——常石枝                 4 000
         ——平安保险公司            41 600
    管理费用——存货盘亏              36 000
    营业外支出——存货盘亏损失        10 400
    贷：待处理财产损溢                        92 000
```

【例 9-7】 现金清查结束后，发现现金实存较账面短缺 280 元。

【分析 1】 盘亏时，按规定调整"库存现金"账户。编制如下会计分录：

```
借：待处理财产损溢                      280
    贷：库存现金                             280
```

【分析 2】 经分析，其中 100 元应由出纳员王格英承担责任，另 180 元无法查明原因，列入营业外支出。批准处理时，编制如下会计分录：

```
借：其他应收款——王格英                100
    营业外支出——现金短缺              180
    贷：待处理财产损溢                       280
```

【例 9-8】 现金清查结束后，发现现金较账面余额长款 200 元。

【分析 1】 盘盈时，按规定调整"库存现金"账户。编制如下会计分录：

```
借：库存现金                            200
    贷：待处理财产损溢                       200
```

【分析 2】 经分析，库存现金长款原因不明，报经领导审批后，转作营业外收入。批准处理时，编制如下会计分录：

```
借：待处理财产损溢                      200
    贷：营业外收入——现金溢余                200
```

第十章 财务报告

第一节 财务报告概述

一、会计信息的产生流程与报告方式

会计作为一种信息系统,就是通过对纷繁复杂的企业活动,即企业在营业活动中发生的经济业务,依据《企业会计准则》并按照会计处理的程序与方法——确认、计量、记录、分类、汇总,向信息使用者提供一幅全景式的画面——财务报告。与其他信息系统一样,会计信息系统亦包括输入—处理—输出过程。

(一)输入——经济业务的确认与计量

根据会计信息系统的要求,通过审核经济数据所代表的企业活动,确认企业在营运过程中能够进入会计信息系统处理的有关经济业务并进行计量。即以能否进行货币计量为标准对企业活动进行筛选,对能以货币计量的部分按照《企业会计准则》确认会计要素项目并予以定量化反映。关于这一内容在本书第二章、第四章中已进行了阐述。

(二)处理——经济业务的记录

对进入会计信息系统处理的经济业务,按照会计处理程序要求和方法进行加工并为有关信息输出做准备。即将进入会计信息系统的经济业务,通过计量、分类、汇总、登账、调整和结账等方法进行会计记录,将其转化为满足会计信息使用者进行决策和管理需求的会计信息。这一内容已在本书的第五章至第九章中进行了阐述。

(三)输出——经济业务的报告

按照规定的格式和特定的要求,把会计记录所形成的会计信息传送给特定的使用者。会计信息的输出并非是对上述会计记录结果的简单罗列,而是要根据会计信息的具体内容和特点(性质或功能),并结合会计信息使用者的要求和目的,对会计记录的结果进行分析和再整理并以规定的格式加以表现,然后按照规定的程序传递给会计信息使用者。按照规定的格式对会计记录的结果进行分析和再整理后的表现形式就是财务报告,也就是本章要阐述的内容。

二、财务报告的概念及作用

(一)财务报告的概念及构成

财务报告,亦称财务会计报告,是指企业对外提供的反映企业某一特定

日期的财务状况和某一会计期间的经营成果、现金流量等会计信息的报告文件。从财务报告的定义中可以看出,财务报告至少应该包括以下三个层次:

(1) 财务报告应当是对外报告——其服务对象主要是投资者、债权人等外部使用者,专门为满足企业内部管理的需要而形成的报告不属于财务报告的范畴。

(2) 财务报告应当综合反映企业的生产经营状况——能够从整体上勾画出企业财务状况和经营成果的全貌。包括:❶从整体上反映企业财务状况的"资产负债表"。❷从整体上反映企业经营成果的"利润表"。❸从现金流入和现金流出方面反映企业财务状况的"现金流量表"。❹从所有者权益增减变动及余额方面反映企业财务状况的"所有者权益变动表"。

(3) 财务报告必须形成一套系统的文件——能够提供系统、完整的信息。包括:❶财务报表,亦称会计报表,是以日常会计核算资料为主要依据,按照一定的格式加以汇总整理,用以总括反映企业财务状况、经营成果和现金流量的一种书面报告文件。主要有:资产负债表、利润表、现金流量表、所有者权益变动表等,财务报表是形成财务报告信息的主要载体,从不同方面提供与信息使用者经济决策的相关信息。❷财务报表附注,是指每一份财务报表所附的、对财务报表中列示项目的详细情况等所作的进一步说明。❸其他应在财务报告中披露的相关信息和资料,如编报财务报表企业的基本情况、财务报表的编制基础、重要会计政策和会计估计等。

(二) 财务报告的作用

会计人员通过填制和审核会计凭证、登记账簿等会计核算方法,虽然已将企业的各种经济活动以及由此引起的财务状况变动情况、成本费用发生情况、收入实现情况、利润计算和分配情况等进行了连续、系统、全面的记录,但这只是分别从不同角度说明了各个会计要素项目的变化结果,并没有将分散在各种会计账簿中的数据资料集中起来,不能更加集中概括并相互联系地反映企业的经济活动及其经营成果的全貌,也不便于理解和利用,很难满足信息使用者的需要。为此,还需要对账簿的资料进一步进行加工整理,并按照一定的要求和格式,定期编制财务会计报告。财务会计报告的作用因使用者的不同而有所不同。

1. 有助于投资者和债权人做出合理决策

企业的各种经济资源主要来源于投资者和债权人。❶投资者作为委托方,将其资金投入企业,所关心的是投资报酬和投资风险,企业管理层作为受托方负责管理和使用这些资金。这种委托—代理关系要求,企业管理层既要承担保证资本金增值的责任,又要履行将资金的使用情况及其结果向投资者报告的义务。企业提供的财务会计报告,可以使投资者了解掌握他们所投资的企业的财务状况和经营成果方面的信息,并据以考核企业管理层履行受托责任情况,有助于投资者作出是否向企业投资和是否撤回投资,以及是否继续聘用现任管理者等决策。❷由商业信贷、商业信用以及因公司发行债券等所形成的债权人,企业编制的财务会计报告可以向他们提供

> **超链接:**
> 会计政策是指企业进行会计核算和编制会计报表时所采用的具体原则、方法和程序;有关会计估计是指对结果不确定的经济业务,以最近可利用的信息为基础所作出的判断。有关会计政策的内容将在后续课程"中级财务会计"中阐述。

企业的偿债能力和偿还保证程度方面的信息,有助于债权人进行是否向企业再贷款、贷款多少或收回贷款等方面的决策。

2. 有助于政府经济管理部门进行宏观经济调控决策

财政、工商、税务等行政管理部门履行国家管理企业的职能,负责检查企业的资金使用情况、成本计算情况、利润的形成和分配情况以及税金的计算和解缴情况,检查企业财经法纪的遵守情况。财务会计报告作为集中、概括反映企业经济活动情况及其结果的会计信息载体,是财政、工商、税务各部门对企业实施管理和监督的重要资料。

3. 有助于社会公众做出相应的决策

社会公众包括供应商和客户等,这些财务会计报告使用者的经济利益与企业也有密切关系。❶作为为企业提供材料和设备的供应商,需要考虑企业信誉、支付货款的经济实力以及所需材料和设备的需求情况等,进而作出是否向其供货、采取何种货款结算方式以及是否扩大或压缩该产品的生产和改变营销策略等方面的决策。❷作为企业产品的主要消费者的客户,他们在购买企业的产品时,一方面要特别注重产品的生产质量,另一方面也要考虑企业的发展前景和售后服务体系是否健全等,进而作出是否购买企业产品的决策。

4. 有助于加强企业内部经营管理

企业财务会计报告也是企业内部经营管理者所需要的信息。企业的经营管理者需要:❶评价本企业各部门的经营管理工作成效并考核其工作业绩。❷总结经验,查明问题存在的原因,改进经营管理工作,提高管理水平。❸预测经济前景,进行经营决策。所有这些工作都必须借助于财务会计报告所提供的会计信息才能够进行。

三、财务报表的种类及编制要求

(一) 财务报表的种类

1. 按财务报表编制时间的分类

(1) 月度报表,简称月报,用来总括反映企业月末的财务状况及其一个月的经营成果情况,主要包括资产负债表和利润表。

(2) 季度报表,简称季报,用来总括反映企业季末的财务状况和一个季度的经营成果情况。季报至少包括资产负债表和利润表。

(3) 半年度报表,简称半年报,用来总括反映企业会计年度中期财务状况和经营成果情况和现金流量。在每个会计年度的前6个月结束后对外提供。

(4) 年度报表,简称年报、年终决算报表,用来总括反映企业年终财务状况和全年的经营成果情况,包括资产负债表、利润表、现金流量表、所有者权益变动表和附注。年度财务会计报告至少应反映两个会计年度或者相关两个会计期间的比较数据。

2. 按编制主体不同的分类

(1) 个别报表,是由企业在自身经济业务的会计处理基础上,对账簿记

> **提示:**
> 月报、季报和半年报都属于中期报表,即以短于一个完整的会计年度的报告期间为基础编制的财务报表。

录进行加工和整理而编制的财务报表。主要反映企业自身的财务状况、经营成果和现金流量等。

(2) 合并报表,是以母公司和子公司组成的企业集团为会计主体,根据母公司、子公司的财务报表,由母公司编制的综合反映企业集团财务状况、经营成果和现金流量的财务报表。

3. 按反映资金运动状态的分类

(1) 静态报表,亦称时点报表,是指反映企业资金运动处于某一相对静止状态的财务报表。一般情况下,反映企业某一特定日期的财务状况的财务报表为静态报表,如资产负债表。

(2) 动态报表,亦称时期报表,是指反映企业资金处于运动状态的财务报表。一般情况下,反映企业某一特定时期内的经营成果的利润表和反映企业在一定时期内经营活动、投资活动和筹资活动的现金流量表均为动态报表。

(二) 财务会计报表的编制要求

为保证财务报表的质量,充分发挥其在经营管理和决策中的作用,各单位在编制财务报表时应当根据真实的经济业务以及完整、准确的账簿记录等资料进行编制。

1. 内容完整

在编制财务报表时,必须按照国家规定的报表种类和内容填报,不得漏填漏报。每份财务会计报告应填列的内容,无论是表内项目,还是报表附注资料,都应一一填列齐全。

2. 数字真实

数字真实是指财务报表应与报表编制单位的客观财务状况、经营成果和现金流量相吻合。为保证财务报表的真实性,财务报表中各项目数字必须以报告期的实际数字来填列,不能使用计划数、估计数代替实际数,更不允许弄虚作假、篡改和伪造数字。

3. 计算准确

各种财务报表项目的金额主要来自日常的账簿记录,但并非完全是账簿数字的简单转抄,有很多项目需要进行专门计算才能加以填列,而且这些项目之间也存在着一定的数量勾稽关系,必须根据规定的计算口径、计算方法和计算公式进行计算,不得任意删减和增加,以使提供的各项指标具有可比性,包括不同企业在同一会计期间的横向比较和同一企业在不同时期的纵向比较。

4. 编报及时

财务报表是向各信息使用者提供与经济决策有用的会计信息,而经济决策又具有强烈的时间性,企业应按规定的时间编报财务报表,以便报表的使用者能够及时、有效地利用财务资料。为此,企业应科学地组织好会计的日常核算工作,选择适合本企业具体情况的账务处理程序,认真做好记账、算账和按期结账工作。

> **素质教育：**
>
> ### 自己建造的房子——会计工作要善始善终
>
> 有个老木匠准备退休，他告诉老板，说要离开建筑行业，回家与妻子儿女享受天伦之乐。老板舍不得做得一手好活计的木匠走，再三挽留，木匠决心已下不为所动。老板只得答应，但问他是否可以帮忙再建一座房子，老木匠答应了。在盖房过程中，大家都看出来，老木匠的心已不在工作上了。用料也不那么严格，做出的活计也全无往日水准。老板并没有说什么，只是在房子建好后，把钥匙交给了老木匠。"这是你的房子。"老板说，"我送给你的礼物。"老木匠愣住了，同样，他的后悔与羞愧大家也都看出来了。他这一生盖了多少好房子，最后却为自己建了这样一幢粗制滥造的房子。

第二节 资产负债表

一、资产负债表的概念及作用

（一）资产负债表的概念

资产负债表，是总括反映企业某一特定日期全部资产、负债和所有者权益状况的财务报表。可以从以下两个方面加以理解：❶特定日期一般是指月末、季末和年末，因为是时点，故资产负债表所表达的金额属于静态的，是"存量"概念。❷资产负债表是以"资产－负债＝所有者权益"这一会计恒等式为理论依据设计的，根据资产、负债和所有者权益之间的相互关系，按照一定的分类标准和一定的排列顺序，把企业某一特定日期的资产、负债和所有者权益项目予以适当排列编制而成的。

（二）资产负债表的作用

资产负债表表明了企业在某一特定日期所拥有或控制的经济资源、所承担的现时义务和所有者对企业净资产的要求权。其作用可概括如下：

（1）反映企业拥有或控制的经济资源及分布情况——便于会计报表使用者衡量企业的经济实力，分析企业的生产经营能力，评价企业经济资源的构成是否合理。

（2）反映企业的现时义务及偿债能力——便于会计报表使用者通过对企业当前负债总额，长期债务、短期债务的比例，联系有关的流动资产项目进行对比分析，可以了解企业的偿债能力和支付能力。

（3）反映所有者权益的构成和财务结构的合理性——便于会计报表使用者将所有者权益与负债进行对比，分析企业财务结构的合理性及负债经营的合理程度，判断企业所面临的财务风险。

> **形象比喻：**
>
> 负债，"负载也"，警告企业不要负载过度；"负责任"，借债还钱，负责到底。

二、资产负债表的内容与结构

资产负债表的结构，目前国际上流行的主要有两种：报告式（垂直式）和账户式。

(一)资产负债表——报告式

报告式资产负债表,又称为垂直式资产负债表。它是将资产负债表的项目按照资产项目、负债项目、所有者权益项目自上而下垂直排列的一种资产负债表格式。其简化格式如表 10-1 所示。

表 10-1

资 产 负 债 表

编号：

编制单位(盖章):　　　　　　　　　　年　月　日　　　　　　　　　　单位:元

项　　目	年　初　数	期　末　数
资产:		
流动资产	×××	×××
非流动资产	×××	×××
资产合计	×××	×××
负债:		
流动负债	×××	×××
非流动负债	×××	×××
负债合计	×××	×××
所有者权益:		
实收资本	×××	×××
资本公积	×××	×××
盈余公积	×××	×××
未分配利润	×××	×××
所有者权益合计	×××	×××

现行报表格式及新增项目填列说明

(二)资产负债表——账户式

(1)左右排列,金额相等。账户式资产负债表按照"T"形账户设计,分为左右两方。❶左方列示资产各项目。❷右方列示负债和所有者权益各项目。❸资产各项目金额总计数等于负债项目和所有者权益项目金额的总计。

(2)资产项目按照流动性排序。资产项目按其流动性的大小或变现能力强弱排列,流动性大或变现能力强的资产项目在前,流动性弱或变现能力弱的资产项目在后。即:先列示流动资产及其项目;再列示非流动资产及按其性质分类列示的项目。

请思考:

所有者权益类各项目的排序与负债的排序正好相反,相反之处是什么?为什么?

(3)负债和所有者权益项目按照受偿顺序前后排序。负债和所有者权益按对企业资产享有权的先后排列。即:负债在前,所有者权益在后;然后再对负债和所有者权益各项目进行排序。

(4)负债项目按偿还期的长短排序。负债项目按债务偿还期的长短排列,偿还期短的债务排序在前,偿还期长的债务排序在后。即:先列示流动负债及其项目;再列示非流动负债并按其性质分类列示的项目。

(5) 所有者权益项目按稳定程度排序。所有者权益项目稳定性强的排列在前,按实收资本、资本公积、盈余公积、未分配利润的顺序依次排列。

账户式资产负债表的结构,参见第十一章表11-6。

三、资产负债表编制的数据来源

由于资产负债表是反映企业某一特定日期资产和权益的分布状况及其数额的会计报表,而企业某一特定日期资产和权益的分布状况及其数额在账户记录中表现为资产类账户和权益类账户的期末余额,所以,资产负债表中各项目的金额,总体上讲是来源于资产类账户和权益类账户的期末余额。其中:❶"年初余额",应根据上年年末资产负债表中的"期末余额"栏内所列数字抄列,即可以将上年12月份所编制的资产负债表中的"期末余额"栏的数字按照项目的对照关系直接抄入本年资产负债表的"年初余额"各相应行次。❷"期末余额",应根据资产类账户和权益类账户的期末余额,按照以下所述的具体填列方法列示。

> 提示:
> 如果上年度资产负债表的各项目的名称和内容与本年度的不一致时,则应对上年资产负债表按照本年度的规定进行调整后填入本年度资产负债表的"年初余额"栏。

四、资产负债表的编制方法

现行的资产负债表在制造业企业中涉及的项目有五十多项,由于本教科书阐述的是会计学的基本原理,很多内容和项目都未涉及,所以,资产负债表各项目的具体填列方法,此处只阐述本书中涉及的内容和项目,其他内容和项目的填列方法将在后续课程"财务会计学"中进行阐述。

会计报表的编制,主要是通过对日常会计核算记录的数据加以归集、整理,使之成为有用的会计信息。如何将日常数据转化为可以对外披露的有用信息,是保证会计信息披露质量的重要因素。具体的填列方法如下。

(一) 根据总账账户期末余额直接填列

当资产负债表上所列项目与总分类账户的名称及核算内容完全一致时,根据总分类账户余额直接填列。

1. 根据有关总分类账户期末借方余额直接填列

资产负债表左方的有关项目:交易性金融资产等项目的金额,应根据这些账户的期末借方余额直接填列。

2. 根据有关总分类账户期末贷方余额直接填列

资产负债表右方的有关项目:短期借款、应付票据、应付职工薪酬、应交税费、实收资本、资本公积等项目的金额,有与以上项目名称相同的总分类账户且所包括的内容完全一致,应根据这些账户的期末贷方余额直接填列。

(二) 根据若干同类总账账户期末余额合并计算填列

当资产负债表上所列项目包括几个总分类账户的核算内容时,根据几个总分类账户余额的之和计算填列。

1. "货币资金"项目

该项目反映企业会计报告期末现金资产的数额。应根据"库存现金""银行存款"等总分类账户的期末借方余额合计数填列。

"持有待售负债"项目

2."存货"项目

该项目反映企业期末在库、在途和在加工中的各项存货的实际成本,包括各种库存材料和在途材料、产成品、在产品等。应根据"在途物资""原材料""生产成本""库存商品"等总分类账户的期末借方余额合计数填列。

(三)根据有关总账账户余额减去其备抵账户余额后的净额填列

因管理的特殊需求,资产负债表上的有些项目在会计核算上要通过设置主体账户和备抵账户加以反映,这时就需要根据有关总分类账户的期末余额减去其备抵账户期末余额后的净额进行填列。

1."固定资产"项目

该项目反映企业期末持有的固定资产的账面价值(净额),应根据"固定资产"账户的期末借方余额,减去"累计折旧"和"固定资产减值准备"账户的期末余额后的金额,以及"固定资产清理"账户的期末余额填列。

2."无形资产"项目

该项目反映企业期末持有的各项无形资产的账面价值(净额),应根据"无形资产"总分类账户的期末借方余额,减去"累计摊销"和"无形资产减值准备"账户期末贷方余额后的净额填列。

3."未分配利润"项目(未弥补的亏损,在本项目内以"-"号填列)

该项目反映企业尚未分配的利润或尚未弥补的亏损,具体填列方法如下:

(1)在年度中间的1—11月份:应根据"本年利润"账户和"利润分配"账户相加减后的余额填列。❶如果"本年利润"账户和"利润分配"账户的余额方向一致,将二者合计数填入报表。❷如果"本年利润"账户和"利润分配"账户的余额方向不一致,将二者差额填入报表。❸未弥补的亏损,在本项目内以"-"号填列。

(2)在年度终了的12月份:因本年实现的利润和已分配的利润已经结转,可直接根据"利润分配——未分配利润"账户的年末余额填列。❶该账户如为贷方余额(正数),表示未分配利润。❷该账户如为借方余额(负数),表示未弥补亏损。

(四)根据有关总账及其下属明细账期末余额分析计算填列

当资产负债表中所列项目反映在有关总分类账户下属的几个明细分类账户中时,要根据某个总分类账户下属的几个明细分类账户余额分析计算填列。

1."长期借款"项目

该项目反映企业借入但尚未归还的1年期以上(不含1年)的借款。应根据"长期借款"账户贷方余额扣除该账户下属明细账户中将在资产负债表日起1年内到期、企业不能自主地将清偿义务展期的长期借款后的金额填列。

【例10-1】 2×19年年末,青胜蓝公司"长期借款"账户贷方余额200万元,其中:❶"长期借款——甲项目借款"账户贷方余额120万元(该借款于2×16年1月1日借入,期限为5年,到期日为2×20年12月31日)。

❷"长期借款——乙项目借款"账户贷方余额 80 万元(该借款于 2×18 年 1 月 1 日借入,期限为 4 年,到期日为 2×21 年 12 月 31 日)。则应将"长期借款——乙项目借款"账户贷方余额 80 万元,填入资产负债表右方的"长期借款"项目。

2. 应付债券、长期应付款和债权投资等项目

与"长期借款"项目类似的还有"应付债券""长期应付款"和"债权投资"等项目,也应考虑与长期借款同样的情况并采用同样的填列方法。

3. 一年内到期的非流动资产(负债)项目

该项目反映企业非流动资产(负债)项目中将在 1 年内到期的应归类到流动资产(负债)范畴的项目。本项目应根据"债权投资""长期借款""应付债券"和"长期应付款"等账户中将在 1 年内到期的部分并分资产和负债合计填列。

【例 10-2】 2×19 年年末,青胜蓝公司除"长期借款"账户的期末余额外,"应付债券——清远公司"账户期末贷方余额 300 万元将在 2×20 年 12 月 31 日到期。则资产负债表右方"一年内到期的非流动负债"项目的金额应为 420 万元(120+300)。

(五) 根据结算类账户的有关明细账户期末余额计算填列

这种方法是填列资产负债表上某些项目的金额时所采用的一种特殊方法。之所以采用这种方法,往往是因为:❶填列这些项目所依据的有关结算类总分类账户下属的明细分类账户既有正常方向的余额,也有相反方向的余额。❷明细账户正常方向的余额体现了其隶属的总分类账户的性质,反方向余额则使账户余额的性质发生了根本变化,并且与该方向的其他总分类账户的余额性质相同。❸在这种情况下,需要根据不同明细账户不同方向余额的性质确定其在资产负债表中所应填列项目的归属。

1. "应收账款"项目和"预收款项"项目的填列方法

❶"应收账款"项目,反映企业因销售产品、提供劳务等而应向购买单位收取的各种款项,减去已计提的坏账准备后的净额,属于债权。❷"预收款项"项目,反映企业预收购买单位的账款,属于债务。这两个项目应根据"应收账款"账户和"预收账款"账户的期末余额填列。

由于以上两个账户下属明细账户余额的方向有可能不一致,总分类账户的余额是其下属明细账户借方余额与贷方余额的差额,为了反映真实的债权、债务,所以,不能绝对根据"应收账款"账户、"预收账款"账户的余额直接填列。

(1) 当"应收账款"(或"预收账款")账户下属明细账户均为借方余额(或贷方余额)时,采用前述的直接填列的方法即可。

(2) 当"应收账款"(或"预收账款")账户下属明细账户的余额方向不一致时,则应具体认定各明细账户余额的经济实质,之后再确定应填列于"应收账款"项目还是"预收款项"项目。❶根据"应收账款"账户下属明细账户的借方余额与"预收账款"账户下属明细账户的借方余额之和,填列资产负债表中"应收账款"项目金额。❷根据"预收账款"账户下属明细账户的贷方

第十章 财务报告

> **请思考：**
> "应收账款"账户和"预付账款"账户，在什么情况下会出现反方向期末余额？

余额与"应收账款"账户下属明细账户的贷方余额之和，填列资产负债表中"预收款项"项目金额。

【例 10-3】 2×19 年 12 月月末，青胜蓝公司"应收账款"账户和"预收账款"账户总分类账户及其下属明细分类账户的余额情况如下：

（1）"应收账款"总账账户借方余额 100 000 元，下属明细账户：❶"应收账款——甲公司"借方余额 80 000 元。❷"应收账款——乙公司"贷方余额 40 000 元。❸"应收账款——丙公司"借方余额 60 000 元。

（2）"预收账款"总账账户贷方余额 110 000 元，下属明细账户：❶"预收账款——H 企业"贷方余额 70 000 元。❷"预收账款——M 企业"贷方余额 82 000 元。❸"预收账款——N 企业"借方余额 42 000 元。

由于以上两个总分类账户下属的明细分类账户都存在相反方向的期末余额，因此资产负债表上的"应收账款"项目和"预收账款"项目的金额，不能直接根据这两个总分类账户的期末余额填列，而应根据其下属明细分类账户余额的性质填列。具体计算如下：

> **请思考：**
> 如果根据这两个总分类账户的期末余额直接填列，将会出现什么样的结果？

"应收账款"项目金额＝"应收账款"账户下属明细账（"甲公司"借方余额 80 000 元＋"丙公司"借方余额 60 000 元）＋"预收账款"账户下属明细账"N 企业"借方余额 42 000 元＝182 000（元）

"预收款项"项目金额＝"预收账款"账户下属明细账（"H 企业"贷方余额 70 000 元＋"M 企业"贷方余额 82 000 元）＋"应收账款"账户下属明细账"乙公司"贷方余额 40 000 元＝192 000（元）

2．"应付账款"项目和"预付款项"项目的填列方法

❶"应付账款"项目，反映企业购买原材料、接受劳务供应等而应付给供应单位的款项，属于债务。❷"预付款项"项目，反映企业预付给供应单位的款项，属于债权。这两个项目应根据"应付账款"账户和"预付账款"账户的期末余额填列。

由于以上两个账户下属明细账户余额的方向有可能不一致，总分类账户的余额是其下属明细账户借方余额与贷方余额的差额，为了反映真实的债权、债务，所以，不能绝对根据"应收账款"账户、"预付账款"账户的余额直接填列。

（1）当"应付账款"（或"预付账款"）账户下属明细账户均为贷方余额（或借方余额）时，采用前述的直接填列的方法即可。

（2）当"应付账款"（或"预付账款"）账户下属明细账户的余额方向不一致时，则应具体认定各明细账户余额的经济实质，之后再确定应填列于"应付账款"项目还是"预付款项"项目。❶根据"应付账款"账户下属明细账户的贷方余额与"预付账款"账户下属明细账户的贷方余额之和，填列资产负债表中"应付账款"项目金额。❷根据"预付账款"账户下属明细账户的借方余额与"应付账款"账户下属明细账户的借方余额之和，填列资产负债表中"预付款项"项目金额。

> **请思考：**
> "应付账款"账户和"预收账款"账户，在什么情况下会出现反方向期末余额？

【例 10-4】 2×19 年 12 月月末，青胜蓝公司"应付账款"账户和"预付账款"账户总分类账户及其下属明细分类账户的余额情况如下：

（1）"应付账款"总账账户贷方余额 50 000 元，下属明细账户：❶"应付账款——A 公司"贷方余额 40 000 元。❷"应付账款——B 公司"借方余额 20 000 元。❸"应付账款——C 公司"贷方余额 30 000 元。

(2)"预付账款"总账账户借方余额 55 000 元,下属明细账户:❶"预付账款——D 企业"借方余额 35 000 元。❷"预付账款——E 企业"借方余额 41 000 元。❸"预付账款——F 企业"贷方余额 21 000 元。

由于以上两个总分类账户下属的明细分类账户都存在相反方向的期末余额,因此资产负债表上的"应付账款"项目和"预付款项"项目的金额,不能直接根据这两个总分类账户的期末余额填列,而应根据其下属明细分类账户余额的性质填列。具体计算如下:

"应付账款"项目金额 = "应付账款"账户下属明细账("A 公司"贷方余额 40 000 元 + "C 公司"贷方余额 30 000 元) + "预付账款"账户下属明细账"F 企业"贷方余额 21 000 元 = 91 000(元)

"预付款项"项目金额 = "预付账款"账户下属明细账("D 企业"借方余额 35 000 元 + "E 企业"借方余额 41 000 元) + "应付账款"账户下属明细账"B 公司"借方余额 20 000 元 = 96 000(元)

> **请思考:**
> 如果根据这两个总分类账户的期末余额直接填列,将会出现什么样的结果?

第三节 利 润 表

一、利润表的概念及作用

(一)利润表的概念

利润表,亦称损益表,是总括反映企业在一定会计期间的经营成果(包括实现的利润和发生的亏损)的会计报表。一定会计期间可以是 1 个月、1 个季度、半年,也可以是 1 年,因此将利润表称为动态报表。它是以"收入 - 费用 = 利润"这一平衡公式,按照利润形成的过程、构成要素和最终结果,将企业一定时期内的收入、费用和利润项目予以适当排列编制而成。

> **形象比喻:**
> 利润表乃企业管理当局经营绩效之成绩单。

(二)利润表的作用

利润是一个综合性财务指标,它不仅反映企业经营活动的结果,而且在一定程度上体现企业经营管理的水平,是企业生存和发展的关键,是投资人和债权人关注的焦点。因此,利润表的编制和披露对信息使用者至关重要。

(1)评价企业一定时期的经营业绩,分析企业的盈利能力,通过计算资产收益率、权益资本收益率等指标,来分析揭示企业的资金营运能力和盈利能力,以判断该企业的市场竞争能力和地位。

(2)检查影响利润或亏损变动的因素,考核管理人员的绩效,分析影响企业利润增减变动的因素和原因,衡量企业的经营和管理水平,评价管理人员的功过得失并作为奖惩的依据,促使管理人员尽职尽责并不断提高经营管理水平。

(3)分析和预测企业的偿债能力,测试投资者和债权人的风险程度,企业偿债能力不仅仅取决于资产的流动性和资本结构,其最根本的动力源是企业的获利能力,便于会计报表使用者分析企业盈利能力,从而反映企业的投资报酬和偿付能力,测试投资者和债权人的风险程度。

利润表主要提供企业经营成果方面的信息,学习重点是理解编制利润表的信息来源,了解利润表要求反映相关两个会计期间的比较数据,掌握利润表各项目的列报方法。

二、利润表的结构与信息来源

(一)利润表的结构

利润表按是否反映企业利润总额的构成内容和主次,分为单步式和多步式两种。

1. 单步式利润表

单步式利润表,是将收入和费用项目自上而下集中顺序排列,并通过一次性比较而计算出本期净利润的一种结构表式。即,先列示收入项目并计算收入合计数;再列示费用项目并计算费用合计数;之后从收入合计数中减去费用合计数并得出当期净损益。

这种结构表式完全体现了"收入 — 费用 = 利润"的计算公式,编制程序比较简单方便,但收入与费用之间缺乏配比性,即不能反映各项收入和费用在利润总额中的所处地位和净利润的形成过程。

2. 多步式利润表

多步式利润表,是将当期的收入和费用项目按照对利润贡献的主次加以归类并设置中间性利润指标,分步计算出本期净利润的一种结构表式。即,按照中间性利润指标分别列示收入和费用项目,把同一性质和主次的收入与其相应的费用进行配比,分步计算营业利润、利润总额和净利润。具体步骤如下:

第一步:以营业收入为基础,计算出营业利润;

第二步:以营业利润为基础,计算出利润总额;

第三步:以利润总额为基础,计算出净利润;

第四步:股份有限公司还需要进一步以净利润为基础,计算每股收益。

由上可见,多步式利润表注意了收入与费用配比的层次性,有利于对企业生产经营情况进行分析,有利于不同企业之间进行比较,更重要的是有利于预测企业未来的盈利能力,因而被普遍采用。我国财务报表列报准则规定,企业应当采用多步式利润表。

多步式利润表的格式,参见第十一章表11-7。

(二)利润表项目的信息来源

利润表是反映企业某一时期包括收入、利得的实现和费用、损失的发生等利润构成及其数额情况的动态状况报表。由于企业某一时期实现的收入、利得和发生的费用、损失,在账簿记录中表现为有关损益类账户的本期发生额,所以,利润表中各项目的金额总体上讲来源于各损益类账户的本期净发生额。

(三)利润表中的"本期金额"和"上期金额"

《企业会计准则第30号——财务报表列报》第十二条规定:当期财务报

> **超链接:**
> 净利润的计算步骤,参见本书第六章第五节中经营成果形成与分配的有关内容。

表的列报,至少应当提供所列报项目上一个可比会计期间的比较数据。也就是说企业要提供比较利润表,以便报表使用者通过比较不同期间利润表的数据,判断企业经营成果的未来发展趋势。所以利润表还需就各项目再分为"**本期金额**"和"**上期金额**"两栏分别填列。利润表作为企业主要财务报表之一,除需按月编制月度利润表外,还应编制中期利润表(主要是半年度)和年度利润表。

(1) 在编制月度利润表时:❶利润表的"本期金额"和"上期金额"分别指"本月金额"和"本年累计金额"。❷"本月金额"反映各项目的本月实际发生数。❸"本年累计金额"填列自年初起至本月末止的累计实际发生数。

(2) 在编制中期利润表和年度利润表时:❶应将利润表的"本期金额"和"上期金额"设为"上年金额"和"本年累计金额"。❷"上年金额"栏填列上年同期(或全年)累计实际发生数。❸"本年累计金额"栏填列自年初起至本月末止(或全年)的累计实际发生数。

三、利润表项目的列报方法

(一) 根据当期有关损益类账户的发生额直接填列

1. 按有关账户发生额直接填列方法

该方法将相关账户的本期发生额直接抄列于相同项目"本期金额"栏,适应于"利润表"项目有与其相对应的账户(包括名称相同,核算内容一致),如"税金及附加"项目、"销售费用"项目、"管理费用"项目(应减去"管理费用"账户下属"研发费用"专栏金额)、"研发费用"项目、"财务费用"项目、"资产减值损失"项目、"公允价值变动损益"项目、"投资收益"项目、"资产处置收益"项目、"其他收益"项目、"营业外支出"项目、"营业外收入"项目、"所得税费用"项目。

2. 相关账户的本期发生额

相关账户的本期发生额,一般是指这些账户的本期增加发生额。

(1) 如果这些账户在本期只有增加发生额,而没有减少发生额时:就可以将这些账户的增加发生额直接抄列于利润表中相关项目的"本期金额"栏。其中:收入类账户在期末结转"本年利润"账户前一般为贷方发生额,费用类账户在期末结转"本年利润"账户前一般为借方发生额。

(2) 在采用直接填列方法时应当注意:虽然大多数损益类账户或损益类账户在大多数情况下的本期发生额方向单一,但有些账户由于某些特殊原因在本期既有借方发生额,又有贷方发生额,例如:"管理费用"账户,正常发生的管理费用应记入该账户的借方,但由于某些原因(如存货盘盈等)而冲减管理费用时,就应贷记该账户,从而使该账户借贷双方都产生了发生额;再如:"财务费用"账户,企业发生的借款利息支出等筹资费用,借记该账户,而收到的银行存款利息收入,贷记该账户,从而使该账户借贷双方都产生了发生额。在这种情况下,就不能直接根据"管理费用"账户和"财务费用"账户的借方发生额填列利润表中的对应项目,而应根据"管理费用"账户和"财务费用"账户的借贷双方发生额之差列示。

【例 10-5】 2×19 年 12 月,青胜蓝公司"财务费用"账户的记录如下:❶收到开户银行转来"利息收入清单"(收账通知),本期存款利息收入 1 200 元,应贷记"财务费用"账户 1 200 元。❷计提本月应负担的银行短期借款利息费用 8 200 元,应借记"财务费用"账户 8 200 元。

期末结转"本年利润"账户前,"财务费用"账户的借方发生额为 8 200 元,贷方发生额为 1 200 元,借方发生额大于贷方发生额的差额为借差 7 000 元,表示实际发生的财务费用,应以 7 000 元列示于利润表中的"财务费用"项目。

(二) 根据有关账户发生额加计汇总填列

利润表中有些项目的设计是将同一类别收入内容或费用内容合并在一起,与账户的设置并非完全一致,例如,"营业收入"项目和"营业成本"项目在现有的账户中无法直接找到有关数据,应将反映该项目内容的有关账户的发生额相加,以求得该项目应填列金额的合计数之后再填列。其中:❶"营业收入"项目填列的金额应为"主营业务收入"账户和"其他业务收入"账户的贷方发生额之和。❷"营业成本"项目填列的金额应为"主营业务成本"账户和"其他业务成本"账户的借方发生额之和。

在采用加计汇总方法时应特别注意:"主营业务收入"账户通常为贷方发生额,但在有销货退回时,应借记"主营业务收入"账户,这样,在计算"营业收入"项目金额时,就不能只加计"主营业务收入"账户的贷方发生额,还应减去"主营业务收入"账户的借方发生额。所以,如果某一账户在本会计期间借贷双方都有发生额,有关项目就不能直接根据该账户的某一方的发生额直接计算合计数,而应以在某一方的发生额中相应地扣除另一方的发生额以后的差额作为加计的基数。

> **重点提示:**
> 当年发生销货退回应冲减的销售收入(或营业成本),在登账时应用红字记入有关收入类(或费用类)账户的贷方(或借方),一般不用蓝字记入借方(或贷方),这样,就不会出现借贷方都有发生额的情况。

(三) 根据本表有关数据计算填列

利润表上的"营业利润"项目、"利润总额"项目和"净利润"项目的数字是按照一定的计算程序的要求,将表中的有关数字相加或相减而计算出来的。❶当计算的结果为盈利时直接填列,不必加任何标志。❷当计算的结果为亏损时,应以"一"号填列。

第四节 财务报告的报送、汇总和审批

一、财务报告的报送

为了充分发挥财务报告的作用,企业应当依照法律法规和会计准则规定的期限和程序,及时对外提供财务报告。

(1) 加具封面并签名盖章。企业对外提供的财务报告,应当依次编定页数、加具封面、装订成册、加盖公章。封面上应注明:企业名称、企业统一代码、组织形式、地址、报表所属年度或月份、报出日期,同时企业负责人和主管会计工作的负责人、会计机构负责人、会计主管人员签名并盖章,设置总会计师的企业还应当由总会计师签名并盖章。

(2) 对外报送的单位。财务报告对外报送的单位与企业管理体制和经

济监督的需要有关:国务院派出监事会的国有重点大型企业、国有重点金融机构和省市级人民政府派出监事会的国有企业,应当依法定期向监事会提供财务报告;国有企业一般要向上级主管(公司或管理局)、财政、税务机关、审计等单位报送财务报告;应向投资者、债权人以及其他与企业有关的报表使用者提供财务报告;公开发行股票的股份有限公司还应当向证券交易机构和证券监管会等提供年度有关财务报告;国有企业的年度财务报告还应当向同级国有资产管理部门报送。财政、银行、税务、审计等部门对于各企业报送的财务报告,在所报单位未正式对外披露前,有义务予以保密。

(3) 对外报送的期限。企业应当依照法律、行政法规和国家统一的会计制度有关财务报告提供期限的规定,及时对外提供财务报告。月度财务报告应当于月度终了后6天内(节假日顺延,下同)对外提供;季度财务报告应当于季度终了后15天内对外提供;半年度财务报告应当于年度中期结束后60天内(相当于两个连续的月度)以外提供;年度财务报告应当于年度终了后4个月内对外提供。法律、法规另有规定者,从其规定。如,上市公司不披露月度报告,季度报告应当在每个会计年度的第3个月、第9个月结束后的1个月内披露,半年报应当在每个会计年度的上半年结束之日起2个月内披露,年度报告当在每个会计年度结束之日起4个月内披露。

二、财务报告的汇总和审批

报表汇总是一项重要的会计工作,一般用于两种情况:一是单位内部不同期间的同一种报表的汇总,主要用于统计较长期间的累计值;二是不同单位同一期间同一种报表的汇总,主要用于上级主管部门或总公司(简称汇总单位)对下属单位或下属分公司有关报表的汇总。

汇总单位在汇编报表时,首先要对所属单位报送的财务报表进行审核。包括:报表的种类、填报的份数是否符合规定;报表的项目是否填列齐全,补充资料和必要的编制说明是否完备,报表的签章是否齐全,汇总财务报告应汇编的单位是否齐全,有无漏编、漏报;报表数字计算是否正确,报表与报表有关指标是否衔接一致;资金筹集、使用、缴拨是否符合资金管理制度;利润或亏损的形成和利润分配是否合法,有无违反法律、财经纪律和弄虚作假现象,应上缴的税金和利润是否及时足额上缴,有无拖欠截留情况;财务收支计划完成情况,有无不按计划、制度办事的情况等。

经审核确认正确的财务报表才能汇编。汇总财务报表的编制方法基本上与前述各种财务报表的编制方法相同。大部分项目都可以按照所属单位的报表加计总数而得,而对于汇编单位内部各单位之间的债权、债务等不能简单地加计总数的项目,则应在日常核算资料的基础上重新计算。

第十一章 账务处理程序

第一节 账务处理程序概述

一、账务处理程序的基本含义

账务处理程序,亦称会计核算形式、会计核算组织程序。它是指在会计循环中,对会计数据的记录、归类、汇总、呈报的方法和步骤。

(一) 会计循环

会计循环,是指企业将一定时期内发生的所有经济业务,依据一定的步骤和方法,加以确认、计量、记录、分类、汇总直至编制会计报表的会计处理全过程。在连续的会计期间,这些工作从会计期初开始,到会计期末终了,周而复始,不断循环,因而称为会计循环。

一个完整会计循环过程中的环节可概括为:❶根据原始凭证填制记账凭证,运用借贷记账法为经济业务编制会计分录。❷根据编制的记账凭证登记有关账簿,包括日记账、明细分类账和总分类账。❸根据分类账户的记录,编制结账(调整)前试算平衡表。❹按照权责发生制的要求,进行账项调整并予以过账。❺编制结账分录并登记入账,结清损益类账户(月末或年末)和"本年利润"账户(年末)。❻根据全部账户数据资料,编制结账后试算平衡表。❼根据账户的数据资料,编制财务报表,包括资产负债表、利润表和现金流量表等。

以上会计循环的七个步骤中,前三个步骤为**日常会计处理工作**;后四个步骤为**期末会计处理工作**。典型的会计循环如图 11-1 所示。

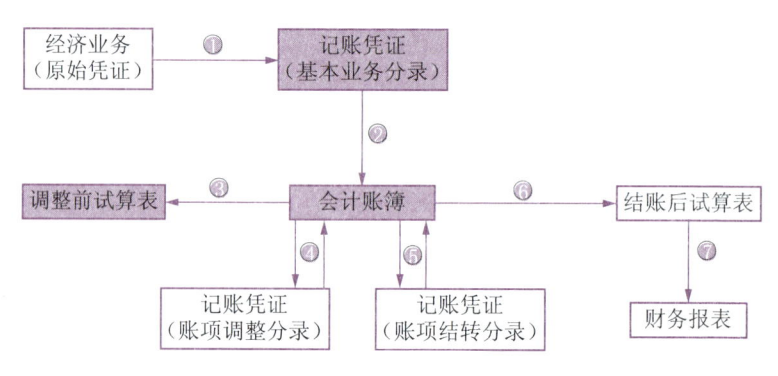

图 11-1 会计循环

(二) 记账程序的各个环节

会计循环是以会计核算方法为纽带连接程序和内容的综合体,运用会计核算方法处理经济业务是会计循环的实质,而会计核算形式仅为其表现形式。在会计核算的七种专门方法中:❶复式记账是处理经济业务的基本方法。❷设置会计科目与账户、填制与审核会计凭证是会计核算工作的开始。❸登记账簿是会计核算工作的中间过程。❹成本计算和财产清查是保证会计信息准确、正确的科学手段。❺编制财务报告是一个会计期间工作的终结。而会计循环就是从经济业务发生到最终形成财务报告的过程中,经历的确认经济业务发生、编制审核记账凭证、登记账簿、期末对账与结账、编制财务报告等一系列会计核算程序。所以,**会计循环是会计核算专门方法在一个会计期间的顺序运用和在各个会计期间的连续运用**。

二、合理组织账务处理程序的意义及要求

以上五个环节全面地反映了一个会计主体在一定会计期间内的会计处理方法和内容,构成一个完整的会计循环。其中**会计凭证、会计账簿、会计报表**是会计处理方法的三个基本环节,且彼此之间以一定的形式结合,构成会计核算完整的工作体系。但在具体环节的衔接上,各个会计主体由于其业务性质、规模大小各不相同,应当设置的会计凭证、账簿的种类、格式和登记方法,以及各种凭证之间、各种账簿之间以及各种凭证与账簿之间的相互联系和登记程序也就不完全相同。所以,合理组织账务处理程序:❶有利于保证会计记录的完整性、正确性,通过凭证、账簿及报表之间的牵制作用,增强会计信息的可靠性。❷有利于会计工作程序的规范化,确定合理的会计凭证、会计账簿与会计报表之间的联系,保证会计信息加工过程的严密性,提高会计信息的质量。❸有利于减少不必要的会计核算环节,通过井然有序的账务处理程序,提高会计工作效率,保证提供会计信息的及时性。

为了科学地组织会计核算工作,合理的会计账务处理程序应满足以下要求:❶企业单位应根据会计法规制度,从各自的实际情况和具体条件出发,选择适当的会计凭证组织、账簿组织和记账程序,以便通过会计核算正确、全面、及时地提供经济管理所需要的指标。❷提供的会计核算资料既及时、准确,又系统、全面,有利于及时掌握资金运动现状,有效地参与经营决策。❸在保证核算资料及时、准确的基础上,减少会计资料不必要的传递和重复的转抄,力求提高会计核算的效率并节省费用。

三、账务处理程序的种类

考虑到不同会计主体规模和业务特点,在会计处理的具体环节中,在对凭证和账簿确定记账程序和选择记账方法上,尤其在**登记总分类账的直接依据的选择上**,形成了不同的账务处理程序。在我国会计实践中,常用的账务处理程序主要有:❶记账凭证账务处理程序。❷科目汇总表账务处理

程序。❸汇总记账凭证账务处理程序。❹多栏式日记账账务处理程序账。以下就这四种常用的账务处理程序进行说明。

第二节 记账凭证账务处理程序

一、记账凭证账务处理程序及其特点

记账凭证账务处理程序,是指根据记账凭证直接逐笔登记总分类账的一种会计核算程序。根据记账凭证逐笔登记总分类账既是其特点,也是其名称的由来。它是最基本的账务处理程序,其他几种账务处理程序都是在记账凭证账务处理程序的基础上,根据企业经营管理的需要而发展起来的。

在记账凭证账务处理程序下:❶记账凭证一般采用收款凭证、付款凭证和转账凭证三种格式(规模较小的企业也可以采用通用记账凭证)。❷设置并采用"三栏式"的现金日记账和银行存款日记账。❸明细分类账根据内容和管理上的要求,分别采用"甲式""乙式"和"多栏式"。❹总分类账一般采用具有对方科目的"三栏式"。

二、记账凭证账务处理程序的步骤

(1)根据原始凭证(或汇总原始凭证)填制记账凭证。

(2)根据收款凭证、付款凭证逐日逐笔登记现金日记账和银行存款日记账。

(3)根据原始凭证及记账凭证,逐笔登记各种明细账。

(4)根据记账凭证直接逐笔登记总分类账。

(5)月末,将总分类账与现金日记账、银行存款日记账及各明细分类账的发生额及期末余额合计数进行核对。

(6)月末,根据核对无误的总分类账与明细分类账编制会计报表。

记账凭证账务处理程序如图11-2所示。

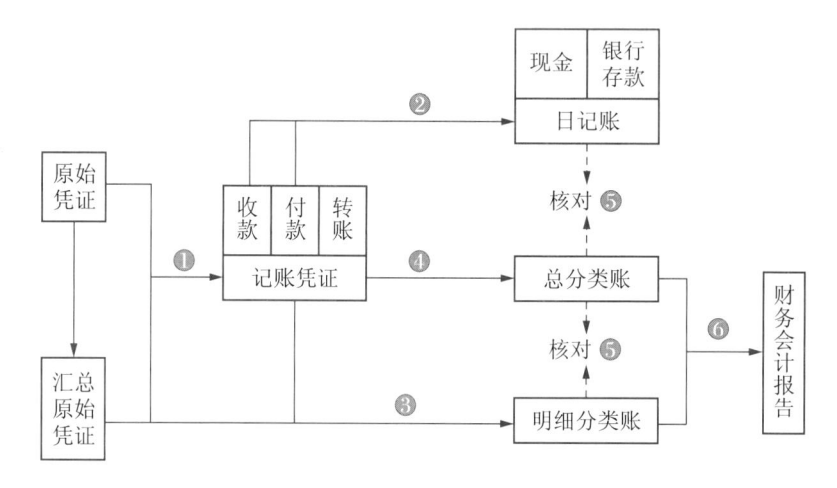

图11-2 记账凭证账务处理程序

三、记账凭证账务处理程序的优缺点及适用范围

记账凭证账务处理程序：❶优点是比较简单明了，易于理解，并且由于总分类账是根据记账凭证逐笔登记的，因而在总分类账中能够详细反映各项经济业务的内容，便于了解经济业务的动态。❷缺点是这种账务处理程序登记总分类账的工作量比较大。❸一般适用于规模小、经济业务项少、凭证不多的会计主体。❹为了减少记账凭证的数量，减轻登记总分类账的工作量，采用这种账务处理程序时，应尽量使用原始凭证汇总表，以减少记账凭证的数量。

第三节 科目汇总表账务处理程序

一、科目汇总表账务处理程序的特点及凭证账簿组织

（一）科目汇总表账务处理程序及其特点

科目汇总表账务处理程序，是指根据各种记账凭证先定期（或月末一次）按会计科目汇总编制科目汇总表，然后根据科目汇总表登记总分类账，并定期编制会计报表的账务处理程序。其特点是：**定期根据记账凭证编制科目汇总表（即记账凭证汇总表），然后据以登记总账。** 科目汇总表账务处理程序，是在记账凭证账务处理程序的基础上发展和演变而来的。

（二）科目汇总表账务处理程序运用的凭证和账簿设置

在科目汇总表账务处理程序下：❶记账凭证一般采用专用记账凭证（收、付、转）。❷设置并采用"三栏式"的现金日记账和银行存款日记账。❸明细账根据内容和管理上的要求分别采用"甲式""乙式"和"多栏式"。❹由于总账的登记依据是"科目汇总表"，而"科目汇总表"中不能反映各账户之间的对应关系，总账一般采用普通的"三栏式"。

二、科目汇总表及其编制方法

科目汇总表，是根据一定时期内（如5天、10天、15天或1个月）的全部记账凭证，按科目进行归类编制的。

（一）编制科目汇总表的基本方法

❶将既定汇总期内的全部记账凭证按照相同科目归类汇总（可借助"T"形账户作为工作底稿）。❷计算出每一总账科目的本期借方发生额和本期贷方发生额。❸将计算结果填入"科目汇总表"的"本期借方发生额"和"本期贷方发生额"栏内。

根据科目汇总表登记总分类账时，只需要将该表中汇总起来的各科目的本期借、贷方发生额的合计数，分次或月末一次记入相应总分类账的借方或贷方即可。

（二）科目汇总表编制举例

1. 编制科目汇总表底稿

【例11-1】 光华机械公司2×19年12月1日至10日发生的经济业

相关借鉴：

相同会计科目借方（或贷方）的汇总与初等数学中的合并同类项原理相同。

务,所编的记账凭证(简易,以会计分录代替)如表 11-1 所示。

表 11-1　　　　　　　记账凭证(简易,以会计分录代替)　　　　　　单位:元

序号	会计分录	凭证字号	序号	会计分录	凭证字号
1	借:库存现金　　　　120 　贷:其他应收款　　　　120	现收 1	2	借:库存现金　　　　85 000 　贷:银行存款　　　　85 000	银付 1
3	借:管理费用　　　　810 　贷:库存现金　　　　810	现付 1	4	借:应付职工薪酬　　　　85 000 　贷:库存现金　　　　85 000	现付 2
5	借:原材料　　　　30 000 　应交税费　　　　3 900 　贷:银行存款　　　　33 900	银付 2	6	借:银行存款　　　　67 800 　贷:应交税费　　　　7 800 　　主营业务收入　　　　60 000	银收 1
7	借:原材料　　　　50 000 　应交税费　　　　6 500 　贷:银行存款　　　　56 500	银付 3	8	借:制造费用　　　　2 100 　管理费用　　　　1 300 　贷:银行存款　　　　3 400	银付 4
9	借:制造费用　　　　2 000 　管理费用　　　　6 400 　贷:原材料　　　　8 400	转 1	10	借:应收账款　　　　45 200 　贷:应交税费　　　　5 200 　　主营业务收入　　　　40 000	转 2
11	借:制造费用　　　　3 000 　贷:银行存款　　　　3 000	银付 5	12	借:银行存款　　　　53 000 　贷:应收账款　　　　53 000	银收 2
13	借:银行存款　　　　22 600 　贷:应收账款　　　　22 600	银收 3	14	借:原材料　　　　40 000 　贷:应收账款　　　　40 000	转 3
15	借:其他应收款　　　　2 600 　贷:库存现金　　　　2 600	现付 3	16	借:库存现金　　　　400 　贷:应收账款　　　　400	现收 2
17	借:管理费用　　　　7 400 　制造费用　　　　1 300 　贷:原材料　　　　8 700	转 4	18	借:应付职工薪酬　　　　14 600 　贷:银行存款　　　　14 600	银付 6

在表 11-1 中所示的经济业务记账凭证中,编制的会计分录涉及了很多会计科目。这些会计科目分别按借、贷方发生额进行汇总时,可利用编制科目汇总表工作底稿的方法进行。科目汇总表工作底稿的格式以及本例的汇总情况如图 11-3 所示。

2. 填列科目汇总表

科目汇总表工作底稿中采用的汇总形式从表面上看酷似"T"形账户,但并非"T"形账户。运用这种形式的目的是对各个会计科目的发生额进行汇总,无需反映期初、期末余额,以便于编制科目汇总表。另外,科目汇总表可以根据会计核算的需要定期(5 日或 10 日)分次编制,也可以每月编制一次。本例假定是按旬汇总编制。根据图 11-3 的科目汇总表工作底稿编制科目汇总表,如表 11-2 所示。

科目汇总表工作底稿

2×19 年 12 月 1—10 日

库存现金			
现收 1	120	现付 1	810
银付 1	85 000	现付 2	85 000
现收 2	400	现付 3	2 600
合计	85 520	合计	88 410

其他应收款			
现付 3	2 600	现付 1	120
合计	2 600	合计	120

管理费用			
现付 1	810		
银付 4	1 300		
转 1	6 400		
转 4	7 400		
合计	15 910	合计	0

原材料			
银付 2	30 000	转 1	8 400
银付 3	50 000	转 4	8 700
转 3	40 000		
合计	120 000	合计	17 100

应收账款			
转 2	45 200	银收 2	53 000
		银收 3	22 600
		转 3	40 000
		现收 2	400
合计	45 200	合计	116 000

银行存款			
银收 1	67 800	银付 1	85 000
银收 2	53 000	银付 2	33 900
银收 3	22 600	银付 3	56 500
		银付 4	3 400
		银付 5	3 000
		银付 6	14 600
合计	143 400	合计	196 400

制造费用			
银付 4	2 100		
转 1	2 000		
银付 5	3 000		
转 4	1 300		
合计	8 400	合计	0

应交税费			
银付 2	3 900	银收 1	7 800
银付 3	6 500	转 2	5 200
合计	10 400	合计	13 000

应付职工薪酬			
现付 2	85 000		
银付 6	14 600		
合计	99 600	合计	0

主营业务收入			
		银收 1	60 000
		转 2	40 000
合计	0	合计	100 000

图 11-3 科目汇总表工作底稿

（三）根据科目汇总表登记总账的方法

编制科目汇总表的作用是可以对总分类账进行汇总登记。根据科目汇总表登记总分类账时：❶只需要将科目汇总表中有关各账户的本期借、贷

表 11-2

科 目 汇 总 表

2×19年12月10日

编号 1201
单位：元

会计账户	本期发生额 借方	本期发生额 贷方	总账页数
库存现金	85 520	88 410	（略）
银行存款	143 400	196 400	
应收账款	45 200	116 000	
其他应收款	2 600	120	
原材料	120 000	17 100	
应付职工薪酬	99 600	0	
应交税费	10 400	13 000	
主营业务收入	0	100 000	
制造费用	8 400	0	
管理费用	15 910	0	
合计	531 030	531 030	

方发生额合计数，分次或月末一次记入相应总分类账的借方或贷方即可。

❷采用科目汇总表时，登记总分类账所依据凭证的编号方法有一定变化，应以"科汇字第×号"字样按月连续编号。以下仅以"应收账款"总账的登记为例，显示总账的登记方法如表 11-3 所示。

表 11-3　　　　　　　　　　　应收账款　总账　　　　　　　　　　　　第 56 页

2×19年 月	日	凭证字号	摘 要	借方金额	贷方金额	借或贷	余 额
11			承前页	253 500	168 000	借	360 500
	30	科汇 1103	21日—30日发生额	86 700	79 200		
11	30		本月合计	340 200	247 200	借	453 500
12	10	科汇 1201	1日—10日发生额	45 200	116 000		
	20	科汇 1202	11日—20日发生额	58 000	213 000		
	31	科汇 1203	21日—31日发生额	91 400	89 000		
12	31		本月合计	194 600	418 000	借	489 000
			本年累计	2 652 000	278 000	借	489 000
12	31		结转下年			借	489 000

注：科汇 1202、科汇 1203 略去，11日—21日发生额为科汇 1202 汇总结果、21日—31日发生额科汇 1203 汇总结果。

三、科目汇总表账务处理程序的步骤

（1）依据原始凭证或原始凭证汇总表填制记账凭证。

（2）依据收款凭证、付款凭证逐日逐笔登记现金日记账、银行存款日记账。

（3）依据原始凭证及记账凭证逐笔登记各种明细账。

（4）定期依据记账凭证编制科目汇总表。

（5）依据科目汇总表登记总分类账。

（6）月末，将总分类账与现金日记账、银行存款日记账及各明细分类账的发生额及期末余额合计数进行核对。

（7）月末，根据核对无误的总分类账与明细分类账编制会计报表。

科目汇总表账务处理程序如图11-4所示。

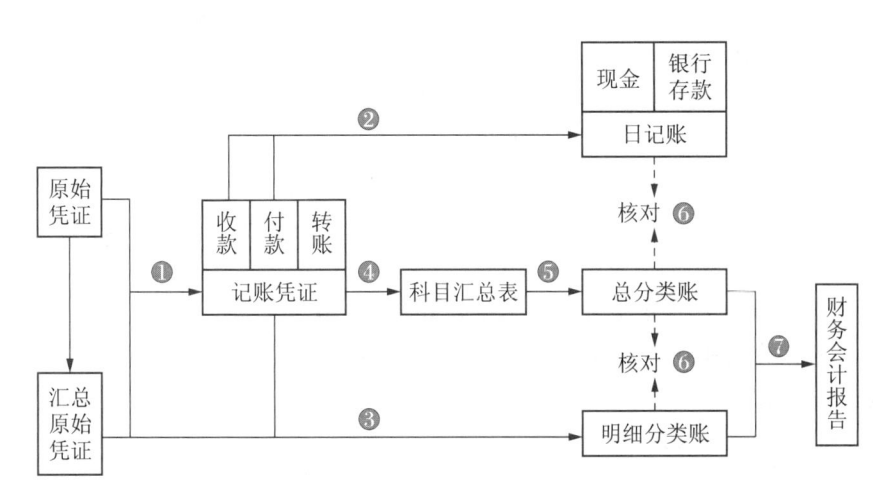

图 11-4 科目汇总表账务处理程序

四、科目汇总表账务处理程序的优缺点及适用范围

（一）科目汇总表账务处理程序的优点

（1）**可以利用该表的汇总结果进行账户发生额的试算平衡。** 科目汇总表上的汇总结果体现了一定会计期间内所有账户的借方发生额和贷方发生额之间的相等关系，利用这种发生额的相等关系，可以进行全部账户记录的试算平衡，借以检验账户发生额的准确性。

（2）**可以减轻登记总分类账的工作量。** 在科目汇总表账务处理程序下，可以根据科目汇总表上有关账户的汇总发生额，在月中定期或月末一次性登记总分类账。

（二）科目汇总表账务处理程序的缺点

科目汇总表是按各个会计科目归类汇总其发生额的，在该表中**不能清楚地显示出各个账户之间的对应关系**，与专用记账凭证和汇总记账凭证比，较不能够清晰地反映经济业务的来龙去脉。

（三）科目汇总表账务处理程序的适用范围

因为存在一道编制科目汇总表的程序，如果小规模企业采用科目汇总

表核算表式,反而增加了工作量。所以,一般适用于经营规模较大、记账凭证数量较多及会计人员分工较细的单位。

五、科目汇总表账务处理程序的应用

为了便于理解并掌握科目汇总表账务处理程序,现以制造业企业生产经营过程中常见的经济业务为例,说明科目汇总表账务处理程序的具体应用,包括:❶记账凭证和科目汇总表的填制方法。❷现金日记账、银行存款日记账的登记方法。❸总分类账及其下属明细分类账的登记方法。❹会计报表的编制方法。

(一) 资料

东海康华机械公司:❶2×19 年 12 月月初各总账户余额,见第六章表 6-1 所示。❷2×19 年 12 月发生的经济业务,见第六章【例 6-1】至【例 6-63】用文字所表述的经济业务(代替原始凭证)。

(二) 科目汇总表账务处理程序下的具体账务处理

1. 审核原始凭证并编制记账凭证

原始凭证的审核(略)。根据审核后的原始凭证编制记账凭证,见第六章【例 6-1】至【例 6-63】所编制的收款凭证(收 1 至收 13)、付款凭证(付 1 至付 27)、转账凭证(转 1 至转 36)。

2. 设置并登记现金日记账和银行存款日记账

根据收款凭证和付款凭证登记日记账,具体登记(略),其格式和登记方法,如第八章表 8-2 所示。

3. 设置并登记各种明细账

根据记账凭证和部分原始凭证(如收料单、领料单、产品入库单、产品出库单)登记各明细账,具体登记(略),其格式和登记方法,如见第八章表 8-8 至表 8-17 所示。

4. 编制科目汇总表

根据记账凭证,分上旬、中旬和下旬登记科目汇总表工作底稿,然后根据科目汇总表工作底稿,分别编制"科目汇总表",具体编制(略),其格式如表 11-2 所示。

5. 设置并登记总分类账

根据"科目汇总表",登记各总分类账的借、贷方发生额,然后进行月结和年结。具体登记(略),其格式和登记方法如表 11-3 所示。

6. 对账

月终,将现金日记账、银行存款日记账余额,以及各种明细账的余额合计数,分别与其隶属的总分类账的借方发生额、贷方发生额及余额核对相符。

7. 编制发生额及余额试算平衡表并正式结账

月终,根据核对无误的总分类账记录,编制"总分类账户发生额及余额试算平衡表"如表 11-4 所示,然后,在试算平衡的基础上正式进行月度结账和年度结账如表 11-3 所示。

表 11-4 **总分类账户发生额及余额试算平衡表**

2×19 年 12 月 31 日　　　　　　　　　　　　　　单位:元

序号	会计科目	期初余额 借方	期初余额 贷方	本期发生额 借方	本期发生额 贷方	期末余额 借方	期末余额 贷方
1	库存现金	19 500		408	11 945	7 963	
2	银行存款	1 856 800		1 716 260	1 632 419	1 940 641	
3	应收票据	578 000		311 880	213 000	676 880	
4	应收账款	736 000		867 400	754 000	849 400	
5	预付账款	155 000		90 400	184 096	61 304	
6	其他应收款	8 000		6 000	8 000	6 000	
7	坏账准备		8 068	11 000	45 340		42 408
8	在途物资	48 600		81 600	48 600	81 600	
9	原材料	245 800		629 200	678 400	196 600	
10	库存商品	420 800		943 200	964 520	399 480	
11	固定资产	7 027 000		899 050	80 000	7 846 050	
12	累计折旧		1 146 692	74 000	57 160		1 129 852
13	固定资产清理			6 500	6 500		
14	在建工程	288 000		81 750	205 750	164 000	
15	无形资产	270 000		102 000		372 000	
16	累计摊销		75 000		3 100		78 100
17	短期借款		700 000	200 000	80 000		580 000
18	应付票据		80 000	80 000	106 416		106 416
19	应付账款		92 000	128 000	108 480		72 480
20	预收账款		494 000	565 000	92 000		21 000
21	应付职工薪酬		311 240	356 880	371 640		326 000
22	应交税费		120 000	366 900	411 022		164 122
23	应付利息		11 840	19 100	7 800		540
24	应付股利				1 800 000		1 800 000
25	其他应付款		1 000	55 800	54 900		100
26	实收资本		5 000 000		2 000 000		7 000 000
27	资本公积		970 760	970 760	34 500		34 500
28	盈余公积		446 100		369 000		815 100
29	利润分配		169 500	4 338 000	4 629 000		460 500
30	本年利润		2 092 500	4 001 500	1 909 000		
31	生产成本	65 200		907 200	943 200	29 200	

续 表

序号	账户名称	期初余额 借方	期初余额 贷方	本期发生额 借方	本期发生额 贷方	期末余额 借方	期末余额 贷方
32	制造费用			120 000	120 000		
33	主营业务收入			1 796 000	1 796 000		
34	其他业务收入			107 000	107 000		
35	营业外收入			6 000	6 000		
36	主营业务成本			964 520	964 520		
37	其他业务成本			86 100	86 100		
38	税金及附加			4 690	4 690		
39	销售费用			124 300	124 300		
40	管理费用			111 690	111 690		
41	财务费用			2 860	2 860		
42	信用减值损失			40 340	40 340		
43	营业外支出			84 500	84 500		
44	所得税费用			122 500	122 500		
	合 计	11 718 700	11 718 700	21 380 288	21 380 288	12 631 118	12 631 118

特别说明：

由于基础会计学主要讲授会计学的基本原理，且本教材所涉及的经济业务有限，所以，本教材给出的"资产负债表"和"利润表"与现行最新资产负债表和利润表构成项目略有差异。

8．编制会计报表——资产负债表

(1) 填报"资产负债表"的"年初数"栏：根据上年年末资产负债表"期末数"栏内所列各项目金额填列(略)。

(2) 填报"资产负债表"的"期末数"栏：根据"总分类账户发生额及余额试算平衡表"(见表11-4)中的"期末余额"栏金额，参考有关明细分类账期末余额，填报资产负债表"期末数"栏各项目金额。

根据东海康华机械公司2×19年12月有关账簿记录，经过整理后的部分明细账期末余额如表11-5所示。

表11-5

部分明细账期末余额表

2×19年12月31日
单位：元

总账账户	明细账户	借方	贷方	总账账户	明细账户	借方	贷方
应收账款		849 400		应付账款			72 480
	金龙公司	772 480			碧华公司		108 480
	银龙公司		18 000		绣玥公司	36 000	
	宏光公司	94 920		预收账款			21 000
预付账款		61 304			盛楠公司		96 000
	星海公司	70 400			靓丽公司	75 000	
	华润公司		9 096	坏账准备	应收账款		42 408

根据以上资料编制"资产负债表"如表11-6所示。

表 11-6　　　　　　　　　　　　　　**资 产 负 债 表**　　　　　　　　　　　　　　会企 01 表

编制单位:东海康华机械公司　　　　　　　　2×19 年 12 月 31 日　　　　　　　　　　　　单位:元

资产	期末余额	年初数	负债及所有者权益	期末余额	年初数
流动资产:		（略）	流动负债:		（略）
货币资金	1 948 604		短期借款	580 000	
交易性金融资产			交易性金融负债		
衍生金融资产			衍生金融负债		
应收票据	676 880		应付票据	106 416	
应收账款	899 992		应付账款	117 576	
应收款项融资			预收款项	114 000	
预付款项	106 400		合同负债		
其他应收款	6 000		应付职工薪酬	326 000	
存　货	706 880		应交税费	164 122	
合同资产			其他应付款	1 800 640	
持有待售资产			持有待售负债		
一年内到期的非流动资产			一年内到期的非流动负债		
其他流动资产			其他流动负债		
流动资产合计	4 344 756		流动负债合计	3 208 754	
非流动资产:			非流动负债:		
债权投资			长期借款		
其他债权投资			应付债券		
长期应收款			租赁负债		
长期股权投资			长期应付款		
其他权益工具投资			预计负债		
其他非流动金融资产			递延收益		
投资性房地产			递延所得税负债		
固定资产	6 716 198		其他非流动负债		
在建工程	164 000		非流动负债合计		
生产性生物资产			负债合计	3 208 754	
油气资产			所有者权益(股东权益):		
使用权资产			实收资本(或股本)	7 000 000	
无形资产	293 900		其他权益工具		
开发支出			资本公积	34 500	
商誉			其他综合收益		
长期待摊费用			盈余公积	815 100	
递延所得税资产			未分配利润	460 500	
其他非流动资产			所有者权益合计	8 310 100	
非流动资产合计	7 174 098				
资产总计	11 518 854		**负债及所有者权益总计**	11 518 854	

单位负责人:姚颖莉　　　　财务负责人:莫奎遂　　　　会计主管:甄仁珍

9. 编制会计报表——利润表

(1) 填报"利润表"的"本期金额"栏：❶根据"总分类账户发生额及余额试算平衡表"（表 11-4）中的"本期发生额"栏金额，参考有关损益类明细分类账本期发生额**（其中：财务费用中的利息支出为 7 800 元、利息收入为 4 940 元）**，按照利润表列报的有关要求，填报利润表"本期金额"栏各项目金额。❷利润表"研发费用"项目，反映企业进行研究与开发过程中发生的费用化支出，以及计入管理费用的自行开发无形资产的摊销。应根据"管理费用"账户下属"研究费用"明细账的发生额，以及"管理费用"账户下属"无形资产摊销"明细账的发生额分析填列。所以，"管理费用"项目应根据"管理费用"账户发生额减去"研发费用"项目金额填列。❸利润表"财务费用"项目下的"利息费用"项目和"利息收入"项目，应根据"财务费用"账户下属明细账的发生额分析填列。

(2) 填报"利润表"的"本年累计金额"栏：根据"利润表"本期（12 月）"本期金额"栏各项目金额，分别加计"利润表"上期（11 月）"本年累计金额"栏各项目金额，填列"利润表"本期（12 月）"本期累计金额"栏各项目金额。

东海康华机械公司 2×19 年 11 月份利润表中的"本年累计金额"栏各项目金额，如表 11-7 所示。

表 11-7　　　　**利润表 11 月"本年累计金额"栏各项目金额表**　　　单位：元

项目	金额	项目	金额	项目	金额
营业收入	7 819 000	财务费用	18 100	营业利润	2 946 400
营业成本	3 685 000	其中：利息支出	28 620	营业外收入	81 100
税金及附加	26 950	利息收入	10 980	营业外支出	237 500
销售费用	433 550	资产减值损失	34 500	利润总额	2 790 000
管理费用	674 500	信用减值损失	0	所得税费用	697 500
其中：研究费用	13 700	资产处置收益	0	净利润	2 092 500

根据以上资料编制"利润表"如表 11-8 所示。

表 11-8　　　　　　　　　　　**利　润　表**　　　　　　　　　会企 02 表
编制单位：东海康华机械公司　　　2×19 年 12 月　　　　　　　　单位：元

项　目	行　次	本期金额	本年累计金额
一、营业收入	（略）	1 903 000	9 722 000
减：营业成本		1 050 620	4 735 620
税金及附加		4 690	31 640
销售费用		124 300	557 850
管理费用		111 690	772 490
研发费用		0	13 700
财务费用		2 860	20 960

续 表

项　　目	行　次	本期金额	本年累计金额
其中:利息费用		7 800	36 420
利息收入		4 940	15 920
资产减值损失		0	34 500
信用减值损失		40 340	40 340
加:其他收益			
投资收益(损失以"－"号填列)			
其中:对联营企业和合营企业的投资收益			
净敞口套期收益(损失以"－"号填列)			
公允价值变动收益(损失以"－"号填列)			
资产处置收益(损失以"－"号填列)			
二、营业利润(亏损以"－"号填列)		568 500	3 514 900
加:营业外收入		6 000	87 100
减:营业外支出		84 500	322 000
三、利润总额(亏损总额以"－"号填列)		490 000	3 280 000
减:所得税费用		122 500	820 000
四、净利润(净亏损以"－"号填列)		367 500	2 460 000
(一)持续经营净利润(净亏损以"－"号填列)		367 500	2 460 000
(二)终止经营净利润(净亏损以"－"号填列)			
五、其他综合收益的税后净额			
(一)不能重分类进损益的其他综合收益			
(二)将重分类进损益的其他综合收益			
六、综合收益总额			
七、每股收益:			
(一)基本每股收益			
(二)稀释每股收益			

单位负责人:姚颖莉　　　　财务负责人:莫奎遂　　　　会计主管:甄仁珍

第四节　汇总记账凭证账务处理程序

一、汇总记账凭证账务处理程序及其特点

汇总记账凭证账务处理程序,是指依据记账凭证编制汇总记账凭证并依据汇总记账凭证登记总分类账的一种会计核算程序。**定期编制汇总记账凭证并登记总分类账**,是这种账务处理程序区别于其他账务处理程序的主要特点。

在汇总记账凭证账务处理程序下:❶记账凭证必须采用收款凭证、付款凭证和转账凭证三种格式。❷设置相应的汇总收款凭证、汇总付款凭证与

特别说明:

一般情况下,资产负债表与利润表应另起新页重排,本书因篇幅所限排前页。

汇总转账凭证。❸由于汇总记账凭证能够反映账户之间的对应关系,所以,总账采用具有对方科目的"三栏式"。

二、汇总记账凭证的编制方法

汇总记账凭证,是根据各种专用记账凭证按照一定的方法汇总编制而成。因专用记账凭证的种类不同,其编制的方法也有所不同。

(一)汇总收款凭证的编制方法

1. 汇总收款凭证的设置及编制方法

> **编号方法:**
> 汇总记账凭证,应按"汇现收字第×号""汇银收字第×号""汇现付字第×号""汇银付字第×号""汇转字第×号"的方式进行编号。

汇总收款凭证,是分别以"库存现金"和"银行存款"的借方为设证科目(亦称主体科目),定期汇总与设证科目对应科目的贷方发生额的一种记账凭证。包括:以"库存现金"科目和以"银行存款"科目为设证科目的"汇总收款凭证"两种。其编制方法如下:❶定期(5天或10天)进行汇总,可每汇总一次编制一张,也可多次汇总每月填制一张。❷根据专用记账凭证中的收款凭证**"按分录中相应的贷方科目汇总"**,计算出每个贷方科目发生额合计数。❸经过汇总得到各个贷方科目发生额合计数,即该账户在汇总期间发生额的总和。❹将各科目的贷方发生额合计数进行合计,即可得到"库存现金"或"银行存款"科目在该汇总期间的借方发生额总额。

2. 汇总收款凭证的编制举例

> **特别注意:**
> 与借记"库存现金"科目对应的贷记"银行存款"科目金额,在编制"汇现收字"凭证时,不予汇总,因为与贷记"银行存款"科目的借记"库存现金"科目金额,已包含在"汇银付字"凭证中。

【例11-2】承【例11-1】,光华机械公司2×19年12月1日至10日发生的经济业务所编的收款凭证(见表11-1),其中:

(1)现收字2张,与借记"库存现金"账户对应的贷方账户及其发生额分别为:❶"其他应收款"账户贷方发生额之和为120元。❷"应收账款"账户贷方发生额之和为400元。

(2)银收字3张,与借记"银行存款"科目对应的贷方科目及其发生额分别为:❶"应交税费"账户贷方发生额之和为7 800元。❷"主营业务收入"账户贷方发生额之和为60 000元。❸"应收账款"账户贷方发生额之和为75 600元(53 000+22 600)。

(3)将上述1—10日汇总结果,分别填入汇总收款凭证"贷方科目"栏的相应栏次,如表11-9和表11-10所示(**11—20日、21—31日为另外两次汇总结果的假定数**)。

表11-9　　　　　　　　　　　　**汇总收款凭证**

借方科目:库存现金　　　　　　　　　2×19年12月　　　　　　　　汇现收字1201号

贷方科目	金额				总账页码	
	1—10日现收字1号至2号共2张	11—20日现收字4号至8号共5张	21—31日现收字9号至15号共7张	合计	借方	贷方
其他应收款	120	3 100	2 400	5 620	15	略
应收账款	400	1 000	700	2 100	15	略
合　计	520	4 100	3 100	7 720		

表 11-10　　　　　　　　　　　　**汇总收款凭证**

借方科目：银行存款　　　　　　　　2×19 年 12 月　　　　　　　　汇银收字 1202 号

贷方科目	1—10 日银收字 1 号至 3 号共 3 张	11—20 日银收字 4 号至 8 号共 5 张	21—31 日银收字 9 号至 17 号共 9 张	合　计	总账页码 借方	贷方
应交税费	7 800	67 000	39 100	113 900	29	略
主营业务收入	60 000	120 000	230 000	410 000	29	略
应收账款	75 600	123 000	68 000	266 600	29	略
应收票据		96 000	78 000	174 000	29	略
合　计	143 400	406 000	415 100	964 500		

(二) 汇总付款凭证的编制方法

1. 汇总付款凭证的设置及编制方法

汇总付款凭证，是分别以"库存现金"和"银行存款"科目的贷方为设证科目，定期汇总与设证科目对应科目的借方发生额的一种记账凭证。包括：以"库存现金"科目和以"银行存款"科目为设证科目的"汇总付款凭证"两种。其编制方法如下：❶定期(5 天或 10 天)进行汇总，可每汇总一次编制一张，也可多次汇总每月填制一张。❷根据专用记账凭证中的付款凭证"**按分录中相应的借方科目汇总**"，计算出每个借方科目发生额合计数。❸经过汇总得到各个借方科目发生额合计数，即该科目在汇总期间发生额的总和。❹将各科目的借方发生额合计数进行合计，即可得到"库存现金"或"银行存款"科目在该汇总期间的贷方发生额总额。

2. 汇总付款凭证的编制举例

【**例 11-3**】承【例 11-1】，光华机械公司 2×19 年 12 月 1 日至 10 日发生的经济业务所编的付款凭证(见表 11-1)。其中：

(1) 现付字 3 张，与贷记"库存现金"账户对应的借方科目及其发生额分别为：❶"管理费用"账户借方发生额之和为 810 元。❷"应付职工薪酬"账户借方发生额之和为 85 000 元。❸"其他应收款"账户借方发生额之和为 2 600 元。

(2) 银付字 6 张，与贷记"银行存款"账户对应的借方账户及其发生额分别为：❶"库存现金"账户借方发生额之和为 85 000 元。❷"原材料"账户借方发生额之和为 80 000 元(30 000＋50 000)。❸"应交税费"账户借方发生额之和为 10 400 元(3 900＋6 500)。❹"制造费用"账户借方发生额之和为 5 100 元(2 100＋3 000)。❺"管理费用"账户借方发生额之和为 1 300 元。❻"应付职工薪酬"账户借方发生额之和为 14 600 元。

(3) 将上述 1—10 日汇总结果，分别填入汇总付款凭证"借方科目"栏的相应栏次，如表 11-11 和表 11-12 所示(**11—20 日、21—31 日为另外两次汇总结果的假定数**)。

特别注意：

与借记"银行存款"科目对应的贷记"库存现金"科目金额，在编制"汇银收字"凭证时，不予汇总，因为与贷记"库存现金"科目的借记"银行存款"科目金额，已包含在"汇现付字"凭证中。

第十一章 账务处理程序

表 11-11　　　　　　　　　　　**汇总付款凭证**

贷方科目：库存现金　　　　　　　　2×19年12月　　　　　　　　汇现付字1201号

借方科目	1—10日银付字1号至6号共6张	11—20日银付字7号至18号共13张	21—31日银付字19号至32号共14张	合　计	总账页码 借方	总账页码 贷方
管理费用	810	1 350	2 510	4 670	略	15
应付职工薪酬	85 000			85 000	略	15
其他应收款	2 600	4 500	3 600	10 700	略	15
银行存款		6 100	1 590	7 690	略	15
合　计	88 410	11 950	7 700	108 060		

表 11-12　　　　　　　　　　　**汇总付款凭证**

贷方科目：银行存款　　　　　　　　2×19年12月　　　　　　　　汇银付字1202号

借方科目	1—10日银付字1号至6号共6张	11—20日银付字7号至18号共13张	21—31日银付字19号至32号共14张	合　计	总账页码 借方	总账页码 贷方
库存现金	85 000	6 700	3 500	95 200	略	29
原材料	80 000	40 000	210 000	330 000	略	29
应交税费	10 400	17 240	115 400	143 040	略	29
制造费用	5 100	2 400	1 800	9 300	略	29
管理费用	1 300	3 100	5 000	9 400	略	29
应付职工薪酬	14 600	5 800		20 400	略	29
销售费用		4 000	9 000	13 000	略	29
合　计	196 400	79 240	344 700	620 340		

（三）汇总转账凭证的编制方法

1. 汇总转账凭证的设置及编制方法

> **提示：**
> 专用记账凭证的转账凭证中，贷记会计科目中涉及的会计科目数量，即为汇总转账凭证应设置的数量。

汇总转账凭证，应按转账凭证的每一贷方科目分别设证，并按与其对应的借方科目进行归类，定期汇总与设证科目贷方对应的借方科目的发生额的一种记账凭证。其编制方法如下：❶定期（5天或10天）填制一次，可每汇总一次编制一张，也可多次汇总每月填制一张。❷根据专用记账凭证中的转账凭证"按分录中相应的借方科目汇总"，计算出每个借方科目发生额合计数。❸经过汇总得到各个借方科目发生额合计数，即该科目在汇总期间发生额的总和。❹如果某一贷记科目的转账凭证数量不多，如"销售费用""管理费用""主营业务成本""其他业务成本"等费用类科目，通常每月只编制一张转账凭证，也可以不编制汇总转账凭证，直接根据转账凭证登记总分类账。❺将各科目的借方发生额合计数进行合计，即可得到设证科目在该汇总期间的贷方发生额总额。

2. 汇总转账凭证的编制举例

【例11-4】 承【例11-1】，光华机械公司2×19年12月1日至10日发生的经济业务所编的转账凭证如表11-1所示。

本教材为减少篇幅,仅以其中有关贷记"原材料"科目的转账凭证为例说明其编制方法。本例中与贷记"原材料"科目对应科目的发生额分别为:❶"制造费用"科目借方发生额之和为 3 300 元(2 000+1 300)。❷"管理费用"借方发生额之和为 13 800 元(6 400+7 400)。❸将上述 1—10 日汇总结果,分别填入汇总转账凭证"借方科目"栏的相应栏次,如表 11-13 所示(11—20 日、21—31 日为另外两次汇总结果的假定数)。

表 11-13

汇总转账凭证

贷方科目:原材料　　　　　　　　　　2×19 年 12 月　　　　　　　　　　汇转字 1208 号

借方科目	金额				总账页码	
	1—10 日转字 1 号至 4 号	11—20 日转字 5 号至 16 号	21—31 日转字 17 号至 30 号	合 计	借方	贷方
制造费用	3 300	8 500		11 800	略	42
管理费用	13 800	4 300		18 100	略	42
销售费用		9 200	8 700	17 900	略	42
生产成本		135 000	226 000	361 000	略	42
合　　计	17 100	157 000	234 700	408 800		

3．编制汇总转账凭证应注意的几个问题

(1) 因汇总转账凭证按照贷方科目设证,为便于填制汇总转账凭证,平时填制转账凭证时,一般应编制"一借一贷"或"多借一贷"会计分录的转账凭证。

(2) 但如仅仅是为便于编制汇总转账凭证,而将有些需要编制"多贷一借"会计分录的转账凭证,硬性拆分并编制"一借一贷"会计分录的转账凭证,反而不利于明晰各科目之间的对应关系、且加大编制工作量、所附原始凭证也不易拆分粘贴,这时就应编制"一借多贷"的转账凭证,这样在编制汇总转账凭证时,只需将与贷方科目对应的借方科目的金额拆分,按照"一借一贷"的原理编制汇总转账凭证,这样做也是比较简单的,在所编制的汇总转账凭证中,科目的对应关系也是十分明确的。

三、汇总记账凭证账务处理程序的步骤

(1) 根据原始凭证或原始凭证汇总表,填制专用记账凭证。

(2) 根据收款凭证、付款凭证,逐日逐笔登记现金日记账及银行存款日记账。

(3) 根据原始凭证及记账凭证逐笔登记各种明细账。

(4) 根据收款凭证、付款凭证和转账凭证,定期编制汇总收款凭证、汇总付款凭证和汇总转账凭证。

(5) 月末,根据汇总记账凭证登记总分类账。

(6) 月末,将银行存款日记账余额、现金日记账余额以及各种明细分类账余额的合计数,分别与有关总分类账的期末余额进行核对。

(7) 月末,根据核对无误的总分类账和明细分类账编制会计报表。

汇总记账凭证账务处理程序如图 11-5 所示。

> **请思考:**
> 比较汇总收款凭证和汇总付款凭证;分别汇总"库存现金"账户和"银行存款"账户的借方、贷方发生额,汇总转账凭证按照贷方账户设证,是否会漏汇?是否还应对转账凭证再按照每一账户的借方分别设置?

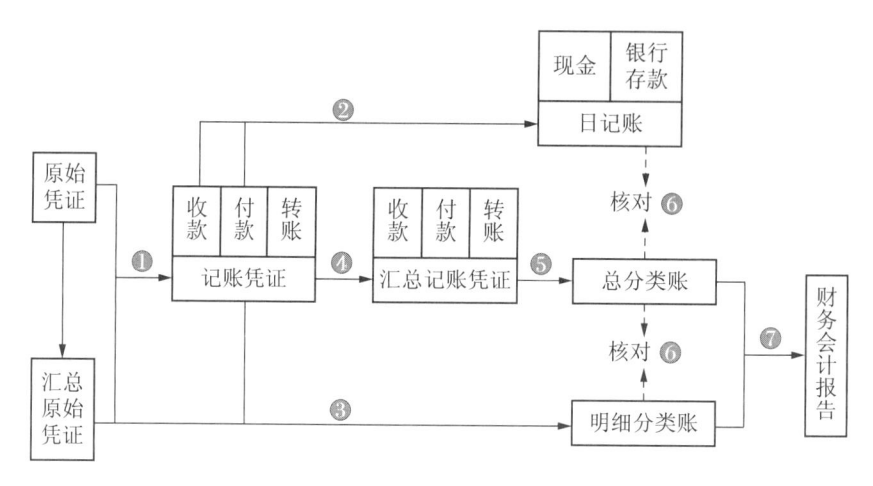

图 11-5 汇总记账凭证账务处理程序

四、汇总记账凭证账务处理程序的优缺点及适用范围

汇总记账凭证账务处理程序：❶优点：由于汇总记账凭证是根据记账凭证，按照会计科目对应关系进行归类、汇总而编制的，因而便于了解有关会计科目之间的对应关系，便于查对和分析账目；克服了科目汇总表账务处理程序的缺点，且总分类账根据汇总记账凭证登记，简化了总分类账的登记工作。❷缺点：由于汇总转账凭证是根据每一会计科目贷方归类、汇总的，所以它不便于日常核算工作的合理分工，并且编制汇总记账凭证的工作量也较大。❸适用范围：一般适用于规模较大、经济业务较多且会计分工较细的企业；特别是转账业务较少、而收付款业务较多的企业。

五、汇总记账凭证账务处理程序下总账的格式及登记方法

为使总账的内容与汇总记账凭证相一致，应设置具有对方科目的"三栏式"总账。月终，根据汇总记账凭证金额栏各行的合计数分别登记设证总账金额以及各个对应总账的金额。具体登记如下：❶根据"汇现收字"凭证金额栏各行的合计数，分行(对应科目)记入"库存现金"总账的借方，以及各个对应账户的贷方。❷根据"汇现付字"凭证金额栏各行的合计数，分行(对应科目)记入"库存现金"总账的贷方，以及各个对应总账的借方。❸根据"汇银收字"凭证金额栏各行的合计数，分行(对应科目)记入"银行存款"总账的借方，以及各个对应总账的贷方。❹根据"汇银付字"凭证金额栏各行的合计数，分行(对应科目)记入"银行存款"总账的贷方，以及各个对应总账的借方。❺根据每一张"汇转字"凭证金额栏各行的合计数，分行(对应科目)记入设证总账的贷方，以及各个对应总账的借方。

根据"汇银收字"凭证(见表 11-10)和"汇银付字"凭证(见表 11-12)、"汇转字"凭证(见表 11-13)、"汇转字 1217 号"凭证(设证科目"应付票据"，略)和"汇转字 1218 号"凭证(设证科目"应付账款"，略)，登记"银行存款"和"原材料"总账如表 11-14 和表 11-15 所示。

表 11-14　　　　　　　　　　　　　　　　**银行存款　总账**　　　　　　　　　　　　　　　　第 29 页

2×19年		凭证字号	摘要	对方科目	借方金额	贷方金额	借或贷	余额
月	日							
11			承前页		846 100	817 800	借	188 300
	30	汇银付1102	1日—30日汇总	管理费用		18 200		
	30		月　结		846 100	836 000	借	170 100
12	31	汇银收1202	1日—31日汇总	应交税费	113 900			
				主营业务收入	410 000			
				应收账款	266 600			
				应收票据	174 000			
		汇现付1201	1日—31日汇总	库存现金	7 690			
		汇银付1202	1日—31日汇总	库存现金		95 200		
				原材料		330 000		
				应交税费		143 040		
				制造费用		9 300		
				管理费用		9 400		
				应付职工薪酬		20 400		
				销售费用		13 000		
	31		月　结		972 190	620 340	借	521 950
			本年合计		8 539 600	8 496 000	借	521 950
	31		结转下年					521 950

表 11-15　　　　　　　　　　　　　　　　**原材料　总账**　　　　　　　　　　　　　　　　第 42 页

2×19年		凭证字号	摘要	对方科目	借方金额	贷方金额	借或贷	余额
月	日							
11			承前页		436 200	458 500	借	43 500
		汇转1125	1日—30日汇总		19 400			
	30		月　结		455 600	458 500	借	62 900
12	31	汇银付1202	1日—31日汇总	银行存款	330 000			
		汇转1208	1日—31日汇总	制造费用		11 800		
				管理费用		18 100		
				销售费用		17 900		
				生产成本		361 000		
		汇转1217	1日—31日汇总	应付票据	50 400			
		汇转1218	1日—31日汇总	应付账款	43 000			
			月　结		423 400	408 800	借	77 500
			本年合计		4 927 500	4 868 900	借	77 500
			结转下年					77 500

第五节 多栏式日记账账务处理程序

一、多栏式日记账账务处理程序及其特点

多栏式日记账账务处理程序的特点是设置多栏式现金日记账和银行存款日记账,并根据多栏式日记账登记总账;对于转账业务,可以根据转账凭证逐笔登记总账,也可以根据转账凭证编制"转账凭证科目汇总表"并据以登记总账。

二、多栏式日记账账务处理程序的步骤

多栏式日记账账务处理程序是在记账凭证账务处理程序的基础上演变而来的,与前述的几种账务处理程序在编制记账凭证、登记明细账、总账与明细账和日记账的核对、根据总账和明细账编制会计报表方面相同外,主要的区别是设置并登记多栏式现金和银行存款日记账,根据多栏式日记账登记"库存现金"和"银行存款"总账,以及与"库存现金"科目、"银行存款"科目对应的总账;根据转账凭证(或转账凭证科目汇总表)登记总账。

多栏式日记账账务处理程序如图 11-6 所示。

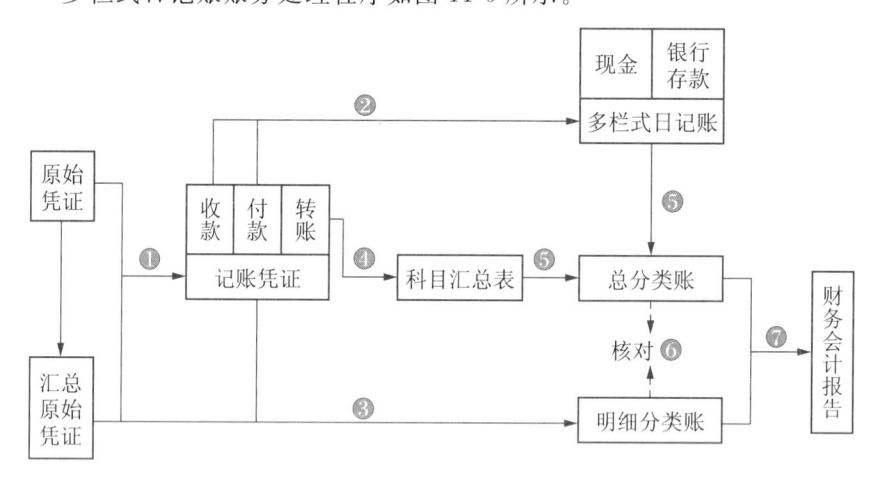

图 11-6 多栏式日记账账务处理程序

三、多栏式日记账账务处理程序的优缺点及适用范围

(1) 优点:❶由于各种收付款项的经济业务是通过多栏式日记账汇总后过入总账,简化了凭证归类和总账的登账工作。❷多栏式日记账中按账户的对应关系设置专栏,便于分析和检查每一项与收付款有关的经济业务。

(2) 缺点:❶由于"库存现金"和"银行存款"总账是根据多栏式日记账登记的,总账对多栏式日记账起不到控制作用。❷若企业发生的经济业务量大且较复杂,多栏式日记账所设置的专栏就会增多,账页过长,不便于会计人员记账。

(3) 适用范围:适用于经济业务量小且简单、运用的会计科目少、收付款业务较多的经济单位。

参考文献

[1] 企业会计准则编审委员会.企业会计准则案例讲解:2019年版[M].上海:立信会计出版社,2019.

[2] 企业会计准则研究组.企业会计准则案例实解:主要经济业务操作指南[M].北京:中国宇航出版社,2014.

[3] 李占国.基础会计学[M].3版.北京:高等教育出版社,2017.

[4] 李占国.基础会计[M].4版.北京:高等教育出版社,2016.

[5] 陈国辉,迟旭升.基础会计[M].6版.大连:东北财经大学出版社,2018.

[6] 吕学典.基础会计学[M].4版.北京:高等教育出版社,2019.

郑重声明

高等教育出版社依法对本书享有专有出版权。任何未经许可的复制、销售行为均违反《中华人民共和国著作权法》，其行为人将承担相应的民事责任和行政责任；构成犯罪的，将被依法追究刑事责任。为了维护市场秩序，保护读者的合法权益，避免读者误用盗版书造成不良后果，我社将配合行政执法部门和司法机关对违法犯罪的单位和个人进行严厉打击。社会各界人士如发现上述侵权行为，希望及时举报，我社将奖励举报有功人员。

反盗版举报电话　（010）58581999　58582371
反盗版举报邮箱　dd@hep.com.cn
通信地址　北京市西城区德外大街4号　高等教育出版社法律事务部
邮政编码　100120

高等教育出版社

教学资源索取单

尊敬的老师：

　　您好！

　　感谢您使用李占国主编的《基础会计学》(第四版)。为便于教学,本书另配有课程相关教学资源,并配套《基础会计学专项实训与习题集》(第四版)和《基础会计学综合模拟实训》(第四版)两本辅导教材。如贵校已选用了本书,您只要添加服务QQ号800078148,或者把下表中的相关信息以电子邮件或邮寄方式发至我社即可免费获得。

　　我们的联系方式：

　　联系电话:(021)56718921/56718739　　电子邮件:800078148@b.qq.com

　　服务QQ:800078148(教学资源)　　会计教师论坛QQ群:116280562

　　地址:上海市虹口区宝山路848号　　邮编:200081

姓　　名		性别		出生年月		专　　业	
学　　校				学院、系		教研室	
学校地址						邮政编码	
职　　务				职　　称		办公电话	
E-mail						手　机	
通信地址						邮政编码	
本书使用情况	用于_____学时教学,每学年使用_____册。							

您对本书有什么意见和建议？

您还希望从我社获得哪些服务？

☐ 教师培训　　　　☐ 教学研讨活动

☐ 寄送样书　　　　☐ 相关图书出版信息

☐ 其他_____